차 례

머리말 ……………………………………………(4)
제1장. 조선어형태론서술의 기초적인 문제 ……………(6)
  제1절. 형태론의 서술대상과 체계………………………(6)
  제2절. 교착어로서의 조선어의 특성 ……………………(12)
  제3절. 조선어단어의 형태론적구조 ……………………(20)
  제4절. 단어의 문법적형태의 본질과
       류형 및 그 기능 ……………………………(37)
    1. 단어의 문법적형태의 본질 ……………………(37)
    2. 문법적형태의 류형 ……………………………(39)
    3. 문법적형태의 기능 ……………………………(42)
  제5절. 조선어단어의 문법적형태와
       문법적의미 및 문법적범주 ………………………(48)
    1. 문법적형태와 문법적의미 ……………………(48)
    2. 형태론적인 문법적범주………………………(52)
  제6절. 조선어토의 특성과 갈래 …………………………(57)
    1. 조선어토의 특성 ………………………………(57)
    2. 토의 겹침과 합성토 …………………………(95)
    3. 조선어토의 단위설정 …………………………(113)
    4. 조선말토의 갈래 ………………………………(123)
제2장. 제언의 문법적형태 ………………………………(130)

제1절. 격토와 격범주 ······································· (130)
　　1. 격범주의 개념 ··· (130)
　　2. 격체계 ··· (140)
　　3. 격형태의 각종 의미와 그 쓰임 ······················· (144)
제2절. 도움토와 련관성의 범주 ···························· (162)
　　1. 도움토와 련관성의 범주에 대한
　　　 일반적리해 ·· (162)
　　2. 도움토의 결합구조적특성 ···························· (169)
　　3. 매개 도움토형태의 구체적인 의미 ················· (173)
제3절. 복수토와 수범주 ···································· (178)
　　1. 수범주의 개념 ··· (178)
　　2. 복수토 《들》의 의미 ································· (180)
　　3. 복수토 《들》의 결합구조적특성 ····················· (181)

제3장. 용언의 문법적형태 ··································· (186)

제1절. 용언의 자리토형태와 문법적범주 ················· (187)
　　1. 용언의 자리토형태 ···································· (187)
　　2. 자리토형태에서 나타나는 문법적범주 ·············· (225)
제2절. 용언의 끼움토형태와 문법적범주 ················· (255)
　　1. 용언의 끼움토형태 ···································· (255)
　　2. 끼움토형태에서 나타나는 문법적범주 ·············· (255)

제4장. 문법적의미의 강조와 강조토 ······················· (323)

제1절. 강조토의 본질 ······································· (323)
제2절. 강조향의 표현 ······································· (324)
　　1. 격형태뒤에 붙는 강조토 ····························· (324)
　　2. 이음토, 꾸밈토뒤에 붙는 강조토 ··················· (326)

3. 맺음토뒤에 붙는 강조토 ……………………… (329)

제5장. 체언과 용언의 형태바꿈 …………………… (331)

　제1절. 체언과 용언의 형태바꿈에 대한
　　　　 일반적리해 ……………………………… (331)

　제2절. 체언의 용언형 ……………………………… (338)

　제3절. 용언의 체언형 ……………………………… (340)

머 리 말

《우리 말은 문법구조도 째였습니다. 문법구조가 째였다는것은 언어가 그만큼 발전되였다는것을 말합니다. 특히 조선말은 토가 풍부하고 다양하며 치밀하게 발달되였습니다. 어휘가 풍부하고 문법이 째여져있기때문에 우리 말과 글로는 어떤 사상적내용이나 복잡하고 섬세한 감정도 정확하고 풍부하게 표현할수 있습니다.》

우리 말은 문법구조가 째여있는 우수한 언어이다.

어휘가 풍부하고 토를 비롯한 문법적표현수단이 치밀하게 발달되여 있기때문에 그 어떤 복잡한 사상과 섬세한 감정도 다 잘 나타낼수 있다.

문법은 어휘를 엮어 문장을 만들고 사상을 전달하는데서 중요한 역할을 한다.

문법적규칙과 요구를 지키지 않고서는 문장을 만들수 없고 말과 글의 정확성과 명료성을 보장할수 없으며 말과 글의 높은 표현성도 보장할수 없다. 이런 의미에서 문법은 언어의 통신적 및 표현적기능과 직접적으로 련관되여있는 중요한 분야라고 말할수 있다. 그러므로 문법지식을 정확하게 그리고 풍부하게 가지는것은 언어실천에서 매우 중요한 의의를 가진다.

문법지식을 가지는데서 형태론적지식을 높이 쌓아나가는것은 문장론적지식을 가지는것과 함께 중요한 의의를 가진다.

언어행위의 기본단위는 문장이고 문장의 기본단위는 단어이다. 단어는 문장에서 쓰일 때 문법적인 《옷》을 입게 되고 문장은 문법적《옷》을 입은 단어를 자료로 해서만 구성할수 있으며 자기의 통신적 및 표현적기능을 수행할수 있다.

단어가 문법적인 《옷》을 입었다는것은 단어가 문법의 관할하에 들어가 일정한 형태를 취했다는것을 의미하는것인데 형태론의 중요한 연구대상으로 된다.

이때까지 조선어형태론에 대한 서술은 여러가지 각도에서 수많이 진행되였다.

《조선어형태론》은 이때까지 쌓아올린 형태론적연구성과에 기초하여 리론적인 문제들을 더욱더 심화시키고 정밀화하며 언어실천적인 문제들도 적지 않게 다루려고 한다. 그리하여 교착어로서의 조선어의 형태론적특성을 깊이있게 밝혀 형태론건설에 이바지하며 근로자들의 언어생활에 실질적인 도움을 주려고 한다.

《조선어형태론》은 리론적깊이를 보장하여 일부 실천적인 문제들에 해답을 주는 방향에서 집필하면서 종합적인 규범문법도서로서의 체모를 벗어나지 않게 하려고 한다.

제1장. 조선어형태론서술의 기초적인 문제

제1절. 형태론의 서술대상과 체계

 언어의 기본단위인 단어는 어휘론에서 연구할수도 있고 문법론에서 연구할수도 있다.
 문법론에서 연구할 때 단어는 문법적의미를 가지고 나타나는 그의 모든 변화형태들을 종합체계화한것으로 되며 문장속에 들어갔을 때에는 어느 하나의 구체적인 변화형태를 취한 형태단어로 된다. 이것은 굴절어에 속한 언어에서만이 아니라 조선어와 같은 교착어에 속한 언어에서도 찾아볼수 있는 보편적인 현상이다. 교착어와 굴절어의 차이는 어떤 수법에 의하여 문법적형태가 조성되였는가 하는데 있지 구체적인 단어가 문장에서 쓰이기 위하여 문법의 《옷》을 입는다는데서는 차이가 없다.
 굴절어에서 명사부류에 속한 단어가 격변화를 하고 동사부류에 속한 단어가 인칭변화와 성수변화를 하는것처럼 교착어에서 명사부류에 속한 단어는 격변화를 하고 동사부류에 속한 단어는 보통 인칭변화를 하지 않지만 여러가지의 문법적변화를 하게 된다. 물론 교착어에 속한 언어도 뛰르끼예어나 핀란드어와 같이 인칭변화를 하는 언어들이 적지 않다. 그러나 조선어는 인칭변화를 하지 않고 다른 변화를 한다.
  ○ 책상이, 책상을, 책상에, 책상에서, 책상으로, 책상과, 책상이여…
  ○ 가다, 가고, 가게, 가니, 가누만, 가는구나, 가며, 가면, 갈수록, 갈지라도, 갑니다, 갑니까…

가시였다, 가시겠으면, 간, 갈, 가신, 가실…
먹이다, 먹이시면, 먹히고, 먹히우다, 먹히였으면…

조선어의 구체적인 단어가 문장에서 쓰일 때 모든 경우에 다 문법적인 변화형태를 취하는것은 아니다. 조선어의 관형사, 부사, 감동사와 같은 단어들은 형태론적변화를 하지 않는다. 굴절어에 속한 로어나 영어에서도 구체적인 단어들이 문장에서 쓰일 때 모든 경우에 다 형태론적변화를 하는것은 아니다. 로어에서 전치사, 접속사, 감동사, 일부 부사들은 형태변화를 하지 않는다. 영어에서는 로어에서보다 형태론적변화를 하지 않는 단어를 더 많이 찾아볼수 있다.

단어의 형태론적변화는 단어의 어휘문법적부류를 나타내는 가장 일반적인 문법적범주인 품사문제와 유기적으로 련관되여있다. 다시말하여 어떤 품사에 속하는 단어인가 하는데 따라 그 단어의 형태론적변화는 일정한 특성을 지니게 된다. 명사부류에 속한 단어가 말차림이나 존경의 문법적형태를 직접 취할수 없듯이 동사나 형용사부류에 속하는 단어가 직접 격변화를 할수 없는것이다.

품사는 단어의 어휘의미적특성, 형태론적특성, 문장론적특성, 단어조성적특성을 고려하여 나눈 어휘문법적부류인것만큼 단어의 형태론적변화에서 나타나는 일련의 특성을 안고 들어가는 문법적범주이다. 이런데로부터 지난 시기 단어의 형태론적특성을 품사론에서 많이 다루어왔다. 다시말하여 품사론과 형태론을 분리시키지 않고 형태론에서 품사문제를 다루면서 매개 품사에서 그가 가지고있는 형태론적특성을 서술하여왔다.

따라서 지난날 형태론의 연구대상은 단어의 문법적형태의 범위를 벗어나 보다 더 넓은것으로 되여있었다. 품사론적특성이 형태론의 주되는 대상으로 되면서 단어의 어휘의미적특성과 단어조성적특성, 문장론적특성이 모두 고찰의 대상으로 되였다. 그런데 여기서 론의하는 단어의 어휘의미적특성은 실질적인 어휘적의미에 관한 문제인것이 아니라 문법적으로 일반화되고 추상화된 의미로서 대상성과 과정성, 규정성으로 특징되는 분류상의 어휘의미적특성이라는것을 강조할 필요가 있다.

지난 시기 형태론을 고유한 의미에서의 형태론과 품사론, 단어조성론을 모두 포괄한 단어의 문법구조에 관한 언어학의 한 분과로 규정한것은 서로 차이나는 세개의 문제 즉 단어의 어휘문법적부류에 관한 문제, 단어의 형태변화체계와 형태론적범주에 관한 문제, 단어조성에 관한 문제 등을 한데서 취급한것으로 하여 불합리한 점들을 적지 않게 가지고있다.

단어에 대한 문법적인 연구는 형태론적측면만이 아니라 품사론적측면과 단어조성적측면에서의 연구도 동반한다.

지난 시기 적지 않은 문법책들에서 문법의 분과를 형태론과 문장론의 두개 분과로 설정하였다. 그러면서 품사분류로부터 시작하여 품사내부의 단어부류에 이르기까지 품사와 관련한 모든 문제를 형태론에서 취급하였다. 단어조성과 관련한 분석도 형태조성과 함께 형태론에서 취급하거나 부분적으로는 어휘론에서 취급하였다. 품사안에서 해당 품사의 특성과 그 문법적형태, 문법적범주, 단어조성적특성을 고찰한 다음 다른 품사에 대한 서술로 넘어가는 형식을 취하였다.

이러한 서술형식은 같은 문법적형태와 문법적범주들을 품사마다에서 되풀이하여 서술하는 현상을 초래할수 있으며 결국 조선어문법의 고유한 품사적특성과 문법적형태와 문법적범주, 단어조성적특성을 체계적으로 심오하게 해명할수 없게 하였다. 특히 조선어의 고유한 교착어적특성을 더욱 뚜렷이 반영할수 있는 형태론과 품사론을 건설하는데서 불합리한 점들을 적지 않게 가지고있었다. 이로부터 일부 문법책들에서는 품사와 토문제를 제각기 품사론 혹은 형태론의 테두리안에서 서술하고있지만 문법의 독자적인 분과로는 떼여내지 못하였다.

《조선어리론문법》이 나오기전까지의 형태론의 서술체계는 크게 보아 세가지로 구분된다고 볼수 있다. 즉 주체49(1960)년의 《조선어문법(1)》에서처럼 형태론과 품사론을 합쳐 품사위주로 서술한것과 주체51(1962)년의 《현대조선어(2)》에서처럼 형태론에 각각 품사와 단어의 구조, 문법적형태를 동등하게 넣어 취급한것 그리고 주체53(1964)년의 《조선어문법》에서처럼 형태론과 품사론을 독립시켜

서술한것 등을 들수 있다.
　형태론과 품사론을 합쳐 품사위주로 형태론을 서술하는것은 형태론의 기본내용을 단어들의 어휘문법적부류문제에 귀속시킴으로써 조선어의 중요한 특성의 하나인 토문제를 정확히 밝힐수 없게 하며 형태론에 품사와 단어구조, 문법적형태 등을 동등하게 넣어 처리하는것은 다른 성격의 문제를 각기 다른 질서에 따라 처리하는것이 아니라 같이 취급함으로써 불합리성과 번잡성을 낳고 조선어의 형태론적특성을 보다 깊이있게 해명할수 없게 한다.
　《조선어형태론》에서는 문법서술에서 불합리성과 번잡성을 피하고 조선어단어의 품사론적, 형태론적, 단어조성적특성을 보다 뚜렷하고 심오하게 밝히기 위하여 조선어단어의 품사론적측면에서의 특성과 단어조성적측면에서의 특성은 취급하지 않고 조선어단어의 구조와 문법적형태, 문법적의미와 문법적범주에 관한 문제를 밝히는데 주목적을 두면서 교착어로서의 조선어의 특성을 전면적으로 밝히려고 하였다.
　《조선어형태론》은 품사론과 단어조성론이 떨어져나간 조건에서 그 서술대상은 좁아졌다. 다시말하여 조선어단어구조와 형태론적변화형태들에 대한 전문적이고도 심오한 분석과 서술을 진행할수 있게 되였다.
　《조선어형태론》의 연구대상은 다음과 같다.
　무엇보다먼저 조선어단어구조와 문법적형태이다. 조선어의 단어구조와 문법적형태에 관한 문제는 서로 유기적으로 련관되여있다. 조선어단어구조를 밝히지 않고서는 조선어단어의 문법적형태를 옳게 밝힐수 없으며 조선어단어의 문법적형태에 대한 정확한 리해가 없이는 조선어의 단어구조도 정확히 밝힐수 없다.
　조선어형태론에서 단어구조를 밝히는것도 궁극적목적은 조선어단어의 문법적형태에 대한 정확한 리해를 갖게 하기 위해서이다.
　조선어의 문법적형태는 매우 풍부하고 다양하다. 그리고 그 문법적형태가 이루어지는 방식에서도 독특한 특성을 지니고있다. 조선어는 굴절어와 달리 토가 말줄기에 들어가 붙는 방법에 의하여 문법적형태가 이루어지는데 이렇게 문법의 《옷》을 입은 형태단어는 일정한 변화체계속에 놓인다.
    조선어의 문법적형태가 매우 다양하고 풍부하며 정연한 변화체계를 가지고있다는것은 조선어토의 본성자체와 관련된것으로서 형태론에서 토문제가 중요한 고찰대상으로 되며 토가 말줄기에 들어가 붙는 교착의 수법 역시 중요한 고찰대상으로 된다는것을 보여주고있다.
    다음으로 조선어형태론의 연구대상은 문법적형태로 표현되는 문법적의미이다.
    조선어의 특징으로 되는 토는 자기의 고유한 문법적의미를 나타내고있다. 의미가 없는 언어적수단은 무의미하다.
    조선어토가 가지고있는 의미는 문장과 언어환경에 따라 여러가지 뜻과 뜻빛갈을 가질수 있으며 이것은 언어실천에서 크게 주목을 돌려야 할 측면이다.
    조선어토가 나타내는 문법적의미는 력사적으로 볼 때 부단히 변화발전하여왔다. 교착물인 토는 생겨날 때부터 교착물인것이 아니라 문법화되여 이루어진것만큼 굴절어에서의 말꼬리나 문법적의미의 다른 표시자들과 구별되는 특성을 가진다.
    이런 측면에서 볼 때 문법적의미분야에서도 교착어로서의 조선어의 고유한 특성이 표현되고있다.
    다음으로 조선어형태론의 연구대상은 조선어의 문법적형태와 문법적의미에 기초하여 이루어지는 조선어의 형태론적인 문법적범주이다.
    조선어의 형태론적인 문법적범주 역시 조선어적인 고유한 특성을 가지고있다.
    언어의 민족적특성은 어음과 의미, 어휘구성과 문법구조, 언어표현에서 나타난다.
    문법구조에서 나타나는 언어의 민족적특성은 문법적의미의 표현수단에서만이 아니라 문법적범주에서도 집중적으로 표현된다.
    문법적범주는 크게 보아 문장론적인 범주와 형태론적인 범주, 품사론적인 범주로 갈라볼수 있는바 형태론적인 범주에서 언어의 민족적특성이 가장 잘 나타난다고 말할수 있다.

문장론적인 범주는 어휘표현수단과 문법적형태에 기초하여 구성되는데 문장론적단위들이 표현하는 개념들사이의 각종 관계를 일반화할 때 생기는것으로서 론리적판단이나 추리 등과 관련될수 있는 가능성을 가지고있다. 품사론적인 범주는 단어들의 어휘문법적부류와 관련되여있는것만큼 론리적개념이나 의미와 관련될수 있는 여지가 있다. 이런것으로 하여 문장론적범주나 품사론적범주는 론리적인것과 관련될수 있으므로 형태론적범주에 비해볼 때 언어의 민족적특성을 표현하는데서 뒤자리에 놓일수 있다.

이런데로부터 지난 시기 일부 문법책들에서 형태론서술에 모를 박고 조선어의 민족적특성을 밝히려고 노력하였는데 그것도 문법적형태조성의 기본수단인 토를 위주로 하여 전개하였다.

그러나 형태론서술을 토위주로 하면서 형태론적범주들에 대한 고찰을 차요시하는것은 일면성을 피할수 없다. 형태론의 연구대상은 어디까지나 형태론적인 문법적범주와 밀접히 련관되여있는 문법적형태이다. 물론 토를 일정한 류형별로 묶어서 그 문법적의미를 서술하는 과정에는 그와 관련한 문법적범주에 대하여 취급하지 않을수 없다. 그러나 이러한 연구태도와 서술방식은 형태론에서 개별적인 토들에 치중하고 보다 더 넓고 깊은 시야에서 문법적범주를 다루지 못하는 결과를 가져올수 있다. 문법적형태와 문법적의미, 문법적범주는 호상 련관된 형태론의 연구대상인것이다.

그러므로 《조선어형태론》에서는 교착어로서의 조선어의 특성을 밝히는데 주되는 힘을 넣으면서도 문법적범주와의 유기적인 련관속에서 고찰하고 서술하려고 한다. 조선어형태론서술의 기초적인 문제를 취급한 제1장에서는 물론 체언토와 용언토, 바꿈토를 전문적으로 다루고있는 제2장과 제3장, 제5장에서도 문제의 고찰을 해당한 범주와의 유기적인 련관속에서 진행하며 토에 대한 일반적리론과 초보적분석에 머무르는것이 아니라 일정한 폭과 깊이를 보장하려고 한다.

제2절. 교착어로서의 조선어의 특성

　　19세기 중엽 자연주의언어학자들에 의하여 세계언어의 형태론적분류가 진행된 때로부터 교착어는 굴절어, 고립어 후에는 포합어와 함께 언어연구가들의 관심거리의 하나로 되였으며 교착어의 여러가지 문법적특성이 연구해결되였다.
　　처음 교착어는 뛰르끼예말에서와 같이 단어조성과정이 뚜렷하고 말뿌리와 덧붙이의 결합이 명백하며 덧붙이가 독자적의미를 가지고있는것으로 리해하였다. 그후 슬라브언어학자들을 비롯한 여러 학자들에 의하여 언어의 형태론적분류에 대한 문제가 더욱 깊이 연구되면서 교착어에 속하는 우랄-알타이어들의 문법적특성이 전면적으로 밝혀지게 되였다.
　　조선어가 교착어에 속하는 언어라는것은 오래전에 밝혀졌다. 많은 언어학자들이 조선어의 교착어적특성에 대하여 이렇게 저렇게 서술하였다.
　　조선어의 교착어적특성을 정확히 밝히기 위해서는 조선어자체의 문법구조적특성을 전면적으로, 력사적으로 밝힐뿐아니라 교착어에 속하는 린근언어들과의 대조속에서 밝혀야 한다. 교착어일반의 특성을 기계적으로 조선어에 적용하여도 안되고 조선어의 고유한 특성을 무시해도 안된다.
　　일반적으로 조선어도 문법적의미를 나타내는 덧붙이가 말줄기에 들어붙어서 일정한 문법적형태를 조성한다는 점에서는 다른 일련의 교착어들과 공통적인 특성을 가지고있다.
　　그러나 조선어는 교착어에 속하는 다른 언어들과 비교해볼 때 몇가지 중요한 특성을 가지고있다.
　　1) 조선어에서 문법적형태는 교착의 수법에 의하여 조성된다.
　　이런 면에서 조선어는 전형적인 교착어라고 말할수 있다.
　　지난 시기 언어의 형태론적분류를 진행한 학자들가운데는 교착어와 굴절어사이에 교착굴절적언어를 따로 설정하고 여기에 쎄미트어들을 소속시키였다. 그러면서 교착굴절적언어는 교착어와 달리 단어의 말뿌리들이 굴절되는것과 함께 덧붙이가 교착됨으로써 문법적형태가 이루어진다고 하였는데 이때 말뿌리와 덧붙이사이의 관계는 교착어와 같다고 하였다. 교착어에는 우랄-알타이어들을 소속시키였는데 덧붙이가 비록 단어의 변화된 부분이기는 하지만 말뿌리와 의미상 구분된다고 하였다.

 이것은 합성어에서 문법적형태를 조성할 때에 말끄리의 굴절과 덧붙이의 교착이 동시에 진행되고있는 언어가 있다는것을 말해주고 있다. 굴절어의 견지에서 보아도 교착의 수법이 일부 작용하고있는 언어가 있으며 교착어의 견지에서 보아도 굴절의 수법이 일부 작용하고있는 언어가 있다.

 지금 쎄미트어에서 대표적인 언어라고 말할수 있는 아랍어는 굴절어에 속한 언어라고 하는데 교착의 수법이 적지 않게 작용하고있다. 례컨대 명사의 격형태는 굴절의 수법에 의하여 《al-kita:bu(주격-그 책이)/al-kita:bi(속격-그 책의)/al-kita:ba(대격-그 책을)》로 이루어지지만 명사의 지정 및 미정관계는 앞붙이와 뒤붙이를 첨가하여 조성한다. 즉 지정의 의미는 관사 《al》을 첨가하여 《al-kita:bu(그 책이)》로 표현되고 미정의 의미는 뒤붙이 《n》을 첨가하여 《kita:bun(어떤 책이)》으로 표현된다. 명사의 복수형태도 거의 모두가 말줄기형태의 구조변화에 의해 이루어지지만 일부 단어들은 말줄기에 뒤붙이가 붙어 이루어진다. 이와 류사한 현상들은 동사의 미완료형과 완료형의 조성, 법형태의 조성에서도 찾아볼수 있다.

 이처럼 세계언어들을 살펴볼 때 모든 언어가 한가지 수법에 의해서만 문법적형태가 이루어지는것이 아니다. 교착과 굴절의 수법이 함께 작용하는 언어들도 있다. 이런 현상은 교착어에 속한 언어들에서도 찾아볼수 있다.

 보통 일본어는 교착의 수법에 의하여 문법적형태가 이루어지고 문법적의미가 표현되는 언어로 널리 알려져있다. 그러나 일본어의 격조사는 전형적인 교착의 수법에 의하여 문법적형태를 조성한다고 볼수 있지만 일본어동사변화는 굴절어의 그것과 별다른 차이가 없다. 즉 일본어동사 《yomu(읽다)》는 《yoma(미연형), yomi(련용형), yomu(종지형), yomu(련체형), yome

(기연형), yome(명령형)》등의 말꼬리변화에 의하여 각이한 형태가 조성된다. 여기서 변하지 않는 부분 즉 말줄기는 《yom》이고 변하는 부분 즉 말꼬리는 《a-i-u-u-e-e》이다. 이런데로부터 많은 학자들이 일본어는 교착어에 속하지만 동사와 형용사는 말꼬리변화에 의하여 문법적의미가 표현된다고 말하고있다.

일본어의 동사, 형용사는 굴절적수법에 의하여서만 문법적형태를 조성하는것은 아니다. 동사, 형용사가 굴절한 뒤에 다시 조사《to, ba, kara, ga, keredomo》같은것이 교착되여《ik-u-to, ik-e-ba, ik-u-kara, ik-u-ga, ik-u-keredomo》와 같은 형태를 조성한다. 이것은 일본어의 동사, 형용사에서 찾아보게 되는 교착의 수법이 굴절말꼬리뒤에서 이루어지는것만큼 교착어로서의 전형성이 상대적으로 약하다는것을 보여준다.

그렇지만 교착의 수법이 문법적형태조성에서 많은 역할을 하기에 교착어에 소속시키고있는것이다.

이처럼 언어의 형태론적분류는 적지 않은 경우 상대적인것으로서 학자들로 하여금 교착굴절적언어와 같은 하나의 부류를 설정하는가 하면 교착어나 굴절어에 소속시켜놓고 다른 수법에 의하여 문법적형태가 조성되는 경우가 있다고 주를 달지 않으면 안되는 결과를 가져오군 하였다.

그러나 조선어는 교착어로서의 특징이 전형적이여서 굴절이나 포합과 같은 다른 수법에 의하여 문법적형태가 조성되는 경우가 있다고 주를 달지 않아도 되는것이다.

물론 조선어에서도 격범주와 용언의 시간이나 말차림범주 같은것이 다같이 교착의 수법에 의하여 문법적형태가 조성된다고 하지만 그 자립성과 교착의 정도에서 차이가 없는것은 아니다.

격토는 용언에 붙는 여러 토들에 비하여 상대적자립성이 더 강하고 용언토들은 말줄기에서 떨어져나가기가 힘들며 일본어의 동사, 형용사의 변화와 어느 정도 류사한것은 사실이나 어디까지나 굴절이 아니라 교착의 수법에 의하여 문법적형태가 조성되는것이다. 다시말하여 일본어동사《yomu》가 말꼬리변화를 하여

《yoma-yomi-yomu-yomu-yome-yome》 등으로 되는것처럼 변하는것이 아니다.

이것은 조선어가 교착의 순도가 매우 높은 전형적인 교착어라는것을 말해준다.

2) 조선어는 교착물(토)의 형성과정, 문법화과정이 뚜렷한것이 특징적이다.

력사적으로 볼 때 문법적형태를 조성하는데서 기본수단으로 되는 교착물(토)은 실질적인 의미를 가진 자립적단어에서 형성되였다. 이러한 현상은 교착어일반에서 찾아볼수 있는 공통적인 현상이다.

레컨대 교착어에 속하는 바슈끼르어(일반적으로는 뛰르끼예어)에서의 문법화는 자립적단어에서 보조적단어, 보조적단어에서 후치사, 후치사에서 덧붙이의 형성과정을 하나의 그림으로 보여줄수 있을 정도로 일목료연한것이다.

보조적명사, 후치사, 덧붙이는 구체적인 단어의 실질적의미와 대치되는 추상적인 의미 즉 단어들사이의 문법적관계를 표현하는데서는 공통적이다. 보조적단어는 중요하게는 공간적 및 시간적관계를 나타낸다. 후치사는 문장형태론적관계 즉 문장문맥적관계를 표현하며 덧붙이는 좁은 형태론적관계 즉 단어의 테두리안에서 요구되는 형태론적인 관계를 표현한다.

바슈끼르어에서 보조적단어는 보조적명사와 보조적동사로 갈라진다.

보조적명사 - аcm(밑), аpm(뒤)

보조적동사 - моp(고있다, 어있다)

실례로《май астында(산밑으로)》,《май ртында (산뒤로)》에서《астында》와《артында》는《аcm》와《аpm》가 변화된것이다. 바슈끼르어연구자들은 이러한 보조적단어가 더 추상화되여 실질적인 어휘적의미를 상실하고 단어들사이의 문법적관계만을 표시하는 후치사로 발전하고 나아가서 덧붙이로 발전하였다고 보고있다.

바슈끼르어에서 후치사와 덧붙이인 경우 단어조성과 단어변화의 가능성을 가지고있지 못하다.

바슈끼르어(일반적으로는 뛰르끼예어)에서 찾아보게 되는 단어의 이러한 순차적인 발전과정은 원칙적으로 공통적인 모습을 보여주지만 매개의 단어가 이러한 로정을 거치였다고 말할수 없다.

일부 경우에 자기 발전의 이러저러한 특징적인 모습을 보여주고 있다. 다른 한편 우에서 보여주는 단어발전과정에 대한 도해는 력사적인 고찰에 의해서만 작성할수 있는것으로서 현대어의 서술문법에서는 고찰되지 않아도 되는것들이다. 현대어의 서술문법에서는 서로 린접해있는 두개 모습의 교체만을 찾아볼수 있고 동일한 한개 단어의 전일적인 발전모습을 고찰할수 없는것이다.

이처럼 교착어에서는 실질적인 어휘적의미를 가진 단어가 문법화되여 보조적단어, 후치사, 덧붙이 등으로 발전해나가는것이 공통적인 특성으로 되고있다.

조선어도 교착어에 속한 언어인것만큼 조선어에도 실질적단어의 문법화과정이 존재하는데 다양하고 전일적인 발전로정을 보여주는것이 중요한 특징으로 되고있다.

조선어에서의 전형적인 문법화과정은 보조적명사 즉 불완전명사의 산생 및 추상화에서 찾아볼수 있다.

불완전명사의 력사적발전과정은 다음과 같은 도식으로 보여줄수 있다.

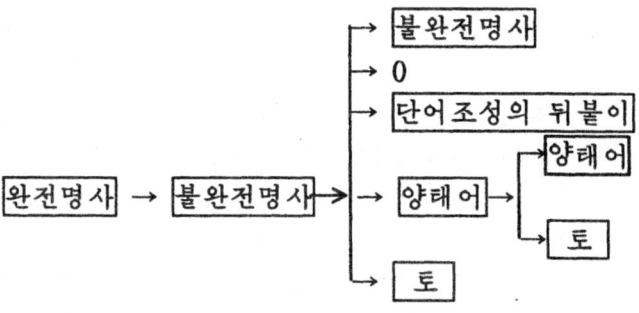

이와 같이 조선어에서의 불완전명사의 력사적인 움직임은 다양하고 독특한 양상을 띠고있다.

지난날의 불완전명사가 오늘날에도 불완전명사로 쓰이거나 없어진것 그리고 단어조성의 뒤붙이로만 쓰이는것들은 형태론서술을 위해서 중요치 않다. 다만 양태어의 단계를 거쳐 토로 되였거나 직접 토로된것이 형태론서술을 위해서 중요한 대상으로 된다.

불완전명사가 이렇게 변화하는 과정은 교착어적특성을 가진 우리 말이 오랜 기간의 력사적변천과정을 거치는 결과에 이룩된것이다.

단어의 어느 한 문법적형태가 굳어져서 토로 되였거나 다른 품사로 넘어가는것과는 달리 완전한 자립적단어가 불완전명사와 같은 보조적단어로 되고 또 그것이 토로 넘어가는데는 참으로 오랜 기간이 필요하다.

이러한 력사적변화는 굴절어나 다른 류형의 언어에서는 찾아볼수 없는 조선어의 특징적인 현상이다. 다시말하여 문법적형태의 조성이 교착의 수법으로 이루어지고 보조적단어가 매우 발달되여있는 조선어와 같은 교착어에서만 찾아볼수 있는 현상이다.

그런데 조선어에서의 이러한 력사적변화과정은 오늘날의 언어의식에서도 쉽게 가려볼수 있는 경우가 있다는데 문제가 있다. 오늘날의 조선어토《ㄴ들, ㄹ진대, ㄴ지라, ㄹ지니, ㄹ지라도, ㄹ지언정, ㄹ지니라, ㄴ지고…》등은 앞부분에 있는《ㄴ》,《ㄹ》와 그 뒤부분에 있는 요소를 쉽게 구분할수 있는바 뒤부분에 있는것은 지난날의 불완전명사《ᄃ》와 기원상 관련되는것들이다.

오늘날의 조선어토《ㄹ소냐, ㄹ사, ㄹ새, ㄹ세, ㄹ손가》등도 우와 비슷한 경우인데 이것은 지난날의 불완전명사《ㅅ》와 기원상 관련되는것이다. 토《ㄹ수록》,《도록》등도 지난날의 불완전명사《ㅅ》,《ᄃ》와 관련되는것인데 조격형태가 굳어진것이 좀 다른것이다.

오늘날 토《ㄴ걸, 던걸, 는걸, ㄹ걸, ㄴ데, 는데, ㄴ바, 는바, 던바, ㄴ지, 던지》등은 불완전명사《걸, 데, 바, 지》등과 결합하여 새로 조성한 합성토로서 일부 학자들인 경우 그것들을 서로 구분해서 고찰하는 경우도 있다.

특히《등, 듯, 만큼, 대로, 채(로), 뿐, 따름》등 특수한 단위와 앞에 오는 규정형토《ㄴ》,《ㄹ》등이 결합된것을 토로 보겠느냐 아니면 다른 단위로 보겠느냐 하는 문제를 놓고 론의할 정도로 문법화에서 불철저한 경우가 있는데 이것은 그 력사적발전로정을 오늘날

- 17 -

의 견지에서도 쉽게 알아볼수 있다는것을 말해주고있다.

조선어에서 보조적단어, 구체적으로는 불완전명사가 토로 넘어가거나 합성토의 구성부분으로 넘어가는 과정이 오늘날의 언어의식으로도 가려볼수 있는것은 조선어단어의 문법화과정이 오늘날에도 진행되고있다는것을 말해주고있다.

조선어에서 문법화과정에 있는 단어들은 다음과 같은 그림을 통해 설명할수 있다.

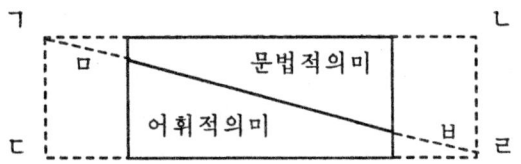

조선어에서 문법화과정에 있는 단어들은 대각선 ㅁ, ㅂ선상에 놓이게 된다. 어휘적의미만을 가지고있거나 문법적의미만을 가진것이라면 ㄱ나 ㄹ에 놓이게 되므로 문법화과정에 있는 임의의 단어는 모두 ㅁ, ㅂ선상에 놓임으로써 어휘적의미와 문법적의미의 크기를 직관적으로 알수 있다. 양태성의 의미를 가진 《리, 번, 법, 사, 성, 상, 수, 척, 체, 양》 등과 같은 단어들이 바로 이 ㅁ, ㅂ선상에 놓인다.

실례로 단어 《법》을 들어 살펴보자.

《조선말대사전》에서는 단어 《법》의 뜻풀이를 다음과 같이 하고있다.

① ((법학)) 국가가 제정공포하고 국가권력에 의하여 그 준수가 담보되는 공통적인 행동준칙. 의무성을 띠는 행위규범으로서 사회경제제도의 반영이며 정치의 한 표현형식이다. 국가의 중요한 통치수단이다. ∥ ～을 지키다. ～을 정하다.

② ((언어)) 《법범주》의 준말. D 법범주를 나타내는 문법적형태. | 이 동사의 법은 시킴법이다.

③ 무조건 집행해야 하는 의무. | 인민경제계획은 곧 법이다.

④ (주로 《있다》, 《없다》 앞에 쓰이여) 제도나 질서.

⑤ (규정어 다음에 쓰이여) 도리나 리치. | 그렇게 혼자만 하는 법이 어디 있어요. 같이 해야지요.
⑥ (동사의 《-는》형 다음에 쓰이여) 그 동사가 뜻하는 사실이 필연적이거나 합법칙적임을 나타낸다. | 압박이 있는 곳에는 반항이 있는 법이다.
⑦ (동사의 《라는》형 다음에 《있다》,·《없다》와 함께 쓰이여) 마땅히 그렇게 되는 성질이나 특징을 나타낸다. | 사람이란 마지막까지 죽으라는 법은 없을게다.
⑧ (동사의 《-는》형 다음에 《있다》,《없다》와 함께 쓰이여) 엄격히 관습화된 사실임을 나타낸다. | 그는 누가 아무리 무어라 해도 조금도 성내는 법이 없는 처녀이다.

사전의 뜻풀이에서 찾아볼수 있듯이 단어 《법》은 원래 한자어에서 나온 단어이지만 제약된 구조속에 들어가 쓰이면서 문법화되여 여러가지의 추상화된 의미를 나타내고있다. 필연성, 당연성, 관습성 등의 의미를 나타내고있는데 《래일은 비가 올법 하다.》고 했을 때의 양태적의미까지 함하면 참으로 의미분화의 추상화정도는 각이하며 높은 수준에 이르고있다. 여기서 《비가 올법 하다.》고 했을 때의 단어 《법》은 한자말이라고 보기 곤난할 정도로 추상화되고 관습화되여 소리같은말로 갈라내야 할 형편이다.

이처럼 문법화된 의미들은 구체적인 문맥과 관련되는것으로서 조선말사전에서 하나의 올림말밑에 다의어로 처리하겠는가 아니면 소리같은말이나 문법적성구 나아가서 합성토로 처리하겠는가 하는 문제가 제기되는 경우가 있다. 이것은 조선어에서 불완전명사의 력사적움직임, 새로운 교착물의 형성과 관련되여있는 문법화과정이 오늘날 중요한 문법적현상의 하나로 되고있으며 현대언어의식에서 파악되고 가공처리되여야 할 현상이라는것을 보여주고있다. 사실상 《올법 하다》의 《ㄹ법》이나 《ㄹ사》, 《ㄹ수록》, 《ㄹ지》, 《ㄹ지라도》 등의 결합구조는 크게 차이나지 않는다.

이처럼 조선어에서 새로운 교착물의 형성은 그 과정이 다양하고 순차적인 체계성을 띤것으로서 오늘날의 언어의식으로써도 능히 감별할수 있는 과도적인 현상이다. 이것은 교착어에 속한 다른 언어들에 비해볼 때 우리 조선말이 가지고있는 중요한 문법적특성의 하나로 되고있다.

3) 교착어로서의 조선어의 특성은 토의 특성에 의하여 전면적으로 표현되고있다.

조선어의 토가 단어의 말줄기에 첨가됨으로써 문법적형태를 이루는것만큼 교착물인 토가 가지고있는 일련의 특성은 교착어로서의 조선어의 특성을 규정하는 가장 중요한 요인으로 된다. 조선어의 문법적형태를 조성하는 기본수단인 토는 상대적자립성과 량적풍부성, 교착의 순차성과 토합침의 적극성, 문법적의미의 다양성 등을 자기의 중요한 특성으로 하고있다. 이것은 교착어에 속한 다른 일련의 언어들과 비교해볼 때 쉽게 찾아볼수 없는 우리 말 토가 가지고있는 특성의 하나이다.

조선어토가 가지고있는 이러한 특성은 조선어로 하여금 교착어로서의 특성을 더욱 두드러지게 나타낼수 있는 중요한 공간으로 된다.

조선어토가 가지고있는 이러한 특성은 구체적인 언어실천속에서 분석파악할수 있는것으로서 이 론문의 《제1장 제6절 조선어토의 특성과 갈래》에서 전문적으로 취급하려고 한다.

제3절. 조선어단어의 형태론적구조

조선어의 단어구조는 단어조성의 측면에서 고찰할수도 있고 형태조성의 측면에서 고찰할수도 있다.

조선어의 단어구조가 말뿌리, 앞붙이, 뒤붙이 등으로 이루어졌다고 하는것은 단어조성의 측면에서 그 구조를 들여다본것으로서 문법의 깊이있는 분석을 위해서는 불충분한것이다. 단어는 사전적인 단어, 언어행위의 기본단위인 문장밖에 있는 단어로 존재하는것이 아니다.

단어는 언제나 문법적인 형태를 취한 상태로 문장속에 존재하기마련이다. 그러므로 단어구조를 론할 때 단어조성적구조와 함께 형태론적구조를 론하게 된다.
 특히 단어조성의 측면에서 본 형태부들이 형태조성의 측면에서 본 형태부들과 그 성격규정에서 명백히 해야 할 점들이 적지 않으므로 조선어단어의 형태론적구조에 대한 연구는 중요한 의의를 가지게 된다. 례컨대 일부 견해에서는 상형태를 조성하는 형태부를 토로 보는것이 아니라 단어조성의 뒤붙이로 보는것만큼 《이, 히, 기, 리, 우》를 단어조성의 견지에서 뒤붙이로 보겠는가 아니면 형태조성의 수단으로 보겠는가 하는것이 론의거리로 되게 된다.
 조선어에는 또한 바꿈토 《ㅁ》, 《기》가 단어조성의 뒤붙이로 넘어가서 적극적으로 쓰임으로써 해당한 체언의 용언형, 용언의 체언형이 단어조성인가 아니면 바꿈형태인가 하는것이 문제로 되는 경우가 적지 않다. 구체적인 문맥속에서 바꿈토 《ㅁ》, 《기》가 들어가 있는 《이름, 부름, 보내기, 밝기》 등이 용언의 체언형으로 되기도 하고 단어조성의 뒤붙이로 되기도 한다. 그러므로 바꿈토 《ㅁ》, 《기》는 단어조성구조와 형태조성구조에 대한 연구에서 다같이 관심을 돌려야 할 대상으로 되고있다.
 조선어에는 또한 동사 《하다》의 《하》가 줄어들면서 단어의 형태론적구조를 모호하게 하는 경우가 있다. 례컨대 《책을 읽겠다 하면서…》에서 《하》가 줄어들어 《책을 읽겠다면서…》로 되였을 때 형태조성의 수단들을 어디에서 분리시키겠는가 하는것이 문제로 제기되는것이다.
 조선어에는 또한 말줄기와 토사이에 결합모음 《으》가 끼여들어가므로 단어의 형태론적구조에 대한 분석에서 류의해야 할 점들을 보여주고있다.
 ○ 읽고, 읽어, 읽었다
 ○ 읽으면, 읽으시고, 읽으리
 이와 함께 조선어동사, 형용사의 말줄기에서 력사적인 어음교체가 일어나므로 그것들의 형태론적구조를 분석해내는데서 일련의 어려운 점을 낳고있다. 례컨대 《르-ㄹㄹ》의 바꿈(실례 : 흐르다-흐르고-흘러), 《ㄷ-ㄹ》의 바꿈(실례 : 걷다-걷고-걸어), 《ㅂ-우(오)》의 바꿈(실례 : 돕다-돕고-도와), 《르-ㄹㄹ》의 바꿈(실례: 누르다-누르고-누르러), 《ㄹ-ㅇ(령)》의 바꿈(실례: 살다-살고-사니), 《ㅅ-ㅇ(령)》의 바꿈(실례: 낫다-낫고-나아), 《ㅎ-ㅇ(령)》의 바꿈(실례:빨갛다-빨갛고-빨개서)에서 볼수 있는바와 같이 말줄기의 어음구조가 력사적인 교체를 하고있는것만큼 여느 용언의 말줄기와 토를 구분할 때처럼 그렇게 해서는 안된다.

이로부터 조선어단어의 형태론적구조를 정확히 분석하는것은 형태론서술을 위하여 중요한 의의를 가지는 기초적인 문제의 하나로 된다.

일반언어학적인 견지에서 볼 때 교착어단어의 형태론적구조는 굴절어와 다른것으로서 교착어들사이에서는 공통적인 측면을 많이 가지고있다.

우리 말을 비롯하여 나나이어, 바슈끼르어, 몽골어, 뛰르끼예어 등은 모두 교착어에 속하는 언어들로서 단어의 형태론적구조에서 공통점과 차이점을 모두 가지고있다.

나나이어문법연구가들은 나나이어에서 말줄기와 말뿌리가 물질적으로 일치할수 있으며 비파생적일수 있다고 하면서 단어의 말뿌리자체는 순수한 문법적과정에는 참가하지 않는다고 쓰고있다. 이것은 같은 교착어에 속하는 조선어의 말뿌리와 말줄기가 가지고있는 특성과 류사한것이다.

나나이어문법을 연구한 이전 쏘련의 언어학자들은 나나이어에서 구분되는 형태부들에 대하여 다음과 같이 서술하고있다.

① 단어조성의 형태부들
② 과도적인 형태조성의 형태부들
③ 혼합적인 형태조성의 형태부들
④ 상관적인 형태조성의 형태부들

여기서 ①과 ②는 말줄기에 혹은 말줄기조성의 형태부에, ③과 ④는 단어변화부분에 소속시키고있다. 이러한 구분은 형태부들이 나타내는 의미의 차이에 기인된다고 쓰고있다. 즉 단어조성의 뒤붙이는 단어의 어휘적의미의 표현과 관련되며 형태조성의 형태부는 단어의 문법적의미의 표현과 관련된다는것이다. 의미적표식에 따르는 형태부의 이러한 분류는 단어의 말줄기와 단어변화의 부분을 갈라 다루게 되는 형태론을 위하여 중요한 의의를 가지지만 형태부의 성격규정을 위한 완전한 해답으로는 되지 못한다. 왜냐하면 수, 시간, 법 등을 표현하는 형태부의 위치가 불명확한것으로 남아있으며 단어조성의 형태부그루빠에는 단어조성의 형태부뿐아니라 형태조성의 형태부들도 혼합되여있기때문이다.

조선어문법을 연구한 이전 쏘련의 학자들은 나나이어나 바슈끼르어를 연구한 로씨야언어학자들처럼 조선어의 단어구조를 단어의 어휘적의미를 나타내는 말줄기소속부와 단어의 문법적의미를 나타내는 형식-기능적소속부로 나누어 설명하고있는데 이것들은 명확히 갈라지는 특성을 가지고있다고 첨부하고있다.

그들은 부당하게도 말줄기소속부에 말뿌리뒤붙이(실례 : 률, 학, 기, 주의…)와 준뒤붙이(변화되는 뒤붙이)와 단어-뒤붙이들을 소속시키면서 단어조성에서 중요한 고찰대상으로 된다고 주장하고있다. 그들은 조선어현실에 맞지 않게 준뒤붙이라는 개념을 설정하고 그것을 자주 교체되는 뒤붙이적말뿌리와 형태조성의 뒤붙이로 구성되여있는 합성적형태부로 주장하면서 여기에 《롭다, 스럽다, 거리다, 대다, 이다(출렁이다), 지다, 뜨리다》 등을 모두 함께 소속시키고있다. 또한 그들은 준뒤붙이에 대치해서 파생어로부터 구별될수 있는 가능성이 있으며 비록 극히 일반적이지만 일정한 정도로 자립적인 어휘적의미를 보존하고있는 형태부를 단어-뒤붙이로 규정하면서 여기에 《하다, 되다, 시키다, 치다, 답다, 피우다, 부리다》 등을 소속시키고있다.

조선어에서 《답다》와 《롭다》가 다른 부류에 속할 정도로 서로 다른 어휘문법적특성을 가지고있지 못하며 《하다, 되다, 시키다》 등은 하나의 완전한 자립적단어인것이다.

이전 쏘련의 조선어연구자들이 내놓은 형식-기능적소속부에 대한 견해는 말줄기소속부에 대한 해석보다 더 흥미있는것을 보여주고있다.

그들은 형식-기능적형태부에 상관적형태부와 과도적인 형태부를 소속시키고있다. 상관적형태부에는 《사람이, 나와, 가면서, 가는》등에서 찾아볼수 있는 토《이, 와, 면서, 는》등을 소속시키였는데 문장론적관계를 표현하는 형태부로 특징짓고있다. 과도적인 형태부에는 《사람들, 당신네, 나는, 우리만, 사람마다, 배움, 말하기》등에서 찾아볼수 있는 《들, 네, 는, 만, 마다, ㅁ, 기》등을 소속시키였는데 보충적인 형태 혹은 의미적색채를 표현하는 형태로 특징짓고있다.

그러면서 상관적형태부와 과도적인 형태부들은 이러저러한 문법적범주의 표시자로 되는 덧붙이에 의하여 통합된다고 하였다.

이른바 과도적인 형태부에 속한다는 형태부들은 그 어떤 의미적색채만을 나타내는것이 아니라 그것들은 그것들대로 자기의 고유한 문법적의미를 나타낸다. 지어 《는》과 같은 토는 도움토에 소속시키기는 하지만 문장에서 단어들의 문장론적관계를 나타내는데 복무한다.

이전 쏘련의 조선어연구자들이 내놓은 조선어의 상관적형태부와 과도적형태부에 대한 주장을 이전 쏘련의 나나이어연구자들이 내놓은 상관적인 형태조성의 형태부들과 과도적인 형태조성의 형태부들에 대한 견해와 대비해보면 공통적인 점들을 찾아볼수 있다. 이것은 이전 쏘련의 교착어연구자들이 슬라브어의 언어의식에 기초하여 교착어들을 들여다 보았다는것을 보여주고있다.

이전 쏘련의 바슈끼르어연구자들은 단어구조에 대한 연구에서 이전 쏘련의 조선어연구자들과 류사한 견해를 내놓고있다. 그들은 형태론적구조의 관점에서 바슈끼르어단어를 분석한다면 말줄기(혹은 말뿌리)와 덧붙이로 갈라볼수 있다고 한다. 말줄기는 어음론적으로 굳어진 복합체인데 일정한 의미적통일체로 되며 대상과 행동의 표식 혹은 문법적관계를 독자적으로 표현하는 기능을 수행한다는것이다. 덧붙이는 어음론적으로 말줄기에 의존되여있으며 이것으로 하여 규범적인 어음결합체로 되는것이 아니라 몇개의 발음변종을 가진다는것이다. 덧붙이는 독자적으로 기능하지 못하며 다만 말줄기와의 결합체속에 들어갈 때에만 의미적통일을 얻게 된다고 한다. 일부 바슈끼르어덧붙이의 의미는 다양한데 구체적이며 개성적인 문맥속에 들어간 단어는 가능한 여러개의 의미가운데서 하나의 의미만을 취하게 된다. 많은 경우 이 의미적변종들은 병행적인 어음변종들을 가지고있다.

바슈끼르어에서 뒤불이와 앞불이가 각각 자기의 고유한 내용을 가지고있듯이 덧붙이(교착물)를 뒤붙이나 앞붙이로 교체할 리론적 및 실질적근거를 가지고있지 못하다.

다시말하여 덧붙이(교착물) 역시 자기의 고유한 내용을 가지고 있다는것이다.

바슈끼르어(일반적으로 뛰르끼예어)에는 단어의 형태론적변화의 한가지 수법이 있다. 다시말하여 말줄기의 끝에 직접 첫 교착물을 가져다붙이고 첫 교착물뒤에 둘째 교착물을, 둘째 교착물뒤에 셋째 교착물을 가져다붙이는 식으로 문법적형태를 조성해나간다.

실례를 든다면 《урман-дар-ыбыҙ-за-тылар-дан》를 들수 있는데 여기서 말줄기는 《урман(산림)》하나뿐이고 문법적형태의 표시자들은 6개이다. 이 말을 우리 말로 번역하면 《우리 산림에 있는것들중에서》이다.

6개의 문법적의미의 표시자들은 보통 뒤붙이나 앞붙이로 명명되는것이 아니라 덧붙이로 불리우고있다. 바슈끼르어(일반적으로 뛰르끼예어)에서는 덧붙이와 뒤붙이의 형태론적차이가 강조되고 있다. 바슈끼르어의 덧붙이들은 그것들이 나타내는 내용에 의하면 그어떤 한개 범주의 표시자로 된다. 실례로 로어에서는 《лугов》의 《ов》가 성, 수, 격을 동시에 규정하는데 바슈끼르어에서는 그렇게 여러개 범주를 동시에 나타낼수 없다. 또한 바슈끼르어의 덧붙이들은 들어붙는 순차에서 일정한 법칙성을 나타내고있다. 즉 말줄기에 직접 붙은 첫번째의 덧붙이는 최대한 넓은 범위의 범주를 나타내고 다음 두번째의 덧붙이는 그보다 좁은 범위의 범주를 나타내고있다. 실례로 《яҙ-ма-ясак-һығыҙ(그는 쓰지 않을것이다.)》에서 말줄기 《яҙ》에 1, 2, 3단계의 덧붙이들이 들어붙었는데 덧붙이 《ма》는 부정, 《ясак》는 미래시간, 《һығыҙ》는 2인칭을 나타내고있다.

그리고 바슈끼르어에서 단어조성의 덧붙이와 형태조성의 덧붙이가 겹칠 때 단어조성의 덧붙이들은 형태조성의 덧붙이보다 앞에 놓이면서 말줄기에 더 가깝게 위치하게 된다.
 총괄적으로 보아 바슈끼르어의 단어구조에서 어휘적의미의 크기관계와 결합관계를 《말뿌리〈단어조성의 덧붙이〉단어변화의 덧붙이》로 표시할수 있다.
 조선어도 교착어에 속한 언어인것만큼 단어구조에서 그것들과 류사한 점들을 적지 않게 가지고있지만 차이점도 적지 않다.
 그러면 조선어단어구조에 대하여 살펴보자.
 이미 지적된바와 같이 조선어단어는 앞붙이, 말뿌리, 뒤붙이, 토로 이루어져있다.

단어 및 형태단어	말줄기			토
	앞붙이	말뿌리	뒤붙이	
김매기가		김, 매	기	가
끝났다		끝, 나		았, 다
맞물리는	맞	물		리, 는
풋담배질에	풋	담배	질	에
읽히시는		읽		히, 시, 는
드린다		드리		ㄴ다
햇나물국이	햇	나물, 국		이
숟가락질		숟, 가락	질	

 ※ 지난날 조선어단어구조를 분석하면서 상토(이, 히, 리, 기, 우), 시간토(았/었/였, 겠), 존경토(시)는 문장론적인 관계를 나타내지 못한다고 하여 형태조성의 뒤붙이로 처리하였었다. 형태조성의 뒤붙이도 어디까지나 뒤붙이인것만큼 뒤붙이에 어휘적인것과 문법적인것이 포함되므로 단어구조의 해명에서 말줄기부분과 형태부분의 구분이 명백치 못한 점이 있었다. 조선어에서 형태조성의 뒤붙이나 형태조성의 덧붙이나 모두 문법적형태와 관련되는것만큼 형태변화부분에 소속되며 토로 묶이여진다.

조선어의 단어구조에서 《책, 읽(다), 끝, 나(다)》에서 볼수 있듯이 말뿌리가 곧 말줄기로 되는 경우도 있으며 《김매기》에서와 같이 두개의 말뿌리가 결합되여 하나의 말줄기로 될수도 있다.

또한 《앞붙이+말뿌리》(실례:햇나물국, 맞물리다)가 말줄기로 되는 경우 그리고 《말뿌리+뒤붙이》(실례:숟가락질, 김매기)와 《앞붙이+말뿌리+뒤붙이》(실례:풋담배질)가 말줄기로 되는 경우가 있다.

조선어의 말줄기구조는 단어조성적구조와 일치하는것으로서 단어의 형태론적변화와는 무관계한것이다.

조선어의 말줄기를 이루고있는 매개의 구성요소들은 단어안에서 여러가지의 문장론적인 관계를 반영하고있는바 이것은 단어조성론에서 연구된다.

조선어단어의 형태론적변화는 토의 교착에 의하여 이루어진다.

조선말토는 전적으로 문법적인것이다. 이런 면에서 토는 앞붙이나 뒤붙이와 구별된다.

앞붙이나 뒤붙이는 그것이 말뿌리에 붙음으로 해서 새 단어를 조성하며 매우 조건적인 문법적인 뜻을 나타내는데 참가한다. 즉 뒤붙이 《질》은 말뿌리 《손》에 붙어서 《손질》이라는 새 단어를 조성하면서 동시에 새 단어가 명사에 속한다는것을 가리킨다.

그러나 토는 그것이 붙는다 해도 다른 단어로 되지 않으며 오직 그 단어의 문법적뜻만 나타낸다.

그러므로 조선어의 단어구조와 형태론적구조를 고찰함에 있어서는 토에 대한 문제를 깊이 파고들어야 한다. 왜냐하면 조선어단어구조에서 크게 보아 토와 토가 아닌 부분 즉 토와 말줄기를 갈라보게 되기때문이다.

말줄기라는 개념은 단어구조를 문법적으로 분석파악할 때 단어에서 실제로 변화를 입는 토부분과 문법적변화와는 무관계한 부분을 갈라본것과 관련되기때문에 문법적인 개념인것이다. 그러므로 지난날 말줄기를 실질말줄기와 형태말줄기로 가르면서 실질말줄기에는 단어조성의 뒤붙이를 포함시키고 형태말줄기에는 실질말줄기와 형태조성의 뒤붙이를 포함시킨것은 문법적인것과 어휘적인것을 엄격히 가르지 못한것으로 하여 환영을 받지 못하였다.

조선어에서 일부 경우에 해당한 언어적수단이 말줄기에 소속되는것인가 아니면 토로 되는것인가 하는 문제를 제기하고있다. 다시 말하여 상토 《이, 히, 리, 기, 우》를 단어조성의 뒤붙이로 보겠는가 하는것이 론의거리로 되는것이다. (이에 대한 구체적인 설명은 상범주에 대한 서술을 참고할것.)

지난날 일부 조선어문법연구가들은 동사의 《아, 어, 여》형에 붙어서 쓰이는 《지다》, 《뜨리다》를 피동 또는 사역의 의미를 나타낸다고 하면서 조선어단어의 형태론적구조를 다루는데서 언급하였다. 그러나 《지다》, 《뜨리다》는 《거리다》, 《스럽다》, 《이다》, 《대다》 등과 같이 단어조성적기능을 수행하는 뒤붙이로서 문법적형태조성과는 거리가 멀다. 《지다》, 《뜨리다》가 나타낸다는 피동, 사역의 의미는 단어조성의 뒤붙이 《지다》, 《뜨리다》가 나타내는 어휘적의미로서 《시키다》, 《되다》, 《하다》 등이 나타내는 의미와 별다른 차이가 없다.

조선어의 형태론적단어는 그것을 이루고있는 구성요소들의 측면에서만이 아니라 구성수법이나 방식의 측면에서도 일련의 특성을 가지고있다.

조선어단어의 형태론적구조에서 무엇보다 중요한 특성은 말줄기와 토의 구획이 뚜렷한것이다.

이것은 굴절어와 달리 교착어에서 찾아보게 되는 일반적특성이다. 그러나 일본어와 같이 교착어가운데에도 굴절어적요소를 적지 않게 가지고있는 언어가 있는것만큼 교착물 즉 토나 덧붙이 그리고 교착대상물 즉 말줄기사이의 구획이 뚜렷하지 못한 경우가 적지 않다. 그러나 조선어는 전형적인 교착어로서의 특성을 가지고있는것만큼 말줄기와 토의 구분이 언제나 명백한것이다.

례를 들면 동사 《보다》의 말줄기 《보》에 토 《느냐》가 붙은 경우 존경의 의미나 상의 의미, 시간의 의미를 나타내기 위하여 토 《시》, 《이》, 《았/었/였, 겠》 등을 끼워넣을수도 있고 필요없는 경우에는 빼버릴수도 있다. 이때 조선어동사의 말줄기와 토의 구분이 언제나 명백한것만큼 임의의 토를 자유자재로 끼워넣을수도 있고 다른 토와 바꿀수도 있다. 조선어에서 《보시였겠습니다마는》이나 《읽으시는구만요》와 같이 하나의 소리마디로 된 말줄기에 여러개의 소리마디로 된 토가 길다랗게 붙은 경우에도 그것들의 계선은 언제나 명백한것이다. 이것은 다 조선어의 민족적특성과 관련된것이다.

물론 조선어에도 말줄기와 토사이의 한계를 가르는데서 좀 어려워지는 때가 없지 않다. 례컨대 이른바 변격용언인 경우 말줄기의 어음구성이 달라지므로 토와 말줄기사이의 한계를 긋는것이 언제나 단순한것은 아니다. 《르-ㄹㄹ》의 바꿈, 《르-르ㄹ》의 바꿈, 《ㄹ-○(령)》의 바꿈, 《ㅅ-○(령)》의 바꿈, 《ㅎ-○(령)》의 바꿈 등 모든 소리바꿈현상은 다 말줄기에서 일어나는것으로서 력사적인 어음변화현상이다.

현행 어음변화발전법칙에 의한것이 아니라 력사적인 어음교체인것만큼 현대언어의식으로서는 인차 파악하기 힘든 측면이 없지 않으나 력사적인 발전법칙에 의한것인것만큼 말줄기와 토의 구분에서는 그리 큰 난문제로 될 근거는 없는것이다. 소리가 바뀐것까지를 말줄기로 인정하고 나머지는 토로 보는 원칙에서 그 한계선을 긋는다면 토단위의 설정원칙에 부합되는것으로서 언제나 명백해지는것이다.

다음으로 조선어단어의 형태론적구조에서 중요한 특성은 말줄기에 가까이 붙은 교착물일수록 문법화가 덜되고 멀면 멀수록 문법화가 높은 수준에서 이루어지는것이다.

일반언어학적인 견지에서 보아 단어조성의 뒤붙이는 파생적의미를 나타내는것으로서 단어조성의 뒤붙이가 있는 형태단어에서의 어휘적의미와 문법적의미의 호상관계를 다음과 같은 부등식으로 표시할수 있다.

○ 도끼질을
  어휘적의미 : 도끼＞질＞을
  문법적의미 : 도끼＜질＜을
명사적단어의 형태론적구조는 비교적 단순하나 용언에 속한 단

어인 경우는 그렇지 않다.

실례로 《영광스럽겠다》와 《남기시였다》를 들수 있다. 왜냐하면 말줄기뒤에 단어조성의 뒤붙이와 토가 여러개 붙을수 있기때문이다.

이 단어들의 구성요소들의 어휘적의미와 문법적의미의 호상관계는 다음과 같은 부등식으로 표시할수 있다.

○ 영광스럽겠다
어휘적의미 : 영광＞스럽＞겠＞다
문법적의미 : 영광＜스럽＜겠＜다
남기시였다
어휘적의미 : 남＞기＞시＞였＞다
문법적의미 : 남＜기＜시＜였＜다

조선어형태단어의 구성요소들이 나타내는 어휘적의미와 문법적의미의 호상관계에 대한 부등식을 바슈끼르어나 나나이어와 같은 일련의 교착어에 대비해 보면 말뿌리에 가까우면 가까울수록 어휘적성격이 강하다는데서는 공통성을 가지고있지만 조선어의 뚜렷한 민족적특성을 나타내는것이다.

조선어는 이들 언어와 달리 부정표현이 덧붙이(토)에 의하여 이루어지지 않는것만큼 단어구조밖에 나가며 부정부사의 위치가 자유로운것이다.

○ 안한다
○ 못하다
○ 하지 않는다, × 하지 못다(그러나 중세어에서는 가능하였다.)

다음으로 조선어단어의 형태론적구조에서 중요한 특성은 여러개의 토들이 들어붙을 때 단계성을 가진다는것이다.

조선어의 단어조성적구조에서 뒤붙이들이 단계적으로 들어붙어 새 단어를 이루듯이 형태론적구조에서도 단계성이 작용하고있다.

○ 학교에서
학교에서부터
학교에서의

조선어단어의 형태론적구조에서 단계성은 용언토들의 교착에서 더욱 두드러지게 나타난다.
○ 읽다
　읽히다
　읽히시다
　읽히시였다
　읽히시였겠습니다
　읽히시였겠습니다마는

조선어단어의 형태론적구조에서 여러 토들의 문법적기능은 맨 마지막에 교착되는 토에 의해 결정된다. 다시말하여 여러 토들이 순차적으로 교착될 때 문장속에서 다른 단어들과 맺는 문장론적관계는 맨 마지막에 붙는 토에 의해 결정된다. 이런 의미에서 용언토들은 서술토를 중심으로 하여 집결된다고 말할수 있다. 조선어에서 《시》, 《였》 등과 같은 존경토나 시간토가 없는 단어형태는 존재할수 있으나 《다》, 《고》와 같은 서술토가 없는 단어형태는 이루어지지 않는다.

　읽히다, 읽히고 …가능함
　읽히시, 읽히시였 …불가능함

조선어단어의 형태론적구조에서 토의 순차적인 교착이 두드러지게 나타나는바 그것들은 엄격히 규정되여있는 질서에 따라 들어가 붙는다. 그 순차는 다음과 같다.
－ 체언인 경우
○ 복수토＋격토＋도움토
　학생들에게는
○ 복수토＋바꿈토＋존경토＋시간토＋맺음토＋도움토
　선생님들이시였다만은
○ 바꿈토＋시간토＋이음토＋복수토＋도움토
　군인이였으면서들도
－ 용언인 경우
○ 상토＋존경토＋시간토＋맺음토＋도움토
　읽히시였다만

조선어에서 여러개의 토가 말줄기에 가서 붙을 때 이러한 순차를 어길수 없다. 즉 체언인 경우 도움토가 격토앞에 들어갈수 없으며 체언의 용언형인 경우 바꿈토가 시간토나 존경토다음에, 존경토가 시간토다음에 붙을수 없다.

※ 붙임

《학교에서조차가》,《남수부터가》 등에서처럼 격토《가》가 도움토뒤에서 쓰일수 있는데 이것은 강조의 의미로 쓰이는 격토《가》의 특수용법이다.

조선어단어의 형태론적구조에서 토의 순차적교착과 관련하여 조선어단어의 2차적문법적형태에 대한 문제가 제기된다.

이미 지적한바와 같이 체언에서는 격토의 첨가로, 용언에서는 서술토를 중심으로 하여 그앞에 어떤 토가 붙어 쓰이였는가 하는데 따라 형태조성의 1단계, 제1차적형태가 완성된다.

○ 학교에서
  읽는다, 읽었다

조선어에서는 이렇게 형성된 제1차적문법적형태뒤에 다시 토가 첨가되여 단어의 제2차적형태가 조성된다.

○ 학교에서부터, 학교에서의
  읽는다지만, 읽겠다면서

조선어에서는 이와 같은 방법으로 단어의 제2차적문법적형태만을 조성할수 있는것이 아니라 3차적 또는 그 이상 여러 차수의 문법적형태를 조성할수 있다.

조선어단어의 제1차적문법적형태는 하나의 토가 들어붙어 이루어진 형태인것만큼 단순형태이며 둘이상의 토가 들어붙어 이루어진 문법적형태는 겹침형태 또는 결합형태라고 말할수 있다.

조선어단어의 2차적형태와 대상화된 어떤 단위에 다시 토가 들어붙어 이루어진것과 구별해야 한다.

실례로《모내기를 언제 끝내겠는가를 론의하였다.》에서 대격토《를》은 대상화된 단위《모내기를 언제 끝내겠는가》에 들어붙은것이다. 이것은 말줄기에 일정한 토들이 순차적으로 들어붙는 현상과 다른것이다. 대상화된 일정한 단위에 토가 들어붙는것은 조선어의 교착어적성격을 두드러지게 하는것으로서 합성적형태 나아가서 2차적형태의 조성과는 거리가 먼것이다.

조선어에서 문법적대상화는 하나의 문장형식을 취한 단위에서만 일어나는것이 아니라 제1차적형태자체가 대상화되기도 한다.

○ 슬퍼서가 아니라 기뻐서 운다.

여기서 격토《가》는 꾸밈토뒤에 들어붙었지만 그 단어형태를 대상화하여 즉 단어와 같은것으로 보고 들어붙은것이기때문에 합성형태, 2차적형태의 조성과는 인연이 없다. 다시말하여 대상화된 단위, 단어처럼 쓰이는 단위의 1차적문법적형태인것이다. 이음토와 격토가 서로 어울려 새로운 합성토를 이룰수 없고 2차적형태를 조성할수 없다.

여기서 단어의 2차적문법적형태와 문법적대상화에 대한 개념을 정밀화할 필요가 있다.

단어의 2차적문법적형태는 1차적형태뒤에서 같은 성질의 자리토에 의하여 이루어지는 문법적형태이다.

○ 사람과의 사업
○ 공부하라느냐 물어보라.

자리토들의 겹침형태가 2차적형태로 되려면 겹침형태에서 앞뒤에 놓인 토들이 다 같은 성질의 토여야 하며 위치적기능을 수행할수 있는 형태여야 한다. 격토면 격토끼리, 용언토이면 용언토끼리 결합되여야 한다. 그러므로 앞 또는 뒤의 토가 위치성을 잃고 도움토 비슷하게 문법적의미만 나타내는 경우에는 2차적형태로 될수 없다.

× 누군가에게 주었다.
× 누군가에게는 꼭 주고 오너라.

여기서 《누군가에게》, 《누군가에게는》은 《슬퍼서가》, 《끝내겠는가를》과 같은 성질의 토겹침현상이다.

다음으로 대상적 또는 서술적인 단어들이 바꿈토에 의하여 2차적으로 서술성 또는 대상성을 가지게 되였지만 그것들은 2차적형태로 될수 없다.

○ 책이다, 책이며, 책이고, 책이였으면…
○ 복무함이, 복무함을, 복무함에 있어서…

여기서 바꿈토 《이》나 《ㅁ》은 체언을 용언으로, 용언을 체언으로 바꾸어준것만큼 그것으로 제1차적인 문법적형태를 조성할수 있는 조건을 마련해준것으로 된다.

조선어에서 토들이 연거퍼 들어붙어 쓰이였다고 하여 문법적형태조성의 순차가 규정되는것이 아니다.

상토, 존경토, 시간토가 련달아 붙었다 하여 2차, 3차의 문법적형태가 이루어지는것이 아니다. 왜냐하면 2차적문법적형태는 같은 성질의 토에 의하여 이루어지는 형태이기때문이다.

단어의 제2차적문법적형태문제와 관련하여 대상화문제에 대하여 옳바로 리해해야 한다.

조선어에서 문법적대상화는 여러가지 경우가 있다.

《슬퍼서가》, 《끝내겠는가를》과 같이 문장이나 일정한 형태를 대상화하여 다른 성질의 토가 붙은 경우도 있고 《사람과의》, 《공부하라느냐》와 같이 같은 성질의 토 즉 체언토와 체언토, 용언토와 용언토가 결합하여 2차적형태를 조성하는 경우도 있다. 앞의것을 넓은 의미에서의 문법적대상화, 뒤의것을 좁은 의미에서의 문법적대상화라고 말할수 있다.

좁은 의미에서의 문법적대상화현상은 2차적형태의 조성과 직결되여있는바 거기에서는 단어들의 문장론적위치관계에서 변화가 생기게 된다.

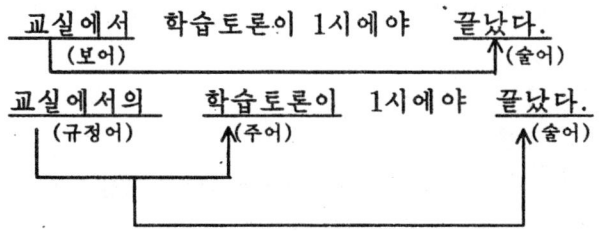

같은 성질의 차리토들이 겹쳐 쓰이였다고 하더라도 단어들의 문장성분적기능, 단어들의 위치적관계에서의 변화가 없는 경우에는 문법적대상화현상이 일어나지 않는것이다.

아래의 두 문장을 비교해보자.
○ 일을 잘한다 하는 소식이 왔다.
○ 일을 잘한다는 소식이 왔다.
둘째 문장에서의 《잘한다는》은 《잘한다 하는》에서의 《하》가 줄어든 형태로서 문장성분상 기능에서는 하등의 변화가 없다. 그러므로 단어의 제2차적문법적형태로 될수 없다. 이것은 함축된 형태이다.

문법적대상화현상이 일어나지 않는 또 하나의 경우가 있다.
체언이 바꿈토 《이》에 의하여 용언형으로 되고 거기에 또다시 용언토가 붙고 용언이 바꿈토 《ㅁ(음), 기》에 의하여 체언형으로 되고 거기에 또다시 체언토가 붙었다 하더라도 문법적대상화에 대하여 말할수 없다. 왜냐하면 본래 대상성을 가졌던것이 용언형으로 바뀌여졌고 서술성을 가졌던것이 체언형으로 바뀌여졌기에 대상화란 말자체가 성립되지 않기때문이다.

조선어에는 《하다》의 말줄기 《하》가 줄어들면서 거기에 붙었던 토들이 앞단어의 토에 들어붙어 쓰이는 경우가 있다.
○ 철수는 저녁에 비가 온다 하면서 우산을 들고나갔다.
→철수는 저녁에 비가 온다면서 우산을 들고나갔다.
○ 철수는 동생을 만나겠다 하면서 길을 떠났다.
→철수는 동생을 만나겠다면서 길을 떠났다.
이때 토《ㄴ다면서》, 《겠다면서》는 토《ㄴ다》, 《겠다》와 《하면서》의 《하》가 줄어진 《면서》가 결합되여 형성된 겹침토이다. 새로운 겹침토《ㄴ다면서》, 《겠다면서》는 처음에 이음토로만 쓰이였는데 언어생활에서 자주 쓰이게 되면서 굳어져 하나의 맺음토처럼 되였다.
○ 저녁에 비가 온다면서?
○ 저녁에 떠나겠다면서?
여기서 《ㄴ다면서》, 《겠다면서》는 그 의미기능에서 변화가 있는바 상대편의 주장을 회의적으로 대하거나 반박하면서 되물을 때 쓰인다. 그렇기때문에 이 형태들은 2차적문법적형태를 조성하였을뿐아니라 새로운 합성토에로 지향해가고있는것이다. (겹침토와 합성토의 차이에 대해서는 이 장의 제6절 2를 참고할것.)
　이상에서 토겹침과 문법적대상화, 2차적형태에 대하여 서술한 것을 종합하면 다음과 같다.

실 례	토겹침	문법적대상화	2차적형태
끝내겠는가를	○	○	×
사람과의	○	○	○
만나겠다면서	○	×	○
잘한다는	○	×	×
책상이고	○	×	×
만나보기가	○	×	×

　이처럼 조선어단어의 2차적문법적형태에 관한 문제는 조선어단어의 형태론적구조를 특징짓는 중요한 문제일뿐아니라 겹침토와 합성토, 토의 단위설정문제와 관련되여있는 리론실천적으로 매우 중요한 문제이다.
　다음으로 조선어단어의 형태론적구조에서 중요한 특성은 일정한 어음론적조건의 제약을 받을 때 결합모음이 들어간다는것이다.
　조선어에서 결합모음이 들어가는 경우는 자음으로 끝난 말줄기와 자음으로 시작하는 토가 결합될 때이다.
　조선어의 결합모음은 《이》와 《으》이다.
　조선어의 결합모음은 체언이나 용언에서 다 쓰인다.
　○ 체언의 말줄기+격토인 경우
　　책+ㄹ(을)=책을
　　책+로(으로)=책으로
　　비교: 가위를 가져오라.
　　　　 다릴 부러뜨렸다.
　　　　 학교를 간다.
　○ 체언의 말줄기+도움토인 경우
　　책+나마=책이나마
　　책+란=책이란

책+나=책이나
책+라도=책이라도
비교: 가위나마, 가위란, 가위나, 가위라도
○ 용언의 말줄기+서술토인 경우
읽+며=읽으며
읽+니=읽으니
읽+ㄹ=읽을
높+나=높으나
높+ㄴ=높은
비교: 가며, 가서, 갈, 가나, 간…

조선어의 결합모음은 일정한 규칙성을 띠고있으며 발음상 자음과 자음의 충돌현상을 막으면서 조화롭게 발음되게 한다.

이처럼 조선어형태단어의 구조를 분석할 때 어음론적조건을 충분히 고려하는것은 조선어단어구조의 특성을 정확히 밝히는데서 중요한 의의를 가진다.

제4절. 단어의 문법적형태의 본질과 류형 및 그 기능

1. 단어의 문법적형태의 본질

이미 지적한바와 같이 단어는 문장속에서 쓰일 때 문법적으로 일정하게 변화된 형태를 가지고 쓰이는데 이러한 형태를 단어의 문법적형태라고 한다.

단어의 문법적형태란 단어가 문장에서 쓰일 때 이러저러한 문법적관계를 나타내는 형태를 말하는데 이러한 형태는 문장에서 다른 단어와 맺는 관계, 말하는 시간과 행동의 시간과의 관계, 말하는 사람과 듣는 사람과의 관계 등 여러가지 관계를 나타낸다.

단어의 문법적형태가 나타내는 이러저러한 관계는 문법적의미로 실현된다.

조선어단어의 문법적형태는 문법적인 의미와 그것을 나타내는 언어적수단의 통일로 이루어진다.

단어 《사람》이 여러개의 격토와 각각 결합되여 《사람이》, 《사람을》, 《사람의》, 《사람에게》, 《사람과》 등과 같은 형태를 취하는데 이때 그러한 문법적형태들은 해당한 격의 문법적의미를 나타낸다. 즉 격토와 그가 나타내는 해당한 문법적의미에 의하여 단어의 문법적형태가 조성된다.

일반언어학적인 견지에서 볼 때 문법적형태와 문법적의미의 관계는 표현하는것과 표현되는것의 관계로서 표현하는것은 그 어떤 표현수단과 수법을 전제로 하며 표현되는것은 그 어떤 단어가 문장속에서 갖게 되는 이러저러한 관계, 문법적관계를 의미하게 된다. 따라서 단어의 문법적형태를 문법적의미와 표현수단의 통일로 보는것은 필연적인것이며 응당한것이다.

이미 우에서 지적한바와 같이 조선어단어의 문법적형태는 오직 토에 의해서만 이루어진다. 조선어에서는 오직 토만이 단어의 문법적형태를 조성한다. 토는 형태단어의 구성부분으로 된다.

조선어에서 문법적관계는 보조적인 단어나 단어 그리고 그밖의 언어적수단에 의하여 표현될수 있으나 문법적형태로는 되지 않는다.

○ 영수는 벌써 소설을 다 읽어버렸다.
○ 글을 써가지고 오시오.

여기서 보조적으로 쓰인 《버리다》, 《가지고》는 행동의 완료, 완료된 상태의 지속을 나타낸다고 하면서 《태》의 문법적의미와 관련시키고있는 경우가 있으나 태의 문법적형태를 조성한것으로는 보지 않고있다. 《버리다》, 《가지고》는 동사 《읽다》나 《쓰다》의 형태단어 안에 소속된 부분인것이 아니라 보조적으로 쓰인 완전동사의 어느 한 변화형태이다.

《버리다》, 《가지고》는 아직 자기의 실질적, 어휘적의미와의 련계가 뚜렷한것으로서 오늘날 《읽다》, 《쓰다》와 띄여쓰고있는 조건에서 단어적성격이 더욱 두드러지게 나타나고있다.

조선어에서 인칭대명사 《나》, 《너》, 《저》와 동사 《자다》, 《먹다》, 《있다》, 《주다》 등은 보충법적수법에 의하여 복수와 존경을 나타내고있다. 즉 《나》, 《너》, 《저》는 복수토 《들》을 첨부하여 복수형태를 조성하는것이 아니라 딴 단어인 《우리》, 《너희》, 《저희》들로써 복수의미를 나타내고 동사 《자다》, 《먹다》, 《입다》, 《주다》 등도 딴 단어인 《주무시다》, 《잡수시다》, 《계시다》, 《드리다》 등으로 존경의 관계를 나타내고있다. 그러나 이러한 보충법적표현수법에 의하여 이루어진것을 단어의 문법적형태로 보지 않고있다. 《우리》, 《너희》, 《저희》와 《주무시다》, 《잡수시다》, 《계시다》, 《드리다》 등은 복수형태나 존경형태를 대신하여 복수 또는 존경의 의미를 나타냈을뿐 그것이 곧 단어의 복수형태, 존경형태로는 되지 않는다. 그자체는 어디까지나 단어이며 어휘적수단에 지나지 않는다. 다시말하여 보충법적수법으로 복수 또는 존경의 의미를 나타냈을뿐 해당한 단어의 변화형태속에 소속되는것은 아니다.

2. 문법적형태의 류형

조선어의 문법적형태는 토의 첨가에 의하여 이루어지지만 토와 문법적형태가 곧 일치하는것은 아니다. 토는 어디까지나 문법적형태조성에 참가하는 수단에 불과하다. 토의 첨가에 의하여 이루어진 문법적형태의 류형과 구조, 그 기능은 문장속에서의 이러저러한 요인에 의하여 단순하게 규정되는것이 아니다. 례컨대 여러개 토의 순차적결합에 의해서 이루어진 단어의 문법적형태가 수행하는 기능은 맨 마지막에 붙은 토에 의하여 결정되는데 이것은 토와 문법적형태가 일치하지 않는다는것을 보여준다. 례컨대 《학교에서의 하루》라고 했을 때 《학교》와 《하루》가 맺는 문법적관계는 속격토 《의》에 의하여 이루어지지만 토 《에서》가 가지고있는 의미가 완전히 배제되는것은 아니다. 그리고 단어의 문법적형태에서 제1차적형태와 제2차적형태가 있다는것자체가 조선어에서 토와 문법적형태가 곧 일치하지 않는다는것을 말해준다. 또한 조선어형태단어의 구조에서 본바와 같이 문법적형태의 단순형태와 합성형태가 존재한다는것자체도 문법적형태의 류형에 대하여 고찰해볼 필요를 제기해 준다.

우선 조선어단어의 문법적형태는 문법적범주와의 관계속에서 그 류형을 갈라볼수 있다. 즉 격범주를 이루는 격형태, 말차림범주를 이루는 말차림형태, 법범주를 이루는 법형태 등 문법적범주를 이루는 단어들의 문법적형태를 고찰할수 있다. 이때 단어들의 문법적형태들은 어떤 토가 첨가되였는가 하는데 따라 해당한 단어의 문법적형태가 규정되게 된다. 이런 면에서 조선어단어들의 문법적형태는 다음과 같이 그 류형을 갈라볼수 있다.

격형태 - 사람이, 사람을, 사람의
수형태 - 사람이, 사람들이
존경형태 - 말씀하시다
말차림형태 - 말씀하십니다, 말씀하시네
시간형태 - 말씀하시였습니다, 말씀하십니다
상형태 - 읽히시였습니다, 읽으시였습니다
법형태 - 말씀하시였습니다, 말씀하시였습니까
련관성의 형태(혹은 도움토형태) - 사람도, 연필은
바꿈형태 - 웃기가, 바쁨, 사람임
맺음형태 - 쓴다, 썼다
이음형태 - 쓰고, 쓰며
규정형태 - 쓴, 쓰던
꾸밈형태 - 쓰게, 쓸수록

※ 문법적범주와의 관계속에서 분류한 조선어단어의 문법적형태에 대하여서는 앞으로 해당한 문법적범주에 대한 서술부분에서 더 구체적으로 서술한다.

다음으로 조선어단어의 문법적형태는 그 구조적측면에서 몇가지로 갈라볼수 있다.

즉
- 토가 체언에 붙었는가 아니면 용언에 붙었는가 하는데 따라
체언형태 - 학교가, 학교의…

용언형태 - 갔다, 배운다…
- 토가 단어에 직접 붙었는가 아니면 말줄기에 붙었는가 하는데 따라
단어첨가형태 - 꽃이, 사람을…
말줄기첨가형태 - 배우는, 가시는…
- 토가 순차적으로 첨가된 수에 따라
제1차적형태 - 사람들, 갔다
제2차적형태 - 사람들에게, 갔었다
제3차적형태 - 사람들에게서, 갔었겠다
- 첨가된 토의 구성형태에 따라
단순형태 - 사람이, 사람을, 가는…
합성형태 - 사람들이, 사람들과의, 가시는, 가시였던…
- 토가 첨가되여 문법적형태를 완결했는가 아니면 완결하지 못했는가 하는데 따라
완결형태 - 학생이, 군인도, 가누나, 가고, 간, 가게
미완결형태 - 읽히(는), 가시(는), 떠났(던), 사람이(다)

완결형태는 격토, 도움토 그리고 맺음토, 이음토, 규정토, 꾸밈토의 첨가에 의하여 이루어지는바 문장구조상 완결시켜주는 형태이다. 미완결형태는 상토, 존경토, 시간토, 바꿈토《이》를 통한 문법적형태를 말하는데 문법적형태를 문장구조상 완결시켜주지 못하는 형태이다.

다음으로 조선어단어의 문법적형태는 해당한 단어형태가 어떤 문장론적기능을 수행하는가 하는데 따라 위치적형태와 비위치적형태로 갈라볼수 있다.

위치토들인 격토, 일부 도움토, 맺음토, 이음토, 규정토, 꾸밈토에 의하여 조성되는 위치적형태는 일정한 문장론적기능을 수행하는 형태이고 나머지토들인 일부 도움토, 복수토, 상토, 존경토, 시간토 등과 같은 비위치적토들은 아무러한 문장론적기능을 수행하지 못하는 형태들이다.

○ 아버님께서 아들에게 옷을 해입히시였다만
　　　　①　　　　②　　　③　　　④⑤⑥⑦⑧

토 ①, ②, ③, ⑦은 해당 단어가 주어, 보어, 술어의 기능을 수행할수 있게 하는 위치적형태이며 토 ④, ⑤, ⑥, ⑧은 문장론적기능을 규제하지 못하고 다만 상형태, 존경형태, 시간형태, 도움토형태를 조성하는데 이바지하는 비위치적형태이다.

다음으로 조선어단어의 문법적형태는 그 형태단어의 문법적성질을 어떻게 변화시키는가 하는데 따라 체언의 용언형(일명 대상적서술형태)과 용언의 체언형(일명 서술적대상형태)으로 갈라볼수 있다.

체언이나 용언에 토가 첨가된 결과 체언이나 용언이 자기 본래의 문법적성질을 버리고 다른 문법적성질을 가지게 되는 경우가 있다. 즉 바꿈토 《ㅁ》, 《기》, 《이》가 첨가되여 체언이나 용언이 용언이나 체언으로 문법적성질을 바꾸는 경우가 있다.

체언(일명 대상적단어)에 바꿈토 《이》가 첨가되면 서술성을 나타내므로 체언의 용언형(일명 대상적서술형태)으로 되고 용언(일명 서술적형태)에 바꿈토 《ㅁ》가 첨가되여 대상성을 나타내면 용언의 체언형(일명 서술적대상형)으로 된다.

○ 학생이고, 학생이던…대상적서술형태
○ 살기가, 건강함이…서술적대상형태

대상적서술형태에는 바꿈토를 제외한 용언토들이 첨가될수 있고 서술적대상형태에는 격토, 도움토, 복수토가 첨가될수 있다.

3. 문법적형태의 기능

단어의 문법적형태는 문장의 기본단위인 단어와 함께 그 어떤 정보를 전달하는데서 중요한 역할을 한다.

단어의 문법적형태는 혼자 떨어져서 존재하지 못하는것만큼 임의의 문법적형태를 취한 단어에 소속되면서 하나의 단위를 이루는데 이 단위는 정보전달에서 없어서는 안될 단위로 된다.

○ 제7차 국제영화축전이 평양에서 진행되였다.
○ 평양에서 제7차 국제영화축전이 진행되였다.

격토 《이》와 《에서》는 그가 붙은 단어와 함께 정보전달의 단위로 되면서 새로운 내용을 표현한다.
단어의 문법적형태는 정보전달의 단위를 이루어줄뿐아니라 정보전달의 초점을 강조해줄수도 있다.
례컨대 우의 두 문장에서 어떤 질문에 대한 대답인가 하는데 따라 정보전달의 초점이 결정되는데 이것은 단어의 문법적형태와 떼여놓고 생각할수 없다.
《평양에서 진행되는것이 무엇인가》에 대답하는것이라면 《제7차 국제영화축전》이 신정보로 되면서 강조되고 《어디에서》 진행되였는가 하는 질문에 대한 대답이라면 《평양에서》가 신정보일것이다.
《제7차 국제영화축전이》와 《평양에서》는 정보전달의 한개 단위로 되면서 해당한 문법적형태를 취했으며 더 나아가서 론리적강조력점을 동반하고있다.
이처럼 단어의 문법적형태가 정보전달에서 중요한 역할을 하게 되는것은 단어의 문법적형태가 문장에서 단어들사이의 호상관계를 맺어주고 해당한 문장성분으로 될수 있게 해주는것과 관련되여 있다.
우선 문법적형태와 단어결합의 관계에 대하여 살펴보자.
단어는 일정한 문법적형태를 통하여 다른 단어들과 결합하게 된다.
단어들의 결합관계는 체언과 용언으로 갈라볼수 있다. 왜냐하면 체언과 용언은 문법적측면에서 볼 때 서로 다른 특성을 가진 단어부류이기때문이다.
체언은 체언이나 용언 또는 수식어(부사나 관형사)들과 결합하는데 이때마다 해당 단어의 문법적형태는 변화된다.
《체언＋체언》의 경우
이 경우에는 주로 주격, 속격, 구격형태로 결합한다.
○ 여기가 내 고향이다.
○ 우리의 신념
○ 사색과 탐구
이밖에 《체언＋체언》인 경우 규정형태와 도움토형태에 의해서도 이루어진다.
○ 교원인 아버지, 선장이였던 철수동무
○ 당은 어머니, 여기도 청산리
《체언+용언》의 경우
체언은 용언과도 잘 결합한다. 왜냐하면 그것은 체언이 대상성을 가진 단어부류인데 비하여 용언은 서술성을 가진 단어부류이기때문이다. 문장에서 하나의 진술단위로 되려면 대상성을 띤 단어는 서술성을 띤 단어와 결합되여야 한다.
체언은 속격형태를 제외한 모든 격형태에서 동사와 결합한다.
○ 내가 가다, 학교로 가다, 학교에 가다, 학교에서 있은 일, 너를 돕다, 너와 한 약속
지난날 《나의 바라던바》를 속격형태가 용언과 결합한것으로 설명한 경우가 없지 않았으나 이것은 속격형태의 의미기능에 맞지 않는 해석으로 된다. 체언의 속격형태 《나의》는 《바라던》에 직접 결합된것이 아니라 《바라던바》 즉 체언적인 단위로 된 《바라던바》와 결합한것이다. 속격형태는 오직 대상에 대한 규정의 성격만을 가지고있다. 《바라던》은 대상성으로 특징될수 없다.
체언이 용언에 속하는 한개 품사인 형용사와 결합할 때에는 동사와 결합할 때와 다른 특성을 보여주고있다.
체언이 형용사와 결합할 때는 주격형태, 구격형태를 취하게 된다. 그것은 형용사가 동사가 가지고있는 과정성의 의미를 가지고 있지 못한 사정과 관련된다. 형용사가 행동이 미치는 직접적 및 간접적대상이나 행동의 장소, 방향 등과 인연이 없고 그 어떤 사물현상의 성질, 상태 등을 나타내는것만큼 주격이나 구격형태를 취한 체언과 결합한다.
○ 빛이 밝다. 꽃과 같다.
이밖에 체언과 용언의 결합은 도움토형태로도 이루어진다.
○ 속도는 빠르다. 불조차 없다.
《체언+부사》의 경우
극히 일부 경우 체언은 부사와 직접 결합되여 쓰인다. 이때 체언은 주격형태, 도움토형태로만 부사와 결합한다. 《체언+부사》인 경우 부사

도 극히 제한된 범위의 부사인데 상징부사가 기본으로 되고있다.
　○ 개구리가 개굴개굴, 나도 방실 너도 방실
　용언은 용언과 결합할수도 있고 체언과 결합할수도 있다.
《용언＋용언》의 경우
　용언들의 결합은 이음형태나 꾸밈형태로 이루어진다.
　○ 보고 말하다. 보며 말하다. 보면서 말하다.
　○ 읽어버리다. 쥐여짜다. 날듯이 달리다. 볼수록 재미나다. 자랑스럽게 말하다.
《용언＋체언》의 경우
　용언과 체언의 결합은 용언의 규정형태로만 이루어진다. 그것은 용언의 규정형뒤에 오는 단어가 체언에 속한 단어이기때문이다.
　용언의 규정형은《는, ㄴ, ㄹ, 던》등의 규정토가 교착되여 이루어진다. 다만 형용사인 경우에는 규정토《는》이 붙을수 없으므로 그것을 제외한 나머지 규정토들의 교착에 의하여 체언과 결합하게 된다.
　○ 떠나는 시간, 떠난 시간, 떠나던 시간, 떠날 시간
　○ 휘황한 앞날, 맑던 하늘, 찬란한 래일
　이처럼 단어들은 문장속에 들어가기 위하여 다른 단어들과 결합관계를 가지게 되는데 이것은 단어들의 문법적형태에 의하여 이루어진다.
　다음으로 단어들의 문법적형태와 문장성분의 관계에 대하여 살펴보자.
　문법적형태는 문장성분과 밀접한 관계를 가지고있다. 문장에서 쓰인 어떤 단위가 어느 문장성분으로 되는가 하는것은 그것이 어떤 문법적형태를 취했는가 하는데 따라 규정되게 된다. 특히 위치적형태는 그 어떤 단어의 문장론적위치를 규정해주는것만큼 문장성분과 밀접한 대응관계를 맺고있다.

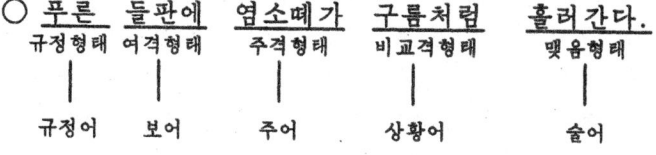

매개 단어의 문법적형태는 그 단어의 문장론적기능 즉 어떤 문장성분으로 되는가 하는것을 규정해주고있다.

단어의 문법적형태에서 단순형태인 경우에는 문장성분과의 관계가 명백하게 나타난다. 즉 우의 실례에서 볼수 있듯이 문법적형태의 여하에 따라 문장성분이 결정된다.

그러나 겹침형태인 경우에는 그렇지않다. 우에서도 지적한바와 같이 겹침형태인 경우에는 맨 마지막에 붙은 격토의 형태에 따라 그 단위의 문장성분상 기능이 확정된다.

례컨대 격토들끼리 겹침형태를 이루었을 때에는 맨 마지막에 붙은 격토에 따라 그 단위의 문법적형태가 이루어지고 문장성분이 규정된다.

○ 철수에게가 아니라 동철이한테 들리였다.

이러한 현상은 격토와 서술토가 결합한 경우와 서술토끼리 결합하여 겹침형태를 이루었을 때에도 찾아볼수 있다.

○ 공장에 섭니까? 학교에 섭니까?(격토+맺음토인 경우)
○ 홍철이에게든 명옥이에게든 빨리 처리해야 할게 아니요.(격토+이음토인 경우)
○ 누가 이기는가가 문제다.(맺음토+격토인 경우)
○ 사과며 배며를 따질 경황이 아니다.(이음토+격토인 경우)
○ 누가 이기느냐다.(맺음토+맺음토인 경우)
○ 시를 지어선가 아니면 노래를 불러선가.(이음토+맺음토인 경우)
○ 소설을 쓰려거든 현실체험을 잘해야 한다.(이음토+이음토인 경우)
○ 달다던 약이 왜 쓰나요.(맺음토+규정토인 경우)
○ 애기는 자자는듯 요를 펴면서 재잘거리였다.(맺음토+꾸밈토인 경우)

여기서 겹침의 문법적형태와 《하다》의 《하》나 《이다》의 《이》가 줄어든 형태를 보다 깊이있게 분석해보는것이 필요하다.

일부 경우 《일하면 할수록》, 《못 견디겠다면서》에서 《면 할수록》과 《다면서》를 몰밀어서 같은 성질의 겹침형태로 설명하는 경우가 있으나 《하다》의 《하》와 《이다》의 《이》가 줄어든 이 형태를 갈라보는것이 필요하다. 왜냐하면 《못 견디겠다면서》는 맺음형으로까지 발달하였으나 《일하면 할수록》은 그렇지 못하다. 그만큼 문법적 추상화에서의 차이가 있다. 문법적기능에서의 변화는 매우 중요한 것이다.

이처럼 《일하면 할수록》과 《못 견디겠다 하면서》에서 《이》와 《하》가 줄어져 겹침형태를 이루었지만 그 결과물의 가치규정은 달리 되고있다.

줄어진 문법적형태는 《격토+도움토》, 《격토+격토》의 경우에도 찾아볼수 있다.

○ 학생에겐(《에게+는》이 줄어진 경우)
○ 학생에곌(《에게+를》이 줄어진 경우)

여기서 단어의 겹침형태와 문장성분과의 관계를 고찰할 때 《못견디겠다니까》, 《못 견디겠다면서》, 《어디에선가》의 경우에 맨 마지막에 오는 위치토가 문장론적기능을 규정하는가 아니면 그앞에 오는 토에 의하여 문장성분이 규정되는가 하는것이 문제로 제기된다.

일부 주장들에서는 맨 마지막에 오는 위치토에 의하여 문장성분적기능이 결정된다고 하고 또 다른 주장에서는 그렇지 않다고 한다. 이 문제는 일률적으로 처리할수 있는 문제가 아니다. 왜냐하면 언어현실은 참으로 다양하고 이런 형태들의 사용이 특수한 현상이기때문이다.

맨 마지막에 오는 위치토 《니까》와 《면서》는 이음토이기때문에 이음술어나 상황어의 기능을 수행하게 하여야 하겠으나 그렇지 않다.

또한 《ㄴ가》는 물음을 나타내는 맺음토인것만큼 맺음술어를 이루게 하여야 하겠으나 그렇지 않다.

여기서 이 토들은 겹침형태를 이루면서 일련의 문법적기능을 변화시키거나 의미적색채를 더해주는것과 같은 2차적가공을 하는것만큼 맺음술어와 상황어의 기능을 수행하는것이다.

이음토인 《니까》, 《면서》는 이음의 의미가 상당히 약화되면서 다른 이음토인 《는데》, 《는지》와 같은것들이 단어의 맺음형태를 이루는것처럼 기능변화를 일으킨것이다. 맺음토 《ㄴ가》도 역시 맺음의 의미가 약화되면서 의미적색채를 더 나타나게 되었다. 즉 《어데서》와 《어데선가》는 문장속에서 다같이 상황어의 기능을 수행한다고 할수 있지만 토 《ㄴ가》에 의하여 여느 상황어 즉 《어데서》와 다른 의미를 나타내게 된다. 이것은 맺음토 《가》에 의하여 이루어지는 표현적기능이다. 사실 《어데서》와 《어데선가》가 뒤에 오는 문장성분들과 맺는 문장론적련계도 다르고 의미표현기능도 다르다. 《어데선가》는 뒤에 오는 단어들과의 결합관계를 놓고보면 일단 끊었다가 련결시키는 특성이 있으며 의미도 의혹을 나타내면서 장소를 나타낸다. 이것은 《어데선가》가 《어데서》와 같은 단순한 상황어가 아니라는것을 보여주고있다.

이처럼 단어의 문법적형태는 단어들사이의 결합관계를 실현시켜주면서 그 단어가 문장에서 해당한 문장성분으로 되게 하는데서 중요한 역할을 한다.

제5절. 조선어단어의 문법적형태와 문법적의미 및 문법적범주

1. 문법적형태와 문법적의미

단어의 문법적형태는 문법적의미를 나타낸다. 문법적의미를 나타내지 않는 문법적형태란 있을수 없다.

체언에 고유한 문법적형태들인 수, 격, 도움토형태들은 그에 해당한 문법적의미를 나타내며 용언에 고유한 문법적형태들인 상, 법, 말차림, 시간, 존경 등의 형태들은 각각 그에 해당한 문법적의미를 나타낸다.

그러나 문법적의미는 반드시 그 어떤 문법적형태를 동반하는것은 아니다.

문법적의미는 문법적형태에 의해서만 표현되는것이 아니라 여러가지의 문법적수법에 의하여 표현되기도 한다. 일반언어학적인 견지에서 볼 때 문법적의미는 덧붙임법, 내부굴절, 반복, 보조어, 어순, 어조, 보충법 등 여러가지 수법에 의하여 표현된다.

조선어에서 문법적의미는 교착의 수법에 의해서만 표현되는것이 아니다. 조선어에서 토의 교착이 유일한 문법적의미의 표현수법으로 되는것이 아니다. 보조어의 수법이나 보충법에 의해서도 문법적의미가 일정하게 표현된다.

조선어에서 보조어의 수법은 특수한 경우에 적용되고있는바 일정한 문법적의미를 나타낸다. 조선어에서 보조어의 수법은 해당한 단어의 문법적형태를 이루는것이 아니라 단어결합을 이루면서 일정한 문법적의미를 나타낸다. 이것은 조선어단어가 어휘적의미의 실질성이 강하고 단어들의 결합관계가 견고하지 못한 사정에 기인하는것이다.

실례로 《용언+용언》인 《먹어버리다》와 같은 경우에 《버리다》라는 보조적단어에 의하여 일종의 《태적의미》, 행동수행방식과 관련된 관계적의미를 나타내지만 《먹어버리다》가 동사 《먹다》에 내재하는 문법적형태로는 되지 않는것이다.

조선어에서 보충법에 의한 문법적의미의 표현은 존경과 관련된 의미를 나타내는 일련의 단어들에 의하여 이루어진다.

실례로 《드리다, 주무시다, 잡수시다》 등과 같은 일련의 어휘적수단에 의하여 존경-비존경의 문법적관계가 표현되는데 이것들은 해당한 단어에 내재하는 문법적형태로는 되지 않는다.

이처럼 조선어에서 단어의 문법적형태는 문법적의미를 나타내지만 문법적의미는 문법적형태에 의해서만 표현되는것이 아니다.

조선어에서의 문법적의미는 문장을 짜는데 필요한 이러저러한 문법적관계를 나타내는 관계적의미이다.

일반언어학적인 견지에서 볼 때 단어조성의 덧붙이가 나타내는 의미도 어휘적성격을 많이 가지고있는 문법적의미로 규정하고있다. 이때 단어조성의 덧붙이가 나타내는 의미가 문법의 관할밑에 들어가는 의미라는 관점에서 문법적의미로 규정하고있지만 어휘적성격이 문법적성격에 못지 않게 강한것이다. 이런 의미에서 단어조성의 덧붙이가 나타내는 문법적의미는 불철저한것이다. 사실 단어조성의 덧붙이가 나타내는 의미는 문장속에 들어간 단어들의 문법적관계를 나타내는것이 아니라 단어를 이루고있는 구성요소들사이의 문법적관계, 다시말하여 어휘화된 문법적의미를 나타낸다. 단어조성의 덧붙이는 어디까지나 단어의 테두리안에서 그 어떤것을 나타내는것이지 그 어떤 완결된 사상과 관련된 내용, 그 어떤 이야기의 내용과 관련된것을 나타내는것은 아니다.

이런 견지에서 단어의 문법적의미는 곧 관계적의미라고 말할수 있으며 일반적이고 추상적인 의미라고 말할수 있다. 단어의 어휘적의미는 개별적이고 구체적이며 실질적인것이다.

문법적의미가 관계적의미라고 할 때 그것은 단순히 문장을 이루는 단어들의 결합관계만을 나타내는것이 아니다.

문장을 이루는데 필요한 이러저러한 문법적관계에는 단어들의 결합관계만이 아니라 이야기하는 사람과 이야기듣는 사람사이의 례의적관계와 이야기되는 사실과 이야기하는 순간과의 시간적관계도 표현하며 말하는 사람이 서술된 행동에 대하여 가지는 관계도 표현하게 된다. 다시말하여 존경, 말차림, 시간, 법, 상 등 여러가지 관계가 다 이러저러한 문법적관계에 포괄되게 되는데 이런 관계를 나타내는 의미가 곧 관계적의미로 되고 문법적의미로 된다.

조선어에서 문법적형태조성의 유일한 수단인 토에 의하여 표현되는 모든 의미는 모두 문법적의미이다.

지난날 도움토를 토라고 하면서도 도움토에 의하여 표현된 의미를 문법적의미로 보지 않고 그 어떤 단어의 어휘적의미를 보충해주는 뜻빛갈로 보았다. 어휘적의미를 도와서 그 뜻을 완결시킨다는 의미에서 도움토라고 하였다는것이다.

○ 주체사상의 광휘로운 빛발아래 사람도 산천도 몰라보게 변하였다.
○ 그들은 전향서에 도장만 찍으면 호화로운 생활이 기다리고 있었지만 그 길을 택하지 않았다.

우의 문장에서 도움토 《도》와 《만》은 그 토가 붙은 단어인 《사람》,《산천》,《도장》 등의 어휘적의미를 보충해주는것이 아니라 《포함》과 《제한》의 문법적관계를 나타내고있다. 즉 그 어떤 어휘적의미의 뜻빛갈을 나타내는것이 아니라 문법적관계를 나타내는것이다.

조선어에서 문법적의미는 양태적의미를 비롯한 문법화된 의미도 포함하게 된다.

양태적의미를 비롯한 문법화된 의미는 실질적인 어휘적의미에서 많이 추상화된 의미로서 파생적단어에서 찾아보게 되는 문법성보다 더 강한 문법적지향성을 가지고있다.

조선어에서 양태적의미를 비롯한 문법화된 의미는 보조적단어*들에 의하여 표현된다.

○ 원쑤들을 천백배로 복수할터이다.

《복수하는》 행동을 실현할데 대한 《의지》 곧 양태적의미를 나타낸다.

○ 신문을 읽는척 하고 앉아있는 저 사람입니다.

《읽는》 행동을 하는척 하는 《가장하는 행위》 곧 양태적의미를 나타낸다.

○ 너무 빨리 읽는 바람에 알아듣지 못하였다.

《알아듣지 못한》 행동의 《원인, 근거》 등을 나타낸다.

○ 밥숟가락을 놓기 바쁘게 콤퓨터에 마주앉았다.

《밥숟가락을 놓는》 행동과 《콤퓨터에 마주앉는》 행동의 즉시적인 계기성을 나타낸다.

> * 조선어의 보조적단어에는 넓게 보아 양태적의미를 가진 《체, 척》과 같은 불완전명사와 보조적으로 쓰인 《바람, 바쁘다》와 같은 자립적단어들까지 모두 포함시킬수 있다. 그러나 엄밀한 의미에서 보면 보조적단어에는 양태적의미를 가진 단어들만이 소속될수 있고 그밖의 자립적으로도 쓰일수 있는 단어들은 자립적단어의 보조적사용으로 설명해야 할것이다.

이와 같이 보조적단어는 결국 앞에 오는 단어에 그 어떤 어휘적의미를 덧붙이는것이 아니라 문장속에서 맺게 되는 이러저러한 문법적관계를 나타내기 위하여 쓰이고있다.

조선어에서 보조적단어들이 나타내는 양태적의미를 비롯한 문법화된 의미들은 문법화과정의 여러 단계에 있는 단어들이 가지고 있는 의미로서 조선어의 특징적현상들중의 하나이다.

이처럼 조선어단어의 문법적형태와 문법적의미는 유기적인 통일속에 존재하는 문법적현상이지만 따로 구별해서 고찰해야 할 문법적현상이다.

2. 형태론적인 문법적범주

조선어단어의 문법적형태와 문법적의미는 형태론적인 문법적범주를 이루는데서 중요한 역할을 한다.

일반언어학적인 견지에서 볼 때 형태론적인 문법적범주는 단어의 문법적형태가 나타내는 문법적의미의 공통성에 기초하여 묶이여진 같은 종류의 문법적현상들의 총체로 규정하고있다.

형태론적인 문법적범주는 가장 큰 문법적범주인 품사론적인 문법적범주와 구별되는것으로서 단어의 문법적형태와 유기적인 련관속에서 고찰되는 문법적현상의 총체이다.

품사론적인 문법적범주는 단어들의 여러가지 어휘문법적특성에 의하여 묶이여진 단어부류라면 형태론적인 문법적범주는 단어의 문법적형태가 지니고있는 문법적의미의 공통성에 의하여 묶이여진 문법적현상들의 총체이다. 이런 의미에서 형태론적인 문법적범주는 단어의 문법적형태와 그가 나타내는 문법적의미가 두개의 기둥으로 되고있는 문법적개념이다.

형태론적인 문법적범주는 무엇보다도 문법적의미의 공통성에 기초하여 묶이여진 계렬이다.

문법적의미는 어떤 문법적관계를 나타내는것만큼 그 관계가 어떤 측면에서의 관계인가가 밝혀져야 하며 또한 거기에서 일정한 계렬성이 보장되여야 범주적인것으로 묶이여질수 있다.

례컨대 조선어의 수많은 문법적형태가운데서 《사람이, 사람의, 사람을, 사람으로, 사람과, 사람아…》등의 형태는 그 문법적의미의 공통성에 의하여 문장에서 명사를 다른 단어에 결합시키는 관계를 나타내는것으로, 다시말하여 격범주로 묶이여질수 있는것이다.
여기서 《사람이》라는 문법적형태와 《사람의》라는 문법적형태, 《사람을》이라는 문법적형태가 서로 다른 측면에서의 관계를 나타내거나 서로 다른 문법적의미를 나타낸다면 하나의 계렬로 묶이여질수 없으며 격범주로 통합되지 못한다. 《사람이》, 《사람을》의 문법적형태가 나타내는 문법적의미는 격의 의미로 통합되고 계렬성을 이루게 된다. 격의 의미는 시간의 의미, 말차림의 의미, 도움토의 의미와 한 계렬을 이룰수 없으며 격범주를 초월한 그 어떤 다른 범주를 구성할수 없는것이다.

다른 한편 문법적의미가 같은 2개이상의 문법적형태도 문법적의미의 공통성으로 하여 한 계렬로 묶어 문법적범주를 구성할수 있다.

례컨대 동사에서 물음법을 나타내는 《읽느냐, 읽는가, 읽습니까, 읽습디까…》 등은 그 문법적형태가 다르지만 물음의 문법적의미를 나타낸다는것으로 하여 법범주안에서 하나의 물음법계렬에 소속시킬수 있다. 이처럼 문법적형태가 다른것도 그 문법적의미가 같으면 같은 계렬에 망라시킬수 있는것이다.

형태론적인 문법적범주는 다음으로 문법적의미의 공통성에 기초하여 성립되지만 문법적형태를 단위로 하여 그 체계가 구성되는 개념이다.

조선어에서 격토 《로》, 《으로》가 붙어 이루어진 문법적형태는 《도구》, 《수단》이나 《방향》 등의 문법적의미를 나타내지만 격범주에서 다같이 조격으로 그 체계를 구성하고있다. 문법적의미에 따라 하나는 조격, 다른 하나는 위격으로 될수 없다.

이처럼 문법적범주에서의 체계는 문법적의미의 공통성에 의거하지만 문법적형태를 기준으로 하여 이루어지는것이다.

형태론적인 문법적범주는 또한 하나의 의미와 하나의 체계로 구성되는것이 아니라 의미의 체계와 형태의 체계에 의하여 이루어지는 문법적개념이다.

조선어에서 격이나 상, 시간, 법, 말차림 등 여러 범주들에서는 다양한 의미와 형태계렬을 찾아볼수 있다. 그러나 수범주나 존경의 범주에서는 복수토 《들》이나 존경토 《시》에 의하여 이루어지는 단순한 모습을 볼수 있다.

그러나 조선어에서는 복수토 《들》이 붙은 형태와 복수토가 붙지 않은 형태의 대립, 존경토 《시》가 붙은 형태와 붙지 않은 형태의 대립관계가 이루어지며 이로부터 토가 붙지 않은 령형태와 복수토 《들》과 존경토 《시》가 붙은 형태의 대칭에 근거하여 수범주와 존경의 범주를 구성한다.

조선어에서 아무런 토도 붙지 않았지만 토가 붙어 이루어지는 문법적형태에 대응해서 일정한 문법적의미를 나타내는 경우를 찾아볼수 있는데 이것을 가리켜 령형태라고 한다.

령형태는 령토에 의하여 이루어지는 문법적형태로서 그에 대응되는 문법적형태의 존재를 전제로 한다. 조선어에서 령형태는 우에서 보여준 수범주나 존경의 범주에서만 찾아볼수 있는것이 아니라 격범주와 시간범주 등에서도 찾아볼수 있는 보편적인 현상이다.

조선어에서 절대격형태를 자주 찾아볼수 있다. 아무런 격토가 붙지 않았지만 절대격형태는 속격, 대격, 여격, 위격, 조격 등 여러가지 격의 의미를 나타내고있다. 여러가지 격의 의미를 나타낼수 있는것으로 하여 절대격형태 즉 격의 령형태는 언어생활에서 자주 찾아볼수 있는 문법적현상으로 되고있다. 또한 력사적인 견지에서 보아 절대격형태는 단어에 교착되는 교착물 즉 주격토, 속격토, 대격토 등 여러 격토가 생기기 이전부터 쓰인 원시적인 형태인것만큼 자주 쓰일수 있는 객관적근거를 가지고있다.

조선어에서 령형태는 능동상형태와 동사이음형에서 찾아볼수 있다.

조선어동사의 상형태에서 《먹다, 먹히다, 먹이다》는 능동상, 피동상, 사역상의 대치를 이루는데 《먹다》는 아무런 토도 붙지 않은 채 능동상형태를 이룬다. 동사이음형 《읽고 - 읽었고 - 읽겠고》에서 《읽었고》는 과거형태, 《읽겠고》는 미래형태를 취하는데 《읽고》는 아무런 시간토도 붙지 않은 령형태를 이루고있다. 여기서 《읽고》인 경우 그것을 현재형으로 규정할수 있으나 시간관계를 초월한 형태이므로 동사이음형에서 《현재 - 과거 - 미래》의 도식을 그리기 힘든다.
　○ 순희는 책을 읽고 경수는 신문을 읽는다.(읽었다, 읽겠다.)
　○ 순희는 책을 읽었고 경수는 신문을 읽었다.
　○ 순희는 책을 읽겠고 경수는 신문을 읽을게다.

우의 례문에서 볼수 있듯이 동사 《읽다》의 이음형 《읽고》는 첫 문장에서는 현재형으로 되는것 같지만 《신문을 읽는다》의 맺음술어가 어떤 시간관계에 놓이는가에 따라 그 시간이 달라진다. 이것은 동사이음형 《읽고》가 시간관계를 초월한 형태라는것을 보여준다.

그러나 동사이음형 《읽고》가 아무런 토가 붙지 않은채로 《읽겠고》, 《읽었고》 등과 대응관계를 이루고있는것만큼 령형태로서 상대적시간관계를 나타내고있다.

조선어에 이처럼 령형태가 발달되여있는것은 조선어의 민족적특성의 하나로서 문법적범주구성에서 문법적형태의 중요성을 강조해줄따름이다.

로어나 도이취어, 프랑스어, 뽈스까어 등 여러 인디아-유럽어들에서 성의 문법적의미가 문법적형태를 통하여 표현되고 성의 형태가 2개 또는 3개의 대치를 이루고있는것만큼 문법적범주로서의 성이 존재하지만 조선어를 비롯한 일련의 교착어들에서는 성의 문법적형태가 없는것으로 하여 성의 문법적범주도 존재하지 않는다.

조선어에서 행동의 수행방식과 관련된 태적의미는 찾아볼수 있으나 문법적형태에 의하여 그것이 표현되지 않는것만큼 태범주가 설정되지 않는다. 조선어에서 태적의미는 단어의 반복이나 부사나 보조적단어의 리용으로 나타내고있다.
　○ 뛰고 뛰다, 가고 가다
　○ 계속 오라, 자꾸 불어나다
　○ 삼켜버리다, 쓰고있다, 먹어보다

이처럼 조선어의 형태론적인 문법적범주를 규정함에 있어서 문법적형태가 있는가 없는가 하는것은 매우 중요한 역할을 한다.

조선어의 문법적범주는 문법적형태의 체계적성격에 따라 단순한것과 다양한것으로 갈라진다. 다시말하여 형태체계가 단순한것은 그에 기초한 문법적범주의 체계는 단순하게 만들고 형태체계가 다양한 것은 문법적범주의 체계도 그만큼 다양한것으로 된다.

범주 \ 체계		단순한것	다양한것
형태론적범주	격	단-복	주-대-속-여-위-조-비교-구-호-절대
	수		
	상		능동-피동-사역
	시간		현재-과거-미래
	말차림		높임-같음-낮춤
	존경법	존경-비존경	
			알림-물음-추김-시킴

 형태론적인 문법적범주는 다음으로 문법적범주가 문법적의미와 문법적형태를 2개의 기둥으로 하여 형성된 문법적개념인것만큼 문법적의미를 나타내기 위한 문법적수법과는 직접적으로 련결되지 않고 간접적으로 련결된다.
 문법적의미를 나타내는 문법적형태가 어떤 수법에 의하여 조성되였든지간에 일단 조성된 다음에는 문법적수법은 뒤선에 물러가고 문법적형태가 앞에 나서게 된다.
 실례로 교착의 수법에 의하여 일정한 문법적형태가 조성된 다음에는 그것이 어떤 수법에 의하여 조성되였는가 하는것이 중요한 것이 아니라 그가 수행하는 문법적기능이 중요하고 그것들의 형태계렬이 중요하다. 이런 의미에서 문법적범주의 규정에서는 문법적의미와 문법적형태가 보다 더 중요한 역할을 하는것이다.
 그러나 문법적수법은 문법적의미표현에 복무하는 수법인것만큼 간접적으로 문법적범주에 련관되게 된다.
 단어의 반복이나 보조적단어에 의하여 태적의미가 표현되는 경우나 어휘적수단에 의하여 존경의 의미를 나타내는 경우 그것들은 하나의 독자적인 문법적범주를 이루지는 못하지만 문법적의미의 표현과 이렇게나저렇게나 련관되여있는것만큼 문법적수법을 소홀히 할수 없는것이다. 특히 조선어에서 양태성의 문법적의미는 양태적인 단어들에 의하여 표현되는데 그것들은 양태적의미의 특성으로 하여 단어의 문법적형태로는 표현되지 못한다. 그러나 양태성의 범주는 조선어에서 문장론뿐아니라 형태론서술에서 중요한 자리를 차지하는것만큼 어휘적수단들에 의하여 표현된다 하더라도 형태론적인 문법적범주서술에서 간과할수 없는 문법적현상으로 된다. 양태적의미인 경우 가능성, 확실성, 개연성 등 여러가지 의미는 그것자체가 그 어떤 문법적형태에 의하여 표현될것을 요구하는것이 아니라 어휘적수단, 문장론적표현수법과 련결되면서 표현될것을 요구한다.

이로부터 조선어의 문법적범주설정에서는 문법적표현수법이 직접적인 련관관계가 없지만 거기에도 응당한 관심을 돌릴것을 요구한다.

※ 양태성의 문법적범주에 대해서는 제3장 제1절의 2에서 법범주에 대한 서술부분을 참고할것.

제6절. 조선어토의 특성과 갈래

1. 조선어토의 특성

《우리 말은 표현이 풍부하여 복잡한 사상과 섬세한 감정을 다 잘 나타낼수 있으며 사람들을 격동시킬수 있고 울릴수도 있으며 웃길수도 있습니다.》

조선말을 가지고는 그 어떤 복잡한 사상과 섬세한 감정을 훌륭히 표현할수 있다. 그것은 조선어의 어휘구성이 풍부하고 문법구조가 째여져있기때문이다.

우리 말의 문법구조가 째이고 그 어떤 복잡한 사상과 섬세한 감정도 잘 나타낼수 있는것은 조선말에 문법적의미의 표현을 담당한 토가 풍부하게 발달되여있으며 치밀한 체계를 이루고있기때문이다.

그러면 토란 무엇이고 그것의 특성은 무엇인가?

학설사적인 견지에서 볼 때 조선어의 토가 무엇인가 하는 문제를 가지고 많이 론의되여왔다.

조선어의 토가 단어냐 덧붙이냐 아니면 제3의 그 어떤것이냐 하는 문제를 가지고 많이 론의되여왔는데 그것을 크게 분류하면 다음과 같이 체계를 세울수 있다.

첫째로, 조선어토가 보조적단어(조사)라고 하는 견해를 들수 있다.

조선어토가 보조적단어(조사)라고 하는 견해는 조선어토의 력사적발생발전과정을 중시한데로부터 생긴 견해이다. 다시말하여 조선어의 토가 력사적으로 볼 때 실질적인 어휘적의미를 가진 단어가 고도로 문법화되여 보조적단어로 되고 그것이 다시 문법적의미를 나타내는 토로 전환되였다는데로부터 오늘날의 토도 보조적단어(조사)로 보아야 한다는것이다.

이 견해의 주장자들은 단어변화에서의 공시태적인것과 통시태적인것에 대한 엄밀한 분석에 립각하지 못한것으로 하여 많은 사람들로부터 공감을 받지 못하였다.

보조적단어도 역시 단어인것만큼 토가 조사로 되려면 단어로서의 자격을 갖추어야 한다. 의미적내용에서는 물론 형태체계에서도 단어로서의 체모를 갖추어야 한다. 이런 견지에서 볼 때 전체로서의 조선어토를 조사로 처리하는것은 물론 일부 학자들이 조사라고 하면 《마다, 조차, 부터, 들, 듯, 즉》 같은 토들을 보조적단어로 처리하는것은 단어의 체모를 갖추지 못한것을 단어로 올려놓는, 격에 맞지 않는 처리로 되는것이다.

둘째로, 조선어토의 처리에서 체언토는 조사, 용언토는 덧붙이로 보는 견해를 들수 있다.

이 견해의 주장자들은 조선어토가 교착물이라는것을 다같이 인정하면서도 체언토가 가지는 교착적성격과 용언토가 가지는 교착적성격은 다르다는데로부터 출발하여 같은 하나의 성질을 가진 조선어토를 하나는 조사로, 다른 하나는 덧붙이로 처리하는것이다.

즉 체언토는 수의적인 교착성분이며 용언토는 필수적인 교착성분인것만큼 수의적인 교착성분은 조사로, 필수적인 교착성분은 덧붙이로 처리하자는것이다.

조선어에서 수의적인 교착성분이건 필수적인 교착성분이건 다 같이 조선어의 문법적관계를 표현하는데 복무하는 언어적수단이라는데서는 별다른 차이가 없다. 다시말하여 문법적의미의 담당자라는데서는 공통적이다. 그리고 다같이 문법적형태를 조성한다는데서는 차이가 없다. 용언토는 단어의 내속물이며 체언토 즉 격토와 도움토를 단어의 내속물이 아니라고 단정하는것은 리치에 맞지 않는다. 격토와 도움토가 붙은 형태도 해당 단어의 정연한 형태변화체계속에 있는 어느 한 형태이다. 이것은 언어행위속에서 실지로 쓰이고있는 단어의 문법적형태이며 그것으로써 문장속에서 맺는 단어들의 여러가지 문법적관계를 실현시켜준다.

만약 조선어에서 체언토를 보조적단어(조사)로 처리한다면 그것은 조선어토전반을 보조적단어로 처리할 때에 부닥치게 되는 허점을 허용하는것으로 된다. 또한 수의적인 교착성분으로 되는 토를 반단어로 보면서 그앞에 오는 단어와 분석구조를 이룬다고 보는것도 단어의 분석적인 형태에 대한 일반리론에 어긋나는것이며 단어에 대한 일반적인 견해에도 맞지 않는것이다. 사실상 반단어라는 말은 일반언어학적인 견지에서 볼 때 맞지 않는것이다. 달리 말하면 반단어란 보조적단어라는것인데 격토와 도움토는 단어의 문법적형태를 이루는것이지 보조적단어로는 될수 없는것이다.

셋째로, 조선어토는 덧붙이도 아니고 조사도 아닌 제3의것이라는 견해를 들수 있다.

이 견해의 주장자들은 격토가 체언에만 붙는것이 아니라 용언의 체언형태에도 붙으며 단어뿐만아니라 언어구조의 모든 단위에 붙을수 있다는 사정과 용언토가 용언에만 붙는것이 아니라 체언의 용언형에도 붙을수 있다는데로부터 조선어토는 덧붙이도 아니고 조사도 아니며 제3의것이라고 주장하였다. 즉 《조선어토는 토다.》라는 같은말되풀이식의 규정을 내리였다.
　여기서 조선어토가 조사가 아니라는데 대해서는 우에서 이미 설명한바와 같다.
　조선어토가 덧붙이가 아니라는데 대해서는 문제가 있다.
　일반언어학적인 견지에서 볼 때 단어에서 문법적의미의 표시자는 말꼬리가 아니면 덧붙이이다. 굴절어에서는 말꼬리로 표현되고 교착어에서는 덧붙이로 표현된다.
　이 견해의 주장자들은 조선어도 교착어라는것을 인정하는 이상 문법적의미의 표시자가 무엇인가 하는데 대해서는 대답을 주어야 할것이다. 때문에 《조선어토는 토다.》라는 같은말되풀이를 하면서도 첫번째의 《토》라는 말은 현재 일반적으로 쓰이고있는 단어, 토를 의미하고 두번째의 토는 자기 식의 명명을 준 다른 성격의 단어, 토라는것인데 이것은 잘 납득이 가지 않는것이다. 때문에 이 견해의 주장자들처럼 조선어토를 중시하여 형태론을 품사론과 분리하여 취급하는 경우에조차 같은말되풀이적인 규정에는 공감을 표시하지 않고있는것이다.
　넷째로, 조선어토는 교착적덧붙이라는 견해를 들수 있다.
　이 견해의 주장자들은 조선어토는 단어에 첨가되여 문법적의미를 나타내는 교착물이라는데로부터 어디까지나 덧붙이로 보아야 한다는것이다.
　조선어토가 단어뿐아니라 언어구조의 모든 단위에 다 붙을수 있는것은 그것들이 단어화된데 그 요인이 있는것이지 덧붙이도 아니고 단어도 아닌 제3의것으로 보아야 할 근거로는 되지 않는다. 또한 격토가 붙은 앞의 단어와 그뒤에 오는 격토사이에서는 단어와 단어사이에서 찾아볼수 있는 문장론적관계를 찾아볼수 없는것이다. 여기에서는 조선어토의 의존성만을 보여주는것이다. 이로부터 조선어토는 다른 교착어들의 교착물이 덧붙이로 되듯이 문법적의미를 표현하는 덧붙이로 보아야 한다는것이다. 용언토가 덧붙이로 되면 그에 따라 체언토도 덧붙이로 보아야 한다는것이다. 이에 대해서는 크게 반대함이 없이 학계에서 인정되여왔다. 그런데 여기서 조선어토를 덧붙이로 보는 경우에도 《상토, 시간토, 존경토》 같은것들을 격토나 맺음토 같은 자리토로 처리할수 있겠는가 하는 문제가 제기되는것이다. 그래서 지난 시기 상토, 시간토, 존경토 등은 비위치토라고 하면서 형태조성의 뒤붙이로 처리하였으며 나머지토들은 형태조성의 덧붙이로 처리하였던것이다.

그런데 여기에도 문제가 있다. 결국 형태조성의 뒤붙이냐 아니면 형태조성의 덧붙이냐 하는 문제에 주의를 돌릴 필요가 있다.

일반언어학적인 관점에서 볼 때 뒤붙이도 덧붙이의 일종이다. 이렇게 놓고볼 때 같은 문법적형태를 조성하는 수단을 놓고 하나는 뒤붙이로, 다른 하나는 덧붙이로 가르는것은 그렇게 신통한 분석이라고 볼수 없다. 물론 여기서 형태조성의 뒤붙이인 경우에는 자리토가 아니라 끼움토인것만큼 자리토와 구별되는 특성을 가지고있는 것만은 사실이다. 그러나 형태조성의 뒤붙이인 경우 그뒤에 다시 형태조성의 덧붙이가 다시 붙을수 있는 조건에서 그것은 더욱 불합리한것으로 된다. 더구나 형태조성의 뒤붙이인 경우 단어조성의 뒤붙이와 관련시켜볼 때 그것들의 결합위치가 맨 마지막이 아닌것만큼 뒤붙이라는 규정이 적합치 않은것으로 되는것이다. 또한 토를 형태조성의 뒤붙이와 형태조성의 덧붙이로 구분하는 경우 일부 토들 즉 체언형을 용언형으로 만들거나 용언형을 체언형으로 만드는 《ㅁ, 기》와 같은 토들 그리고 복수의 의미를 나타내는 토《들》 같은것의 처리가 난감해질수 있다. 그러기에 어떤 학자들은 형태조성의 뒤붙이로 취급하기도 하고 어떤 학자들은 형태조성의 덧붙이로 또 어떤 학자들은 형태조성의 뒤붙이로도 처리하지 않고 형태조성의 덧붙이로도 처리하지 않고있는 경우가 있다. 이것은 문장론적기능을 수행할수 있는 자리토들만 형태조성의 덧붙이로 처리하고 나머지것들은 문장론적기능을 수행하지 못하므로 형태조성의 뒤붙이로 처리한 결과에 생기는것이다. 그러면 문장론적기능과 관련된것만이 문법적형태로 되고 그렇지 않은것은 문법적형태의 조성과 인연이 없는것으로 되여야 한다는 결론이 나오게 된다. 이것은 조선어의 문법적현실에 부합되는 결론으로 될수 없다.

지난 시기 형태조성의 뒤붙이라고 하였던 상토, 시간토, 존경토, 복수토, 바꿈토 등은 법토나 말차림토처럼 다같이 일정한 문법적형태를 조성하여 해당한 문법적형태에 문법적의미를 부여해준다. 비록 문장에서 격토, 맺음토나 이음토처럼 단어들의 문장론적결합 관계를 나타내지는 못하지만 일부 경우에 문장론적관계를 나타내는데 일정한 정도로 간접적으로 관여할수 있는것이다. 시간이나 존경관계, 상관계와 수관계는 문장에서 그와 관련된 문장성분을 요구하기도 하고 일정한 어휘들을 요구하기도 한다. 형태조성의 뒤붙이도 단어의 문법적형태를 조성하고 형태조성의 덧붙이도 단어의 문법적형태를 조성한다. 그리고 형태조성의 덧붙이도 교착의 수법으로 말줄기에 가서 붙고 형태조성의 뒤붙이도 단어의 말줄기에 가서 붙는다. 이런데 비하여 형태조성의 뒤붙이는 뒤붙이로서의 특성이 단어조성의 뒤붙이에 비해볼 때 약하다.

이로부터 조선어토를 형태조성의 뒤붙이와 형태조성의 덧붙이로 갈라보는것은 필요이상 번잡성을 낳을뿐 단어의 문법적형태와 토의 본질을 해명하는데서 큰 도움으로 되지 못한다. 해당한 토의 문장론적기능과 결합구조적특성을 있는 그대로 인정하면서 하나의 토라는 큰 범위안에서 세분하는것이 합리적인것이다.

사실 지난날 《토를 달아 읽었다.》, 《토받침이 틀렸다.》고 했을 때 그 어떤 단어에 붙어 쓰이는 모든 교착물을 가리키였지 존경토나 시간토, 상토와 복수토 같은것을 제외하지는 않았다. 그러므로 조선어토를 일반언어학에서 말하는 하나의 교착적덧붙이로 보면서 그안에서 자리토와 끼움토, 바꿈토와 복수토 등의 특성을 있는 그대로 보여주는것이 현실적으로 타당하고 합리적인 처리로 되는것이다.

그러면 조선어토의 특성은 무엇인가?

조선말토의 특성은 구조결합적인 측면과 의미기능적측면, 량적인 측면과 사용의 측면, 발생발전의 측면에서 찾아볼수 있다.

1) 조선말토는 구조결합적인 측면에서 볼 때 상대적자립성을 가지고있는것이 특징적이다.

우리 말 토는 이웃형태부들과의 결합에서 상대적자립성을 가지고있다.

토가 가지고있는 상대적자립성은 우선 토와 말줄기의 뚜렷한

계선을 가지고 결합된데서 나타나고있다.

조선어에서 일부 경우에 말줄기와 토가 발음상 서로 녹아붙었거나 발음상 변형이 생기여 그 계선을 분간하기 어려운 때도 있다. 동사 《가다》나 《쓰다》의 말줄기 《가》와 《쓰》에 과거시간토 《았》, 《었》이 붙어 《갔》, 《썼》으로 되며 형용사 《아름답다》, 《밉다》에 이음토 《아》, 《어》가 붙어 《아름다와》, 《미워》로 되는것과 같은 경우를 들수 있다. 여기서 《갔》은 《가＋았》, 《썼》은 《쓰＋었》으로 그 구조를 해석할수 있는것으로서 시간토의 형태 《았》, 《었》을 직관적으로 도출해내기가 어려운것이다. 이렇게 말줄기와 토의 계선을 쉽게 분간하기 힘든 경우가 있는 반면에 절대다수의 경우에는 토가 이웃단어나 형태부들과 분간하기 쉽게 뚜렷한 계선을 가지고 결합되여있다.

○ 우리 직장이, 우리 직장에서, 우리 직장의, 우리 직장으로, 우리 직장입니다…

○ 가다, 가고, 가기가, 가도, 갑니다…

흐르다, 흐르고, 흐르기가, 흘러도, 흐릅니다…

토가 가지고있는 상대적자립성은 또한 토가 단어뿐만아니라 단어가 아닌 단위 즉 단어결합이나 문장에도 붙을수 있다는데서 나타나고있다.

토가 들어가 붙는 단위는 그 구성요소들이 가지고있는 의미와 기능이 완전히 추상화되여있으며 그것들은 구조적측면에서 마치 하나의 단어와 같은 자격을 가지고 문장속에서 쓰이고있다. 그러므로 토가 붙게 되는 단위와 거기에 붙은 토와의 구분은 명백한것으로 되며 우리 말 토가 가지고있는 상대적자립성은 뚜렷이 나타나게 된다.

우리 말 토가 단어 아닌 단위에 붙어 쓰인 경우는 다음과 같다.

○ 방정식 a 와 방정식 b 사이에는 등가관계가 이루어진다.

○ 혁명가극 《꽃파는 처녀》를 관람하던 날에 있은 일이다.

○ 일군들은 《돌격앞으로!》가 아니라 《나를 따라 앞으로!》라고 웨치면서 진격의 돌파구를 열어나가야 한다.

토가 가지고있는 상대적자립성은 또한 토가 한개의 말줄기에 잇달아붙을 때 그 차례가 엄격히 규정되여있으며 그 계선이 명백한데서 나타나고있다.

조선말토는 한개의 말줄기에 여러개가 잇달아붙는다고 하여 아무런 질서도 없이 마구 잇달아붙는것이 아니다. 보통 용언토는 용언토끼리, 체언토는 체언토끼리 한데 잇달아붙으며 일부 경우에 체언이나 용언이 용언형이나 체언형으로 전환된 다음에 품사적성질이 다른 토들이 질서정연하게 붙어쓰인다.

여러개의 토가 하나의 말줄기에 잇달아붙을 때 나타내는 체계정연한 모습은 체언토나 용언토에서 모두 찾아볼수 있다.

맺음형을 이룬 용언토인 경우에 사역이나 피동을 나타내는 상토가 제일 먼저 오고 다음에 존경토, 시간토, 맺음토가 차례로 붙는다.

이 차례는 그 어떤 경우에도 절대로 바꿀수 없다.
○ 읽-히-시-였-다
○ 읽-(으)-시-였-겠-다
○ 읽-었-다
○ 읽-는-다

체언토인 경우에는 그 체계성이 격토들의 어울림에서 뚜렷이 나타난다.

격토 《에게, 에》 등은 격토 《가, 를, 의, 로, 와》 등과 어울려쓰일 때 언제나 앞에 오며 격토 《에서, 로》 등이 격토 《가, 를, 의, 로, 와》 등과 어울려쓰일 때 언제나 앞에 온다. 이때도 격토들의 순서를 절대로 바꿀수 없다.

에게-에게가, 에게를, 에게의, 에게로, 에게와…
에-에가, 에를, 에의, 에로, 에와, 에로의…

이처럼 조선말토들은 서로 결합할 때 엄격한 질서밑에 결합하게 되는데 가장 기본적인 배렬순서를 보여주면 다음과 같다.

① (말줄기)-복수토+도움토+격토+도움토
 ○ 학생들만으로도…
② (말줄기)-복수토+바꿈토+존경토+시간토+서술토+도움토
 ○ 어른들이시였겠지만은…

③ (말줄기) - 상토+존경토+시간토+서술토+도움토
   ○ 먹이시였지만도…
④ (말줄기) - 상토+존경토+시간토+바꿈토+격토+도움토
   ○ 입히시였음에도 불구하고…

토가 가지고있는 상대적자립성은 또한 문장구조의 귀일관계에서도 뚜렷이 나타나고있다.

조선어문장구조에서 귀일관계는 문장론적단위들의 상관관계에서 표현되는 고유한 특성의 하나이다. 귀일관계는 접속되는 여러개의 단위들가운데서 맨 마지막에 오는 단위에 의하여 앞단위들의 문법적의미가 결속되는 현상으로서 단어뿐아니라 토에 의하여서도 표현된다. 특히 이음술어는 맺음술어의 시간, 법, 말차림 등의 문법적의미에 의하여 해당한 의미가 결정되게 된다.

○ 오빠들은 기차로 가고 나는 자동차로 갔다.
  오빠들은 기차로 가고 나는 자동차로 간다.
  오빠들은 기차로 가고 나는 자동차로 갑니다.
  오빠들은 기차로 가고 나는 자동차로 갑시다.
  오빠들은 기차로 가고 나는 자동차로 가자.

례문에서 알수 있는바와 같이 이음술어에서 나타나지 않은 시간, 법, 말차림 등의 문법적의미는 마지막단위 즉 맺음술어에 귀일하면서 비로소 표면화된다. 이것은 맺음술어를 이루고있는 맺음토가 그가 붙은 단위(단어 《가다》)에만 관계되는것이 아니라 그것을 뛰여넘어 이음술어 《가고》에도 작용하고있다는것을 보여주는것으로서 조선어토의 구조결합적특성, 상대적자립성을 뚜렷이 보여주는것이다. 맺음술어의 구성요소로 되고있는 토 《았, ㄴ다, ㅂ니다, ㅂ시다, 자》 등이 그것이 붙은 말줄기와 쉽게 떨어질수 있는 상대적자립성을 가지고있지 못하다면 이러한 문법적귀일관계가 이루어질수 없다. 이것은 굴절어에 속한 유럽언어들의 말꼬리와 대비해볼 때 쉽게 리해할수 있는 문법적특성이다.

그가 붙는 말줄기와 쉽게 떨어질수 없는 유럽언어들에서는 그가 붙은 단어를 뛰여넘어 다른 단어의 문법적의미를 규정지울수 없다.

조선어문장구조에서 나타나는 귀일관계는 조선어토의 상대적자

립성을 전제로 하고있다.
　토가 가지고있는 상대적자립성은 또한 위치토의 비위치토화현상에서도 뚜렷이 나타나고있다.
　위치토는 독자적으로 단어의 문법적형태를 조성할 때에는 본성그대로 나타나지만 두개 또는 그 이상의 위치토가 같은 한개 단어의 문법적형태를 이룰 때에는 반드시 그중 어느 하나만 문장론적기능을 유지하고 다른것들은 문장론적기능을 수행하지 못하게 된다. 그것은 본래 위치토가 가지고있던 문법적의미를 상실하고말기때문이다. 이것은 조선어토의 또 하나의 민족적특성이다.
　〇 당일군들뿐아니라 행정일군들도 사람과의 사업을 잘하여야 한다.
　실례에 있는 《사람과의》는 두개의 위치토의 결합에 의하여 단어 《사람》의 2차적형태가 조성된것이다. 구격토 《과》는 결합되는 과정에 원래 수행하던 문장론적기능을 속격토 《의》에 넘겨주고 그자체는 완전히 속격토에 의존하는 도움토처럼 일정한 의미보충적역할만 수행하고있다. 다시말하여 구격토 《과》가 가지고있던 나란히 이어주는 대상을 나타내거나 비교되는 대상 또는 상대로 하는 대상임을 나타내는 의미는 뒤전으로 밀려나고 속격토의 의미를 도움토처럼 윤색해주고있다.
　이처럼 위치토가 비위치토화하는 현상은 굴절어와 다른 교착어에서 찾아볼수 있는 현상으로 토가 붙는 말줄기와 쉽게 분리될수 있는 특성을 가졌을 때에만 가능한것이다. 굴절어의 말꼬리처럼 어느 한 단어에 내속되여 가지고서는 이러한 현상을 일으킬수 없는것이다.
　위치토의 비위치토화는 뒤토에 의한 앞토의 비위치토화현상도 있고 반대로 앞토에 의한 뒤토의 비위치토화현상도 있다.
　〇 창순이는 누구에겐가 물어보고싶었지만 모두들 긴장한 낯빛이여서 그냥 지나쳐버리였다.
　〇 사람과의 사업을 잘하여야만이 경제건설의 성과도 이룩할수 있다는것이 우리 당의 의지이다.
　첫째 례문의 《누구에겐가》에서는 앞토 《에게》가 의미가 약화된것이 아니라 뒤토 《ㄴ가》가 약화되여 기능을 상실하였으며 둘째 례문의 《하여야만이》에서는 앞토 《여야》가 약화된것이 아니라 뒤토 《만》과 《이》가 약화되여 자기의 본래기능을 원만히 수행하지 못하고있다.

위치토의 비위치토화는 이처럼 유럽언어들에서는 찾아볼수 없는 조선어에만 고유한 문법적현상으로서 조선어토의 상대적차립성과 깊은 련관을 맺고있다.

2) 조선말토는 의미기능적측면에서 볼 때 많은것들이 하나의 문법적뜻을 가지지만 문법적다의성도 가지고있다.

일반언어학적인 견지에서 볼 때 교착어의 문법적멋붙이는 다의적인것이 아니라 단의적이라고 한다. 격형태나 용언의 문법적형태가 모두 해당한 형태에서 하나의 의미만을 가지고있다고 한다.

교착어에 속하는 핀란드어와 마쟈르어에서는 여러개의 격형태를 설정하고있다. 즉 핀란드어에서는 15개 격(주격, 속격, 대격, 태격, 분격, 전격, 내격, 출격, 입격, 접격, 리격, 향격, 결격, 공격, 조격), 마쟈르어에서는 20개 격(대격, 여격, 내격, 출격, 입격, 상격, 처격, 위격, 접격, 리격, 향격, 종격, 원인격, 조격, 전격, 태격, 형격, 분격, 반복격, 공격)을 설정하고있다. 그러면서 매개 격형태는 하나의 의미만을 가지고있다고 한다. 여기서 이 매개 격형태가 자기의 고유한 형태를 취하고있는것이다. 이 언어들에서 용언의 문법적형태들도 거의 비슷한 특성을 보여주고있다.

우리 말 토에는 여러개의 문법적뜻을 가지고있는것도 적지 않다. 때문에 우리 말 토가 문법적의미의 다의성을 가지고있다고 말할수 있다.

우리 말 토가 가지고있는 문법적의미의 다의성은 우선 하나의 토에 서로 다른 범주적의미가 한데 어울려 나타나는데서 찾아볼수 있다.

우의 실례에서 토《습니다》는 무엇을 알리는 뜻과 말듣는 사람을 높이여 이르는 뜻을 함께 가지고있다. 토《습니다》는 오늘날 하나의 토로 인식되지만 력사적으로 캐보면 토《습》과 《니다》가 결합된것이다. 그러므로 이 토를 구성하고있는 매개 요소들이 자기의 본래 뜻을 가지고있는것과 관련하여 두개의 범주적의미를 가지고 있다. 이와 비슷한 현상은 반말의 말차림과 의문의 뜻을 나타내는 맺음토 《ㄹ가》, 《던가》, 《는가》에서도 찾아볼수 있다. 맺음토 《ㄹ가, 던가, 는가》는 반말의 말차림과 의문의 뜻을 나타낼뿐아니라 시간의 의미 즉 미래, 과거, 현재의 의미도 함께 나타내고있다.

우리 말 토가 나타내고있는 문법적의미의 다의성은 또한 하나의 토가 여러 문장에서 쓰이면서 여러개 뜻을 나타내는데서 찾아볼수 있다.

실례로 조격토 《로》의 의미를 살펴보자.

《조선말대사전》에서는 조격토 《로》의 의미를 다음과 같이 풀이하고있다.

① 동사와 결합하여 그 행동수행의 수단 또는 도구임을 나타낸다. | 대패로 나무를 깎는다.
② 동사와 결합하여 그 행동에서 필요한 재료임을 나타낸다. | 종이로 만든 포장곽
③ 동사, 형용사와 결합하여 행동이나 상태가 이루어지는 방향을 나타낸다. | 조국으로 돌아오다.
④ 동사와 결합하여 그 행동의 결과 얻어지는 대상임을 나타낸다. | 이 밭을 논으로 풀면 좋겠다.
⑤ 동사와 결합하여 그 행동의 실현양식, 양상을 나타낸다. | 바쁜 걸음으로 뛰여가다.
⑥ 동사나 형용사와 결합하여 그 자격으로 되는 대상임을 나타낸다. | 그는 조국해방전쟁시기에 단발머리 간호원으로 락동강까지 나갔었다.
⑦ 동사, 형용사와 결합하여 그 행동이나 상태가 실현되는 한정된 시간을 표시하는 대상임을 나타낸다. | 우리는 오전중으로 작업을 다 끝내야 한다.
⑧ 주로 동사와 결합하여 그 행동이 일어나는 원인으로 되는 대상임을 나타낸다. | 무슨 일로 오셨습니까?
⑨ 일부 보조적으로 쓰이는 단어 《말미암아, 의하여, 하여, 하여금…》 등과 결합하기 위하여 쓰인다. | 장마로 말미암아

강물이 조금 불었다.
　이와 같이 조격토《로》는 여러가지 의미를 가지고있는데 그가 나타내는 《수단, 재료, 방향, 결과, 양식, 자격, 시간, 원인》의 의미와 보조적인 의미는 모두 행동이나 상태의 수단 및 도구관계를 나타내는 본래의 문법적인 뜻과 유기적인 련관관계가 있다.
　조선어토가 여러가지 문법적의미를 가지는것은 체언토에서만 찾아볼수 있는것이 아니라 용언토에서도 찾아볼수 있다.
　용언토《고》를 들어 살펴보자.
　《조선말대사전》에 의하면 이음토《고》는 다음과 같은 의미를 가지고있다.
　① 두개의 사실이 같은 자격으로 나란히 이어짐을 나타낸다. ｜ 맑고 푸른 조국의 하늘
　② 주로 동사에서 쓰이여 뒤의 행동보다 앞선 행동임을 나타낸다. ｜ 일을 끝 마치고 집으로 돌아왔다.
　③ 뒤의 행동에 대한 이미 이루어진 상황을 나타낸다. ｜ 모자를 쓰고 간다.
　④ 뜻이 반대되는 단어로 쌍을 이루면서 어느 하나를 선택함을 나타낸다. ｜ 옳고 그른것을 똑똑히 분별해야 한다.
　⑤ 종속적으로 이어주면서 근거의 뜻을 나타낸다. ｜ 이악하게 달라붙어 못해낼 일이 있겠소?
　⑥ 주로 체언의 용언형에서 도움토처럼 쓰이여 어느것을 가리지 않고 다 포함시킴을 나타낸다. ｜ 무슨 일이고 침착하게 수행해나가야 하오.
　⑦ 같은 단어를 겹쳐서 강조함을 나타낸다. ｜ 넓고넓은 바다
　⑧ 일부 보조적으로 쓰이는 단어와 이어준다. ｜ 책을 읽고있다.
　⑨ 《에서고》형식으로 겹쳐 쓰이면서 그 어느것을 선택함을 나타낸다. ｜ 집에서고 학교에서고 학습에 열중해있다.
　실례에서 알수 있는바와 같이 용언토로 구체적인 문장에서 쓰이면서 여러개의 뜻을 나타낸다. 이때 용언토는 자기의 기본의미에서 파생되였거나 전의된 다른 여러개의 의미를 가진다.

이음토《고》는 두 사실을 나란히 이어주는 뜻을 기본뜻으로 하여 나머지 8개의 뜻이 생겨났다.

다의적인 토가 가지고있는 이러한 의미구조는 마치 실질적인 뜻을 가진 다의적인 단어에서 찾아볼수 있는 현상과 류사하다. 실질적인 단어들에서의 의미구조가 기본의미를 기초로 하여 여러개의 의미가 파생하듯이 다의적인 토도 비록 실질적인 어휘적의미는 아니지만 관계적의미를 파생시키는데서도 그와 류사한 모습을 보이고 있다.

이와 관련하여 조선어토는 그 어떤 추상적이고 포괄적인 하나의 의미, 하나의 범주적의미만을 가지고있으며 다의성을 가지지 않는다고 하는 주장에 대하여 분석해볼 필요가 있다.

조선어토가 하나의 범주적의미만을 가졌다고 주장하는것은 일반적으로 교착어의 덧붙이가 단의적이라는 리론적전제에 기초하고 있다. 그러나 구체적인 문맥에서 나타나는 토의 의미의 다의성을 부정하고 문법적사용으로 처리하는것은 조선어의 실정에 맞지 않을뿐아니라 일반언어학적인 견지에서 보아도 고려하여야 할 측면이 적지 않다.

우선 일반언어학적인 견지에서 실질적단어의 어휘적의미의 실현조건과 토의 의미실현조건을 결부시켜볼 필요가 있다.

다의성을 가진 조선어단어(례컨대 《길》, 《손》, 《사랑》, 《밥》, 《높다》, 《가다》, 《하다》…)의 어휘적의미는 구체적인 문맥속에서 실현되며 문맥속에 있는 의미로 단어의 의미구조가 이루어지게 된다. 언어사용과 동떨어진 그 어떤 추상적인 의미구조가 있을수 없듯이 문맥밖에 있는 구체적인 어휘적의미가 있을수 없다.

이와 마찬가지로 하나의 언어적단위인 토도 구체적인 사용과 떨어져서 자기의 의미를 체현할수 없으며 존재할수도 없다.

토와 단어는 하나의 언어적단위라는데서는 큰 차이가 없다. 단지 그것이 어휘적의미를 나타내는가 아니면 문법적의미를 나타내는가 하는데서 그리고 자립적으로 쓰이는가, 그 어떤 단어의 말줄기에 붙어 쓰이는가 하는데 따라 구별될따름이다.

하나의 어음복합체로서 그 어떤 의미를 가지고 사용된다는데서는 차이가 없는것이다. 이런것으로 하여 토와 단어는 실제적인 언어사용과정에 자기의 존재를 뚜렷이 할수 있으며 의미를 실현할수 있는것만큼 그 의미의 변화발전과 풍부화도 언어사용, 문맥을 떠나서 생각할수 없는것이다.

이런 견지에서 볼 때 단어의 실질적인 어휘적의미는 언어사용, 문맥과 유기적인 련관속에서 고찰하고 토의 의미는 그것과 다르게 그 어떤 추상적이며 일반적인 하나의 의미로만 존재한다고 하는것은 불균형적이고 모순적인 처리로밖에 설명할수 없는것이다. 특히 말꼬리변화로 단어의 문법적형태를 조성하는 유럽어의 단어들에서도 하나의 문법적형태가 여러개의 문법적의미를 표현한다고 하는 조건에서 문법적의미의 담당자인 토와 말꼬리를 갈라 토는 문법적의미를 하나밖에 표현할수 없고 말꼬리는 여러개의 의미를 표현할수 있다고 보는것은 리치에 맞지 않는것이다.

의미표현의 가능성을 놓고 말한다면 그래도 하나의 덧붙이인 토가 말꼬리보다 그 확률은 더 크다고 보아야 할것이다.

※ 1982년에 출판한 《Русская.грамматика》에서 격의 의미를 추상화하여 주격은 주체적의미와 규정적의미, 생격은 주체적의미와 객체적의미, 규정적의미, 여격은 객체적의미와 주체적의미를 나타낸다고 쓰고있다.

　그러면서 이 기본적인 의미들의 구체적인 실현사항들을 지적하고있다.

다음으로 교착어의 덧붙이는 여러개의 의미를 가질수 없다는 주장에 대해서도 검토해볼 필요가 있다.

교착어에 속하는 여러 언어들의 덧붙이(교착물)는 하나의 의미로만 쓰이는것이 아니라 여러개의 의미로 쓰인다.

례컨대 일본어와 부리야뜨몽골어를 들어 살펴보자.

일본어의 격조사들은 여러개의 의미를 나타내고있다.

조선어의 속격토 《의》에 대응할수 있는 격조사 《の》는 ① 소유, 소속, ② 주격, ③ 체언의 자격, ④ 겹침, ⑤ 병렬, ⑥ 대상을 나타낸다고 말할수 있다.
　조선어의 여격토《에》에 대응할수 있는 격조사《に》는 ① 행동, 작용이 간접적으로 미치는 대상, ② 행동, 작용이 직접 미치는 대상, ③ 행동이나 작용이 진행되는 장소 또는 사물이 존재하는 장소, ④ 행동, 작용이 진행되는 시간, ⑤ 움직임이 가닿는 귀착점, ⑥ 움직임이 일어나는 상태, ⑦ 움직임이 일어나는 방도, ⑧ 행동, 작용의 결과, ⑨ 움직임의 목적, ⑩ 피동상과 사역상의 출처와 목표, ⑪ 움직임의 원인과 리유, ⑫ 병렬, ⑬ 풀이의 강조, ⑭ 비률이나 배합 그리고 움직임의 기준을 나타낸다고 말할수 있다.*

　　* 《일본어문법》(대학전공과용) 외국문도서출판사, 주체66(1977)년

　물론 일본어격조사의 의미는 책에 따라 각기 다르게 분석서술할수 있다. 일본어사전이나 일조대역사전에서는 격조사《に》의 의미를 달리 지적하고있다. 주체65(1976)년에 외국문도서출판사에서 발행한 《일조사전》에서는 격조사 《に》의 의미를 16개로 분석하고있다. 물론 이것은 일본어격조사의 의미를 몇개로 보는가 하는데서는 차이가 있을지언정 일본어격조사의 다의성을 부정하는것으로는 되지 않는다.
　몽골어학자들도 격의미의 다의성을 주장하고있다. 1962년에 출판된《부리야뜨어문법》(싼제예브 책임편찬)에서는 생격은《-ын, -иин, -au(-ou, -эu), -rau(-rou, -rэu), -н》와 같은 뒤붙이로 표현된다고 하면서 그 의미를 ① 소속, ② 전체와 부분간의 관계, ③ 립장과 태도, ④ 구분, ⑤ 주체, ⑥ 객체, ⑦ 시간, ⑧ 장소, ⑨ 지시, ⑩ 규격 혹은 척도, ⑪ 평가 등 11개의 의미를, 여위격은 뒤붙이《-ga(-gэ, -go), -ma(-mэ, -mo)》로 표현된다고 하면서 그 의미를 ① 행동이 미치는 인물 혹은 대상, ② 행동의 방향, ③ 행동수행의 장소, ④ 행동수행의 시간, ⑤ 피동상 혹은 사역상의 행동을 하는 론리적주체, ⑥ 목적, ⑦ 원인, ⑧《사랑하다》혹은《사랑》이란 단어가 있는 술어의 직접적 객체, ⑨ 행동이 수행되는 상황 등 9개의 의미로 분석서술하고있다.

이러한 사실로부터 교착어의 덧붙이는 하나의 의미만을 가질수 있다고 하는 주장은 언어사실에 맞지 않는 단정이라고 밖에 달리 말할수 없는것이다.
　다음으로 토의미의 다의성을 인정하는것은 의미발전의 력사적과정에 비추어보아도 타당하다는것을 강조할 필요가 있다.
　무릇 단어가 부단한 변화발전과정에 있듯이 토 역시 부단히 변화발전하고있다. 고정불변한 사물이 없듯이 고정불변한 언어적현상도 없다. 변화속도와 기간이 다를지언정 부단히 변화발전하고있는것이 언어이다.
　언어에서의 변화발전은 물질적측면인 어음구조에서만이 아니라 어휘와 의미, 문법구조와 문체 등 언어구조의 여러 분야에서 이루어진다. 이러한 변화발전의 흐름속에서 토의 의미도 변화발전하는데 새로운 의미의 형성과 본래 의미의 상실, 의미의 풍부화와 축소, 전의와 파생 등 여러 과정을 거치게 된다. 이 과정을 거쳐 오늘에 이른것이 토의 의미구조이다.
　조선어토가 나타내는 의미폭은 시대에 따라 달라졌다. 오늘날 여러개의 의미를 가지고있는 토도 맨 처음부터 그렇게 많은 의미를 가지고있었다고 단정하기 힘들다.
　례컨대 조격토《으로》는 대격토《울》에《오》가 들어붙어서《으로》가 되면서 조격토를 산생케 하였는데 처음에는 오늘날의 조격토와 같이 다양한 문법적의미를 가지고있지 못하였다. 그것은 대격토《울》에 붙은《오》의 의미가 부사적의미를 가지고있었던 사정과 관련되여있다. 또한 대격토에서 생겨났던것만큼 처음에는 대격토와 조격토의 미분화적상태의 의미로 있다가 후에 조격의 의미가 전문적으로 분화되고 더 풍부화된 사정과 관련되여있다.
　조선어에서 주격토《가》를 비롯하여 여러 토들은 후기에 발생하였으며 그 의미가 발전하였다.
　이와 반면에 토《에서》와 같이 일부 의미가 소극화되여 의미폭이 축소되는 경우도 있다.
　15세기 후반기에 간행된《내훈 1》에는 다음과 같은 실례가 있다.

○ 두터오미 이에서 重ᄒᆞ니 업스니라

이 례문에 있는 토《에서》는 《보다》라는 뜻으로 쓰이였는데 지난날에는 이 뜻으로 많이 쓰이였다. 오늘날에도 《그 영광 이에서 더할소냐!》라는 옛스럽거나 형상적인 문장에서 일부 쓰이고있다. 그러나 토《에서》의 이러한 쓰임은 극히 제한적인것이며 소극적인것이다.

이처럼 격토《에서》는 그가 가지고있는 여러 의미가운데서 《대비》의 의미는 그후 토《보다》에 넘겨주고 자기의 뜻구조에서 없애버리고있는것이다.

결국 조선어토는 자기 발전의 일정한 특성에 따라 적지 않은것들이 단의적이면서도 그에 못지 않게 다의적인것이다.

토의미의 다의성과 관련하여 우리 말 토가 가지고있는 문법적의미의 표현방식에 대하여 살펴볼 필요가 있다.

조선말토는 자기의 문법적의미를 세가지 방식으로 표현하는데 그것을 구체적으로 보면 다음과 같다.

① 직접적표현방식

직접적표현방식은 토가 일정한 단어의 문법적형태를 조성할 때 그것이 들어가 붙는 단어에만 일정한 문법적의미를 부여하는 표현방식이다. 다시말하여 일정한 토가 나타내는 문법적의미는 그것이 붙어있는 단어에만 작용하여 그 단어로 하여금 해당한 문법적의미를 나타내거나 다른 단어 혹은 단어결합과 문법적관계를 맺게 하는 방식으로 표현된다. 이때 토는 형태구조적으로 그것이 붙는 단어에 소속될뿐아니라 의미기능적으로도 그 단어에만 소속된다.

○ 기차는 제 시간에 도착하였다.

여기서 토《는, 에》 등은 그가 붙는 단어에 직접적표현방식으로 해당한 문법적의미를 부여한다.

② 간접적표현방식

간접적표현방식은 토가 일정한 단어의 문법적형태를 조성할 때 그것이 들어가 붙는 단어에 해당한 문법적의미를 부여하는것이 아나라 그것과 관련된 다른 대상에 간접적으로 일정한 문법적의미를 부여하는 표현방식이다. 이때 토는 비록 형태구조적으로 그것이 붙어있는 단어에 속하지만 의미기능적으로는 그것이 붙어있는 단어에 속하지 않고 다른 일정한 대상에 간접적으로 속한다.
  ○ 무더운 여름날에 수고들 하십니다.
  ○ 키가 크신 저분입니다.
  여기서 복수토 《들》이나 존경토 《시》는 그것이 붙은 단어가 가리키는 대상에 해당한 문법적의미를 부여하는것이 아니라 간접적으로 수고하는 대상과 키가 큰 그 사람을 가리키면서 복수와 존경의 의미를 각각 나타내는것이다.
  ③ 통합적표현방식
  통합적표현방식은 토가 일정한 단어의 문법적형태를 조성할 때 그것이 들어가 붙는 단위에만 일정한 문법적의미를 부여하거나 그것과 관련된 다른 어떤 대상에만 간접적으로 문법적의미를 부여하는것이 아니라 그것이 붙어있는 단어결합전체에 일정한 문법적의미를 부여하는 표현방식이다.
  이때 토는 그것이 붙어있는 단어가 다른 구성요소와 맺는 문법적관계를 표현하는것이 아니라 그 단어가 소속한 단어결합전체가 다른 구성성분과 맺는 문법적관계를 나타낸다.
  ○ 과업을 언제까지 수행하는가가 문제다.
  ○ 그가 식물학계에서 이름난 박사임을 알고 나는 깜짝 놀랐다.
  첫째 문장에서 격토 《가》는 그가 붙는 형태단어 《수행하는가》에만 붙는것이 아니라 그앞에 있는 단어결합전체를 묶어서 그뒤에 오는 형태단어 《문제다》와 련결시키고있다.
  둘째 문장에서 격토 《을》도 《그가 식물학계에서 이름난 박사》라는 단어결합전체를 통합하여 《알다》와 문장론적관계를 맺어주고있다. 이로부터 문법적의미의 표현방식을 통합적표현방식으로 규정짓게 된다.
  문법적의미의 표현방식을 도해로 보여주면 다음과 같다.

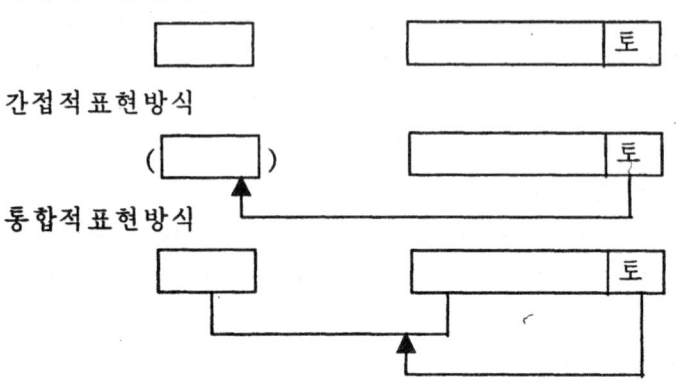

　이처럼 우리 말 토는 직접적표현방식과 간접적표현방식, 통합적 표현방식에 의하여 자기의 의미를 표현하고있다. 이렇게 표현된 우리 말 토의 의미는 단의적이면서 동시에 다의적인것이다.

　3) 조선말토는 량적인 측면에서 볼 때 대단히 풍부할뿐아니라 그 체계가 정연하며 다양하고 복잡한 문법적관계를 원만히 나타내고있다.

　《조선말대사전》 부록 3 조선말토일람표에는 600개에 가까운 조선말토를 보여주고있다. 이것은 조선말의 토가 수적으로 대단히 풍부하다는것을 보여주는 단적인 증거이다.

　동사 《가다》에 붙어 쓰이는 토를 통해서도 조선말토의 풍부성을 쉽게 찾아볼수 있다.

○ 가거든, 가고, 가게, 가나, 가노라, 가누나, 가느냐, 가는구나, 가는군, 가는데, 가니, 가더니, 가더군, 가더라, 가더라도, 가든, 가든지, 가든가, 가면, 가도, 가며, 가면, 가므로, 갈, 갈게, 갈망정, 갈지언정, 갈수록, 갈뿐더러, 갈지라도, 갑니다, 갑니까, 가기에, 가라, 가지, 가네, 가라지, 갈래, 갈지, 가는가, 가는걸, 가던데, 가데, 갑디다, 갑디까, 가랍니다, 가랍니까, 가려나, 가려무나, 가마, 갑세, 가자꾸나, 가라나, 가나니, 가느라면, 갔다, 가겠다, 가는, 간, 가시다, 가시였다, 가시였습니다, 가자, 가잡니다, 가

잡니까, 가자면, 가자니, 가자는데, 가시자는데, 가시잡니다…

우리 말 동사《가다》는 이처럼 용언토만 붙어 쓰이는것이 아니라 용언을 체언으로 바꾸어놓은 다음에 즉 바꿈토뒤에 체언토가 붙어 쓰임으로써 체언의 여러가지 문법적형태를 이루기도 한다.

따라서 동사《가다》에 붙어 쓰이는 토는 그만큼 더 늘어나는것으로 된다.

○ 가다-감이, 감을, 감에 있어서, 가므로, 감으로써, 감과, 감이여…

조선말에서는 체언토인 격토와 복수토, 도움토들도 용언의 체언형뒤에 붙어 여러개의 형태를 조성하고 용언토도 체언의 용언형토가 붙은 다음에 또다시 여러개의 용언토가 붙어 단어의 문법적형태를 다양하게 형성하고있다.

- 용언의 체언형뒤에 체언토가 붙은것
○ 가기가, 가기를, 가기만, 가기도, 가기들도…
- 체언의 용언형뒤에 용언토가 붙은것
○ 책상-책상이고, 책상이면, 책상이거든, 책상입니다, 책상이였지만, 책상일지라도…
○ 학생-학생들이고, 학생들이면, 학생들이거든, 학생들입니다, 학생들이였지만, 학생들일지라도…
○ 녀학생-녀학생만이고, 녀학생만이면, 녀학생만이거든, 녀학생만입니다, 녀학생만이였지만, 녀학생만일지라도…

또한 조선말에서는 말줄기와 토가 결합할 때 어음론적조건에 의하여 결합모음 같은것이 끼이거나 약간 변화되여 쓰이는것 등 여러가지 변종이 있는데 이것까지 헤아린다면 우리 말 토는 대단히 많아지는것으로 된다. 더구나 조선말의 토들이 서로 합치여 새로운 토들을 많이 만들고있는데 이것까지 계산한다면 참으로 그 수는 대단히 풍부한것으로 된다.

조선어토의 량적풍부성, 이것은 다른 교착어들에서는 찾아보기 힘든 조선어의 특징적인 현상중의 하나이다. 조사(교착물)가 발달되여있다고 하는 일본어에서도 격조사나 이음조사, 도움조사, 맺음조사의 수가 제한되여있으며 특히 일본어동사의 활용형(굴절말꼬리와 같은 형태)뒤에 조사가 붙어 쓰이고 조동사가 문법적기능을 적지 않게 수행하고있으므로 조사의 수가 중대되는데서 많은 제약을 받고있는것이다.

다 아는바와 같이 일본어인 경우 용언은 굴절교착적특성을 가지고있다.

일본어용언은 굴절어의 말꼬리변화와는 달리 교착물의 기계적인 교착을 위한 도식적인 변화를 하면서도 그 활용형의 쓰임이 굴절말꼬리의 변화와 같이 해석할수 있는 이중적성격을 띠고있다. 그런것만큼 일본어동사에서 찾아보게 되는 여러가지의 문법적형태 즉 교착물의 첨가형태는 조선어와 같이 그렇게 단순한것이 못되여 교착물에 의한 변화체계로만 해석하기가 힘든것이다. 다시말하여 일본어는 형태변화를 하지 않은 말줄기에 덧붙은것과 형태변화를 한 다음에 다시 덧붙은것으로 나뉘여지기때문에 고유한 의미에서의 교착물에 의한 형태조성은 그만큼 그 수가 적어진다. 형태변화를 한 다음에 교착물이 다시 덧붙어 이루어진것을 하나의 독자적인 형태로 보는것은 굴절말꼬리와 같은 《a - o - i - u - u - e - e》까지 결합된 《udo, eba, ukara, uga, ukeredomo》를 하나의 교착물(덧붙이)로 보는것과 같은것으로서 교착어에 적합한 처리로 되지 못하는것이다.

우리 말 토는 다른 교착어에 비추어볼 때 그 수가 대단히 풍부할뿐아니라 그 체계들이 또한 뚜렷하고 정연하다.

우리 말 토의 갈래에서 찾아볼수 있듯이 구조의미적특성에 의하여 체계정연하게 분류되며 그 소속이 또한 명확하게 규정지어진다. 그 어떤 토도 반드시 어느 한 부류에 소속되며 그와 비슷한 부류의 다른 토와 호상 밀접한 관계속에 놓이게 된다. 단어의 말줄기뒤에 아무리 길게 련달아 붙은 토일지라도 그것들은 언제나 명확히 갈라져나오며 그것들의 문법적의미도 정확히 파악된다.

우리 말 토가 이렇게 수적으로 풍부할뿐아니라 그 체계가 정연하고 명확한것은 우리 말이 전형적인 교착어라는 사정과 관련되여있다.

원래 언어에서 문법적관계와 의미는 다양하고 미세하다. 거기에다가 사람들의 표현정서적관계와 의지적관계를 비롯한 여러가지 관계들이 겹쳐들면서 그 관계와 의미들이 복잡하게 얽혀돌아간다.

우리 말에는 이 다양하고 복잡한 문법적관계를 효과적으로 나타낼수 있는 언어적수단, 토가 풍부하게 마련되여있다.

우리 말 토는 우리 인민의 언어생활에서 필요한 모든 문법적관계, 문법적의미를 아주 원만하게 표현할수 있도록 풍부하게 발달되여있다. 명사적단어들이 나타내고있는 문법적관계를 원만히 나타낼수 있게 격토, 도움토, 체언의 용언형토들이 발달되여있다. 또한 용언적단어들이 나타내고있는 문법적관계를 원만히 나타낼수 있도록 맺음토, 규정토, 꾸밈토, 이음토들이 발달되여있으며 상토, 존경토, 시간토, 용언의 체언형토들이 발달되여있다.

이처럼 우리 말 토는 량적인 측면에서 볼 때 대단히 풍부하고 그 체계가 정연하게 째여져있다.

4) 우리 말 토는 말과 글의 표현적효과를 높이기 위해서도 아주 잘 쓰일수 있는 특성을 가지고있다.

우리 말 토는 그가 가지고있는 량적풍부성과 의미의 다양성으로 하여 말과 글의 표현적효과를 높이는데 적극 리용되고있다.

같은 하나의 문법적관계를 나타내는데 있어서도 여러가지 형태의 토를 쓸수 있는데 이야기의 목적과 환경, 방식에 맞게 적절한 토를 가져다쓴다.

례를 들어 선택관계를 나타내는 이음토가 여러개 있는데 모든 토를 모든 류형의 문장에서 두루 다 쓸수 있는것은 아니다.

선택관계를 나타내는 이음토들로서는 《거나, 든지, 든가, 건, 든》 등을 들수 있다.

○ 비가 오거나 눈이 오거나 관계없이 항상 이 길을 걷고 걸으며 자기 임무를 성실히 수행하였다.
○ 비가 오건 눈이 오건 언제나 굳건히 서있는 **철탑**
○ 날씨가 흐린것을 보니 눈이 오든가 비가 오든가 무엇이 올것 같다.
○ 기여가든 굴러가든 기어이 갈 길이 아닌가.

○ 날씨가 흐린것을 보니 눈이 오든지 비가 오든지 무엇이 올 것 같다.

여기서 같은 하나의 선택관계를 나타내는 토들일지라도 그 의미는 색채상 차이를 가지고있다. 즉 이음토 《든가》와 《든지》는 뜻이 비슷하나 《든지》는 어느것으로 선택되여도 개의치 않는다는 뜻이 더 강조되고 《든가》는 가상하는 뜻이 더 강조된다.

양보의 뜻으로 가정하면서 뒤말에 이어주는 이음토 《ㄴ들, 더라도, ㄹ지라도, ㄹ지언정, ㄹ망정》 등에서도 이와 비슷한 현상을 찾아볼수 있다.

○ 성스러운 혁명의 길에서 목숨을 바친들 무엇이 아까우랴.
○ 억천만번 죽더라도 원쑤를 치자.
○ 아무리 어려운 난관이 부닥칠지라도 우리의 앞길을 가로막을 힘은 없다.
○ 내 몸이 찢기여 가루가 될지언정 혁명의 굳은 신념 굽힐수 없다.
○ 비록 목숨을 버릴망정 적들에게 굴복할수 없었다.

여기서 이음토 《ㄹ지언정》은 가정과 양보의 정도가 가장 극단한것으로서 그 의미적색채가 진한것이다.

같은 하나의 문법적관계를 나타내는데 있어서 여러개의 토를 가져다 쓸수 있는것은 용언토에서만 찾아볼수 있는것이 아니라 체언토에서도 찾아볼수 있다. 그러한 실례를 방향을 나타내는 격토 《로, 에, 에로》 등에서 찾아볼수 있다.

○ 학교로 가는 모든 학생들이 한결같이 단정하고 씩씩하였다.
○ 학교에 가는 모든 학생들이 한결같이 단정하고 씩씩하였다.
○ 학교에로 가는 모든 학생들이 한결같이 단정하고 씩씩하였다.

같은 하나의 문법적관계를 나타내는데 체언토와 용언토를 함께 어울러 쓰는 경우도 있다. 다시말하여 같은 류형의 문법적의미를 가진 토들인 경우 체언토이건 용언토이건 관계없이 문장구조를 좀 달리 하여 쓸수 있다. 실례로 원인이나 조건 같은것을 나타낼 때 비단 용언토에 한한것들만 가져다쓰는것이 아니라 체언토(조격토, 여격토)

나 다른 용언토를 모두 가져다쓸수 있다. 원인이나 조건, 근거 같은 의미를 나타내는 토에는 《니, 니까, 므로, 기에, 길래, ㄴ만큼, ㄴ즉, ㄴ지라》와 같은 이음토와 《로(으로), 에》와 같은 격토들이 속한다.

○ 문을 여니 찬바람이 쓸어들어왔다.
○ 그렇게 애쓰고 견디여냈으니까 보람이 있지 않니.
○ 일감이 아름차므로 혼자서 감당해내기가 힘들었다.
○ 그의 심장속에는 당과 수령에 대한 드림없는 신념이 확고히 자리잡았기에 적들의 그 어떤 모진 고문속에서도 혁명의 지조를 꿋꿋이 지켜나갈수 있었다.
○ 그가 퉁명스럽게 한마디 하길래 나도 가만 있지 않았다.
○ 우리는 혁명하는 시대에 사는 청년인만큼 어렵고 힘든 일에서 응당 앞장서나가야 한다.
○ 그로 말하면 정직한 청년인즉 그런 일은 하지 않았을게요.
○ 진숙이는 처음 당하는 일인지라 어리둥절하였다.
○ 장마로 강이 불어 건너다니기가 힘들었다.
○ 한 없는 감격에 눈물이 솟구쳐올라 마음을 진정할수가 없었다.

우에서 보여준 원인이나 근거, 조건 같은것을 나타내는 《니, 니까, 므로, 기에, 길래, ㄴ만큼, ㄴ즉, ㄴ지라, 에, 로(으로)》와 같은 토들은 크게 보면 하나의 문법적의미를 나타내는것으로 하여 동의적인 관계에 있다고 말할수 있으나 구체적으로 따져보면 일련의 색채적차이가 있다.

이음토 《니, 니까》는 원인, 근거로 되는 사실을 인정하면서 그렇게 벌어진 행동의 결과를 나타내면서 뒤말에 이어주며 이음토 《ㄴ만큼, 는만큼》은 어떤 결과가 나오게 된 원인, 근거를 특히 강조해서 말하는데 많이 쓰인다. 이음토 《니까》는 토 《니》와 강조의 의미를 나타내는 《까》가 결합되여 원인을 강조하지만 그렇게 쓰이지 않는 경우도 있으며 토 《니》도 원인이나 근거를 나타내는것이 아니라 다른 여러가지 의미로 쓰이는 경우도 있다.

○ 이 일은 철수가 하니까 다른 일을 하게.(순차관계)
○ 집에 들리니 형님의 전보가 와있었다.(순차관계)

○ 소극분자니 락후분자니 말이 많던 그였다. (렬거관계)
격토《로》나《에》도 그가 갖고있는 여러가지 의미로 하여 원인이나 근거를 나타내는 경우에도 이음토《기에》나《길래》,《ㄴ만큼》 등과 꼭같은 의미를 가질수 없으며 문장이나 문맥, 이야기의 환경 등에 따라 그 사용이 제한되기도 한다. 이음토《길래, 기에, ㄴ즉》 등은 입말체의 토로서 그 사용상 특성을 가지고있기때문이다.

이처럼 우리 말 토는 같은 하나의 문법적관계를 나타내는 경우 여러개의 토를 가져다쓸수 있지만 많은 경우 구체적인 토들은 자기의 독특한 의미적색채를 가지고있기때문에 말과 글의 표현적효과를 거둘수 있게 하는 중요한 수단의 하나로 된다. 바로 여기에 사용의 측면에서 나타나는 조선말토의 특성이 있는것이다.

또한 우리 말 토는 여러가지 보충적뜻빛갈을 가지고있다.

높임의 말차림으로 쓰이는 맺음토《ㅂ니다》와《나이다》는 같은 계렬의 토라고 말할수 있는데《나이다》는 옛스럽고 부드러운 정서적빛갈을 가지고있다.

  ┌ 세월이 흘러갑니다.
  └ 세월이 흘러가나이다.

이와 비슷한 현상은 맺음토《자》와《세》,《ㄴ다》와《는구나》의 사이에서도 찾아볼수 있다.

  ┌ 집으로 가자.
  └ 집으로 가세. (남성적이며 어른다운 빛갈)
  ┌ 생은 빛난다.
  └ 생은 빛나는구나. (감동적인 빛갈)

또한 우리 말 토는 구체적인 문장속에 들어가는 경우 그때그때 문맥적인 뜻을 얻기도 한다. 그러한 실례는 맺음토《ㄴ다》의 사용에서 찾아볼수 있다.

○ 지금 떠난다. …현재
○ 래일 떠난다. …미래
○ 해마다 간다. …과거를 포함한 반복

우리 말 토의 이러한 특성은 토를 잘 쓸데 대한 문제가 언어실천상의 중요한 문제의 하나로 되게 하고있으며 문체론연구의 중요한 대상의 하나로 되게 하고있다.

토는 문체의 언어적특성을 보여주는데서 중요한 역할을 한다. 우선 문체론적분화의 관점에서 우리 말 토를 고찰하면 다음과 같은 4개의 부류로 갈라볼수 있다.

① 토자체에서부터 문체론적분화가 뚜렷이 이루어지는것.

이러한 토는 단어형태밖에서도 그 문체론적기능을 알수 있다. 실례로 《노라》, 《여라》와 같은 맺음토를 들수 있는데 주로 시문장에서 자주 쓰인다.

○ 나는 긍지높이 자랑하노라

○ 번영하여라 나의 조국이여

② 단어의 구체적인 문법적형태속에서만 문체론적분화가 이루어지는것.

이러한 토의 실례로서는 복수토 《들》을 들수 있는데 이 토는 보통 여러 문체에서 두루 쓰인다. 그러나 《옥이들을 만나서 알게 되였어》와 같이 고유명사뒤에 붙어 쓰이면 문학예술문체나 일상 대화에서만 쓰이는 현상이라는것을 곧 알수 있다.

③ 다른 토와 겹쳐쓰일 때만 문체론적으로 분화를 입는것.

이러한 토의 실례로는 《는야》, 《로서의》, 《에서의》와 같은 겹침토들을 들수 있는데 도움토가 겹친 《는야》는 밝은 정서적색갈을 나타내는 시문체에서 주로 쓰이고 격토가 겹친 《로서의》, 《에서의》는 론리적으로 서술되는 글말체에서 주로 쓰인다.

○ 나는야 선반공 기대앞에
  일하는 재미가 제일 좋아

○ 아버지로서의 임무를 다하려면 우선 아들딸을 참답게 키워
  내야 하는것이다.

○ 자본주의로부터 사회주의에로의 과도기에 나서는 기본과업

④ 여러가지 뜻을 가진 토가운데서 하나 또는 몇개의 뜻만이 문체에 따라 달리 쓰이는것.

실례로 대격토를 들수 있는데 대격토는 행동이 미치는 직접적대상을 나타낼 때에는 문체론적으로 중성적이지만 강조의 뜻을 나타내면서 어조를 고르롭게 할 때에는 주로 제한된 문체, 입말체에

서만 쓰인다.
　　○ 청년영웅도로를 건설한 이 나라 젊은이들의 이야기
　　○ 아무리 들어봐도 심상치를 않아 자리에서 일어서는 태수아
　　　버지
　　또한 우리 말 토는 기능문체적관점에서 볼 때 몇가지 부류로 갈라볼수 있다.
　　우리 말 토는 입말체에 어울리는 토와 글말체에 어울리는 토로 갈라진다.
　　입말체에 어울리는 토와 글말체에 어울리는 토는 제각기 자기의 특성을 가지고있다. 이것은 문법수단리용에서 나타나는 문체의 특성과 유기적으로 관련되여있는것으로서 언어실천과 문체론건설에서 중요한 의의를 가지고있다.
　　공식사무문체와 과학기술문체는 상대적으로 글말체의 특성을 더 많이 가지고있으며 반대로 문학예술문체는 입말체의 언어적수단을 여느 문체보다 더 적극적으로 리용하고있다.
　　토사용에서 나타나는 기능문체의 특성은 매 문체에 특징적인 토사용에서 확연히 갈라지는것이 아니라 주로 입말체의 토와 글말체의 토를 어느 정도 더 많이 리용하는가에 따라 규정지어지는것만큼 절대적인것은 못된다. 그러나 문체에 따라 입말체에 어울리는 토와 글말체에 어울리는 토가 각기 다르게 사용되며 문체적특성을 이루게 된다.
　　조선어에서 입말체에 어울리는 토가 상대적으로 글말체에 어울리는 토보다 량적으로 더 풍부하고 그 의미도 다양하며 표현정서적이다.
　　입말체에 어울리는 토들을 보면 다음과 같다.
　　맺음토-데, 던데, 다구, 다며, 다면서, 더라니, 런데, ㄹ라구, 라구, 라는데, 라니, 라니까, 라며, 고(구), 구나, 구만, 군, 게, ㅂ군, 습죠, 수, ㄴ감, 다구야, ㄴ담, 라구야…
　　○ 오늘은 날씨가 참 좋은데
　　○ 저 젊은이가 지배인이라며
　　이음토-건댄, 기론, 길래, 느라고, 다손(치고), 답시고, 더면,

- 84 -

ㄹ게, ㄹ라면, ㄹ세, 라서, ㅂ시고, ㄹ려고, 려면, ㄹ려면, 만, 지만서도, 였자…
○ 내 알건댄 일은 그렇게 된것 같지 않네.
○ 저만 안답시고 우쭐렁대서는 안돼네, 안돼.
격토 – 한테, 더러, 보고(보구), 랑, 한테서, 하고(하구), 보담…
○ 언니한테 더 어울린다야.
○ 너보담 한치나 더 크겠다야.
도움토 – 서껀, 부럼, 는새려, 야
○ 복남이서껀 철수서껀 모두 모였네.
○ 동무들에 비하면야 나는 한참 낫지 뭐.
시간토 – 댔, 더랬
○ 도서실에 있댔어.
○ 나하구 같이 갔더랬다.
강조토 – 나, 야, 서, 그려, 요
○ 말을 좀 해주게나.
○ 당비서동지는 반장아바이를 만나'라고 하던데요.
○ 만경대견학을 가게 돼서 좋겠다야.

우리 말 토는 주로 론리적인 문체와 형상적인 문체에서 쓰이는 토가 갈라져있다.

론리적인 문체와 형상적인 문체는 토에 의한 문법적형태의 표현에서도 일련의 차이를 가진다.

우선 형상적인 문체에서는 론리적인 문체에서보다 토가 폭넓게 쓰이고있다. 그것은 형상의 세계가 폭넓고 다양하며 인간생활자체가 폭넓고 다양한 분야를 포괄하고있는것과 관련되여있다. 사람들의 론리적인 사고와 론리적인 사유활동의 결과는 인간의 생활전체에 비해볼 때 한 부분에 지나지 않는다고 말해도 과언이 아니기때문이다.

또한 형상적인 문체에서는 론리적인 문체에서보다 입말체에 어울리는 토들이 더 적극적으로 쓰이고있다.

형상적인 문체는 사람들의 일상생활에 대한 형상인것만큼 일상적으로 주고받는 입말과 떨어져서 이루어질수 없다. 그런것만큼 입말체에 어울리는 토는 형상적인 문체에서 자기의 당당한 몫을 차지하고 적극적으로 쓰이게 된다.

우리 말 토는 어떻게 쓰는가 하는데 따라 표현의 질을 높일수도 있고 그렇지 못할수도 있다. 입말체에 어울리는 토를 널리 살려쓰는것은 문체의 통속성을 보장하는 효과적인 방도로 되고 절대격형태나 겹침형태를 쓰는것은 문체의 간결성을 보장하는데서 좋은 수단으로 되며 여러개의 뜻같은말의 계렬을 이루고있는 토가운데서 보다 알맞는 토를 골라쓰는것은 문체의 정확성과 명료성을 보장하는 방도로 될수 있다.

토는 또한 정서성과 호소성을 높이는데서도 중요한 작용을 한다.

감정정서적인 색갈이 있는 토, 뜻을 윤색하고 강조하는 토, 여러가지 말법을 나타내는 맺음토 등은 문장의 정서적색갈을 꾸며주며 말하는 사람의 의지를 효과적으로 나타내는 경우가 있다.

여러가지 말법을 나타내는 맺음토를 들어 살펴보자.

맺음토는 문장의 목적과 듣는 사람에 대한 례절을 함께 나타내는 동시에 보충적인 뜻빛갈을 가지고있다.

○ 문밖에 서있는게 게 누구요?

나웨다.

여기서 쓰인 맺음토《웨다》는 아무 문장에서나 다 쓰일수 있는것이 아니다. 그것은 주고받는 말, 그것도 나이많은 사람이 하는 말에서 들을수 있는것이다.

또 다른 실례를 들어보자.

○ 내 기어이 수행하고야 말지어다.

이 문장에 있는 맺음토《ㄹ지어다》도 옛날의 말투에서는 많이 찾아볼수 있는 토이지만 현대사람들의 일상적인 언어생활에서는 쓰이지 않는다. 옛스러운 맛을 내거나 롱담을 섞어 말할 때 흔히 쓰인다.

이처럼 우리 말 토는 문체론적인 측면에서 볼 때 표현적효과를 달성하기 위한 측면에서 보나 사용상 특성의 측면에서 보나 일련의 특성을 가지고있기때문에 학술적연구의 중요대상의 하나로 되며 조선말토 나아가서 조선말의 중요한 특성의 하나로 되고있다.

5) 우리 말 토는 력사적인 변화발전의 측면에서 볼 때에도 몇가지 중요한 특성을 가지고있다.

조선말토는 력사적으로 끊임없이 변화발전하고있다. 토는 원래부터 토로서 생겨난것이 아니라 완전한 의미의 자립적단어가 문법화되여 이루어진것으로 하여 수천수백년의 변화발전과정을 거쳐 이루어진것이다. 우리 말의 전 력사적기간에 수많은 토가 새로 생겨나기도 했고 개별적인 토들이 없어지기도 했으며 토가 가지고있던 의미가 확대되기도 하고 축소되기도 하였다.

토의 변화발전은 개별적인 어휘와 말소리의 변화발전에 비해볼 때 비교적 느리지만 그것은 우리 말 문법구조의 변화발전과 언어실천에 적지 않은 영향을 준다.

우리 말 토의 력사적인 변화발전과정을 몇가지 측면에서 갈라보면 다음과 같다.

① 새로운 합성토가 생기는 과정

- 본래 두개의 토로 되여있던것들이 완전히 녹아들어 하나의 합성토로 된 경우가 있다.

이 경우의 합성토는 다시 몇개 류형으로 갈라볼수 있다.

첫째 류형, 일정한 시기에 하나의 토로 되여있던 《는, ㄹ, 던》 등과 《가》가 결합되여 하나의 토 《는가, ㄹ가, 던가》 등을 만들어낸것.

여기서 새 합성토에 들어있는 토 《는, ㄹ, 던》 등은 력사문법적인 견지에서 볼 때 시-태의 문법적인 의미를 나타내던것들이다. 또한 이것들은 오늘날의 규정토와 그 형태에서는 같지만 의미내용에서는 다르다. 《는, ㄹ, 던》 등은 그자체가 시간관계를 나타내는것이 아니라 그앞에 오는 시간토 《았, 겠》 등에 의해 시간관계가 규정되였다. 즉 토 《는, ㄹ, 던》 등이 나타내는 시간의 의미는 뒤전에 밀려나고만것이다.

○ 지난날 야장간의 풀무소리만 들려오던 이 나라의 공업이 오늘 얼마나 높이 솟았는가, 멀리 달려왔는가.

○ 얼마나 준엄한 날이 이 땅에 흘렀던가
　얼마나 험난한 길을 우리가 걸었던가

둘째 류형, 두개의 독자적인 단위로 되여있던 토들이 하나의 토를 이루되 그것들모두가 오늘날 완전히 비자립적인 단위로 되여 있는것.

실례로 맺음토 《습니다, 습니까, ㅂ니다, ㅂ니까, 습디다, 습디까》 등을 들수 있는데 이 토는 력사적으로 분석해보면 《습, ㅂ》과 《니다, 니까, 디다, 디까》 등 두개의 단위로 되여있었던것들이다. 그러던것이 력사적으로 변하여 오늘날에는 혼자서 쓰이는 일이 없으며 따라서 하나의 단위로 되지 못하고있다. 이 점에서 이 토들은 첫째 류형의 토 《는가, ㄹ가, 던가》 등과 차이나는것이다.

새 합성토 《습니다, 습니까, ㅂ니다, ㅂ니까, ㅂ디다, ㅂ디까, 습디다, 습디까…》 등의 의미는 그의 구성부분인 《습, ㅂ》와 《니다, 니까, 디다, 디까》 등이 나타내던 의미를 모두 함께 나타내고있다. 즉 《습, ㅂ》 등이 나타내던 존경의 뜻과 《니다, 니까, 디다, 디까》 등이 나타내던 문장의 끝맺음을 모두 한데 어울려 나타내고있다.

○ 온 나라, 온 강토가 경애하는 **김정일동지**를 우리 당의 최고수위에 모신 대경사에 접하여 끝없는 기쁨과 환희에 들끓고 있습니다.

○ 그들 삼형제는 오늘 장군님을 만나뵈옵겠다고 삼도만으로 가고있습니다.

셋째 류형, 하나의 토와 단어의 줄어진 형태가 합하여 새로운 합성토를 이루는것.

실례로 맺음토 《다네, 다오, 단다, 답니다, 답디다》 등을 들수 있는데 이 토들은 의미구조적으로 분석하면 맺음토 《다》와 《하네, 하오, 한다, 합니다, 합디다》 등의 결합으로 설명할수 있다. 다시 말하여 《다하네, 다하오, 다한다, 다합니다, 다합디다》 등으로 설명할수 있는데 여기서 말줄기 《하》가 줄어들어 새로운 맺음토 《다네, 다오, 단다, 답니다, 답디다》 등이 이루어진것이다. 여기서 《하네, 하오, 한다, 합니다》 등이 가지고있던 뜻은 추상화되여 새 합성토에 융합되여 들어간다.

○ 우리 사단장아바이가 명령을 내렸다네. 그러니 오늘 밤엔 또 한바탕 들쑤셔대게.

넷째 류형, 두개의 토가 어울리면서 하나의 합성토를 이루되 구성요소들이 본래 가지고있던 뜻은 다 버리고 새로운 다른 뜻을 가지게 되는것.

실례로 이음토《아도, 더라도, 라도》등을 들수 있는데 이 토들을 구조적으로 분석하면 이음토《아》와 맺음토《더라》,《라》등이 도움토《도》와 결합한것으로 설명할수 있다.

새로운 합성토《아도, 더라도, 라도》가 나타내는 뜻은 이 토의 구성성분들인 이음토나 맺음토, 도움토가 나타내던 뜻과 무관계하다는것을 알수 있다. 전혀 새로운 이음토의 뜻인《양보》나《가정》의 뜻만을 찾아볼수 있다.

○ 자동차가 아무리 빠르다 하더라도 비행기에야 비기겠는가.

새 합성토를 이루고있는 개별적인 요소들인《아, 더라, 라도》등은 오늘에도 혼자서 생산적으로 널리 쓰이고있다. 바로 여기에 합성토형성의 첫째 류형이나 둘째 류형과 구별되는 차이점이 있다.

이처럼 우리 말 토는 력사적인 견지에서 볼 때 두개의 토가 녹아들어 하나의 새로운 합성토를 이루는 경우가 많은데 이것은 우리 말 토의 풍부화과정을 촉진하는 중요한 계기로 되며 우리 말 토가 가지고있는 중요한 특성의 하나로 된다.

- 그 어떤 단어가 자기의 어휘적뜻을 완전히 잃고 문법화되여 언제나 토와 함께 한덩어리가 되여 쓰임으로써 새로운 합성토를 이루는 경우가 있다.

새로운 합성토형성의 이 경우는 오늘날 사람들에게도 파악되는것으로서 생생하고 직관적인 특성을 지니고있다. 그것은 새로운 합성토의 구성부분이 어휘적단어인 단어와 이렇게나저렇게나 관련되여있기때문이다.

우리 말에서는 합성토의 형성에 토만이 참가하는것이 아니라 어휘적단위인 단어도 참가한다. 하나의 어휘적단어가 문법화되여 자기의 실질적인 어휘적의미를 완전히 상실하고 문법적단위로 녹아드는 이러한 현상은 교착어로서의 우리 말의 특성을 더욱 뚜렷이 해주는것으로써 우리 말 단어의 문법화과정에 대한 연구에서 중요한 의의를 가진다.
　하나의 어휘적단어가 문법화되여 합성토로 녹아든 경우를 여러가지 류형으로 갈라볼수 있다.
　첫째 류형, 새로운 합성토를 이루고있는 어휘적단위가 합성토밖에서 따로 쓰임으로써 그것들사이의 어원적련계를 보여주는것들.
　○ ㄹ망정, ㄹ뿐, ㄴ데, ㄴ바…
　이 토들에 있는 《망정, 뿐, 데, 바》등 단어들은 불완전명사로서 합성토의 구조밖에서도 독자적으로 쓰인다.
　○ 가기망정이지 그냥 있었으면 무슨 일이 일어날번 하였다.
　○ 자기뿐아니라 동생도 데리고왔었다.
　○ 그가 간데를 정말 모르고있었다.
　○ 어쩔바를 모르고 쩔쩔 매는 왜놈순사들
　둘째 류형, 오늘날 합성토의 구성성분으로 된 어휘적단어가 그 구조밖에서는 따로 쓰이는 일이 없는것들.
　○ ㄹ수록, ㄹ지언정, ㄹ진대, ㄹ소냐
　이 토들에 있는 《수록, 지언정, 진대, 소냐》등은 력사적인 견지에서 볼 때 불완전명사 《ㅅ》, 《ㄷ》가 일정한 문법적형태를 취한것이다. 그러나 이것들은 합성토의 구조밖에서는 전혀 쓰이지 않는다. 지난날 불완전명사에서 왔다는것자체도 전문적인 연구를 통해서만 알수 있을 정도이다.
　- 하나의 토가 뜻이 달라지고 문법적기능과 그 쓰임의 자리가 완전히 달라짐으로써 서로 다른 두개의 토로 분화되는 경우가 있다.
　실례로 맺음토 《아(어)》, 《지》, 《ㄴ데》와 이음토 《아(어)》, 《ㄴ데, 은데, 는데》, 꾸밈토 《지》를 들수 있다.
　원래 이 토들은 하나의 토였으나 오래동안 각기 다른 위치에서 씌여오는 과정에 문법적의미와 기능, 쓰임이 변하면서 두개의 토로 완전히 분화된것들이다.
　　・아(어)
　　맺음토 - 금강산보다 백두산이 훨씬 높아.

이음토 - 붉은 태양이 솟아오른다.
· ㄴ데/은데(는데)
맺음토 - 의지가 아주 굳센데.
이음토 - 북두칠성 저 멀리 별은 밝은데
　　　　아버지장군님은 어데 계실가
　　　　창문가에 불밝은 최고사령부
　　　　장군님 계신 곳은 그 어데일가
　　　　　　　(가사 《어디에 계십니까 그리운 장군님》에서)
· 지
맺음토 - 대성산에서 내려다보니 평양이 정말 아름답지.
꾸밈토 - 그는 소리내여 읽지 않고 무엇인가 쓰고만 있었다.
② 일부 토들의 소극화과정
　우리 말의 일부 토들은 오늘날 소극화되고있다.
　토의 소극화과정은 그 토가 나타내는 의미적특성과 사용상에서의 일련의 특성으로 하여 산생되는 력사적인 변화과정이다. 그 어떤 토의 의미적특성과 사용상에서의 특성은 개별적인 토에 대한 사람들의 언어의식을 규정하는 기초로 되며 전제조건으로 된다..
　우리 말 토의 소극화과정에 대한 정확한 인식은 우리 말을 현대의 요구에 맞게 발전시켜나가며 우리 말 표현을 세련시켜나가는데서 중요한 의의를 가진다. 그것은 소극화된 우리 말 토들과 그것들이 가지고있는 일반적인 구조기능적특성에 대하여 옳은 인식을 가지고있어야 우리 말 토들의 앞으로의 발전경향을 정확히 평가하고 인식할수 있으며 토사용에서 낡은 투를 없애고 현대성의 요구를 구현해나갈수 있기때문이다.
　우리 말 토들의 소극화과정을 보면 낮은 단계로부터 점차 높은 단계로 발전해나가는데 마지막에 가서는 비자립적인 단위로서 다른 토의 구성부분으로 되든가 완전히 존재를 감추든가 한다.
　토의 소극화과정을 다음과 같은 몇개 단계로 나누어볼수 있다.
　ㄱ. 소극화의 가장 높은 단계에 있는것.
　력사적으로 볼 때 우리 말 토에는 오늘날 완전히 자취를 감춘

토들이 있다. 이러한 토들은 력사적인 고증과 고찰을 통해서만 그 존재를 알수 있는것들이다.

○ ㅅ, 욥
○ 열린마디로 끝나는 일부 단어에서 쓰이던 주격토 이

ㄴ. 소극화의 중간단계에 있는것.

오늘날 우리들의 언어생활에서 특수한 목적과 조건하에서는 쓰일수 있는 토들이 있는데 이 토들이 소극화의 중간단계에 있다고 말할수 있다.

○ 나이다, 노이다, ㄹ진저, ㄹ새, 매, 로되

이 토들은 오늘날 우리들의 일상적인 언어생활에서는 쓰이지 않고있으나 력사물을 취급한 문학예술작품 같은데서는 쓰이고있다.

○ 가나이다, 가나이다, 도련님 모시고 가나이다.

ㄷ. 소극화의 가장 낮은 단계에 있는것.

오늘날 우리들의 언어생활에서 광범히 쓰이지 않고있으나 일정한 문체론적특성을 가지고 극히 제한된 범위에서 쓰이는 토들이다.

○ 노라, 로다, 도다, ㄹ소냐

이 토들은 오늘날 문체론적특성을 가지고 일정한 글들에서만 드물게 쓰이고있다.

토 《노라》는 시 같은데서 많이 쓰인다.

○ 나는 긍지높이 웨치노라
　장군님의 군대가 된것

토 《도다, 로다, ㄹ소냐…》 등도 모두 시에서 일정한 목적밑에 쓰이고있으나 점점 드물게 쓰이고았다.

○ 해솟는 아침
　백두의 련봉 숭엄하도다 장쾌하도다

간혹 일상적인 대화에서도 쓰이는 경우가 있다.

○ 어찌 일손을 놓을소냐 굳게 마음먹고 달라붙었다.
○ 그래그래 네가 우리 집 기둥감이로다.

이밖에 소극화의 가장 낮은 단계에 속하는 토들로서는 《ㄴ바/은바, 는바》와 같이 지난날 일부 지식층들이 즐겨쓰던 토들이 점차 적게 쓰이고있는것 그리고 일부 이음토들이 그 모양을 바꾸거나 소극화된것, 《ㄴ만큼/은만큼, 는만큼》이 《ㄴ것만큼/은것만큼, 는것만큼》으로 그 구성요소를 바꾼것들을 더 들수 있다.

③ 토의 뜻의 변화과정과 사용범위의 변화과정

우리 말의 구체적인 토들은 문장속에서 쓰이면서 그 뜻이 더욱 풍부해지기도 하고 축소되기도 한다.

토의미의 변화과정은 단어들이 여러가지의 어휘적의미를 가진 단어류형들과 결합하여 쓰이면서 토자체의 의미에도 일정한 구조결합적변화를 가져오게 되는 사정과 관련되여있다.

원래 오늘날의 토의미는 그가 존재하는 전기간에 변화발전되여 오면서 지니게 된 의미로서 시원적이며 기본적인 의미와 그로부터 파생된 전의적의미로 구성되여있다.

토의미의 변화과정은 토의미의 교차과정과 토의미의 확대과정으로 고찰할수 있다.

토의미의 교차과정은 본래 가지고있던 문법적뜻이 다른 뜻으로 변화되였거나 다른 토가 가지고있던 뜻과 교차관계를 이루면서 변화되는것이다.

력사문법적인 견지에서 볼 때 15세기의 조선어의 격체계는 오늘날과 다르게 구성되여있었다고 볼수 있다.

어떤 력사문법책에서는 우리 말의 격체계를 격토의 제1류형으로 주격, 격토의 제2류형으로 대격, 조격 및 분격, 격토의 제3류형으로 위격과 속격, 격토의 제4류형으로 호격(아, 야, 여, 이여, 이시여 등), 격토의 제5류형으로 구격을 세우고 해설하였으며 다른 어떤 력사문법책에서는 주격, 속격, 규정격, 여격, 대격, 조격, 구격, 호격, 절대격으로 설명하고있다.

어쨌든 지금으로부터 400~500년전의 우리 말의 격체계와 매개 격의 의미는 오늘날과 달랐다. 레컨대 규정여격을 들어 설명할수 있다. 여격토《애, 에》에 사이소리《ㅅ》를 첨가한 《앳, 엣》은 소속성을 나타내는 규정여격으로 되는데 이 토는 오늘날 속격이 발달되여있고 그 의미가 다양하고 풍부하므로 전해내려오지 못하고있다.

오늘날 많이 쓰이는 속격토, 대격토, 여격토, 위격토 등의 문법적의미가 변화되였다. 속격토《의》, 대격토《를(을)》의 일부 뜻이 없어졌거나 소극화되였으며 여격토《에》와 위격토《에서》의 뜻구조가 재구성되고 위격토《에게서》가 여격토《에게》에서 갈라져나오게 되였으며 여격토《한테》, 도움토《조차》의 뜻도 변화되였다.

실례로 속격토《의》가 문장구조속에서 쓰일 때 오늘날 소극화된 의미가 있는데 그 어떤 행동의 주체를 나타내는 의미를 들수 있다.

○ 나의 생각하는바를 그대로 말하였다.

여기서 쓰인 속격토《의》의 의미는 지금으로부터 몇십년전까지만 해도 적지 않게 쓰이였지만 오늘날에는 아주 소극화되여 찾아보기 힘들다.

오늘날에는 속격토대신 주격토를 쓰고있다.

○ 내가 생각하는바를 그대로 말하였다.

우리 말 토가 나타내고있는 이러한 의미변화현상은 구체적인 토들의 쓰임과 유기적인 련관속에서 일어나고있다. 적지 않은 우리 말 토들이 쓰이는 범위가 넓어지면서 그 의미가 풍부화되기도 하고 사용이 소극화되면서 의미의 확대와 축소가 일어나기도 한다.

토《처럼, 지만, 는데, 며, 면…》등과 같은 토들은 지난날 인민들속에서 주로 입말에만 쓰이여왔지만 오늘날에는 모든 종류의 글말에서 활발히 쓰이고있다. 또한《습니다, ㅂ니다, 습니까, 리다…》등 토들은 지난날 주로 글말에서 많이 쓰이였다면 그의 한계를 벗어나 오늘날 입말과 글말들에서 널리 쓰이고있는 토로 변화발전하였다.

토사용범위의 이러한 호상이행과 확대는 토의미자체의 발전에 적지 않은 영향을 주며 궁극에 가서는 우리 말 토의 력사적인 변화발전과정을 특징짓는 중요한 과정으로 된다.

이상에서 본바와 같이 우리 말 토는 오랜 기간 여러 갈래의 과정을 거치면서 우리 말의 변화발전과 함께 변화되고 발전되였으며 풍부화되였다. 이것은 교착어의 다른 언어에서 찾아보기 힘든 특성으로서 력사적인 변화발전의 측면에서 본 조선말의 특성인것이다.

2. 토의 겹침과 합성토

우리 말에서 토들은 겹쳐쓰이는 경우가 적지 않다. 그것은 조선말토가 가지고있는 교착어적특성, 상대적자립성과 관련되여있다.

우리 말에서 토들이 겹쳐쓰이는 현상은 말과 글의 표현성을 높여주는데서만이 아니라 새로운 합성토를 산생케 하는 하나의 과정으로서 토의 풍부화를 담보해주는것이다.

토의 겹침현상이 우리 말 토의 풍부화과정을 보여주는것이라고 말할수 있는 근거는 다음과 같다.

① 토들이 겹쳐쓰이는것자체가 력사적으로 보아 후기의 산물이기때문이다.

본래 우리 말 토는 겹쳐쓰이지 않았으며 단순구조로 되여있었다. 그러던것이 후기에 오면서 일부 토들이 합성구조로 되기도 하였으며 일부 토들이 없어지기도 하였다.

15~16세기에 올라가도 조선어토의 겹침현상은 오늘과 구별되는 양상을 보여주고있다.

물론 중세조선어에서도 우리 말의 격토와 서술토들은 서로 겹쳐쓰이였다. 그러나 토들이 겹쳐쓰이는 구체적인 양상은 오늘과 차이나는것이다.

우선 격토의 겹침현상에 대하여 살펴보자.

중세조선어에서 가장 흔히 찾아볼수 있는 《격토+격토》형태는 구격토에 여러 격토들이 겹쳐쓰인 형태에서 찾아볼수 있다.

○ 과(와), 과이(와이), 과에(와에), 과를(와를), 과로(와로), 과여(와여)

이러한 겹침토가 자주 쓰이게 된것은 한 문장안에서 렬거되는 모든 명사에 구격토를 붙여쓰던 중세조선어의 구격토사용의 특성과 관련된다. 오늘날 《구격토+격토》의 겹침현상은 중세조선어의 그것과 비슷하나 《과에》나 《과로》, 《과여》 등은 쓰이지 않고있다.

또한 중세조선어의 《구격토+격토》형태에서 개별적토들이 나타내는 의미는 현대조선어에서의 그것과 다른 점을 보여주고있다.

즉 중세조선어의 《구격토+격토》형태에서 앞의 구격토는 렬거되는 대상의 하나임을 나타낼뿐 다른 의미를 가지지 않았으며 뒤의 격토는 자기의 다의적인 의미를 기본적으로 나타내였다. 그런데 오늘날 뒤에 겹쳐쓰인 격토는 자기의 기본의미보다도 보충적인 뜻빛갈, 강조의 의미로 쓰이는것이 보통현상으로 되고있다.

중세조선어에서는 이밖에도 《대격토+조격토(구격토)》의 겹침형태, 《여격토+조격토(구격토)》의 겹침형태도 찾아볼수 있다.

《대격토+조격토(구격토)》의 겹침형태는 흥미있는 사실을 보여주고있다.

대명사《나, 너, 저, 누》등의 대격형태는 《ㄹ》로만 나타날수 있는데 이 형태는 하나의 말뿌리처럼 쓰이는 경우가 있다. 즉 이 형태에서 대격토《ㄹ》는 말줄기에 밀착되여쓰이면서 원래의 기본의미를 잃고 오직 강조의 의미만을 나타내고있다. 이 대격토뒤에 다시 구격토와 조격토 지어 대격토까지 겹쳐쓰일수 있는것이다.

○ 날과 엇지 함긔 가기를…(《춘향전》 학예사판, 72페지)
○ 날흘 일코…(우와 같은 책, 118페지)
○ 날을 소기디 말라(《로걸대언해》 상권 16장)
○ 무얼로 보나…

② 토들이 겹쳐쓰이게 된 그것자체가 무엇인가 새로운 뜻과 문법적인 현상을 표현하기 위한 객관적인 요구로부터 출발하고있기때문이다.

본래 토들이 겹쳐쓰이고있는것은 앞에 있는 토만으로는 자기의 의사를 충분히 나타낼수 없다는것을 자각한데로부터 다시 다른 토를 겹쳐쓰인 결과에 생긴 현상이다.

○ 누이에게 간다. 누이한테 간다.
○ 누이에게로 간다. 누이한테로 간다.

이 두 문장을 대조해볼 때 앞의 문장만으로도 자기의 의사를 충분히 발표할수 있으나 조격토《로》를 더 첨가하여 자기 행동의 방향을 더욱 뚜렷이 나타내고있다. 이러한 토사용과정이 반복되고 굳어지면 역시 하나의 토가 새로 생기는 과정으로 발전할수 있다.

③ 토들이 겹쳐쓰이고있는 현상들을 놓고볼 때 그것들의 구체적인 형태는 각이한 단계에 있는것들로서 점차적인 발전과정을 살

펼수 있기때문이다.

이러한 현상은 특히 용언토의 경우에 전형적으로 찾아볼수 있는 현상으로서 《ㄹ수록》, 《ㄹ지언정》, 《더라도》 등을 들수 있다. 이 토들은 겹침현상의 높은 단계에 이른것으로서 합성토로 전환한것들이다.

이밖에 격토를 포함한 다른 용언토들에서의 겹침형태는 낮은 단계에 이른것으로서 아직 합성토라고 말하기 곤난한것들이다. (겹침토와 합성토의 차이와 공통성에 대한 구체적인 서술은 아래에서 한다.)

④ 오늘날 사람들의 언어의식에서 일부 토들이 겹쳐쓰이고있는 현상과 합성토를 이루는 현상간의 차이를 명백히 가르지 못하기때문이다.

우리 말에서 일부 토들이 겹쳐쓰이고있는 경우를 놓고볼 때 《에로, 에게로, 에서는, 에는, 에서부터, 로부터, 에까지, 한테라도, 보다도》 등과 같이 자주 쓰이는것과 《에게의, 에서를, 더러라도, 께랑, 께마저, 를랑》 등과 같이 드물게 쓰이거나 쓰일 가능성만 있는 경우들도 있는데 이것은 바로 겹쳐쓰이는 경우들에 대한 사람들의 파악정도와 언어구조의 변화발전정도를 보여주는것이다.

토들이 겹쳐쓰이는 정도에서의 차이는 그것들이 그 어떤 변화과정 그 어떤 발전과정에 있다는것을 증명해주는것으로 된다.

이와 같이 우리 말 토는 그 정도와 양상에서는 비록 각이한 모습을 보여주지만 서로 겹쳐쓰이고있다.

우리 말에서 일부 토들이 겹쳐쓰이고있는 경우를 보면 다음과 같다.

ㄱ. 격토들사이에서 겹쳐쓰이고있는것.
　　에로, 에서의, 에게의, 에서를, 에서와…
○ 모든 사업에서의 성과여부는 사람과의 사업을 얼마나 실속있게, 심도있게 하는가 하는데 있다.

ㄴ. 격토와 도움토가 겹쳐쓰이고있는것.
　　로부터, 보다도, 와도, 한테라도, 하고야…
○ 우리는 가정을 혁명화하는데로부터 출발하여 인민반과 마을

을 혁명화하며 점차 온 사회를 혁명화하여야 한다.
ㄷ. 맺음토와 맺음토가 겹쳐쓰이고있는것.
  ㄴ답니다, 랍니다, 답디다, 다는구나, 다는구려, 다는구만, 라더라…
○ 오늘은 선생님이 우리 집에 온답니다.
  글쎄 안사돈이 오신다는구나.
ㄹ. 맺음토와 이음토가 겹쳐쓰이고있는것.
  ㄴ다면서, 라면서, ㄴ다니까, 라니까, 다구, 라구, 자구…
○ 그가 온다면서 대단히 부산을 피우기 시작하였다.
○ 철수가 간다니까 차라리 잘되였다.
ㅁ. 맺음토와 규정토가 겹쳐쓰이고있는것.
  (겠)다던, (겠)다는…
○ 오늘중으로 끝내겠다던 계획을 오전중에 끝냈단 말이지.
ㅂ. 용언토와 격토가 겹쳐쓰이고있는것.
  (겠)느냐가, (겠)느냐를, 여서보다…
○ 누가 이기겠느냐를 판단하기가 힘든 형편이였다.
ㅅ. 용언토와 도움토가 겹쳐쓰이고있는것.
  여서는…
○ 조국과 혁명을 위하여서는 목숨도 서슴없이 바친 이 나라 청년들
ㅇ. 이음토와 맺음토가 겹쳐쓰이고있는것.
  려는구나, 려는구만, 려누나…
○ 빨리 서둘러라, 자동차가 떠나려는구나.
ㅈ. 이음토와 이음토가 겹쳐쓰이고있는것.
  려거나, 려거든, 려구, 려는데, 려니, 려니까, 려든, 려면…
○ 범을 잡으려거든 산에 가야 한다.
ㅊ. 이음토와 규정토가 겹쳐쓰이고있는것.
  려던, 려는…
○ 오늘 하려던것을 래일로 미루기 시작하면 일을 제때에

마무리할수 없는 결과를 가져올수 있다.
우리 말에서 토의 겹침현상은 《하다》의 《하》나 《·》가 줄어들면서 《하다》에 붙었던 토들이 앞단어에 겹쳐들면서 더욱 많이 나타나고있다.

력사적으로 볼 때 중세조선어에서도 《하다》의 《하》나 《·》가 줄어드는 현상은 적지 않게 나타나고있다.

우선 《하다》의 《하》나 《·》가 빠지는 현상은 《하다》가 맺음토 뒤에 올 때에 나타난다.

○ 몸ᄒ다니
○ ᄒ리로다코
○ 두쇼셔커늘(《룡비어천가》 107)
○ 거ᄉ 오링잇고커니와(《삼강행실도》 렬녀도 30장)

또한 《하다》의 《하》나 《·》가 빠지는 현상은 여러가지 이음토 뒤에서도 나타나고있다.

○ ᄒ려뇨
○ 가려커늘
○ ᄒ얌죽도다
○ 나고져커늘
○ 두게코져

우에서도 본바와 같이 《하다》의 《하》나 《·》가 줄어드는 현상은 그앞에 맺음토와 이음토가 올 때만 가능하다. 더구나 그앞에 오는 맺음토나 이음토도 모든 경우에 다 가능한것이 아니라 맺음토인 경우는 말차림의 견지에서 보면 오직 《해라》 말차림을 나타내는 토만이 가능하며 말법의 견지에서 보면 알림과 물음, 추김과 시킴의 맺음토가 가능하다. 이음토인 경우는 오직 의도를 나타내는 이음토 《려》만이 가능하다. 이것은 《하다》의 《하》나 《·》가 줄어들면서 이루어지는 겹침토현상의 중요한 특성의 하나로 된다.

《하다》의 《하》나 《·》가 줄어들면서 토가 겹쳐쓰이는 경우 앞에 오는 토만이 아니라 뒤에 오는 토도 일정한 특성을 나타낸다.

겹침토의 뒤에 오는 토는 앞에 오는 토보다 더많은 량을 차지할수 있다. 맺음토와 이음토, 규정토 그리고 존경토와 시간토,

바꿈토 등 많은 토가 붙어 쓰인다. 그러나 꾸밈토나 상토는 그 어 떤 경우에도 붙어 쓰이지 않는다. 《하다》의 《하》나 《ᆞ》가 줄어 들면서 토가 겹쳐쓰이는 경우 앞에 오는 토는 모든 토가 다 가능 한것이 아니라 같은 종류의 토안에서도 제한된 일정한 량의 토들 만이 겹쳐쓰이고있다. 맺음토로는 알림의 맺음토《다, 라, 더라, 리라, 노라, 니라》와 물음의 맺음토《는가, ㄹ가, ㄴ가, 던가, 느 냐, 냐, 더냐》, 추김의 맺음토《자》와 시킴의 맺음토《라》만이 가 능하다. 이음토로는 의도의 의미를 나타내는《려》만이 가능하다. 이러한 제한적인 특성은 《하다》의 《하》나 《ᆞ》가 줄어들면서 어 느 한 토의 뒤에 붙어 쓰이는 토에서도 찾아볼수 있다. 뒤에 붙 어 쓰이는 토로서는 맺음토《는구나, ㄴ구나, 는구려, ㄴ구려, 는 구만, ㄴ구만, 더라》와 이음토《니까, 구(고)》, 규정토《는, 던》등 을 들수 있다. 이것 역시 《하다》의 《하》나 《ᆞ》가 줄어들면서 겹 쳐쓰이는 조선어토의 중요한 특성의 하나로 되고있다.

《하다》의 《하》나 《ᆞ》가 줄어들면서 토들이 겹쳐쓰이는 현상은 용언토들사이에서만 나타나고 용언토와 체언토, 체언토와 체언토사 이에서는 전혀 나타나지 않는다. 그것은 체언토자체가 《하다》의 《하》나 《ᆞ》와 인연이 없는 언어적수단이기때문이다. 이것 역시 《하다》의 《하》나 《ᆞ》가 줄어들면서 토들이 겹쳐쓰이는 조선어토의 중요한 특성의 하나로 되고있다.

《하다》의 《하》나 《ᆞ》가 줄어들면서 토들이 겹쳐쓰일 때 그것 들의 의미는 일정하게 변화된다.

토들이 겹쳐쓰일 때 그 의미는 다양화되기도 하고 단일화되기 도 한다.

겹침토형태의 의미가 다양화되는것은 《하다》의 《하》나 《ᆞ》가 줄어들면서 두개의 토가 겹쳐지므로 그 겹침형태는 두개의 토가 나 타내던 뜻을 한데 집약하거나 새로운 뜻으로 표현하게 되는데 제3 의 의미로 표현한다는 뜻에서 다양화되는것이라고 말할수 있다.

실례로 겹침토《기에》를 들어 설명할수 있다. 겹침토《기에》는 본래 바꿈토《기》와 격토《에》가 겹쳐진 토인데 바꿈토《기》나 격 토《에》의 전형적인 뜻과는 관계없는 원인이나 근거를 나타내는 제

3의 의미를 가지게 되였다.

겹침토형태의 의미가 단일화되는것은 《하다》의 《하》가 줄어들면서 두 토가 겹쳐 오래동안 쓰이는 과정에 질이 다른 두 토의 의미는 점차 변하여 두 토는 질이 같은 하나의 의미를 획득하게 되는데 하나의 의미로 된다는 뜻에서 단일화되는것이라고 말할수 있다.

실례로 《답니다》, 《랍니다》 같은 맺음토를 들어 설명할수 있다. 겹침토 《답니다》, 《랍니다》 등은 《다＋ㅂ니다》, 《라＋ㅂ니다》로 구분할수 있는것으로서 두 맺음토의 합성인것이다.

○ 아저씨네 공장에서도 이달 계획을 벌써 끝냈다.
○ 아저씨네 공장에서도 이달 계획을 벌써 끝냈답니다.

이 두 문장에서 공통적인것은 맺음토로서 다같이 높임의 말차림과 알림을 나타내는것이다. 단지 두번째 문장은 그 어떤 사실을 객관화하면서 전달하는 뜻을 나타내므로 앞의 문장과 차이날따름이다.

력사언어학적인 자료들은 《하다》의 《하》나 《·》가 줄어들면서 토들이 겹쳐지는 현상은 오늘날에만 나타나는 현상이 아니라 우리 말의 오랜 력사적기간에 발생발전하여온 현상으로서 15～16세기와 17～18세기 그리고 그 이후시기로 오면서 점차 발전풍부화되여왔다는것을 보여주고있다.

《하다》의 《하》나 《·》가 줄어들면서 겹쳐진 토들은 토들의 겹쳐짐의 심화정도에 따라 두가지로 나누어볼수 있다.

《하다》의 《하》나 《·》가 줄어지면서 토들이 겹쳐지는 현상은 일정한 력사적시기와 조건이 필요한것만큼 겹쳐짐의 심화정도는 각이하게 나타날수 있다.

《하다》의 《하》나 《·》가 줄어지면서 토들이 겹쳐지는 현상은 토겹침이 심화되지 않은 형태와 토겹침이 심화된 형태로 나누어볼수 있다.

토겹침이 심화되지 않은 형태는 《하다》의 《하》나 《·》가 줄어들면서 두 토가 겹쳐쓰일뿐 그 의미나 기능에서는 독자성을 가지고 그때그때 겹쳐쓰이는 형태로서 그 형태의 해체와 결합이 자연스럽고 임의성을 띠고있다.

토겹침이 심화된 형태는 두 토가 겹쳐져 오래동안 쓰이여오는 과정에 매개 토는 뜻과 기능이 변화되여 독자성을 잃고 두 토가 하나의 뜻과 기능을 지니게 된것을 말하는데 그것들의 겹침을 의미적으로도 구조적으로도 해체하기가 힘든것이다.

토겹침이 심화되지 않은 형태를 현상적으로 토가 겹쳐쓰인것이라고 하여 겹침토라고 말할수 있으며 토겹침이 심화된 형태를 앞의 것과 구별하기 위하여 새로운 한개 토를 합성하였다는 의미에서 합성토라고 말할수 있다. 그런데 겹침토라는 말은 두가지 의미로 쓰인다. 좁은 의미에서 토겹침이 심화되지 않은 형태를 가리키기도 하고 넓은 의미에서 그저 토가 겹쳐쓰이였다는 결합적인 측면을 강조하여 합성토까지 포함한 의미로 쓰이기도 한다.

좁은 의미에서의 겹침토와 합성토는 그 의미.기능에서 엄연히 구별된다.

좁은 의미에서의 겹침토는 그것을 이루고있는 구성요소들의 의미가 아직 자기의 가치를 가지고있기때문에 둘 또는 그 이상의 봉우리를 이루고 작용한다. 레컨대 맺음토와 맺음토가 겹쳐진 《더라더군》이나 《다는구나》는 그것을 이루고있는 《더라》와 《더군》, 《다》와 《는구나》의 문법적의미가 아직 표현되므로 문장에서 해당한 문법적기능을 수행하고있다. 겹침이음토 《다지만, 다더니, 라기에…》의 경우에도 마찬가지이다. 이것은 《하다》의 《하》가 빠지면서 겹쳐진 토이므로 《하다》가 나타내던 어휘적의미인 《말하다》의 뜻이 잠재적으로 나타나면서 《한다 하지만, 간다 하더니, 가라 하기에》 등으로 분해될수 있기때문이다.

합성토는 말그대로 두개의 토가 겹쳐쓰이는 과정에 이질적인 두개 토의 의미가 점차 변화발전하여 동질적인 하나의 의미를 가지게 된 토이므로 의미적으로나 구조적으로 가를수 없는것이다. 그러므로 합성토의 의미는 하나의 봉우리를 이루고있다. 그런것만큼 합성토의 의미는 그것이 맺음토이냐 이음토이냐 아니면 규정토이냐 하는데 따라 결정지어지게 된다. 다시말하여 합성토의 성격이 규정되는데 따라 의미가 규정되게 된다.

합성토의 성격은 일반적으로 뒤에 놓인 토의 성격에 의해 규정된다. 뒤에 놓인 토가 맺음토이면 맺음토이고 이음토이면 이음토이며 규정토이면 규정토이다.

　○ 다+ㅂ니다(맺음토)→답니다(맺음토)
　　라+ㅂ니다(맺음토)→랍니다(맺음토)
　○ 더+라면(이음토)→더라면(이음토)
　　다+고(이음토)→다고(이음토)
　○ 라+ㄴ(규정토)→란(규정토)

그러나 때로는 합성토의 성격이 이러한 합성토형성의 보편적인 법칙에 맞지 않는 경우도 있다. 그러한 실례로 《맺음토+이음토》의 구조로 분석할수 있는 《다구》, 《라구》, 《자구》 등을 들수 있는데 이 합성토들은 이음토로 되는것이 아니라 맺음토로 되는것이다.

합성토는 합성맺음토와 합성이음토, 합성규정토로 분류할수 있다.

그러면 겹침토와 합성토를 어떤 기준에 의하여 가를수 있는가? 다시말하여 겹쳐서 쓰인 토가 하나의 독자적인 토, 합성토로 되려면 어떻게 되여야 하는가?

무엇보다먼저 겹쳐진 토들이 합성토로 되려면 의미기능에서의 변화가 있어야 한다.

우에서도 본바와 같이 겹쳐져서 쓰이는 토가 하나의 새로운 합성토로 되려면 겹쳐진 두개 또는 그 이상의 토가 나타내는 뜻이나 기능이 변화되여야 한다. 다시말하여 합성토의 구성부분들의 의미와는 관계없이 하나의 다른 뜻으로 넘어가든가 둘 또는 그 이상의 토들이 나타내는 모든 의미를 포괄하는 새로운 뜻으로 발전해나가야 한다.

실례로 토 《ㄴ다면서》, 《므로》, 《지마는》 등을 들어 설명할수 있다.

　○ 래일 묘향산으로 간다면서? 나도 함께 갈수 없을가.
　○ 열심히 책을 읽고있으므로 말하지 않고 가만있었다.
　○ 걸보기에는 사람이 대범한것 같지마는 실지는 그렇지 못하였다.

우의 례문에서 토 《ㄴ다면서》는 토 《ㄴ다》와 《면서》가 이웃해서 쓰이는 과정에 하나의 토로 녹아붙은것으로서 《ㄴ다》와 《하면서》로 분해할수 없을 정도로 그 의미가 집약되여 제3의 의미로 전환된것이다.

토 《므로》 역시 바꿈토 《ㅁ》와 조격토 《으로》가 합성되여 형성된것으로서 바꿈토의 뜻과 조격토의 뜻을 떠나서 원인의 뜻이 더욱 집약되고 강조되여 나타나고있으며 격토로부터 이음토로 그 성격이 변화된것이다.

토 《지마는》은 이와 좀 다른 양상을 보여주고있다.

원래 토 《지마는》은 맺음토 《지》에 토 《마는》이 겹쳐져서 이루어진것이다. 토 《마는》은 맺음토 《지》에만 붙어 쓰이는것이 아니라 여러 토뒤에 붙어 쓰인다.

○ 읽습니다마는, 읽습니까마는, 읽으십시오마는, 읽읍시다마는, 읽게마는, 읽는다마는, 읽으랴마는…

여기서 《마는》인 경우는 맨 뒤에 붙어있지만 말차림과 말법을 규정하는데서는 아무런 작용도 하지 못한다. 다시말하여 《마는》 앞에 있는 맺음토에 의하여 말차림과 말법이 규정된다. 《읽습니다마는》인 경우에는 높임의 말차림이 그대로 살아있고 《읽는다마는》인 경우에는 낮춤의 말차림이 그대로 살아있다. 이것은 《마는》 앞에 있는 맺음토 《습니다》와 《는다》에 의하여 말차림관계가 규정되기때문이다.

그러나 토 《지마는》인 경우에는 좀 다른 양상을 보여주고있다. 토 《마는》 앞에 있는 토 《지》는 본래 반말의 말차림토이다. 그런데 새로운 합성토 《지마는》의 구성요소로 되면서 말차림관계는 중성화된다. 다시말하여 토 《지마는》은 반말도 높임도 낮춤도 아닌 중성화된 말차림관계를 나타내고있다.

실례로 《그는 지금 신문을 읽고있지마는 생각은 딴데 가있었다.》에서 쓰인 토 《지마는》은 높임의 말차림을 나타내야 할 대상에도 쓰이며 그밖의 말차림을 나타내야 할 대상에도 쓰인다. 그뿐만아니라 맺음토 《지》는 그가 가지고있던 일단 말을 끝맺어 준다는 의미를 상실하고말았다. 그리하여 토 《지》와 《마는》은 하나의 토로 녹아붙어 새로운 합성토를 이루었다고 말할수 있는것이다.

이런 측면에서 볼 때 두개의 구성부분으로 갈라볼수 있는 《랴마는, 나마는, 숩니다마는, 게마는…》 등과 확연히 구별되는것이다.

이처럼 겹침토의 의미와 구성부분들의 의미가 뚜렷이 안겨오게 되여있든가 두개의 봉우리로 파악되면 그것은 겹침토로 남아있고 제3의 다른 뜻으로 변화되면 합성토로 되는것이다.

겹침토의 의미변화는 그 어떤 제3의 의미를 새롭게 더 가지게 된 경우에만 찾아볼수 있는것이 아니라 겹쳐진 두개 토가운데서 그 어느 하나의 토가 그 뜻에서 변화를 입는 경우에도 찾아볼수 있다.

겹쳐진 토가운데서 어느 하나의 토라도 의미가 변화하면 벌써 그 토들은 의미기능적측면에서 변화가 있다는것을 말해주는것으로서 겹쳐진 두개의 토가 제3의 딴 의미로 변한것과 별다른 차이가 없는것이다.

겹쳐진 두개의 토가운데서 최소한 어느 한개의 토라도 뜻에서 변화가 있으면 자연히 겹쳐진 그 토들은 의미기능에서 변화를 입기 마련이다.

겹쳐진 두개의 토가운데서 어느 한개 토의 뜻이 변하는 경우는 여러가지로 살펴볼수 있다.

먼저 겹쳐진 토의 하나인 맺음토의 말차림이 달라지는 경우가 있다.

겹쳐진 맺음토의 말차림이 본래의것과 달라지는것은 그만큼 겹쳐진 두개 토가 겹침토로 되는것이 아니라 합성토로 된다는것을 보여주는것이다.

실례로 《이번 문답식경연에서 우리 초급단체가 일등을 했다오.》에서 《다오》와 같이 맺음토 《다》에 《하다》의 《하》가 줄어든 맺음토 《오》가 합성된 경우를 들수 있다.

맺음토 《다》는 어떤 사실을 단순히 알리면서 낮춤의 말차림을 나타내였고 맺음토 《오》도 어떤 사실을 알리거나 시키면서 같음의 말차림을 나타내였다. 그러던것이 겹쳐쓰이면서 어떤 사실을 강조하여 알리는 말하는 사람의 자랑의 감정을 함께 나타내면서 높임의 말차림을 나타낸다. 이처럼 말차림관계에서 변화를 가져오면서 합성토로 넘어간다.

다음으로 겹쳐진 토의 하나인 맺음토의 법범주적의미가 달라지는 경우가 있다.

맺음토가 다른 토와 겹쳐져서 오래동안 쓰이는 과정에는 말차림에서의 변화만이 아니라 법범주적의미에서도 변화가 일어난다.

실례로 《로동자들을 위한 일인데 뭐랍니까?》에서 《랍니까?》는 맺음토 《라》에 맺음토 《ㅂ니까》가 합성된것인데 이 합성토는 어떤 사실에 대하여 물으면서 높임의 말차림을 나타낸다. 여기서 맺음토 《라》는 원래 알림의 말법을 나타내던 토였으나 합성토의 구성부분으로 되면서 《ㅂ니까》의 영향에 의하여 그와 함께 물음법을 나타내게 되였다. 이러한 현상은 토《다지, 라지, 답니까》 등 여러 토들에서 찾아볼수 있다.

다음으로 겹쳐진 이음토의 이음의 성격이 달라지는 경우가 있다.

실례로《김학수는 학식도 있고 언변도 좋은 편이라는데…》에서 《라는데》처럼 맺음토 《라》와 이음토 《는데》가 합성된것을 들수 있다.

원래 이음토 《는데》는 한 사실이 다른 사실의 전제로 됨을 나타내는것과 함께 말을 잇는 기능을 수행한다. 그런데 맺음토 《라》와 겹쳐서 오래동안 쓰이는 과정에 이음의 성격이 달라지게 되면서 하나의 합성토로 되였다. 다시말하여 맺음토로 쓰이면서 같음의 말차림과 알림의 말법을 나타내게 되였다. 이것은 본래 자기의 의미와 다른 기능을 수행하는것으로서 겹침토의 한계를 벗어나 합성토로 전환했다는것을 보여주는것이다. 이렇게 이음토의 성격이 맺음토로 변화되는 경우는 합성토《다면서, 라면서, 다구, 라구, 다니까, 라니까》 등 여러 토들에서 찾아볼수 있다.

다음으로 겹쳐진 토가운데서 어느 하나의 토에 이러저러한 뜻이 보태여지는 경우가 있다.

실례로 《그 녀성은 대학을 최우등으로 졸업했단다.》에서 《단다》를 들수 있다. 토《단다》는 맺음토 《다》에 《하다》의 《하》가 줄어진 토 《ㄴ다》가 합성된것이다. 토《단다》는 어떤 사실을 특별히 강조하면서 알리는데 여기에 말하는 사람의 자랑의 감정도 나타낼뿐아니라 낮춤의 말차림을 함께 나타낸다. 그런데 원래 이 토들은 어떤 사실에 대해 말하는 사람의 감정을 나타내지 않던것들이다. 합성토로 넘어가면서 말하는 사람의 자랑의 감정이 보태여져서 나타나는것이다. 이와 류사한 토들로서는 이밖에도 《란다, 다오, 라오, 답니다, 랍니다》 등을 들수 있다.

다음으로 겹쳐진 토들가운데서 어느 하나의 토가 문체론적특성이 변화되는 경우가 있는것이다.

실례로 《아이들이 받아 쌓느라니까 그렇게 되였겠지.》에서 쓰인 토 《느라니까》를 들수 있다. 토 《느라니까》는 맺음토 《느라》와 이음토 《니까》가 합성된것이다. 토 《느라》는 본래 글말에 자주 쓰이던것인데 토 《니까》와 겹쳐서 오래동안 쓰이는 과정에 입말체적특성을 가지게 되였다. 이처럼 문체론적특성이 변화되면서 합성토로 전환되였다.

토들이 겹쳐쓰이는 과정에 어느 하나의 토라도 그의 문체론적특성에 변하게 되면 그것은 합성토로 넘어갔다는것을 보여준다. 왜냐하면 두개 토의 합성은 단순한 토의 겹쳐짐이 아니라 겹쳐진 토들의 질적인 변화를 동반하기때문이다. 문체론적특성의 변화, 이것은 매개 토의 질적변화에서 중요한 몫을 차지하고있다.

이처럼 문체론적측면에서 그 의미와 기능이 변화되는 현상은 이음합성토 《노라니, 노라면》 등에서도 찾아볼수 있다.

이상에서 본것처럼 겹침토가 합성토로 전환되는데서 의미기능의 변화는 중요한 작용을 하게 된다.

다음으로 겹쳐진 토들사이에서 《하다》의 《하》를 쉽게 되살릴수 있는가 없는가 하는것은 겹침토와 합성토를 가르는데서 중요한 의의를 가진다.

겹침토는 두개의 토가 자기의 뜻을 그대로 보존한 상태에서 겹쳐쓰인것이나 합성토는 두개의 토들이 질에서 일정한 변화를 가져온 상태에서 쓰인것이다. 겹침토는 그 의미에서는 겹쳐진 상태에서나 겹쳐지지 않은 상태에서나 변화가 없으므로 그 겹침을 자의로 해체할수 있으나 합성토는 두개의 토가 의미에서 하나의 같은 질로 변하고 하나로 녹아든것이므로 분리시킬수 없는것이다.

합성토의 실례를 들어보자.

○ 빨리 공장에 나가라니까.

이 문장에 있는 토 《라니까》는 맺음토 《라》와 《하다》에 붙었던 토 《니까》가 합성된것이다. 토 《라》와 《니까》가 오래동안 겹쳐쓰이는 과정에 그 뜻이 새롭게 다른 방향으로 발전하여 하나의 새뜻을 얻게 되였다. 다시말하여 시키는 어떤 사실을 강조하여 나타냄과 함께 같음의 말차림을 나타내게 되였다. 그리하여 《하다》의 《하》를 되살려 《빨리 공장에 나가라 하니까.》로 바꿀수 없게 되였다. 《빨리 공장에 나가라 하니까.》와 《빨리 공장에 나가라니까.》 사이에는 엄연한 내용적차이가 있는것이다.

《빨리 공장에 나가라 하니까.》는 이음토 《니까》의 성격이 그대로 살아있어 그다음의 어떤 말이 생략된것으로 리해된다. 이와 반면에 《빨리 공장에 나가라니까.》는 《나가라》는 사실을 강조하고있다. 《나가지 않으면 큰일 난다거나 나가지 않은것으로 오는 책임은 모르겠다.》는 식으로 나갈것을 강하게 요구하고있다.

그러나 겹침토에서는 이러한 현상을 찾아보기 힘들다.

○ 선생님은 할머님더러 함께 가시잔다.

○ 선생님은 할머님더러 함께 가자신다.

첫번째 문장에서 존경토 《시》는 가는 행동을 하는 할머님을 높이여 이르는것이고 두번째 문장의 존경토 《시》는 가자고 말하는 대상인 선생님을 높이여 이르는 말이다. 그러므로 이 토들사이에는 《하다》의 《하》를 얼마든지 끼워넣을수 있다.

즉 ○ 선생님은 할머님더러 함께 가시자 한다.

○ 선생님은 할머님더러 함께 가자 하신다.

이렇게 《하다》의 《하》를 끼워넣어서 짠 문장이나 《하》 없이 짠 문장은 그 뜻에서 하등의 차이가 없다. 이로써 《하다》의 《하》를 되살릴수 있는가 없는가 하는것은 겹침토와 합성토를 가르는 기준의 하나로 된다.

다음으로 겹침토와 합성토를 가르는데서 체계성과 균형성을 고려하는것이 중요한 의의를 가진다.

조선말의 토는 체계성을 가진다. 매개 토는 조선말의 구조적체계속에 존재한다. 체계속에 존재하는 토현상을 체계없이 다루거나 분류한다면 납득성을 주지 못한다.

례컨대 《다면서》는 하나의 합성토로 보면서 《ㄴ다면서》, 《라면서》는 겹침토로 분류한다든가 《라는데》는 합성토로 보면서 《다는데》는 겹침토로 본다는것은 체계성을 고려하지 않은것으로 된다. 체계를 이루고있는 조선말토를 체계성있게 처리하여야 그 균형을 맞출수 있으며 수많은 겹침토의 특성을 무리없이 원만히 처리해나 갈수 있다. 《다면서》가 상대편의 주장을 회의적으로 대하거나 반박하면서 되물을 때 쓰이였다면 《ㄴ다면서》, 《라면서》도 알림의 뜻에 대한 회의적인 태도나 반박의 태도를 나타내는것이다. 《라는데》에서 이음의 성격이 달라졌다면 《ㄴ다는데》, 《다는데》에서도 달라질것은 명백하다.

사실 《책이라는데》 했을 때의 토 《라는데》와 《회다는데》, 《간다는데》의 《다는데》, 《ㄴ다는데》는 다같이 처리되여야 한다. (이때 《라는데》는 《가라 하는데》에서 《하》가 줄어진 겹침토 《라는데》와 동음이의적인 관계를 이룬다.)

《답니다》, 《랍니다》가 하나의 합성토로 되였다면 역시 《잡니다》도 새로운 합성토로 되여야 할것이다.

이와 같은 기준에 의하여 겹쳐쓰인 토들을 좁은 의미에서의 겹침토와 합성토로 가르면 다음과 같이 할수 있을것이다.

겹침토

1) 《해라》말차림의 맺음토에 《하다》의 《하》가 줄어든 토가 겹쳐진것.

(1) 《해라》말차림의 맺음토와 맺음토가 겹쳐진것.

△ 말법에 따라

① 알림을 나타내는 맺음토와 맺음토가 겹쳐진것.
- 다더구나, 다더구만, 다더군, 다누나, 다는구나, 다는구려, 다누만, 다는군…
- 더라더군, 더라던데, 더라는데, 더라누만…
- 라더군, 라더구나, 라누만, 라거든, 라는구나, 라는구만, 라는군, 라던데…

- 자더니, 자는구나…
② 물음을 나타내는 맺음토와 맺음토가 겹쳐진것.
- 다냐, 다뇨, 다는가, 다느냐, 다든가, 다더냐, 다던가, 다는지…
- 라는가, 라더냐, 라던가, ㄹ라는지, ㄹ라는가, ㄹ라느냐, 라느냐, 라든가, ㄹ라냐, 랄가, 랄지…
- 자는가, 자느냐, 자더냐…
③ 추김을 나타내는 맺음토와 맺음토가 겹쳐진것.
- 라세, 래자요…
④ 시킴을 나타내는 맺음토와 맺음토가 겹쳐진것.
- 래렴, 래라…
△ 말차림에 따라
① 같음의 말차림을 나타내는 맺음토와 맺음토가 겹쳐진것.
- 다더구만, 다더군, 더라는데, 더라는군
- 라더군, 라던데, 라더니
② 낮춤의 말차림을 나타내는 맺음토와 맺음토가 겹쳐진것.
- 다는구나, 다더구나
- 라더구나, 라더냐, 라는구나, ㄹ라느냐, ㄹ라니
- 자느냐
(2) 맺음토와 이음토가 겹쳐진것.
① 벌림의 관계로 이어주는것.
- 리라고, 더라고, ㄹ라고, 노라면서…
- 다지만, 라지만, 더라는데, 자지만…
- 다는, 다거나, 라건, 라든, 자거나, 라든가, 라거니…
② 매임의 관계로 이어주는것.
- 다면, 다거든, ㄹ라거든, 느냐면
- 다더니, 다느니, 라더니, 라기에
- 자다가
- 더라지
- 라는지, ㄹ라는지, 자는지
(3) 맺음토와 규정토가 겹쳐진것.

- 다는, 다던, 더라는
- 노라는
- 라는, 라던, 리라던, ㄹ라던
- 마던
- 자는, 자던

(4) 맺음토에 존경토가 겹쳐진것.
- 라시더군, 자시더군

(5) 맺음토에 시간토가 겹쳐진것.
- 쟀, 랬, 다겠, 라겠, 자겠

(6) 맺음토에 바꿈토가 겹쳐진것.
- 다기, 라기, 자기

2) 이음토에 《하다》의 《하》가 줄어든 토들이 겹쳐진것.
(1) 이음토에 맺음토가 겹쳐진것.
- 려는가, 려느냐, 려는지
- 려는구나, 려누나, 려는데

(2) 이음토에 이음토가 겹쳐진것.
- 려면서, 려는데, 려니까, 려는지, 려지

(3) 이음토에 규정토가 겹쳐진것.
- 려든, 려는

합성토

1) 겹침토가 합성토로 전환된 맺음토
(1) 맺음토에 《하다》의 《하》가 줄어든 토들이 합성된것.
① 맺음토에 맺음토가 합성된것.
- 답니다, 답디다, 다오, 다네, 다나, 답데, 대, 단다, 다지, 다죠, 답니까, 다는데…
- 랍니다, 랍디다, 라오, 라네, 랍데, 래, 라나, 란다, 라지, 라죠, 랍니까, 라고, 라는데, ㄴ갑디다, ㄹ래

② 맺음토에 이음토가 합성된것.
- 다니까, 라니까, 더라니까, 다구, 라구, ㄹ라구, 더라구, 니라구, 대두, 래두…
- 냐구, 느냐구, 다면서, 라면서, 다며, 라면, 라며…

・자구, 자니까, 재두…
(2) 이음토에 《하다》의 《하》가 줄어든 토들이 합성된것.
① 이음토에 맺음토가 합성된것.
・렵니다, 려네, 려오, 련다, 려나, 려니, 렵니까…
② 이음토에 이음토가 합성된것.
・려구

합성맺음토를 말법에 따라 갈라보면 다음과 같다.
① 알림을 나타내는 합성맺음토
・답니다, 답디다, 다오, 다네, 다지, 다는데, 답데, 대, 단다, 랍니다, 랍디다, 라오, 라네, 랍데, 래, 라니, 라는데, 란다, ㄹ래, 는갑디다, 다구, 라구, 자구, 더라구, 니라구, 다니까, 라니까, 자니까, 더라니까, 렵니다, 려오, 련다, 려네, 려구…
② 물음을 나타내는 합성맺음토
・답니까, 답디까, 다지, 다나, 랍니까, 랍디까, 라지, 라나, 라고…
・다면서, 라면서, 다며, 다면, 라면, 더라면서, ㄹ라구…
・렵니까, 려나…
③ 시킴을 나타내는 합성맺음토
・라니, 라나, 라구, 라니까
④ 추김을 나타내는 합성맺음토
・자니까, 재자, 자구

합성맺음토를 말차림에 따라 갈라보면 다음과 같다.
① 높임을 나타내는 합성맺음토
・답니다, 다오, ㄴ갑니다, 랍니다, 랍디다, 라오, 다지요, ㄹ래요, 래요, 다구요, 다니까요, 라구요, 라니까요, 잡니다, 잡디다…
・답니까, 답디까, 다면서요, 랍니까, 랍디까, 라면서요
・잡니까, 자구요, 자니까요
・렵니다, 렵니까, 려오
② 같음을 나타내는 합성맺음토

- 다네, 다나, 다니, 다는데, 답데, 라나, 라니, 라는데, 라네, 랍데, 래, 다구, 다니까, 더라니까, 라구, 라니까
- 다면서, 다며, 다면, 라면서, 라며, ㄹ라구, 라고
- 자구, 자니까
- 라니까
- 려네, 려니, 려구

③ 낮춤을 나타내는 합성맺음토
- 란다, 단다, 련다, 라니, 라나, 라구, 더라구, 니라구, 려나

2) 겹침토가 합성토로 전환된 이음토
(1) 맺음토에 이음토가 합성된것.
- ㄴ대도, 답시고, 다고, 라고, 라면, 랍시고, ㄹ라면, 더라니, 더라면, 더라니까, 자고
(2) 이음토에 이음토가 합성된것.
- 려니, 려고, 려면, 려거든

3) 겹침토가 합성토로 전환된 규정토
- 란, 단, 잔

4) 겹침토가 합성토로 전환된 시간토
- 댔, 더랬

3. 조선어토의 단위설정

앞에서 조선어토가 겹쳐쓰이였을 때 그것이 겹침토인가 아니면 하나의 독자적인 토인 합성토인가 하는것을 가르는 기준에 대하여 살펴보았다. 이것은 다른 측면에서 본다면 조선어토의 단위설정과 관련되는 문제의 하나이다. 다시말하여 조선어문장에서 쓰인 여러 토들을 독자적인 하나의 단위를 이루는 토로 보겠는가 아니면 토들의 기계적인 결합으로 보겠는가 하는 문제로서 토에 대한 고찰에서 기초적인 문제이다.

조선어토의 단위설정문제는 겹침토와 합성토의 관계문제에서만

이 아니라 토를 이루고있는 구성요소들의 측면에서 그리고 문법화의 측면에서도 제기될수 있다.

① 하나의 토를 이루고있는 구성요소들을 분리시켜 두개 토로 볼수 있는가 아니면 한개 토로 볼수 있는가 하는데서 토의 단위설정문제가 제기된다.

조선말토에는 하나의 토를 이루지 못하면서도 일정한 의미적단위로 구획지어지는것들이 있다. 즉 응근 하나의 토가 못되는 토의 쪼박들이 적지 않게 있는것이다.

실례로 토 《거니와》와 《려니와》를 들수 있다.

토 《거니와》와 《려니와》는 《거니》, 《려니》와 《와》로 구분할수 있는데 《거니와》, 《려니와》를 한개 토로 보겠는가 《거니》, 《려니》와 《와》로 구분되는 두개 토로 보겠는가 하는것이 제기된다.

다른 실례로 토 《ㄹ가, ㄹ지, ㄹ소냐, ㄹ수록, ㄹ망정, ㄹ지언정, ㄹ지라도》 등을 들수 있다. 여기서 이 토를 하나의 토로 보겠는가 아니면 이것을 이루고있는 《ㄹ》과 《가》, 《지》, 《소냐》, 《수록》, 《망정》, 《지언정》, 《지라도》 등으로 이루어진 두개의 토로 각각 설명하겠는가 하는것이 문제로 제기된다.

이 토들이 각각 독자적인 두개의 토로 되려면 독자성을 가지고있어야 한다. 즉 《거니》, 《려니》, 《와》 등이 각각 독자적으로 쓰이여야 하며 《ㄹ》, 《가》, 《지》, 《소냐》, 《수록》, 《망정》, 《지언정》, 《지라도》 등이 다 각각 독자적으로 쓰이여야 한다.

그러나 조선어에서 이런 토들은 각각 독자적으로 쓰이지 못하고있다. 토 《거니》, 《려니》는 이음토로 쓰이지만 토 《와》는 독자적으로 쓰이지 못하고있다. 그런것만큼 이것들은 합성되여 하나의 토로 되고있다.

토 《ㄹ》와 《가》, 《지》, 《소냐》, 《수록》, 《망정》, 《지언정》, 《지라도》 등이 합성되여 하나의 새로운 토를 형성한 경우도 마찬가지로 설명할수 있다. 토 《ㄹ》이 가지고있던 의미가 새로운 합성토로 되면서 변화되였으며 또한 《가》, 《지》, 《소냐》, 《수록》, 《망정》, 《지언정》, 《지라도》 등도 독자적으로 쓰일수 없거나 본래의 의미가 변화된것들이다.

여기서 토 《가》는 《누구가?》, 《기계가?》와 같이 그것만으로 독자적으로 말줄기 《누구》, 《기계》 등에 붙어서 쓰이지만 드물게 쓰이고있다.

모든 체언의 말줄기에 직접 《가》가 붙어 의문을 나타내야 하겠으나 열린마디로 끝난 체언에만 붙고 닫긴마디로 된 체언에는 토 《이》가 쓰이는것이다.
- ○ 사람이?
- ○ 학생이?
- ○ 걸상이?

《가는가?》, 《가던가?》, 《갈가?》, 《굳센가?》, 《누군가?》, 《기계가?》, 《누구인가?》, 《기계인가?》에서와 같이 반드시 토 《는, 던, ㄹ, ㄴ》가 있어야 하며 그와 어울려서만 쓰인다.

그리고 바꿈토 《이》가 쓰인 뒤에 토 《ㄴ》가 또다시 쓰이여야 한다.

그러므로 토 《가》는 문화어에서 전형적인 물음토로 되지 못하고 방언에서 비문화적인 토쪼박으로, 입말투의 토쪼박으로 되고만다.

그러나 토 《냐》는 《가》와 달리 하나의 독자적인 물음토로 되고있다. 《굳세냐?》, 《아름다우냐?》, 《기계냐?》에서와 같이 그것만으로 말줄기 《굳세》, 《아름다우》, 《기계》 등에 붙어서 쓰이는 독자성을 가지고있다. 그러므로 이 《냐》는 《가》와 달리 하나의 옹근토로 된다. 토 《가》는 《ㄹ》 또는 《ㄴ》, 《는》, 《던》 등과 결합해서만이 하나의 독자적인 물음토로 된다.

끼움토인 경우 토사용의 독자성을 기계적으로 적용하여서는 안된다.

끼움토인 경우 언제나 자리토와 말줄기사이에 끼워들어가 쓰이는것이 본성이기에 자리토나 도움토에서처럼 독자성을 절대적인 기준으로 할수 없다. 원래 끼움토는 자리토나 도움토와 구별하기 위하여 고유한 의미에서의 토라는 용어를 쓴것이 아니라 한때 형태조성의 뒤붙이로 규정했던것에 붙인 이름이다. 이것은 우리 말의 끼움토인 상토, 시간토, 존경토 등이 말줄기와 자리토사이에 끼워쓰이는것자체가 본성상 자리토의 독자성에 맞먹는다는것을 말해준다.

상토, 시간토, 존경토의 단위설정과 관련하여서는 크게 문제될것이 없다. 다만 《이우》, 《히우》, 《리우》, 《기우》 등과 같이 두개의 상토가 겹쳐진것을 하나의 토로 보겠는가 아니면 토의 겹침으로 보겠는가 하는 문제와 미래시간토 《겠》과 같은 의미를 가진 《리》에 대한 문제가 제기될수 있다.

상토인 경우에는 토의 겹침이 하나의 새로운 합성토를 이루면서 사역상 또는 피동상의 의미를 강조해준다.

시간토의 단위설정과 관련하여 《만나리다》, 《만나리까?》에서 쓰인 토 《리다》, 《리까》의 《리》를 어떻게 보겠는가 하는것이 제기될수 있다. 왜냐하면 《만나리다》, 《만나리까》가 《만나겠다》, 《만나겠는가》와 같은 미래시간을 나타내기때문이다. 다시말하여 미래시간토 《겠》이 토 《리다》, 《리까》에 있는 《리》와 같은 의미를 가지고있기때문이다.

그러나 토 《겠》은 하나의 옹근토이지만 《리》는 토 《리다》, 《리까》의 구성요소로, 쪼박토로 되고있다.

그러면 시간토 《겠》과 쪼박토 《리》가 같은 미래의 의미를 나타내고있지만 구별되는 원인은 어디에 있는가?

우선 《겠》과 《리》가 그뒤에 오는 서술토와의 결합이 다른 양상을 띠고있다.

즉 미래시간토인 경우에는 맺음토, 이음토, 규정토, 꾸밈토와 결합하여 쓰이지만 쪼박토 《리》인 경우에는 맺음토와만 결합하고 이음토나 규정토, 꾸밈토와는 결합하여 쓰이지 못한다.

× 만나리고, 만나리던

다음으로 《겠》과 《리》는 그뒤에 오는 맺음토의 결합가능성에서도 서로 다른 특성을 보여주고있다. 즉 미래시간토 《겠》은 거의 모든 맺음토와 결합하여 쓰이는데 《리》는 《리라》, 《리까》, 《리니》, 《리로되》, 《리오》와 그밖의 일부 경우에 가능하지 그 결합이 매우 제한되여있다. 이것은 《리》가 가지고있는 하나의 특성으로서 그것을 하나의 옹근토로 보기 곤난하다는것을 보여주는 증거로 된다.

그러나 《당과 수령께 영원히 충성다하리》에서 쓰인 맺음토 《리》는 그것만으로 말줄기에 붙어 쓰이고있기때문에 《리라》, 《리까》에 있는 쪼박토 《리》와 갈라 옹근토로, 하나의 독자적인 맺음토로 처리되고있다. 이로써 《리다, 리까》 등에 있는 《리》는 미래시간토 《겠》과 같은 미래관계를 나타내고있지만 하나의 독자적인 옹근토의 자격을 주지 않고 쪼박토로 인정하고있다.

조선말토를 해부학적으로 분석해보면 쪼박토끼리 결합된것과 하나의 옹근토와 쪼박토가 결합된것이 있다.

실례를 든다면 《습디까》, 《습디다》 등은 첫번째의 례로 될것이며 《던가》, 《더냐》, 《느냐》가 두번째의 례로 될것이다.

맺음토 《습디까》, 《습디다》는 각각 《습》, 《디》, 《다》나 《까》로 즉 3개의 쪼박토로 이루어져있다. 맺음토 《던가》는 옹근토 《던》과 쪼박토 《가》로, 《더냐》와 《느냐》는 옹근토 《냐》와 쪼박토 《더, 느》로 이루어진것이다.

② 어느 정도로 문법화한 단어를 토로 보겠는가 하는 측면에서 토의 단위설정문제가 제기된다.

앞에서도 서술한바와 같이 조선어는 실질적인 어휘적의미를 가진 단어들이 부단히 문법화되여 새로운 교착물을 이루고있는것이 하나의 특성이다.

조선어단어의 문법화는 오랜 세월을 두고 지난 시기에도 진행되여왔으며 또한 오늘날에도 진행되고있는 언어변화현상이다.

그러므로 이러한 현상을 고려하여 하나의 토를 이루는 단위를 정하자면 어느 정도로 문법화된것을 독자적인 토로 보겠는가 하는것이 자연히 제기되게 된다.

특히 력사언어학적인 견지에서 볼 때 조선말에 자립적인 단어가 문법화되여 통채로 문법적인 표현수단으로 전환되는 경우도 있지만 그보다도 이미 이루어진 토뒤에 어떤 단어들이 붙어서 쓰이다가 그것전체가 하나의 토를 이루는 단위로 되는것이 많기때문에 어느 정도로 문법화된것을 토로 보겠는가 하는것이 중요한 문제로 나서게 된다.

이 문제는 다음과 같은 두 경우에 토의 단위설정문제를 론하게 된다.

첫째 경우는 문법화된 단어가 그것만으로 하나의 토를 이루는 경우이다.

우에서도 언급한바와 같이 어떤 단어가 문법화되여 문법적표현수단으로 전환되려면 문법화가 가장 높은 단계에서 진행되여야 한다.

그러면 문법화가 가장 높은 단계에서 진행되여 실질적인 단어가 문법적표현수단으로 전환되려면 어떤 조건이 이루어져야 하는가?

그것은 첫째로, 단어의 어휘적의미가 상실되고 문법적의미로 전환되여야 한다. 실질적인 단어가 본래 가지고있던 어휘적의미가 추상화되여 관계적의미, 문법적의미를 나타내여야 한다.

그것은 둘째로, 단어의 형태가 화석화되여야 한다.

실질적단어의 문법화는 형태변화체계와 결합구조에서 제약된 형태를 띠게 되며 나중에는 어느 한 형태로 화석화되게 된다. 이것은 문법화과정에 있는 단어들의 일반적특성이다.

그것은 셋째로, 원래 단어와의 어휘적인 련계가 보통 사람들의 언어의식에서 느껴지지 못할 정도로 추상화되여야 한다.

보통 사람들의 언어의식은 변화발전과정에 있는 언어현상을 평가하는데서 중요한 기준으로 된다. 그러므로 전문학자들의 안목에서 구분해내는 어원적련계는 력사적인 움직임속에 있는 언어현상을 밝혀내는데서는 의의가 있으나 사람들의 일상적인 언어생활과 상식적인 문법지식을 위해서는 그리 중요하지 않다.

이러한 관점에서 조선말토들을 분석해보면 다음과 같은 토들을 하나의 독자적인 토로 내세울수 있다.

그러한 실례로 토 《더러》를 들수 있다.

토 《더러》는 동사 《데리다》의 이음형 《데려(고어형은 드려)》가 문법화된것이다.

동사 《데리다》는 《아래사람을 자기와 함께 있게 하거나 거느리다》라는 어휘적의미를 나타내고있다. 여기서 《자기와 함께 있게 하거나 거느리다》라는 뜻을 실머리로 하여 여격의 문법적의미 즉 어떤 행동이 미치는 인물이나 기타 대상으로 되는 활동체를 나타내는 의미로 넘어갔다. 그리하여 동사의 이음형이 하나의 토로 된것이다. 이때 이 토는 동사 《데리다》의 어휘적의미가 추상화된것은 물론 그 형태도 화석화되여있으며 어원적인 련계도 전문적인 연구 결과에만 도출해낼수 있을 정도로 멀리 떨어져있다.

이러한 기준에서 오늘날 《한테, 마냥, 처럼, 부터, 조차》 등을 하나의 독자적인 토로 가려잡는것이다. 원래 토 《한테, 마냥, 처럼, 부터, 조차》 등은 어느 한 단어나 단어형태인 《한데, 모양, 처로, 붙어, 좇아》 등에서 생겨난것인데 우와 같은 세가지 조건에 만족되므로 토로 처리하는것이다.

이런데 비추어 《학생보고 물어보라.》에서 쓰인 《보고》는 우의 세가지 조건을 만족시키지 못하기때문에 하나의 독자적인 토로 처리하는것이 아니라 단어의 변화형태로 처리하게 되는것이다. 즉 《학생보고》의 《보고》는 동사 《보다》의 이음형 《보고》와의 어원적련계가 뚜렷하므로 하나의 독자적인 토로 처리하기 힘든것이다.

둘째 경우는 다른 토의 뒤에 붙은 단어가 앞의 토와 함께 하나의 토로 되는 경우이다.

이미 서술한바와 같이 조선말에는 문법적관계를 표현하기 위하여 토만을 쓰지 않고 토의 뒤에 불완전명사를 비롯한 이러저러한 단어를 덧붙여서 그것전체로서 문법적인 관계를 나타내는 경우가 많다. 이런데로부터 토뒤에 붙는 단어들은 점차 문법화되여 앞의 토와 함께 하나의 토를 이루게 된다.

실례로 토 《ㄹ수록》을 들수 있다. 이 토는 규정토 《ㄹ》과 불완전명사 《ㅅ》의 조격형 《로》가 결합되여 이루어진것이다.

《ㄹㅅ로》가 오래동안 쓰여오는 과정에 말소리가 변화되여 《ㄹ수록》으로 된것이다. 《ㄹㅅ로》나 《ㄹ수록》은 개개의 성분들로 분해할수 없는것으로서 그것전체가 하나의 토로 된것이다.

그러면 다른 토의 뒤에 붙은 단어가 앞의 토와 함께 하나의 토로 되려면 어떤 조건이 이루어져야 하는가?

우선 뒤에 오는 단어가 실질적인 의미에서 추상화되여야 하며 다음으로 앞의 토와 뒤의 단어가 분리될수 없도록 녹아붙어야 한다.

토뒤에 오는 단어가 문법화되여야 하는것은 전제조건이며 기정사실화되여야 한다. 이것은 전형적인 교착어인 조선어의 문법화현상의 일반적요구이면서 동시에 력사적변화발전의 특징적인 로정의 하나이다.

앞의 토와 뒤에 오는 단어가 문법화되면서 그것들이 서로 녹아붙기 위하여서는 뒤에 오는 단어가 반드시 그 토밑에서만 문법화되여야 한다. 아무 토뒤에서도 문법화된다면 그것은 벌써 두개 요소들이 결합된 하나의 토로 되는것이 아니라 뒤에 오는 단어 그것만으로도 문법화되여 독자적인 하나의 토로 되는 경우와 같아지기때문이다.

앞의 토와 뒤에 오는 단어가 문법화되면서 그것들이 서로 녹아붙기 위하여서는 또한 그것전체로서 새로운 문법적의미를 나타내면서 그 어떤 문법적범주를 나타내는데 관여하여야 한다.

실례로 우에서 보여준 《ㄹ수록》인 경우에도 그것은 불완전명사 《수》의 조격의미와는 거리가 먼 꾸밈토로서의 기능을 수행하게 된다.

다른 실례로 토 《ㄹ걸》을 들수 있다.

○ 그런줄 알았으면 도구를 장만해 가지고올걸.

토 《ㄹ걸》은 규정형토 《ㄹ》과 불완전명사 《것》의 대격형 《것을》이 줄어든 《걸》이 결합된것이다. 불완전명사 《것》의 문법화는 규정형토 《ㄹ》밑에서만 진행되였으며 그렇게 이루어진 《ㄹ걸》은 동사에서 반말말차림의 맺음토로 되였다. 이러한 변화과정은 규정형토 《ㄹ》과 《걸》이 결합된 그것전체로 이루어진것으로서 문법화의 여러 요구, 실질적의미의 상실과 문법적의미의 획득, 형태의 화석화, 어원적련계의 상실 등의 요구를 충족시켜주고있다. 그러므로 토뒤에 붙은 단어가 문법화되여 앞에 오는 단어와 함께 하나의 새로운 토를 형성하는것이다. 이렇게 앞에 오는 토와 함께 문법화된 단어가 하나의 새로운 토를 형성한 실례로서는 이밖에도 《ㄹ시고, ㄹ망정, ㄹ지라도, ㄹ지언정, 느니라, ㄴ데/던데/는데, ㄴ바/던바/는

바, 는만큼/ㄴ만큼/던만큼》 등 많은것을 들수 있다.

③ 하나의 토가 오래동안 쓰이여오는 과정에 그 뜻과 기능에서 일련의 변화를 가져왔을 때 소리같은말의 토로 구분하겠는가 아니면 다의적인 현상으로 취급하겠는가 하는 문제가 제기된다.

조선어에서는 어휘론적인 단위인 경우에 소리같은말로 처리하겠는가 아니면 다의적인 현상으로 처리하겠는가 하는 문제가 적지 않게 제기된다. 이런 현상은 문법적의미의 표현수단인 토에서도 찾아볼수 있다.

실례로 이음토가 맺음토로 쓰이는 경우를 들어보자.

이음토《아(어, 여), 지, 는데》등은 맺음토로도 쓰인다.

○ 어머니 따라 빨리 읽어.
○ 그렇게 안심치 않으면 한번 가보지.
○ 난 이미 월간계획을 다 끝냈는데.

이처럼 이음토《아(어, 여), 지, 는데》는 문장에서 앞뒤단어들을 문법적으로 련결시켜주는것이 자기의 기능이였지만 여기서는 문장을 끝맺어준다. 따라서 이음토에는 없는 말차림관계와 법범주적 의미도 새로 나타내게 된다. 이것은 이 토들이 가지고있던 본래의 문법적의미와 기능이 변하였다는것을 의미한다. 문법적의미를 나타내는것을 자기의 본성으로 하고있는 토에서 그 의미와 기능이 변했다는것은 이질적인 요소로 되였다는것을 의미한다. 그러므로 이것을 다의적인 현상으로가 아니라 동음이의적인 현상으로 처리하는것은 응당하다.

또 다른 실례로 이음토가 도움토로 쓰이는 경우를 들수 있다.

이음토《든지》,《나마》와 같은것은 도움토로도 쓰인다.

○ 그 어떤 력사적사실을 대하든지 계급적립장을 버리지 말아야 한다.
○ 변변치 못하나마 달게 들기 바랍니다.

이 문장들에서는 토《든지, 나마》등은 이음토로 쓰이였다.

그러나 다음의 문장에서는 도움토로 쓰이였다.

○《소설책이든지 시집이든지 한권 구해가지고 떠나야겠는데…》

○ 변변치 못한 식사나마 대접해서 보냈으니 한결 마음이 편안하였다.

이 문장들에서 토《든지》,《나마》는 용언토로 쓰인것이 아니라 체언토처럼 명사뒤에서 쓰이였다. 앞의 실례에서는 말을 이어주는 기능을 수행하였다면 뒤의 례문에서는 앞에 있는 단어가 나타내는 사실을 내세워주거나 윤색해주는 기능을 수행한다. 다시말하여 도움토의 기능을 수행한다. 이것은 이음토《아(어, 여), 지, 는데》와 같이 의미와 기능에서 변화를 가져왔다는것을 보여주는것으로서 하나의 독자적인 새 토가 형성되였다는것을 의미한다.

이처럼 의미와 기능에서의 변화가 소리같은말의 새 토를 형성하는데서 결정적이며 기본적인 근거로 된다. 그렇다고 하여 토의 다의적인 현상을 파대평가하여 다른 새 토의 형성으로 보아서는 안된다.

례컨대 조격토《로》는《자료, 도구, 수단, 원인》등의 뜻을 나타내는데 때로 그와는 달리《방향》을 나타내기도 한다.《자료, 도구, 수단, 원인》의 의미와《방향》의 의미는 각기 다른 측면에서 의미가 변화발전했다는것을 의미한다. 그리하여《방향》을 나타내는 의미를 중시하여 방향격이나 위격을 따로 떼내여 소리같은말의 딴 토를 떼여내여서는 안되는것이다. 이것은 조격토인 경우에는 의미에서의 변화가 토의 결합구조적측면이나 문장에서 단어들의 문법적 련계를 나타내는데서 기능상 변화가 없기때문이다. 이로부터 조선어토의 단위설정에서 의미기능에서의 변화에 따라 새로운 소리같은 말의 다른 토를 설정할데 대한 요구가 제기된다.

④ 조선말토의 단위설정에서 말소리의 변화도 중요한 요인의 하나로 된다.

조선말토에는 말소리가 변화되여 쓰이는 토들이 많다. 이러한 토들은 어음론적변종이라고 말할수 있을 정도로 그 특성이 뚜렷이 나타나는것도 있고 전문적인 연구를 통해서만 알수 있는것도 있다.

실례를 든다면 토《았/었/였》,《아/어/여》등은 그 말소리가 서로 비슷하여 어음적변종인듯이 느껴지며 토《소》와《오》,《과》와《와》등은 그 토를 이루고있는 어느 하나의 어음적요소가 다른것으로 하여 말소리변화의 형태로 느껴진다. 또한 《거나》는 《건》으로, 《누구를》은 《누굴》로, 《것을》은 《걸》로 말소리가 축약되여 이루어진것처럼 변화된것이다.

조선말토에서 말소리의 변화는 어음론적조건과 함께 력사적인 계기가 많이 작용한다. 이와 함께 문법적기능과 문체론적인 표현에서의 그 어떤 변화와 관련되여있다.

조선말토에서 말소리의 변화로 인한 다른 형태의 토형성은 중요한 특성의 하나로 된다.

왜냐하면 조선말에서 모음조화나 자음교체에 의한 단어조성은 중요한 단어조성수법의 하나로 되여있기때문이다. 이것은 비단 조선말에서만 작용하고있는 단어조성수법인것이 아니라 다른 교착어에서도 흔히 찾아볼수 있는 특성이다.

이런 조건에서 문법적의미의 표현수단인 토의 조성에서 말소리변화관계를 도외시할수 없다. 일반단어에서와 같이 토에서도 그것을 이루고있는 말소리의 교체나 축약 등은 어음복합체로서의 단어나 토를 규정하는데서 의미와 기능의 변화발전에 못지 않게 중요한 의의를 가진다. 이로부터 조선어토의 단위설정에서는 말소리의 변화가 중요한 근거가 된다. 그렇다고 하여 《로》와 《으로》, 《을》과 《를》과 같이 결합모음이 기계적으로 결합되여 쓰이는 토들은 그 결합관계가 명백한것만큼 하나의 독자적인 새 토의 형성으로 설명하는것보다 토의 변종적인 형태로 처리하는것이 합리적이다.

4. 조선말토의 갈래

조선말토는 그 문법적인 뜻과 기능에 따라 몇개의 갈래로 나누어볼수 있다. 그 갈래를 간단히 살펴보면 다음과 같다.

① 격토

격토는 풀이를 하지 않으면서 그것이 붙은 단어나 그밖의 단위가 문장속에서 다른 단어나 그밖의 단위와 맺는 문법적관계를 나타내는 토이다.

격토에는 다음과 같은것들이 속한다.

《가/이》,《의》,《를/을/ㄹ》,《에》,《게》,《에서》,《로/으로》,《와/과》,《께서》,《께》,《처럼》,《보다》,《마냥》,《더러》*…

○ 선군혁명의 위대한 령도가 안아온 자랑찬 승리앞에서 우리 인민들만이 아니라 세계의 혁명적인민들이 감탄을 금치 못하는것이 오늘의 현실이다.

* 토《처럼, 보다, 더러, 마냥》과 같은것을 격토에 소속시키는데 대해서는 다른 의견이 있을수 있다. 이에 대한 자세한 설명은 격토부분에 대한 서술을 참고할것이다.

② 도움토

도움토는 풀이는 하지 않으면서 그것이 붙은 단어나 그밖의 단위가 《포함, 제한, 강조, 지정》 등과 같이 어떤 류사한 다른 사물이나 현상들과 맺는 일정한 련관관계를 나타내는 토이다.

도움토에는 《도, 는, 만, 야, 마저, 조차, 까지…》 등과 같은 토들이 속한다. 도움토와 관련하여 일부 토들을 도움토에 소속시키겠는가 아니면 격토에 소속시키겠는가 하는 문제가 제기된다. 이에 대해서는 격토와 도움토의 해당 서술부분을 참조할것이다.

○ 나는 20년만에야 만난 친구였지만 시간이 공교롭게도 허용하지 않아서 그와 긴 이야기를 나누지 못하고 헤여졌던 일을 두고두고 후회하였다.

③ 복수토

복수토는 그것이 붙은 단어나 그밖의 단위가 나타내는 대상이나 또는 주어로 된 대상이 둘이상임을 보여주는 토이다.

복수토에는 토《들》만이 속한다.

○ 우리들, 혁명의 새 세대들이 서야 할 위치가 과연 어데인가? 그것은 선렬들이 지켜주고 물려준 혁명의 유산을 빛나게 고수하고 빛내일 영광스러운 혁명군대의 초소이다.

④ 맺음토

맺음토는 풀이를 하면서 문장이 끝났음을 나타내는 토이다.

맺음토에는 《습니다, 습니까, 습디다, 습디까, 다, 자, 라, 라구, 군, 구나, 구만, 리다, 니, 나…》 등 여러 토들이 속한다.

○ 사흘이 걸려두 힘들겠다던 생산과제를 오늘중으로 끝냈구만.

⑤ 이음토

이음토는 풀이를 하면서 그것이 붙은 단어나 그밖의 단위를 문장안에 있는 다른 단어나 그밖의 단위와 이어주는 토이다.

이음토에는 《고, 며, 지만, 면서, 므로, 면, ㄹ망정, ㄹ뿐더러, 는데, 건만, 아/어/여…》 등 수많은 토들이 속한다.

○ 위대한 령도자 김정일동지께서는 피눈물언덕에서 시작하신 《고난의 행군》을 승리적으로 결속하시고 겹쌓인 난관과 시련을 타개하시면서 우리 인민을 강성대국건설에로 힘있게 불러일으키시였다.

⑥ 규정토

규정토는 풀이를 하면서 그것이 붙은 단어로 다른 명사나 대명사 그리고 그밖의 단어로 표현된 대상적단위의 일정한 특성을 규정해주는 토이다.

규정토에는 《는, ㄴ(은), 던, ㄹ(을)》가 속한다.

○ 오늘 우리의 전진을 가로막는 주되는 사상요소는 의연히 사대주의와 패배주의이다.

⑦ 꾸밈토

꾸밈토는 풀이를 하면서 그것이 붙은 단어나 그밖의 단어로 하여금 다른 동사, 형용사 기타의 풀이성을 가진 단위를 수식해주면서 그 일정한 특성을 나타내도록 하는 토이다.

꾸밈토에는 《게, 도록, ㄹ수록, 듯, 듯이》 등이 속한다.

○ 경애하는 수령 김일성동지께서 창시하시고 위대한 령도자 김정일동지께서 심화발전시키신 주체사상은 우리 나라에서 전면적으로 승리하고 빛나게 구현되고있다.

⑧ 상토

상토는 동사에서 쓰이여 그 움직임을 자기가 직접 이루는가, 남에게서 당하는가 또는 남에게 시키는가 하는 관계를 나타내는 토이다.

상토에는 《이, 히, 기, 리, 우, 히우, 이우, 기우, 리우》 등이 속한다.

○ 누가 먹는가 먹히는가 하는 판가리싸움에서 두 나라 군대는 일진일퇴를 거듭하고있었다.

⑨ **존경토**

존경토는 말하는 사람이 이야기속에 나오는 행동, 상태, 성질의 주인에 대해서 가지는 존경의 뜻을 나타내는 토이다.

존경토에는 《시》 하나만이 속한다.

○ 할아버지는 손자애들에게 지난날의 눈물겨운 이야기를 자주 하시군 하였다.

⑩ **시간토**

시간토는 그 어떤 움직임이나 상태가 언제 있었는가를 나타내는 토이다.

시간토에는 《ㄴ, 았, 었, 였, 겠》이 속한다.

○ 모란봉너머로 아침해가 두둥실 솟아올랐다.(오른다)

⑪ **강조토**

강조토는 일부 격토, 이음토, 상황토 등의 뒤에 붙어서 그 토가 나타내는 문법적의미를 더 강조해주는 토이다.

강조토에는 《써, 서, 다가, 끔, 가》 등이 속한다.

○ 피로써 사수한 고지
○ 집에다가 두고 오너라.

※ 강조토의 설정과 관련한 구체적인 설명은 제4장을 참고하라.

⑫ **바꿈토**

바꿈토는 용언에 체언토가 붙거나 체언에 용언토가 붙을수 있도록 만들어주는 토이다. 다시말하여 용언을 체언형으로 체언을 용언형으로 바꾸어주는 토이다.

바꿈토에는 《ㅁ(음), 기, 이》가 속한다.

○ 우리 당의 력사는 경애하는 수령 **김일성동지**와 위대한 령도자 **김정일동지**의 영광찬란한 혁명력사이며 불멸의 주체사상의 빛나는 승리의 력사이다.

이상에서 보여준 우리 말 토의 갈래는 몇가지 기준에 따라 다음과 같이 큰 부류로 갈라볼수 있다.

① 그것이 붙어 쓰이는 품사의 부류에 따라 즉 주로 체언에 붙어 쓰이는가 아니면 용언에 쓰이는가에 따라 체언토와 용언토로 나뉘여진다.

체언토에는 격토, 복수토, 도움토가 속하고 용언토에는 맺음토, 이음토, 규정토, 꾸밈토, 상토, 존경토, 시간토가 속한다.

바꿈토와 강조토는 각각 그 일부는 체언토의 성격 또 다른 일부는 용언토의 성격을 가진다.

② 그것만으로 단어형태를 끝맺어 매듭지을수 있으며 문장속에서 일정한 문법적인 자리를 나타낼수 있는가 없는가에 따라 자리토와 끼움토로 나뉘여친다.

자리토는 단어의 문장론적자리를 나타내는 문법적형태를 조성하는 토를 가리키며 끼움토는 문장론적자리와는 관계없이 다른 관계적의미를 나타내는 형태를 조성하는 토이다. 체언 또는 대상화된 단위는 격토에 의하여, 용언은 맺음토, 이음토, 규정토, 꾸밈토에 의하여 문장론적자리가 표현된다. 문장론적자리관계가 아닌 다른 문법적관계를 나타내는 토는 말줄기와 자리토사이에 끼여들어간다. 그러한 토로는 복수토, 상토, 시간토, 존경토 등을 들수 있다.

조선말의 토를 자리토와 끼움토로 가르는데서 모호성을 띠는 토들이 있다. 즉 복수토와 도움토는 일부 경우에 체언의 말줄기와 자리토사이에서 쓰임으로써 반끼움적인 성격을 띠고있다.

○ 이 일은 학생들만으로 충분하였다.

이 문장에서 복수토《들》이나 도움토《만》은 다같이 명사말줄기와 조격토사이에서 쓰이였으므로 끼움토와 같은것이다.

그러나 복수토는 대부분 끼움토처럼 이렇게 쓰이지만 어떤 도움토는 자리토처럼 쓰이고 또 끼움토처럼 쓰이면 도움토도 어떤 때에는 자리토처럼 쓰이는 경우가 있다.

○ 신의주부터 정주까지…자리토처럼 쓰인것

○ 학생으로만 해낼수 있소.…자리토처럼 쓰인것

여기서 도움토 《부터》, 《까지》는 언제나 자리토처럼 쓰이지만 도움토 《만》은 때로는 자리토처럼 쓰이고 때로는 끼움토처럼 쓰인다.

강조토는 언제나 자리토로 쓰이지만 바꿈토는 자리토로 쓰이는 일이 없으며 때로 끼움토로 쓰이는 일이 있다.

○ 너의 형님은 영웅이로구나.
○ 정히 령수하였음을 확인함.

바꿈토 《이》는 명사말줄기와 맺음토사이에서, 바꿈토 《음》은 시간토가 붙은 동사말줄기와 격토사이에서 끼움토처럼 쓰인다.

바꿈토 《ㅁ》는 동사말줄기에 붙어 자리토처럼 쓰인것 같지만 생략형으로서 성질이 다른것이다.

③ 그 어떤 행동, 상태에 대한 풀이를 해주는 역할을 하는가 아니면 그 어떤 대상을 다른 어떤 대상과 련계지어주는가 하는데 따라 서술토와 대상토로 나뉘여진다.

서술토에는 맺음토, 이음토, 규정토, 꾸밈토가 속하고 대상토에는 격토, 복수토가 속한다. 상토, 시간토, 존경토는 고유한 의미에서의 서술토는 아니지만 용언에 붙어 쓰이며 서술형을 이루는데 참가하므로 서술토로 볼수 있다.

도움토는 대상형을 이루는데 참가하는것도 있고 서술형을 이루는데 참가하는것도 있다. 도움토 《부터》, 《까지》는 대상형을 이루는데만 참가하고 《야》는 서술형을 이루는데만 참가한다. 도움토 《도》, 《만》, 《는》 등은 대상형과 서술형을 만드는데 다같이 참가한다.

바꿈토도 대상형을 이루는데 참가하는것도 있고 서술형을 이루는데 참가하는것도 있다. 즉 바꿈토 《ㅁ(음), 기》는 대상형을 이루는데 참가하므로 서술토라고만 할수 없다.

이런데로부터 조선말토를 대상토와 서술토로 가르는데서는 일련의 문제들이 제기될수 있다고 말할수 있다.

조선말토의 갈래를 아래와 같은 도표로 보여줄수 있다.

	체언토	용언토	대상토	서술토	자리토	끼움토
격 토	○		○		○	
복수토	○	(○)	○	(○)	(○)	○
도움토	○	(○)	○	(○)	(○)	(○)
맺음토		○		○	○	
이음토		○		○	○	
꾸밈토		○		○	○	
규정토		○		○	○	
상 토		○		○		○
시간토		○		○		○
존경토		○		○		○
강조토	(○)	(○)	(○)	(○)	○	
바꿈토	(○)	(○)	(○)	(○)		○

　　(○)표시는 불철저성을 의미한다. 다시말하여 일부 경우에 그렇게 쓰이고있음을 의미한다.

제2장. 체언의 문법적형태

체언은 용언과 구별되는 일련의 특성을 가진다. 그것으로 하여 체언은 자기의 독특한 문법적형태와 문법적범주를 이루게 되며 형태론서술에서 중요한 관심의 대상으로 된다.

조선어형태론서술은 문법적범주위주의 서술로 될수 있으며 조선어의 문법적형태위주 구체적으로는 토위주의 서술로 될수 있다.

물론 조선어단어의 문법적형태가 문법적범주와 떨어져서 존재할수 없고 문법적형태 역시 토에 의하여 표현되는것만큼 그것들은 유기적인 련관속에 있다. 그러나 여기서 론의하게 되는 문법적범주도 형태론적인 문법적범주인것만큼 단어의 문법적형태가 중심적인 위치에 놓이게 된다. 이런 의미에서 볼 때 조선어단어의 문법적형태가 토에 의하여 이루어지는것만큼 조선어형태론은 토론이라고 해도 과언이 아닐 정도이다. 그러나 문법적형태가 문법적범주의 테두리속에서 론의되여야만 폭넓고 깊이있는 분석을 가할수 있는것만큼 여기서 체언과 용언의 문법적형태에 대한 문제를 전면에 내세우면서 해당된 문법적범주와 문법적의미에 대한 분석을 가하려고 한다.

제1절. 격토와 격범주

1. 격범주의 개념

학설사적인 견지에서 볼 때 조선어의 격범주와 격형태에 대하여서는 많이 론의하여왔다.

일부 문법책에서는 여격을 인정하고있으나 어떤 문법책에서는 여위격을 인정하면서 여격을 부정하고있다. 어떤 문법책에서는 하나의 격토에 의하여 표현되는 여러 의미를 각이한 격으로 보고있다. 또한 같은 격이라 해도 학자에 따라 그 명칭이 다르며 같은 명칭이라 하더라도 그 내용이 다르다는것을 알수 있다.

이때까지 격의 수효에 대하여 서술한것을 총괄해보면 8개의 격으로부터 18개의 격에 이르고있다. 《전성격》, 《시격》, 《원격》, 《처소격》, 《향진격》, 《탈격》, 《원인격》, 《비교격》 등을 설정한 경우도 있고 《한테로》, 《한테서》, 《으로부터》, 《으로써》와 같은 격토의 합성도 하나의 격으로 인정하고있는 경우가 있다.

조선어에서 격체계와 그 형태에 대한 이러한 서로 다른 견해가 있다는것은 격범주와 격형태에 대한 서로 다른 견해가 있기때문이다.

격범주란 대상성을 가진 단어와 단어결합이 문장속에서 다른 단어나 단어결합에 대하여 가지는 문장론적관계를 표현하는 문법적범주이다.

조선어의 격범주에 대하여 말할 때 격형태를 취하는 단어가 단순히 명사, 대명사, 수사에 지나지 않는것이 아니라 대상성을 가진 단어나 단어결합으로 즉 대상화된 단위로 폭넓게 리해하여야 한다.

○ 조국의 운명
○ 조국에서의 하루아침
○ 조국에 대하여서의 이야기
○ 예술영화 《보증》의 사상주제적내용
○ 누가 이기겠는가의 문제는…

이 실례들에서 쓰인 격토 《의》는 어느 한 단어에만 붙은것이 아니라 대상화된 단어, 단어결합, 문장 등에 붙어 쓰인것이다. 그러므로 단순히 그 어떤 체언적단어에 국한된다고 볼수 없다.

또한 조선어에서 일정한 격형태를 취한 단어가 문장속에서 맺게 되는 다른 성분도 체언적인 단어에 국한되는것이 아니라 단어나 단어결합 즉 대상화된 단위로 폭넓게 리해하여야 한다.

○ 아직도 눈을 감으면 동구밖 버들방천에서 아이들의 뛰노는 모

양이 얼마나 눈에 삼삼히 떠오르는지 모릅니다.

여기서 《아이들의 뛰노는 모양이》는 《떠오르는지 모릅니다》와 관계를 맺게 되는데 《떠오르는지 모릅니다》는 그 어떤 한개 단어로 이루어진것이 아니라 단어결합으로 이루어져있다.

또한 조선어에서 격형태가 문장에서 맺게 되는 관계도 서술성이 있는 결합관계가 아니라 대상적인 관계라는데 대하여 주목을 돌려야 한다.

조선어에서 규정형, 꾸밈형과 같은 문법적형태로 문장속에서 다른 단어와의 문장론적관계를 맺는다.

○ 연구사인 성철이는 언제나 손에서 책을 놓지 않았다.
○ 열혈청년이던 그가 이제는 백발의 로인이 되여 그들앞에 나타났다.

여기서 규정토가 붙은 《연구사인》과 《열혈청년이던》은 그뒤에 오는 단어 《성철》, 《그》와 규정어적결합관계를 맺고있다는것을 나타내고있다. 다시말하여 문장속에서 다른 단어들과 맺는 문법적관계를 나타내고있다. 상황어형의 토도 마찬가지다. 그런데 여기서 맺게 되는 문장론적관계는 서술성이 있는 규정어적결합관계와 상황어적결합관계인데 대상화된 단위가 맺게 되는 문장론적관계 즉 격의 결합관계와 구별되는 특징이 있다. 《연구사인》과 《열혈청년이던》은 격형태가 아니며 따라서 여기서는 격의 문법적관계가 이루어지지 않는다. 이로부터 격형태가 맺는 결합관계는 서술성이 있는 결합관계와 구별되는 대상적인 결합관계라는 결론에 이르게 된다.

이처럼 격형태는 서술성이 없는 형태이며 대상적인 형태인것이다.

서술성이 있는 형태란 문장론적인 범주인 서술성(진술성, 술어성) 등과 관련되여있는 단어의 문법적형태로서 서술성과 관련되여있는 내용이 해당한 단어에 내재되여있는 형태론적개념인것이다. 서술성이 있는 형태인 《연구사인》, 《열혈청년이던》, 《연구하고》, 《푸른》 등과 같은것들은 추측, 희망, 경향성 등과 같은 일정한 양태성을 보여줄수 있지만(실례: 연구사인듯 하고, 열혈청년인듯 하고, 연구하고싶은, 푸를사 한… 등 비교) 서술성이 없는 형태인 《학생과》,《연구사업을》,《열혈청년의》등은 그 어떤 양태성도 부여할 수 없다.

격범주는 해당 단위의 문장론적위치를 결정짓는다는 점에서는 위치적범주가 아닌 시간범주, 존경범주, 상범주 등과 구별된다. 그리고 문장론적위치를 결정짓는다는 점에서는 맺음형, 이음형, 꾸밈형, 규정형 등과 비슷하나 격범주는 대상성이 있고 서술성이 없는것으로 하여 그것들과 구별된다.

이처럼 격범주는 명사, 대명사, 수사 등 대상성이 있는 단어나 그밖의 대상화된 단위가 다른 단위와 맺는 결합관계만을 나타내며 서술성을 가지지 못하는것이 특징으로 되고있다.

조선어의 격범주를 설정함에 있어서 형태위주로 보겠는가 아니면 의미기능을 중시하겠는가 하는것이 문제로 된다.

격범주는 형태론의 다른 모든 범주들과 마찬가지로 문법적형태를 기초로 하여 이루어진 문법적뜻과 문법적형태의 통일로 이루어진다.

조선어에서는 하나의 격형태가 각이한 문장에서 각이한 문법적관계를 나타내는 경우가 있다. 례컨대 조격은 문장에서 도구와 수단의 의미만을 나타내는것이 아니라 방향, 원인, 자격, 전성의 대상 등 여러가지 의미를 나타낸다.

○ 연필로 그림을 그리고있는 순희(도구)
○ 어제 청진으로 떠난 철룡이(방향)
○ 장마로 물이 불어난 남천강(원인)
○ 군관으로 제대된 철수(전성)
○ 관리위원장으로 사업하고있는 광수(자격)

이처럼 조선어토《로》가 여러가지 의미를 나타낸다고 하여 그 의미에 따라《사용격(도구격)》,《방향격(향진격)》,《원인격》,《자격격》,《전성격(변성격)》과 같은 여러개의 격을 만들어서는 안된다. 토《로》가 가지고있는 의미는 다의적인 현상이지 그것자체가 매개의 단어형태처럼 쓰이는것이 아니다. 격토의 처리에서 의미기능을 위주로 처리해나간다면 동일한 하나의 문법적의미가 서로 다른 격형태로 표현되는 경우가 있는데 이때에는 보다 복잡한 문제를 낳게 된다. 실례로 원인을 나타내는 표현수단은 여러가지가 있다.
○ 바람에 나무가 쓰러졌다.
○ 병으로 출근하지 못하였다.
조선어에서 원인의 의미는 보조어나 이음토에 의해서도 표현된다.
○ 병때문에 출근하지 못하였다.
○ 병으로 하여 출근하지 못하였다.
○ 앓고있기에 출근하지 못하였다.
○ 앓고있으므로 출근하지 못하였다.
○ 앓고있어서 출근하지 못하였다.

원인의 문법적의미를 중시하여 형태는 관계없이 하나의 독자적인 격을 설정한다면 보조어나 이음토로 표현된 경우는 어떻게 처리하겠는가 하는 문제가 제기될수 있다.

그리고 조선어에서는 하나의 격형태가 서로 비슷한 문법적의미를 나타내는 경우가 있는데 이것을 련관된 하나의 격에 소속시켜야 한다고 하면서 《여위격》과 같은 격을 설정하여서도 안된다. 다시말하여 토 《에》가 《학교에 희사하였다.》라고 했을 때는 여격으로 되고 《학교에 간다.》고 했을 때는 위격으로 된다고 보면서 이와 비슷하게 쓰이는 다른 토들인 《에게, 에서》와 함께 여위격을 설정하는 경우가 있었다.

이렇게 의미기능위주로 격형태를 설정한다면 토 《에》가 나타내는 원인과 렬거(실례:사과에, 과자에, 밤에 없는것이 없었다.)의 의미는 어떻게 하겠는가 하는것이 문제로 제기될수 있으며 또한 한 형태가 2개의 의미를 나타낸다고 하여 《여-위격》과 같은 격을 설정한다면 다의적인 의미를 가진 《주격, 조격, 구격, 대격》등의 사용과 관련해서는 어떻게 처리하겠는가 하는 문제가 제기된다. 즉 《주전성격》, 《조전성격》, 《구비교격》, 《대위격》과 같은 격을 설정해야 하지 않겠는가 하는 의견이 제기될수도 있다.

이렇게 문법적의미를 절대적인것으로 보면서 격의 표현형태에 대해서는 차요시한다면 문법적의미의 수효만큼 조선어격을 설정해야 한다는 결론에 떨어지게 된다. 그리하여 조선어에서 십여개의 격을 설정하지 않으면 안된다는 결론에 이르게 되는데 사실상 이것은 번잡성을 낳을뿐아니라 실현하기도 힘든것이다. 의미는 주관적인것이 많으면서 또한 가변적이고 미세한 차이를 가지고있기때문이다.

격은 어디까지나 형태론적범주인것만큼 우선 형태에 기초하여야 한다. 격범주는 그의 표현형태와 그가 나타내는 의미의 총체로 이루어진다. 자기에게 고유한 표현수단과 형태가 없는 새로운 격을 설정하는것은 무의미하며 무릇 모든 언어적표현이 그러하듯이 자의적인 현상을 형태구조적인것으로 처리하여서는 안된다.

조선어의 격범주를 설정함에 있어서는 다음으로 공시태적인것과 통시태적인것을 잘 고려하되 현대언어의식을 기본으로 하는것이 중요하게 나선다.

일반적으로 언어를 연구함에 있어서는 공시태적인것과 통시태적인것을 잘 고려하는것이 중요한 요구로 된다. 이것은 조선어의 격범주를 옳바로 설정하기 위해서도 중요한 문제의 하나로 된다.

학설사적인 견지에서 볼 때 일부 문법책들에서는 격토《에》와 《에서》가 일부 경우 통용될수 있다는것과 《에서》의 《서》가 하나의 뜻쪼각으로 될지언정 《에서》를 하나의 독자적인 토로 보지 못한다는것을 들고나오면서 《에》와 《에서》를 여위격토에 다같이 소속시키거나 《에서》를 하나의 토로 보지 않는 견해를 피력하고있다.

《평양에 산다.》와 《평양에서 산다.》가 통용될수 있다고 하여 이 두 토가 같은 하나의 토로 될수 없다. 다음절에서 보는바와 같이 토 《에》와 《에서》는 각기 자기의 고유한 의미를 가지고있으며 그것으로 하여 엄연히 구별되는것이다.

물론 토《에서》는 력사적인 견지에서 볼 때 《에+서》로 두개 형태부로 구성되여있는것이다. 앞의것은 격토이고 뒤의것은 도움토이거나 강조토라는것이다. 력사적인 견지에서 볼 때에는 이렇게 분석할수 있다.

토《처럼》도 《처+로+ㅁ》으로 분석할수 있다. 그러나 이것은 현대언어의식으로는 감득할수 없는것이다. 이것이 현대조선어와 중세조선어의 차이로 되는것이며 력사언어학자들의 연구대상으로 되는것이다.
특히 현대언어의식에서 볼 때 토 《에서》는 축약된 형태로 《서》 하나만으로도 《에서》가 나타내는 여러가지 의미를 나타내고 있는것만큼 《에서》와 《서》를 갈라보기 힘든것이다.

{ ○ 평양에서 산다.
  ○ 평양서 산다.
{ ○ 청진에서 왔다.
  ○ 청진서 왔다.
{ ○ 우리 학교에서 이겼다.
  ○ 우리 학교서 이겼다.

력사적인 견지에서 보아 《에》와 《서》가 결합된것인것만큼 하나의 독자적인 격토로 보기 힘들다고 할수는 없다. 이에 따라 《으로서》, 《로서》, 《으로써》, 《로써》 등도 합성토로서 독자적인 하나의 격토로 보아야 한다. 그러나 《읽고서 간다.》, 《읽어서 주다.》 했을 때의 강조토 《서》와 《으로서》, 《로서》의 토쪼각 《서》를 같이 처리하여서는 안된다.

력사적으로 볼 때 《으로서》, 《로서》의 《서》나 《고서》, 《어서》의 《서》는 같은 강조토이다.

그러나 격토 《에서》, 《에게서》, 《로서》의 《서》는 현대언어의식상 갈라내여 고찰하기 힘들 정도로 유착되였는데 이에 반하여 《고서》, 《어서》의 《서》는 능히 따로 갈라낼수 있을 정도로 그 결합이 유착되여있지 않다. 강조토 《서》는 《읽고서 간다.》, 《읽어서 주다.》, 《경수에게서 왔다.》, 《동지로서 푸짐히 대접하였다.》 등에서와 같이 두루 붙어 쓰이였다. 이렇게 강조토 《서》가 다른 토와 겹쳐서 오래동안 쓰이여오는 과정에 그 문법화정도는 오늘날 각이한 수준에 있게 되였다. 그것을 부등식관계로 표현하면 다음과 같나.

에서 > 에게서 > 로서 > 고서 > 어서

여기서 격토 《에게서》와 《로서》를 강조토와 격토 《에게》, 《로》의 기계적인 결합으로 보면서 합성토가 아니라 겹침토로 처리할수 있는 가능성이 없지 않다. 그러나 토 《에게서》에서의 《서》는 단순히 강조의 의미만을 나타내는것이 아니다. 토《에게서》는 여격토 《에게》가 나타내는 의미와는 좀 성질이 다른 출발점으로 되는 대상임을 가리키고있다.
　여격토《에게》는 그 어떤 행동이 미치는 대상이나 그 어떤 행동을 일으키는 주체임을 나타낸다.(※ 구체적인것은 여격토《에게》의 의미분석을 보라.)
　이런 측면에서 보면 토《에》에《서》가 붙어서 다른 토로 되는것과 류사한 특성을 가졌다고 말할수 있다. 그러나 합성토《에게서》인 경우에는 그 합성적인 구조가 토《에서》보다 더욱 뚜렷이 안겨오는것이다. 이것이 바로 현대언어의식이 가져다 주는 분석결과이다. 토 《께》와《께서》의 관계도 이와 마찬가지다. 이에 반하여 토《로서》인 경우에는 그것들사이의 결합구조가 뚜렷할뿐아니라 의미적측면에서도 큰 변화가 없는것이다. 다시말하여《동지로 푸짐히 대접하였다.》와 《동지로서 푸짐히 대접하였다.》는 그 내용에서 차이가 없으나 토 《서》가 붙음으로써 자격의 의미가 좀 더 강조되였을따름이다. 이것으로 하여 문법화정도가《에게서》보다 낮은 단계에 있다고 말할수 있다. 강조의 색채만 더해준다는 의미에서는 이음토《고》,《어》다음에 붙어 쓰이는《서》와《로서》의《서》가 별다른 차이가 없는것이다. 그러나 토《고서》,《어서》와《로서》,《으로서》를 대비해보면 하나는 이음토다음에 강조토《서》가 붙은것이고 다른 하나는 격토다음에 강조토《서》가 붙은것에 차이날따름이다. 토《로서》의《서》가 의미기능에서 격토《에서》나《에게서》의《서》와는 달리 강조의 의미만 더해주고있는것만큼《로서》,《고서》,《어서》등을 다같이 하나의 부류로 처리할수도 있다. 그러나 토《로서》는 다른 합성격토들과의 균형관계가 있는것만큼 이것도 합성격토로 보면서 하나의 독자적인 토로 처리하는것이 합리적인것이다. 그렇지 않고 토《로서》를 격토《에서》나《에게서》에서 떼여내여《고서》,《어서》부류로 련관시켜 처리한다면 격토《에게서》와의 관계가 문제시될수 있으며 나아가서 격토《에서》와의 관계도 문제시될수 있는 가능성이 있다.
　다른 한편 현대언어의식상 이음토에 강조토가 붙은것보다 격토(체언토)에 강조토가 붙은것이 외견상 더 유착되였다고 볼수 있는 여지가 충분히 있는것이다. 토 《고서》와 《어서》는 결합구조상 용언토로 쓰이지 않는 《서》가 이음토뒤에 붙어있으므로 그 구획이 누구에게나 명백한것으로 된다. 이와 반면에 격토 《에게》나 《로》뒤에 붙은 강조토 《서》는 격토 《에서》의 《서》와 련관시켜 보면서 합성격토로 인식하게 되는 경우가 많은것이다.

조선어품사론에서 합성명사에 명사의 품사론적성격을 규정지어주고 합성동사에 동사의 품사론적성격을 규정지어주듯이 합성격토에 격토의 성격을 부여하는것은 객관적인 언어현실에 부합되는 형태론적인 처리인 동시에 합리적이며 균형적인 처리인것이다.

조선어의 격범주를 설정함에 있어서는 다음으로 지난 시기 도움토로도 론의되여오기도 하였으며 격토처럼 쓰이는 토로도 론의되여온 《더러, 한테, 하고, 랑, 처럼, 마냥, 보다》 등에 대한 문제를 옳게 처리하는것이 중요하다.

학설사적견지에서 볼 때 《더러, 한테》는 여격형태로 보면서도 《하고, 처럼, 마냥, 보다》 등은 도움토로 처리한 경우가 있는가 하면 《더러, 한테》는 여격, 《하고, 랑》은 구격으로 보면서도 《처럼, 마냥, 보다》 등은 의연히 도움토로 본 경우도 있었다. 최근에 와서 이러한 토들을 《격토처럼 쓰이는 토》라는 한개의 토부류를 설정하고 여기에 포함시키는 경우도 있었다.

우에서 보여준 토들을 《격토처럼 쓰이는 토》라고 한데는 일련의 측면에서 납득되는 점이 없지 않다. 그것은 이 토들이 학설사적인 견지에서 볼 때 일부 학자들에 의하여 격토로 처리되였던 시기가 있었으며 자리토로 쓰이면서 문장론적인 기능을 수행한다는것 그리고 이 토들이 도움토보다는 격토에 더 가까운 일련의 특성을 가지고있다는것을 고려하여 도움토로 처리하지 않고 격토처럼 쓰이는 토로 처리한것이다. 보통의 격토와 구별하기 위하여 격토처럼 쓰이는 토로 규정하였는데 이것은 이 토들이 갖고있는 특성을 있는 그대로 정확히 반영했다는 점에서 리해할수 있는것이다.

그러나 용어 《격토처럼 쓰이는 토》라는 말은 명백치 못한 측면들을 적지 않게 가지고있다. 이 용어를 가지고서는 문제로 되고있는 이 토들이 격토라는것인지 도움토라는것인지 명백치 않다. 격토면 격토, 도움토면 도움토로 처리되여야지 이것도 저것도 아닌 제3의 토부류가 설정되는것은 도리여 사실에 맞지 않는것이다.

토《더러, 한테, 처럼, 마냥, 보다, 하고, 랑》등은 체언에만 붙어 쓰이며 이 토들이 나타내는 주요의미와 기능에서도 여느 격토와 차이가 없는것으로 하여 격토로 처리할수 있는 충분한 근거가 있다. 다만 그 문법적뜻의 폭이 좁고 문법적추상화의 정도가 낮으며 완전한 격토로까지 발전하지 못했다는것을 근거로 하여《격토처럼 쓰이는 토》,《절반만 격토인 토》등으로 처리하자고 주장할수 있으나《문법적뜻의 폭이 좁다.》라든가《문법적추상화가 낮다.》라든가《완전한 격토로까지 발전하지 못했다.》라고 하는것들은 다 상대적인것이다.

문법적뜻의 폭을 놓고볼 때 문제로 제기되고있는 이 토들과 이미 격토로 처리되여오는 토인《께, 께서, 와, 과, 여, 이여, 아, 야》등과 대비해보면 큰 차이가 없다.

문법적추상화의 정도를 놓고볼 때에도 역시 문제로 되고있는 이 토들이 격토로 될수 없는 절대적인 표식을 가지고있는것은 아니다. 토《더러, 한테, 처럼, 마냥, 보다, 하고, 랑》등은 본래 단어와의 련계가 뚜렷이 안겨오는것으로 하여 문법적추상화가 낮은 단계에 있다고 말할수 있다. 조선어에서 문법적추상화는 하나의 특성으로 되고있는바 그 단계는 여러가지로 특징지을수 있다. 문법적추상화가 높은것도 있고 상대적으로 낮은것도 있으며 매우 낮은 단계에 있는것도 있다. 그런데 여기서 문법적추상화가 낮다고 하는것도 격토《가, 이, 를, 에게, 과》등과 비교해볼 때 말하게 되는것이고 그것이 문법적지향성을 가진 의미라는데 대해서, 격토《와, 과, 에게, 에》등과 큰 차이가 없는 격의 의미를 나타낸다는데 대해서는 의견을 달리할수 없는것이다. 이에 반하여 그 전날처럼 도움토로 처리하자는데 대해서는 의견을 같이 할수 없는 측면이 많이 있다. 우선 문제로 제기되고있는 이 토들은 그 어떤 뜻빛갈을 더해주는것이 아니라 문장론적인 위치를 규정지어주는 기능을 수행하고있다. 이것들은 단어나 그밖의 대상화된 단위가 문장에서 다른 단어나 그밖의 단위와 가지는 관계 즉 격과 같은 문법적의미를 나타낸다. 사실상 구격토《와, 과》와 《하고, 랑》, 여격토 《에게》와 《더러, 한테》 등은 문장론적기능의 측면에서 볼 때 하등의 차이가 없다. 그런데 도움토는 다음장에서 볼수 있는바와 같이 련관성의 범주에 묶여지는 련관의 의미만을 가지거나 그 어떤 뜻빛갈을 더해준다. 따라서 문제로 제기되고 있는 이 토들을 도움토라고 하기보다는 격토로 처리하는것이 타당한것이다.

조선어의 격범주를 설정함에 있어서는 다음으로 절대격문제가 제기된다.

이미、앞에서도 본바와 같이 조선어에는 아무런 격토도 붙지 않은채 말줄기만으로 문장안에서 여러가지 문법적관계를 표현하는 령형태가 존재한다. 절대격형태(령형태)는 아무런 토도 붙지 않은것인데 다른 격형태들과의 체계적인 대비속에 있을 때에만 절대격형태(령형태)가 설정될수 있다. 다른 격형태들과의 체계를 이루지 못할 때에는 절대격이라고 말할수 없다.

○ 나는 군인, 너는 학생

우의 실례에서 《군인》,《학생》 등은 아무런 토도 붙지 않은것만큼 령형태를 취했다고 말할수 있다. 그러나 다른 격형태들과 련관을 맺지 못하고있다. 도리여 이 단어들은 문장에서 명사술어의 기능을 수행하고있다. 내가 어떤 사람인가, 네가 어떤 사람인가 하는것에 대한 대답을 주고있다. 즉 체언의 용언형인데 서술토가 붙지 않은것이다. 격형태와의 체계적인 대비속에 있는것이 아니라 서술형과의 대비속에 있는것이다. 그러므로 명사, 대명사의 령형태인 경우에도 그것을 절대격형태에 포함시키겠는가 아니면 서술형의 령형태로 처리하겠는가 하는것을 잘 갈라보아야 한다.

2. 격체계

일반적으로 교착어들에서는 격형태가 매우 풍부하게 발달되여 있다. 우에서도 지적한바와 같이 핀란드어에는 15개 격, 마쟈르어에는 20개 격형태가 있으며 부리야트몽골어에는 7개 격(주격, 생격, 여-

위격, 대격, 도구격, 구격, 출발격), 바슈끼르어에는 6개 격(미정격, 생격, 여격, 대격, 장소격, 출발격)이 있다. 교착어의 격형태가 일반적으로 풍부하게 발달되여있다는것은 인디아-유럽어들의 격형태와 비교해보면 쉽게 알수 있다.

이처럼 교착어의 격체계는 풍부하게 째여져있는바 매개 격의 물질적표시자인 문법적덧붙이에 의하여 이루어지고있다.

조선어의 격체계는 앞에서 서술한 조선어격범주에 대한 일반적 리해에 기초하여 격범주를 이루고있는 모든 형태가 다 포괄되도록 구성하여야 한다. 《제2부류 격토》, 《격토처럼 쓰이는 토》의 격범주적성격을 인정하면서도 그것을 격체계에 포함시키지 않아서는 안된다.

조선말의 격체계는 다음과 같이 구성되여있다.

격의 이름	격토
주격	가, 이, 께서
대격	를, ㄹ, 을
속격	의
여격	에게, 에, 께, 더러, 한테
위격	에서, 에게서, 한테서
조격	로, 으로
구격	와, 과, 하고, 랑
비교격	처럼, 마냥, 보다
호격	아, 야, 여, 이시여
절대격	령토

조선어의 격체계구성에서는 다음과 같은 문제점들을 고려하여야 한다.

첫째로, 격토처럼 쓰이는 토들을 격토로 인정하면서도 격체계구성에서 빼놓아서는 안된다. 이것은 격토로 인정한 이상에는 반드시 격체계구성에 포함시켜 어느 한 격형태를 이루는것으로 처리해야 한다. 이것은 격토처럼 쓰이는 토라고 하는 경우에도 마찬가지다. 격토처럼 쓰이였다면 어떤 격형태와 비슷하게 쓰이였는가 하는것이 명백히 밝혀져야 한다.

이런 의미에서 비교격을 새로 설정하여 론의가 많았던 격토처럼 쓰이는 일부 토들을 뚜렷하게 분류하고 체계화하였으며 이미 있던 여격, 위격, 구격 둥에 해당한 2부류 격토들을 포함시키여 격체계를 새롭게 작성하였다.

이와 관련하여 일부 문법책들에서 출발격, 종착격이라고 하던 《부터》, 《까지》 등을 격체계구성에 포함시키겠는가 그냥 도움토에 포함시키겠는가 하는 문제가 제기된다. 그리고 일부 문법책들에서 《는》, 《은》, 《란》, 《이란》 등도 주격토로 처리하겠는가 아니면 도움토로 처리하겠는가 하는것이 문제로 제기될수 있다. 또한 토 《마다》도 도움토에 포함시키겠는가 아니면 격토에 포함시켜 새로운 격을 설정하겠는가 하는것이 문제로 제기될수 있다. 이에 대해서는 다음절인 도움토에 대한 서술부분에서 구체적으로 설명하기로 하고 여기서는 격토에 포함시키지 않았으며 해당한 토의 의미기능에 맞먹는 새로운 격을 설정하지 않았다는것만 지적해둔다.

조선어격체계의 구성에서는 다음으로 절대격을 하나의 독자적인 격으로 설정하겠는가 아니면 특수한 용법으로 처리하겠는가 하는것이 문제로 제기될수 있다.

력사적으로 볼 때 조선어의 절대격은 시원격이라고 할수도 있다. 처음 조선어는 절대격형태로 되여있었다가 그후 점차 여러개의 격토가 생겨나 단어의 말줄기에 붙어 쓰임으로써 격체계가 형성되였다. 아무 격토도 붙지 않고 쓰인 절대격형태를 출발점으로 해서 여러 격형태가 형성된것만큼 절대격토는 여러 격의 의미를 다 가지고있다. 조선어에서 절대격이외의 격들이 가지고있는 의미는 절대격만으로써는 불충분하므로 그것을 더욱 정밀화하기 위하여 생겨난 형태이고 의미라고 말할수 있다. 이것은 절대격의 문법적의미와 다른 격토들이 나타내는 문법적의미를 대비해보면 쉽게 알수 있다.

절대격은 문장에서 주격, 대격, 속격 등 거의 모든 격토를 대신해서 쓰이지만 모든 격토들이 나타내는 문법적의미를 나타내는것은 아니다. 절대격은 위격이나 조격의 의미로 쓰이는 경우에도 속격이나 조격의 의미를 다 나타낼수 있는 능력을 가지고있지 못하다. 다시말하여 절대격이 어느 한 격형태로 쓰인 경우에도 그 의미폭은 해당한 격형태의 의미폭보다 좁은것이다.

실례로 《우리 학교 이겼다.》라고 하면 《우리 학교가 이겼다.》나 《우리 학교에서 이겼다.》로 표현할것을 절대격형태로 표현한것임을 쉽게 알수 있으나 《농촌 오는 길이다.》라고 하면 《농촌에 오는 길이다.》인지 《농촌에서 오는 길이다.》인지 알수 없다. 이것은 절대격형태가 위격형태로 쓰일수 있지만 그 의미와 기능에서 제약을 받는다는것을 알수 있다.

조격형태로 쓰이는 경우에도 원인, 자격, 행동, 양식, 수단의 문법적의미로는 쓰이지 못하고있다.

《장마로 강물이 불었다.》가 《장마 강물 불었다.》로 쓰이지 못하고 《위원장으로 사업한다.》가 《위원장 사업한다.》로, 《바쁜 걸음으로 걸어간다.》가 《바쁜 걸음 걸어간다.》로, 《영화로 보여준다.》가 《영화 보여준다.》로 바꾸어 쓰이지 못한다. 이렇게 바꾸어쓰면 해당한 절대격형태가 조격형태인지 아니면 다른 격형태인지 잘 분간되지 않는것도 있고 론리적으로 잘 맞물리지 못하는것도 있기때문이다.

이처럼 절대격형태와 다른 격형태들간에는 시원적이며 출발적인 관계, 단순한 의미기능적관계만 있는것이 아니라 미묘한 관계가 있는것이다.

이로부터 절대격형태를 다른 격형태들의 대리적인 사용으로 처리하기 곤난할뿐아니라 절대격형태의 이름을 바꾸어 《시원격형태》, 《출발격형태》라고 할수 있을 정도로 독자적인 격형태로 처리할수 있는 근거를 가지게 된다.

조선어의 격체계구성에서는 다음으로 여-위격을 설정하겠는가 아니면 여격과 위격을 분리하여 각각 독자적인 격으로 처리하겠는가 하는 문제가 제기될수 있다. 이에 대해서는 이미 토의 특성에서 론증하였으므로 여기서는 문법적형태를 위주로 하여 여격과 위격으로 분리시키는 립장을 취하였다는것만을 강조하고 넘어가려고 한다.

이처럼 조선어에서는 지난날 격의 수효가 7개, 8개, 9개 등 각이하게 설정되였지만 여기서는 여-위격을 분리시켜 여격과 위격을 설정하고 비교격과 절대격을 포함시켜 10개로 그 체계를 새롭게 구성하였다.

3. 격형태의 각종 의미와 그 쓰임

격형태를 이루는 격토들은 여러가지 의미들을 가지고있다. 그것은 격토가 문장속에서 대상성을 가진 단어가 다른 단어에 대하여 가지는 여러가지 관계, 다시말하여 우리를 둘러싸고있는 현실세계의 대상, 현상, 행동, 성질들간의 다양한 여러가지 관계를 반영하고있는것과 관련된다.

격의 의미는 모든 격에서 꼭같은 수의 의미로 나타나는것이 아니다. 매개 격토들이 나타내는 의미는 격체계속에서 격들이 차지하는 위치와 역할과 그 쓰임의 차이에 따라 서로 다른 폭과 깊이를 가진다. 격토들은 그것이 표현하는 단어들의 결합관계가 다양하면 다양할수록 그리고 그가 쓰이는 정도가 더 적극적이고 더 광범하면 할수록 그 의미는 더욱 풍부해지고 다양해진다.

주격

주격형태는 격토 《가》, 《이》, 《께서》에 의하여 이루어진다.

주격토《가, 이, 께서》는 문장에서 대상성있는 단어나 그밖의 단위를 서술성있는 단어나 그밖의 단위에 맞물려주면서 그 풀이를 받도록 내세워주는 토이다. 주격토는 문장에서 그가 붙은 단어가 주어로 되게 한다. 주격토《가》는 모음으로 끝난 말줄기뒤에서 쓰이고 주격토《이》는 받침이 있는 말줄기뒤에서 쓰인다.

○ 노을 비낀 형제봉이 우렷이 떠오르고 사람들로 붐비는 백마강나루가 눈앞에 펼쳐졌다.

주격토《께서》는 어음론적인 제약을 받지 않고 쓰이는데 문장에서 내세워지는 대상 즉 주어로 표현되는 대상이 존경하는분임을 나타낸다. 주격토《께서》는 보통 도움토《는》과 함께 겹쳐쓰이는 경우가 많다.

○ 아버님께서 일찌기 농사를 천하지대본이라고 일러주신적이 한두번이 아닙니다.
○ 할아버님께서는 늘 손자애들에게 사람은 인덕이 있어야 한다고 가르치시였다.

문장에서 내세워지는 대상을 나타내는데서는 주격토 《가》, 《이》, 《께서》만이 아니라 다른 토들도 쓰이고있다. 특히 도움토 《는》이 많이 쓰이고있다. 도움토 《는》은 여럿가운데서 특별히 지정하여 내세우는 뜻을 가지고있는것만큼 주어표현에 더 잘 쓰일수 있다고 말할수 있다. 그러나 이 토는 격토가 아니라 도움토이다. (이에 대해서는 도움토에 대한 서술부분을 참고하라.)

주격토 《가》, 《이》, 《께서》 등은 문장에서 내세워지는 대상을 가리키는 면에서는 같은 의미를 가졌다고 볼수 있지만 그 의미폭은 서로 다르다.

주격토 《께서》는 주격토 《가》, 《이》가 가지는 의미를 다 가지지 못한다. 주격토 《가》와 《이》는 쓰이는 어음론적조건에서 차이가 있지만 그 의미는 같다. 주격토 《가》와 《이》는 문장에서 내세워지는 대상, 주어로 되는 대상을 나타내는외에 다음과 같은 의미를 더 가지고있다.

주격토 《가》와 《이》는 동사 《되다》앞에서 쓰이며 그가 붙은 단어가 전성의 보어로 됨을 나타낸다.
○ 우리모두는 새 세기의 청년영웅이 되자.
○ 우리 청년들은 제2의 천리마대진군에서 영예로운 승리자가 되자.

또한 주격토 《가》와 《이》는 《아니다》와 결합해서 쓰이면서 부정되는 대상임을 나타낸다.
○ 영수는 이제는 어제날의 영수가 아니요.
○ 자기를 먹여주고 키워주고 내세워준 당의 은덕에 보답하기는커녕 배은망덕하는 사람은 사람이 아니다.

또한 주격토 《가》, 《이》는 강조의 의미로 쓰이는 경우가 있다.
○ 심상치가 않다.

○ 어디가 그런것이 있니.
○ 어찌나 물이 먹고싶던지 참기가 매우 힘들었다.
대격
대격형태는 격토 《를》, 《을》, 《ㄹ》에 의하여 이루어진다.

대격토 《를, 을, ㄹ》 등은 그것이 붙은 대상성있는 단어를 동사와 결합시키면서 어떤 행동이 이루어지는데 필요한 직접적인 대상을 나타내거나 이와 관련된 여러가지 뜻을 나타낸다. 대격토가 붙은 단어는 주로 타동사와 결합하여 쓰이는데 적지 않은 경우 자동사와도 결합하여 쓰인다.

대격토 《를》은 모음으로 끝난 말줄기에, 대격토 《을》은 받침이 있는 말줄기에 붙어쓰인다. 대격토 《ㄹ》는 결합모음 《으》와 함께 쓰이는데 대격토의 원형이라고 말할수 있다. 오늘날 대격토 《ㄹ》는 대격토 《를》의 축약형처럼 인식되여 쓰이고있다.

대격토는 그가 붙은 단어가 문장에서 보어로 되게 한다.

대격토의 사용과 그 의미는 다음과 같다.

1) 대격토는 그가 붙은 단어가 타동사와 결합하여 쓰일 때 다음과 같은 의미를 나타낸다.

① 행동이 직접 미치는 대상임을 나타낸다.
  ○ 조선의 미래를 안아키우신
     위대한 그 사랑을 노래합니다
② 행동이 간접적으로 미치는 대상임을 나타낸다.
  ○ 어머니가 아이를 젖을 먹인다.
③ 행동의 결과 이루어지는 대상임을 나타낸다.
  ○ 올해는 도시와 농촌들마다에서 살림집을 많이 짓는다.
④ 강조되는 대상임을 나타낸다.
  ○ 어쩐지 심상치를 않군요.
⑤ 일부 보조적동사와 결합하기 위하여 쓰인다.
  ○ 인민을 위하여 복무함!

2) 대격토는 그가 붙은 단어가 자동사와 결합하여 쓰일 때 다음과 같은 의미를 나타낸다.

① 행동의 출발점으로 되는 대상임을 나타낸다.

○ 인철이는 새벽에 집을 나섰습니다.
② 행동의 방향으로 되는 대상임을 나타낸다.
　　　○ 어디를 가십니까?
③ 행동의 진행장소로 되는 대상임을 나타낸다.
　　　○ 병사가 거리를 지나갈 때에
　　　　행복의 창문이 밝게 열리네
　　　　병사의 구슬땀 바쳐진 거리
　　　　못 잊을 그날이 안기여오네
④ 행동의 목적과 내용으로 되는 대상임을 나타낸다.
　　　○ 경각성있게 보초를 서야 합니다.
⑤ 행동의 수량, 분량으로 되는 대상임을 나타낸다.
　　　○ 그 문제에 대해서는 여러차례를 생각해보았다.
　　　○ 종이를 절반을 찢어서 한쪽씩 주었다.
⑥ 행동의 직무로 되는 대상임을 나타낸다.
　　　○ 그는 광복전에 십여년간이나 머슴을 살았다.
⑦ 성구적인 표현에서 쓰이여 뒤에 오는 동사가 나타내는 행동과 같은 어원의 대상임을 보충적으로 나타낸다.
　　　○ 웃음을 웃다. 꿈을 꾸다.
　　　　편을 들다. 세상을 산다.

속격

속격형태는 격토 《의》에 의하여 이루어진다.

속격토 《의》는 그것이 붙은 대상성있는 단어를 명사, 대명사, 수사 등과 대상화된 단위에 결합시키면서 소속관계를 나타내던가 그 어떤 표식을 규정해주는 토이다. 속격토는 《체언+체언》의 결합을 가능하게 해주는것으로서 그것이 붙은 단어를 문장에서 규정어로 되게 해준다.

속격의 구체적인 의미는 다음과 같다.
① 소유자임을 나타낸다.
　　　○ 동생의 책상, 학생의 그림(학생이 가지고있는 그림)
② 행동과 상태의 주체임을 나타낸다.
　　　○ 당원들과 근로자들의 정치사상적단결이 더한층 강화되

였다.
③ 행동의 객체임을 나타낸다.
   ○ 학생의 그림(학생을 그린 그림)
   ○ 조국의 평화적통일을 앞당기기 위한 투쟁
④ 동격의 대상임을 나타낸다.
   ○ 공화국북반부의 혁명기지가 더욱 강화되였다.
⑤ 전체와 부분의 관계를 나타낸다.
   ○ 학급학생들의 대부분이 최우등생이다.
⑥ 어떤 사물의 형성자임을 나타낸다.
   ○ 학생들의 우렁찬 노래소리가 새벽공기를 헤가르며 야영지의 골짜기에 울려퍼졌다.
   ○ 학생의 그림(학생이 그린 그림)
⑦ 속성의 보유자임을 나타낸다.
   ○ 금의 무게와 동의 무게
⑧ 특성이나 속성을 나타낸다.
   ○ 우리는 자기를 믿듯 승리를 굳게 믿고산다
      고난의 천리를 가면 행복의 만리가 온다
      수령님 따라서 시작한 이 혁명
      기어이 장군님 따라 승리 떨치리
⑨ 어떤 결과를 낳는 행동임을 나타낸다.
   ○ 도시건설의 력사, 투쟁의 열매
⑩ 사회적관계를 가진 대상임을 나타낸다.
   ○ 지난날 화전민의 아들딸들이 오늘은 나라의 주인으로 되여 새 조선을 일떠세웠다.
⑪ 량과 정도로 되는 대상임을 나타낸다.
   ○ 하루의 작업량을 반나절의 시간도 들이지 않고 앞당겨 끝냈다.
⑫ 장소적관계에 있음을 나타낸다.
   ○ 책상우의 책들
⑬ 시간적관계에 있음을 나타낸다.
   ○ 경애하는 장군님께서 우리 초소를 다녀가신 그날의 감격

은 평생을 두고 잊을수 없다.
⑭ 비유적관계에 있음을 나타낸다.
  ○ 철벽의 요새로 전변된 조국의 산과 들
⑮ 재료로 된 대상임을 나타낸다.
  ○ 대리석의 기둥이 위엄있게 뻗치고있는 중앙홀
⑯ 용도로 되고있는 대상임을 나타낸다.
  ○ 감기의 약
⑰ 대상화된 단위에 붙어서 다른 단어에 대한 규정적관계를 나타낸다.
  ○ 집에서의 편지, 누나에게서의 편지
  ○ 집과의 련계
  ○ 근거지에로의 행군, 근거지로의 행군
  ○ 누나에게의 편지
  ○ 누가 이기는가의 문제

오늘날 속격토《의》는 그가 나타내는 소속성의 관계, 전체와 부분간의 관계, 량과 정도, 재료와 용도 등의 관계에 있는 의미들이 소극화되여가고있다고 말할수 있다. 그것은 이러한 문법적관계를 나타낼 때 오늘날에는 속격토《의》를 쓰지 않고 직접 명사말뿌리와 명사말뿌리가 결합되여 쓰이고있는 사정과 관련되여있다.
  ○ 동생책상
  ○ 학생그림
  ○ 공화국북반부혁명기지
  ○ 학생들 대부분
  ○ 금무게, 동무게
  ○ 도시건설력사
  ○ 하루작업량
  ○ 대리석기둥
  ○ 감기약

또한 속격토《의》는 지난날의 글투에서 많이 쓰이던 《나의 생각하는바》, 《나의 일하는 본새》와 같은 결합구조를 오늘날에도 보여줌으로써 속격토의 력사적인 변화발전과정을 뚜렷이 알수 있게 해주고있다. 우에서도 지적한바와 같이 속격토《의》는 체언에 붙어 쓰이면서 뒤에 오는 체언과 결합시켜주는것을 자기의 기본기능으로 하고있다. 그러나 속격토《의》는 뒤에 체언만 오는것이 아니라 동사적단어가 규정어로 되여있는 단어결합과도 관계를 맺고있다.

이처럼 속격토《의》는 오늘날 그 변화발전모습이 다른 격토에 비해볼 때 확연하게 안겨오는 특징적인 토이다.

여격

여격형태는 격토《에게》, 《에》, 《께》, 《더러》, 《한테》에 의하여 이루어진다.

여격토《에게, 에, 께, 더러, 한테》는 그것이 붙은 단어를 동사 또는 형용사와 결합시키면서 동사, 형용사의 움직임이나 상태가 이루어지는데 관계가 있는 대상임을 나타낸다. 여격토는 그가 붙은 단어가 문장에서 보어가 되게 해준다.

여격토《에게, 에, 께, 더러, 한테》등은 문장에서 그 어떤 행동이 미치는 간접적인 대상을 나타내지만 여격토《께》는 그가 붙은 단어가 존경하는분임을 나타낸다. 여격토《더러》, 《한테》는 입말체에서만 쓰이면서 토《에게》나 《에》에 비하여 대단히 좁은 의미폭을 가지고있다.

이제 매개의 여격토들이 가지고있는 구체적인 의미를 분석하기로 하자.

여격토《에게》

① 어떤 행동이 미치는 간접적인 대상임을 나타낸다.
　○ 그의 이야기는 사람들에게 커다란 감명을 주었다.
② 행동방향으로 되는 대상임을 나타낸다.
　○ 구원의 손길은 하루빨리 그들에게 가닿아야 한다.
③ 그 어떤 행동의 주체가 됨을 나타낸다.
　○ 원쑤에게 죽은 부모형제들의 원한을 풀어주자.
④ 그 어떤 행동이나 상태가 일어나는 고정된 위치임을 나타낸다.
　○ 동무의 관람권은 박동무에게 있다.
⑤ 일정한 기준적단위로 됨을 나타낸다.

○ 한 학생에게 학습장을 열권씩 나누어주었다.

여격토 《에》
① 어떤 행동이 미치는 간접적인 대상임을 나타낸다.
　○ 꽃에 물을 준다.
② 행동방향으로 되는 대상임을 나타낸다.
　○ 숙식조건에 깊은 관심을 돌리다.
③ 그 어떤 행동의 주체가 됨을 나타낸다.
　○ 바다물결에 밀려온 꽃송이
④ 그 어떤 행동이나 상태가 일어나는 위치임을 나타낸다.
　○ 우리의 길은 인민을 믿고
　　수령님 열어주신 길
　　우리의 힘은 당의 두리에
　　천만이 굳게 뭉친 힘
　　가슴에 지닌 필승의 신념
　　그 어이 드팀이 있으랴
　　장군님 따라 주체의 한길
　　신심드높이 가리라
⑤ 일정한 기준적단위로 됨을 나타낸다.
　○ 하루에 두번씩 나타난다.

여격토《에》는 우에서 본바와 같이 여격토《에게》와 같은 뜻으로 쓰이는 경우가 많다. 여격토《에》가 나타내는 이상의 5개 뜻은 토《에게》에서도 찾아볼수 있다. 이외에도 여격토《에》는 다음과 같은 뜻을 더 가지고있다.

① 행동의 시간을 나타낸다.
　○ 비행기가 5시에 리륙했다.
② 비교의 대상임을 나타낸다.
　○ 너의 성적이 형에 못지 않게 좋다.
③ 의거의 대상임을 나타낸다.
　○ 지팽이에 의지해서 걷는다.
④ 자격의 대상임을 나타낸다.
　○ 심청역에 김옥순

⑤ 렬거의 대상임을 나타낸다.
　　○ 백화점에는 만년필에, 붓에, 연필에 없는것이 없었다.
　⑥ 첨가의 대상임을 나타낸다.
　　○ 솜옷에 털외투를 입고있었다.
　⑦ 그 어떤 행동의 환경임을 나타낸다.
　　○ 이 추운 날씨에 어데를 간다고 그러나?
　⑧ 행동의 원인으로 됨을 나타낸다.
　　○ 기적소리에 잠이 깨였다.
　⑨ 행동의 수단이나 방식으로 됨을 나타낸다.
　　○ 난로에 옷을 말리웠다.
　　○ 여덟시 차에 왔다.
　⑩ 행동의 재료나 용도로 됨을 나타낸다.
　　○ 온 방안이 연기에 휩싸이였다.
　　○ 이것은 약에 쓰는 풀입니다.
　⑪ 행동이 미치는 범위를 나타낸다.
　　○ 기술혁신안이 곧 전국의 공장, 기업소에 보급되였다.
　⑫ 개념의 포괄범위를 나타낸다.
　　○ 집짐승에는 소, 돼지, 말, 염소, 양, 개 등이 속한다.
　⑬ 소속의 범위를 나타낸다.
　　○ 독도는 조선령토에 속한다.
　⑭ 성구적인 표현에서 쓰인다.
　　○ 날에 날마다 희망과 희열에 넘쳐 새로운 혁신을 창조하고있다.
　　○ 사돈에 팔촌
　⑮ 보조적으로 쓰이는 동사 《관하여, 대하여, 의하여, 즈음하여》 등과 결합하기 위하여 쓰인다.
　　○ 조국에 대한 사랑
　여격토《께》는 여격토《에게》와 뜻이 기본적으로 같다. 그러나 존경토로서의 뜻이 더 보충되여있다.
　여격토《께》는 그 기원상 여격토《에게》와 관련되여있으므로 오늘날에도 그 의미에서 별다른 차이를 가지고있지 않다.

여격토 《더러》와 《한테》는 입말체에서 주로 쓰이면서 독특하게 발전하고있다. 여격토 《더러》와 《한테》는 그 어떤 행동이 미치는 대상임을 나타내는데서는 여격토 《에게》와 공통적인 뜻을 가졌다고 말할수 있으나 다른 뜻에서는 제각기 다른 면모를 보여주고있다. 토 《한테》는 여격토 《에게》와 거의 같은 의미폭을 가지고있으나 토 《더러》는 매우 좁은 의미폭을 가지고있다.

토 《더러》는 활동체명사 또는 활동체를 지시하는 대명사, 활동체의 수량을 나타내는 수사에 붙어 쓰이는데 《말하다, 청하다, 애걸하다, 묻다, 질문하다, 요구하다》 등과 같이 말하는것과 관련한 행동을 나타내는 타동사가 뒤에 온다. 이렇게 결합하여 말하는 행동의 상대방을 나타낸다.

○ 박동무더러 물어보아라.
○ 누구더러 명령하는가?
○ 열더러 물어보아야 열이 다같이 좋은 사람이라고 할것이다.

그러나 토 《한테》는 여격토 《에게》와 꼭같이 6개의 뜻을 가지고있다.

○ 혁명소설 《충성의 한길에서》를 누나한테 주었다.(행동이 미치는 간접적인 대상)
○ 어린이들한테 관심을 돌리다.(행동방향)
○ 동무들한테 찬동을 받았다.(행동의 주체)
○ 관람권은 영수한테 있다.(고정된 위치)
○ 한사람한테 100원씩 차례졌다.(기준적단위)

위격

위격형태는 격토 《에서, 에게서, 한테서》에 의하여 이루어진다.

위격토 《에서, 에게서, 한테서》는 그것이 붙는 단어를 주로 동사와 결합시키면서 그 행동의 위치관계를 나타낸다. 위격토는 그가 붙은 단어가 문장에서 주로 보어와 상황어가 되게 해준다. 일부 경우는 주어가 되게 한다.

위격토 《에서, 에게서, 한테서》는 다같이 위치관계를 나타내지만 제각기 서로 다른 의미폭을 가지고있다.

위격토 《에게서》, 《한테서》는 사람이나 그밖에 활동하는 대상에 쓰이며 《에서》는 그렇지 않은 대상에 쓰인다.

위격토 《에서》는 의미기능상 그와 맞먹는 형태로서 《서》를 가지고있다. 토 《서》는 주로 입말에서 많이 쓰인다.

○ 안주서 평양까지는 200리가 넘는다.

본래 위격토 《에서》, 《에게서》, 《한테서》는 여격토 《에》, 《에게》, 《한테》에 토 《서》가 붙어서 이루어진것이다. 토 《서》는 옛 토 《ㅅ/시》가 변화되여 이루어진것인데 현대언어의식으로서는 갈라내기 힘든것이다. 도리여 토 《서》는 《에서》의 준말형태로 보기가 쉽다.

위격토들이 나타내는 구체적인 의미는 다음과 같다.

위격토 《에서》

① 행동이 진행되는 장소임을 나타낸다.

　○ 아버지는 공장에서 일하고 어머니는 농장에서 일한다.

② 어떤 행동의 출발점으로 됨을 나타낸다.

　○ 이곳에서 포평나루터까지는 적어도 30리 길은 잘되였다.

③ 어떤 행동의 동기와 원인이 됨을 나타낸다.

　○ 계급교양을 강화할 목적에서 취해진 조치입니다.

④ 비교되는 대상임을 나타낸다.

　○ 하루사이에 끝낼수 있다면 이에서 더 좋은 일이 어데 또 있겠습니까?

⑤ 집단과 관련한 체언에 붙어서 그 집단이 문장에서 내세워지는 대상임을 나타낸다.

　○ 경기는 우리 학교에서 이겼다.

　○ 이 모든 성과는 당에서 옳게 지도해주고 대중이 높은 정치적열성을 가지고 동원된 결과에 이루어진것입니다.

위격토 《에게서》와 《한테서》는 위격토 《에서》가 가지고있는 ①, ②의 뜻을 가지고있으므로 의미폭이 상대적으로 좁은 특성을 가지고있다.

　(○ 어렸을 때 외할머니에게서 자랐다.
　 ○ 어렸을 때 외할머니한테서 자랐다. (행동의 장소)

○ 대중에게서 배우며 대중과 생사고락을 같이 하여야
　　　　한다.
　　　○ 대중한테서 배우며 대중과 생사고락을 같이 하여야
　　　　한다. (행동의 출발점)

위격토《에서》는 여격토《에》와 일부 뜻에서 뜻같은말의 관계에 있다. 다시말하여 그 어떤 행동이 진행되는 고정된 공간적위치를 나타내는데서는 공통적이다.

　　○ 이 마을에 사십니까?
　　○ 이 마을에서 사십니까?

이때 여격토《에》는 고정된 공간적위치를 나타내되 그 행동이 일단 일어난 상태가 지속될 때 쓰이며 위격토《에서》는 그 행동이 계속 진행되는 경우에 쓰인다. 그러므로《집에 일하다.》,《방에 말하다.》라고는 하지 않으며《집에서 일하다.》,《방에서 말하다.》라고 한다.《일하다》와《말하다》라는 행동은 계속 진행되는 행동이기때문이다.

위격토《에서》는 장소적의미를 가진것만큼 그 어떤 행동이나 상태, 사건 등과 관련한 문장의 배경을 나타내는데 쓰일수 있는것이다. 그러나 행동이 일단 수행된 다음 지속되는 경우인《남다》,《머물다》와 같은 경우는《방에 남다.》,《집에 머물다.》로 쓰이는것이다.

위격토《에서》와 여격토《에》는 동사, 형용사와 결합하여 그 행동 또는 상태가 일어나는 기준점으로 되는 대상을 나타냄으로써 공통적인 측면을 가지고있다.

　　○ 례절에 어긋나는 행동
　　○ 례절에서 어긋나는 행동

그러나 여격토《에》와 위격토《에서》는 의미의 공통성보다 차이성을 더 많이 갖고있으며 그 형태와 어원도 다른것만큼 각각 다른 격형태로 분리시켜 고찰하고있다.

조격

조격형태는 격토《로》,《으로》에 의하여 이루어진다.

조격토《로, 으로》는 그것이 붙은 단어를 주로 동사와 결합시키면서 그 행동이 이루어지는 대상, 수단임을 나타낸다. 조격토가 붙은 단어는 문장에서 보어로 된다.

단어의 말줄기가 열린소리마디인 경우는 토 《로》가 쓰이고 닫긴소리마디인 경우는 결합모음 《으》가 들어간 《으로》가 쓰인다. 그러나 닫긴소리마디인 경우에도 받침이 《ㄹ》로 되였을 때에는 토 《로》가 쓰인다.

○ 연필로 쓰다, 말로 하다.

조격토의 사용과 의미는 다음과 같다.

① 행동수행의 도구나 수단으로 됨을 나타낸다.
  ○ 그때처럼 영원히 우리 살리라
   굳게 다진 그 맹세 심장으로 지키던
   그때 그 나날처럼
② 어떤 행동수행에서 필요한 재료임을 나타낸다.
  ○ 참나무로 도끼자루를 만들었다.
③ 행동방식으로 됨을 나타낸다.
  ○ 빠른 걸음으로 다가왔다.
④ 자격으로 됨을 나타낸다.
  ○ 이 철수는 구역청년동맹비서로 일하고있다.
⑤ 행동의 방향이나 장소가 됨을 나타낸다.
  ○ 부대로 돌아오는 인남이의 발걸음은 나는듯이 가벼웠다.
⑥ 행동의 동기나 원인으로 됨을 나타낸다.
  ○ 그는 감기로 누워 앓는법을 모르는 강쇠였다.
⑦ 행동의 결과 얻어지는 대상임을 나타낸다.
  ○ 쓸모없이 버림받아오던 산기슭의 황무지와 물웅뎅이들이 당의 대담한 토지정리구상이 실현되여 옥답으로 전변되였다.
⑧ 행동이나 상태가 실현되는 한정된 시간을 나타낸다.
  ○ 우리는 오전중으로 작업을 다 끝내고 다른 대상을 맡아야 하오.
⑨ 행동의 순서를 나타낸다.

○ 내가 처음으로 여기에 온것은 재작년 여름이였다.

⑩ 성구적인 단위에 붙어 쓰이여 비유적관계를 나타낸다.

○ 소귀에 경읽기로 들은척도 안한다.

⑪ 일부 보조적으로 쓰이는 단어 《말미암아, 의하여, 하여, 하여금…》 등과 결합하기 위하여 쓰인다.

○ 장마로 말미암아 강물이 불어났다.

○ 학생들로 하여금 글짓기련습을 부지런히 하도록 하였다.

조격토 《로, 으로》는 강조토 《서》나 《써》가 붙어서 쓰이기도 한다. 토 《서》는 자격의 뜻을 가지고 쓰일 때 붙으며 토 《써》는 도구, 수단, 재료의 뜻을 가지고 쓰일 때 붙는다.

토 《로서/으로서》, 《로써/으로써》는 조격토 《로》가 본래부터 가지고있던 자격이나 도구, 수단, 재료 등의 뜻을 강조하기때문에 여격토 《한테》나 《에게》에 《서》가 덧붙은 《한테서》나 《에게서》와는 그 성격이 다른것이다. 《한테서》, 《에게서》 등은 그것의 구성요소인 여격토 《에게》나 《한테》와는 그 뜻이 다른 위격토인것이다. 물론 이것은 《한테서》, 《에게서》에 있는 《서》가 강조토인것이 아니라 위격의 의미와 관련된 토이기때문에 그렇게 되는것이다. 여하튼 토 《로서/으로서》와 《로써/으로써》는 조격토 《로/으로》에 강조토가 붙은것으로 조격의 의미안에서 벌어진 현상인것만큼 독자적인 조격토로는 보지 않고있다.

구격

구격형태는 격토 《와, 과, 하고, 랑》에 의하여 이루어진다.

구격토 《와, 과, 하고, 랑》은 그것이 붙은 단어를 동사, 형용사 및 체언과 결합시키면서 함께 있게 되는 대상임을 나타낸다.

구격토는 그가 붙은 단어가 문장에서 보어 또는 나란히 놓이는 말로 되게 한다.

구격토 《와》는 모음으로 끝난 말줄기에 붙어 쓰이며 《과》는 자음으로 끝난 말줄기에 붙어 쓰인다.

○ 한평생 인민 위해 바친
　수령님의 위대한 사랑
　꿈결에도 안고사는 마음

오늘도 그 품을 찾네
위대하신 수령님 영원히
우리와 함께 계시네

구격토 《하고》와 《랑》은 모음으로 끝난 말줄기에 붙어 쓰인다. 자음으로 끝난 말줄기인 경우에는 결합모음 《이》가 들어간 《이하고》, 《이랑》의 형태를 이룬다.

구격토 《하고》, 《랑》은 그 발생력사로 보나 시원적인 단어와의 련관관계로 보나 문법적의미의 추상화정도가 낮고 의미폭도 상대적으로 좁다.

구격토 《와, 과, 하고, 랑》이 공통적으로 가지고있는 의미는 다음과 같다.

① 행동이나 상태의 상대로 되는 대상임을 나타낸다.
○ 련대장은 대원들과(대원들이랑, 대원들하고) 담화를 하고있었다.

② 대비되는 대상임을 나타낸다. 이때에는 《같다, 다르다, 비슷하다, 흡사하다, 마찬가지다, 딴판이다》와 같은 단어와 결합한다.
○ 조국을 위하는 내 마음, 네 마음과(마음하고, 마음이랑) 마찬가지다.

③ 대상성과 관련된 단어나 기타 단위를 렬거하여 나란히 이어준다.
○ 소학교 첫 등교를 하는 손자애에게 차례진 연필과(연필이랑, 연필하고) 지우개와(지우개랑, 지우개하고) 칼과 학습장과 교과서를 보며 학교문전에도 가보지 못했다던 부모님들의 지난날이 문득 떠올라 저도 모르게 눈시울이 뜨거워났다.

구격토 《와》, 《과》는 구격토 《하고》, 《랑》보다 의미폭이 더 넓다.

구격토 《와, 과》는 《하고, 랑》과 달리 《같이, 비슷이, 달리, 함께…》 등과 같은 부사와 결합하기 위하여 쓰이기도 하며 보조적으로 쓰이는 《더불어》, 《아울러》 등과 결합하기 위하여서도 쓰인다.

○ 수정과 같이 맑은 그의 마음

○ 우리와 함께 《고난의 행군》길을 헤쳐온 젊은이들
○ 그는 전우들과 달리 탄광으로 진출할 생각을 하고있었다.
○ 노래와 더불어 승리해온 우리 혁명
○ 이와 아울러 몇가지 더 이야기하겠습니다.

비교격

비교격형태는 격토《처럼, 마냥, 보다》등에 의하여 이루어진다.

비교격토《처럼, 마냥, 보다》등은 그것이 붙은 단어를 문장에서 동사나 형용사와 결합시켜주면서 비교대상이 됨을 나타낸다.

비교격토는 그가 붙은 단어가 문장에서 상황어로 되게 한다.

격토《처럼, 마냥, 보다》가 가지고있는 의미는 비교의 의미로서 큰 차이가 없다.

○ 오늘 우리 시대의 영웅들처럼 수령결사옹위, 결사관철의 정신으로 살며 투쟁하는것보다 더 보람차고 영예로운 일은 없다.

격토《처럼》과《마냥》은 특성이 서로 같은것을 비유해서 말할 때 쓰이며 격토《보다》는 특성이 다른 두 대상을 대비할 때 쓰인다. 이것으로 하여 비교격토들은 미세한 의미적차이를 가지고있다. 그러나 특성이 같은 두 대상을 비교하든 특성이 다른 두 대상을 비교하든 어디까지나 비교되는 대상임을 나타내므로 하나의 격형태안에서 다루는것이 합리적이다.

호격

호격형태는 격토《아, 야, 여, 이여, 이시여》에 의하여 이루어진다.

호격토《아, 야, 여, 이여, 이시여》는 어떤 인물이나 대상에 대한 부름을 나타내며 호격토가 붙은 단어가 문장에서 부름말로 되게 한다.

호격토《아》는 닫긴소리마디로 끝난 말줄기에 붙어 쓰이며《야》는 열린소리마디밑에서 쓰인다.

호격토《여》,《이여》는 주로 글말에서 쓰이고《아》,《야》는 입말에서 쓰인다.

○ 누가누가 나를 부르네
 귀속말로 다정히
 아 어머니 나를 키운 어머니
 당이여 그대 아니면 누가 나를 부르랴
 그대가 아니면 누가 나를 부르랴

호격토 《이시여》는 존경의 대상에 대하여 쓰이는데 그것은 존경토 《시》가 들어가 끼인것과 관련된다. 호격토 《이여》도 《아》나 《야》에 비해볼 때 얼마간 높임의 뜻을 나타내고있다.

○ 고마워라 어머니 당의 품이여
○ 모여라 동무들아 붉은기아래
○ 옥희야 너도 가자 순희야 너도 가자.

절대격

절대격형태는 아무런 격토도 붙지 않은것으로 이루어진다.

절대격은 격들가운데서 가장 다양한 의미적관계를 나타낸다. 그러나 우에서도 지적한바와 같이 절대격이 표시하는 의미가 아무리 다양하다 하여도 임의의 격이 나타내는 모든 의미를 다 나타낼수 있는것은 아니다. 절대격 역시 다른 격들과 마찬가지로 그 용법과 의미에서 제약을 받는 격으로서 일정한 의미에서만 뜻같은 관계를 가진다.

절대격은 대격이나 속격, 여격 등과 같이 자기에게 고유한 격의 의미를 가지고있지 못하다. 이로부터 그 어떤 문법적의미나 문법적형태가 없는 《절대격》을 하나의 격토로 인정하는것이 타당하지 못하다고 주장할수 있다.

그러나 절대격은 형태의 측면에서 본다면 인디아-유럽어들에서의 주격형태 비슷한것으로서 조선어에서 주격토나 속격토, 대격토 등이 붙은 다른 격형태들과 구별된다. 그러나 그 의미기능상의 특성은 인디아-유럽어에서는 찾아볼수 없는것으로서 여러가지 의미를 가지고있다. 절대격은 주격, 대격, 속격, 여격, 위격, 조격, 구격, 호격, 비교격 등 다른 모든 격형태를 대신할수 있기때문에 그 의미는 참으로 다양하다.

○ 얼마나 준엄한 날이 이 땅에 흘렀던가

얼마나 험난한 길을 우리가 걸었던가
　　피눈물언덕에서 장군님 시작하신
　　고난의 그 행군을 우리는 잊지 않으리.
　　(행동의 주체 즉 주격과 같은 의미)
○ 붉은기 높이 들고 나아가는 천만의 대오(직접객체 즉 대격과 같은 의미)
○ 조국강산 아름다움을 내 마음껏 노래하노라.(규정적관계의 대상 즉 속격의 의미)
○ 염소 먹일 풀을 한짐 지고오는 총각(행동의 간접객체 즉 여격의 의미)
○ 개 물린 다리(행동의 주체 즉 여격의 의미)
○ 나도 언니처럼 당의 참된 딸 되리라.(변화되여 이루어지는 대상 즉 주격의 의미)
○ 그 사람은 우선 사람 아니다.(부정의 대상 즉 주격의 의미)
○ 고향떠나 10년(행동의 출발점 즉 대격의 의미)
○ 공장 가는 길에 만난 친구(행동의 방향 즉 여격이나 조격의 의미)
○ 산골 사는 초부(행동의 위치 즉 여격이나 위격의 의미)
○ 전적지답사 떠났다.(행동의 목적 즉 대격이나 조격의 의미)
○ 불같은 열정, 강철같은 의지(비교되는 대상 즉 구격의 의미)
○ 이런 황홀경을 처음 봅니다.(순서 즉 조격의 의미)
○ 순희동무! 언제 떠나요.(호칭 즉 호격의 의미)
○ 종일 말 한마디 하지 않았다.(강조 즉 대격의 의미)
　이처럼 절대격은 여러 격의 의미로 쓰이면서 여러가지 문장론적기능을 수행한다.
　절대격은 격의 생략과 같지 않다. 실례로 《손님 오셨다.》라고 했을 때는 《손님》이 아무런 격토가 붙지 않은채로 쓰이면서 행동의 주체 즉 주격의 의미를 나타내고있다. 이때는 절대격의 사용으로 볼수 있다. 물론 격의 생략으로 보아도 무방하다. 어감의 차이가 약간 있기는 하지만 기본의미는 변하지 않는것이기때문이다. 그러나

《철수 집 있다.》고 하면 이것은 절대격의 사용인것이 아니라 격의 생략으로 보아야 한다. 《철수 집 있다.》는 《철수가 집에 있다.》는 것인지 《철수의 집에 있다.》는것인지 《철수의 집이 있다.》는것인지 잘 알수 없다. 따라서 이것은 문맥의 도움밑에서 알수 있는 격의 생략현상이다. 또한 《철수 삽 흙 판다.》도 아무런 격토가 없이 쓰인 명사가 세번 나오는 문장으로서 절대격의 사용인것이 아니라 격의 생략현상인것이다. 이것 역시 문맥과 환경의 도움밑에서만 문장의 뜻을 정확히 파악할수 있기때문이다.

제2절. 도움토와 련관성의 범주

1. 도움토와 련관성의 범주에 대한 일반적리해

도움토란 단어들의 문장론적관계밖의 다른 일정한 문법적의미, 다시말하여 어떤 사물, 현상 또는 그밖의 다른것들사이의 련관관계를 나타내는 토이다. 도움토는 격토처럼 문장론적결합관계를 나타내지 못하지만 그것이 붙는 단어의 문법적형태를 도와 결합관계를 뚜렷이 해준다.
○ 우리 직장은 생산문화, 생활문화를 확립하는데서도 다른 직장에 모범이 되고있다.
여기서 토《도》는 문장속에서 단어들사이의 문장론적인 결합관계를 나타내는것이 아니다. 우의 문장은 토《도》가 없이도 가능하다. 다시말하여 토《도》가 없이도 문장론적인 결합관계는 이루어지며 말하는 사람이 나타내려고 하는 기본사상이 충분히 표현되고있다.
그런데 여기서 토《도》는 생산계획을 수행하는것이나 생산설비를 애호관리하는데서 그리고 로동자들의 기술기능급수를 한계단 높이거나 창의고안, 기술혁신운동을 벌리는데서와의 관계속에 있음을 나타내고있다. 생산계획을 수행하는데서만이 아니라 생산문화, 생활문화를 확립하는데서 앞장서고있다는것을 더욱 뚜렷하게 나타내고있다.

　이처럼 도움토는 어느 한 사실을 다른 사실과 련관시켜 나타내는데 그 특성이 있다. 이로부터 도움토에 의하여 표현된 문법적의미와 문법적형태에 의하여 하나의 새로운 문법적범주인 련관성의 범주가 이루어지게 된다. 련관성의 범주는 문장속에 있는 단어들의 문장론적결합관계를 나타내는 문법적범주인것이 아니라 이야기된 사실과 다른 사실들과의 련관관계를 나타내는 문법적범주이다. 이것은 서술토에서 보게 되는 이야기하는 사람이 동사로 표현된 행동에 대하여 가지는 관계를 법범주로 표현하는것과 류사한것이다. 이야기하는 사람과 이야기된 사실과의 관계는 법범주로 일반화되고 이야기된 사실과 다른 사실과의 관계는 도외시된다면 공평한 문법적처리로 될수 없다. 그러므로 도움토로 표현된 문법적관계를 련관성의 범주로 일반화하는것은 타당한것이다.

　련관성의 범주를 설정함에 있어서는 우선 지난날 《격토처럼 쓰이는 토》, 《제2부류 격토》라고 처리하던 토들을 포함시키지 말아야 한다.

　《격토처럼 쓰이는 토》, 《제2부류 격토》는 앞에서도 고찰한바와 같이 문장속에서 단어들의 문장론적결합관계를 나타내는것으로서 도움토의 기본개념에 맞지 않는다. 그러므로 지난 시기에도 《격토처럼 쓰이는 토》 또는 《제2부류의 격토》라고 이름지었던것이다.

　이와 관련하여 지난날 도움토에 성격이 완전히 다른 여러 부류의 토들을 망라시키고 평범한 의미로서의 도움토라는 이름을 붙이였던것과 같은 모순에 찬 문법적처리를 하여서는 안된다. 《격토처럼 쓰이는 토》, 《제2부류의 격토》는 그 말자체에서도 크게 보아 격토라는것을 암시해주듯이 격토로서의 응당한 위치를 차지하게 해야 한다. 도움토에는 엄밀하게 분석한데 기초하여 이야기된 사실과 다른 사실들과의 련관관계만을 나타내는 토만을 소속시켜야 한다.

　련관성의 범주를 설정함에 있어서는 다음으로 지난날에 주었던 도움토의 기능에 대한 정의를 재검토하고 바로 잡아야 한다.

　지난날 도움토의 기능에 대해서 《어떤 뜻빛갈을 더해준다.》고 규정한것이 적지 않았다.

도움토인 경우에 《어떤 뜻빛갈을 더해준다.》고 하는것은 언어사실에 맞지 않는 규정으로 된다.

의미론에서 뜻빛갈이라고 하면 단어의 뜻내용에서 대상론리적개념을 제외한 표현정서적인 뜻을 말한다. 뜻빛갈은 기본뜻에 덧붙여진 것으로서 발생학적인 견지에서 보면 후기의 산물이며 자립성의 견지에서 보면 아직 미숙된것이다. 이렇게 놓고볼 때 도움토에서 찾아보게 되는 의미는 기본뜻을 전제로 하는것도 아니며 자립성의 견지에서 볼 때 미숙성을 가지는것도 아니다. 더구나 《어머니》, 《어머님》, 《에미》, 《엄마》 등에서 찾아볼수 있는 표현정서적인 특성은 전혀 없다. 《어떤 뜻빛갈을 더해준다.》고 했을 때 그가 붙은 단어의 어휘적뜻을 더해줄수는 더욱 없는것이다.

우에서 보여준 실례에서 《생산문화, 생활문화를 확립하는데서도》의 《도》는 확립하는 어휘적의미를 더해줄수 없으며 《확립하다》에 어떤 뜻빛갈을 조성해줄수도, 나타내줄수도 없다. 이때의 《도》는 우에서도 이야기된바와 같이 이야기된 사실과 다른 어떤 사실들과의 련관관계 즉 포함의 관계를 나타낼뿐이다.

말이나 글에서 이야기되여야 할 사물이란 결코 고립되여있지 않고 서로 련관되여있다. 그러므로 이런 련관관계에 대하여 이야기하지 않고서는 사물현상을 정확하고 명확하게 이야기하지 못할 때가 많다. 물론 이야기된 사실과 다른 사실들과의 련관관계는 이야기식으로 표현할수도 있으며 어휘적으로 표현할수도 있다. 이렇게 문법적의미의 표현수단인 토로 나타냄으로써 그에 맞게 련관성의 문법적범주가 설정되게 된다.

련관성의 범주를 설정함에 있어서는 다음으로 일부 도움토의 성격을 《조사》나 《보조적단어》로 보면서 문법적인것으로 처리하지 않는 일이 없어야 한다.

지난날 일부 조선어문법연구가들속에서는 도움토를 《조사》나 《보조적단어》로 처리한 경우가 없지 않았다. 특히 외국의 조선어연구가들에게 있어서 이런 현상이 심하였다.

보조적단어는 물론 조사도 단어에 속하는것이지 단어밖의것은 아니다. 도움토에 속하는 《만, 도, 조차, 부터, 서껀, 야…》 등은 불완전명사에 속하는 《분, 서슬, 자》 등 단어와 일부 학자들이 양태조사라고 하는 《양, 척, 줄, 수》 등의 단어와도 구별된다. 도움토에 속하는 《만, 도, 조차, 부터, 까지, 서껀, 야…》 등은 어휘적인 실질적의미를 찾아볼수 없으며 단어조성적능력도 가지고있지 못하다. 또한 그 사용에서 말줄기에 직접 붙어 쓰이거나 격토나 도움토와 어울려쓰이는 등 불완전명사나 조사와 구별되는 특성을 가지고 있다.

물론 도움토인 경우에는 격토나 서술토에 비해볼 때 문법적추상화정도가 낮은것은 사실이나 《읽을망정, 읽을수록, 읽을지라도, 읽을지언정, 읽기는새려…》 등을 하나의 토로 묶어놓을수 있듯이 《만, 도, 조차, 부터, 까지, 서껀…》 등도 하나의 보조적단어나 조사가 아니라 하나의 토범주에 묶어놓을수 있다. 다시말하여 교착덧붙이로 처리할수 있는 근거를 가지게 된다.

련관성의 범주를 설정함에 있어서는 다음으로 일부 도움토를 격토로 처리하는 일이 없어야 한다.

도움토가운데에는 《는(은)》, 《란(이란)》과 같이 문장론적기능을 절대시하여 주격토로 처리할수 있는것들이 있다.

토 《는(은)》, 《란(이란)》은 문장에서 내세워지는 대상을 나타내는것만큼 기능상에서 볼 때 주격토와 별다른 차이가 없는것으로 간주될수 있다. 그러나 토 《는(은)》, 《란(이란)》은 어디까지나 격토가 아니라 도움토이다. 그 근거는 다음과 같다.

우선 도움토 《는(은)》에 대하여 살펴보자.

토 《는(은)》은 《특별히 지정하여 내세워말하는 관계》를 나타내기 때문에 그것이 붙은 단어가 주어로 될수 있게 해준다.

○ 바다는 청년들을 부른다.

여기에 쓰인 단어형태 《바다는》은 진술의 주체로 되면서 주어로 된다.

토 《는》은 주격토 《가(이)》와 교체되여 쓰일수 있다. 이런 의미에서 토 《는(은)》이 주격토로 처리될수 있는 근거가 있다.

그러나 도움토 《는(은)》은 주격토와만 교체되여 쓰일수 있는것이 아니라 그 어떤 다른 토와도 교체되여 쓰일수 있다. 특별히 지정하여 내세우는 대상이라면 그 어떤 위치에서도 다 쓰인다.
- ○ 내가 이런 책은 이틀에 읽는다. (보어에 해당함)
- ○ 내가 이런 책을 이틀에는 읽는다. (상황어에 해당함)
- ○ 내가 그 책을 읽는데는 이틀이 걸렸다. (상황어에 해당함)
- ○ 내가 그 책을 읽는데 이틀은 걸렸다. (주어에 해당함)
- ○ 내가 그 책을 이틀은 걸려 읽었다. (보어에 해당함)
- ○ 내가 그 책을 이틀에 걸려 읽었다. (상황어에 해당함)

우의 실례에서 도움토 《는(은)》은 그 어떤 사실을 특별히 지정하여 내세워말할 때면 문장성분상 주어 아닌 위치에서도 얼마든지 쓰인다는것을 보여주고있다. 이것은 이 토가 주격토로 될수 없는 토라는것을 말해준다.

또한 도움토 《는(은)》은 주격토 《가(이)》와 교체되여쓰일수 있는 경우에도 의미가 꼭 같지 않은것이다.
- ○ 참으로 다락밭은 좋은 점이 한두가지가 아니다.

이 례문에서 쓰인 도움토 《는(은)》과 주격토 《가(이)》를 바꾸어쓸수 있다.
- ○ 참으로 다락밭이 좋은 점이 한두가지가 아니다.
- ○ 참으로 다락밭이 좋은 점은 한두가지가 아니다.

그러나 도움토 《는(은)》과 주격토 《가(이)》가 교체되여쓰인것과 원래의것을 대비해보면 그 문장이 주는 의미와 어감은 다른것이다. 이것으로 하여 문장에서 꼭같이 주어의 기능을 수행하는 경우일지라도 도움토 《는》과 주격토 《가(이)》는 교체되여쓰일수 없는것이다.
- ○ 미제는 남조선에서 물러가라.
- × 미제가 남조선에서 물러가라.

또한 도움토 《는(은)》은 전형적인 도움토들인 《도, 만》 등과도 교체되여쓰일수 있는데 이것은 격토의 성질보다 도움토의 성질을 더많이 가지고있다는것을 보여주는것이다.

집에는 - 집에도
읽기는 하지만 - 읽기도 하지만
읽어서는 - 읽어서도

이와 같은 표식들로 하여 토 《는(은)》은 격토가 아니라 도움토로 처리하게 된다.

다음으로 도움토 《란(이란)》에 대하여 살펴보자.

도움토 《란(이란)》은 주격토와만 교체되여쓰일수 있는것이 아니라 대격토와도 교체되여쓰일수 있다. 그것은 어떤 정의를 주기 위하여 주어로 내세우는 대상으로 되는 경우에는 도움토 《란(이란)》이 붙을수 있기때문이다.

○ 제국주의란 죽어가는 자본주의다.

여기서 토 《란》은 제국주의에 대하여 그 어떤 정의를 주기 위하여 내세운 대상이라는것을 말해준다. 이때는 도움토 《는(은)》과 교체될수 있으며 어떤 때에는 주격토와도 교체될수 있다.

그러나 다음의 문장에 있는 도움토 《란(이란)》은 대격토와 교체된다.

○ 일이란 언제나 책임적으로 해야 한다.

○ 그 동무는 술이란 전혀 입에 대지도 않는 사람이다.

이로부터 토 《란(이란)》은 격토에 소속되는것이 아니라 도움토에 소속되는것이다.

도움토에 어떤 토들이 소속되겠는가 하는 문제와 관련하여 토 《그려》, 《마는》과 불완전명사 《뿐》에 대하여 살펴볼 필요가 있다.

토 《그려》, 《마는》 등은 《훌륭합니다그려, 훌륭합니다마는》 등과 같이 맺음토뒤에 붙어 쓰인다. 서술토뒤에 붙어 쓰이는것으로 하여 대상토뒤에 붙어 쓰이는 다른 도움토들과 구별된다. 그뿐만아니라 토 《그려》는 훌륭하다는것을 강조해주는 뜻을 나태내고 토 《마는》은, 《그렇지마는》이 줄어든것으로서 말을 맺지 않고 대립적으로 뒤에 이어주는 역할을 한다. 그러므로 토 《그려》와 《마는》은 도움토에 넣을수 없다.

토 《그려》는 마치 《누가 안 가겠다나뭐.》, 《그림이 상당히 크다야.》에서 볼수 있는 《뭐》나 《야》 같은것과 류사한것으로서 문법적의미의 강조형을 이룬다.

일부 문법책에서 도움토로 처리했던 《뿐》은 토인것이 아니라 불완전명사이다.

단어 《뿐》은 체언아래에 쓰이여서는 그것만이고 더는 없다는 뜻을 나타내며 용언아래에 쓰이여서는 다만 어떠하거나 어찌할따름 이라는 뜻을 나타낸다.

○ 그 소식을 듣고 기뻐한것은 나뿐이 아니다.
○ 우리는 아무말없이 다만 뜨거운 눈물을 삼켰을뿐이다.
○ 정말이다뿐입니까? 제가 직접 봤는걸요.

단어 《뿐》은 우에서 보는바와 같이 토《ㄹ》의 뒤에서도 쓰이는 데 이것은 도움토에서 찾아볼수 없는 현상이다. 또한 《알다뿐입니 까?》에서와 같이 맺음토뒤에서도 쓰인다. 그러므로 제한의 뜻을 가 졌다고 하여 제한의 뜻을 나타내는 도움토 《만》과 같이 취급할수 없다.

이상에서 고찰된 도움토의 성격과 기능, 범위에 대한 규정에 따라 도움토의 체계를 다음과 같은 도표로 보여줄수 있다.

련관성의 의미	도 움 토
포함	도, 서껀
제한	만
지정	는(은), 란(이란)
구획	부터, 까지
강조	야(이야), 야말로(이야말로)*
망라	마다
선택	라야(이라야)
양보	나(이나), 나마(이나마), 라도(이라도), 마저, 조차
더 말할것없이	커녕, 새려

* 도움토《야말로》는 《야(이야)+말로》의 구조로 분석할수 있는것으 로서 조선어의 문법화과정의 전형적인 실례로 될수 있다.

《말로》는 원래 《말》의 조격형이다. 새로운 토의 구성부분으로 되면서 실질적인 어휘적인 의미를 찾아보기 힘들게 되였다. 강 조의 의미를 나타내는 도움토 《야(이야)》에 붙어 그것을 더 강

조해주고있다. 이런 현상은 규정토 《ㄹ(울)》, 《ㄴ(은)》의 뒤에
《ㅅ》, 《ㄷ》와 같은 불완전명사가 결합되여 새로운 토를 조성한
것과 류사한 현상이다.

2. 도움토의 결합구조적특성

도움토는 문장성분상 어느 위치에나 다 붙을수 있으며 체언만이 아니라 용언의 일정한 문법적형태뒤에도 붙어 쓰인다.
○ 누나도 왔다.(주어의 위치)
○ 학습장도 가져왔다.(보어의 위치)
○ 연필로도 쓴다.(보어의 위치인데 조격토《로》뒤에서 쓰이였다.)
○ 붉게도 핀 진달래(상황어의 위치인데 상황어형토뒤에서 쓰이였다.)
○ 빨리도 뛴다.(상황어의 위치인데 부사에 붙어 쓰이였다.)
○ 걸으면서도 책을 읽는다.(이음술어의 위치)
도움토는 도움토들끼리 그리고 격토와의 겹침이 대단히 다양한 특성을 보이고있다.
그 정형을 보면 다음과 같다.
- 도움토+도움토
○ 나는야 조선의 꽃봉오리
- 격토+도움토
○ 불길은 면사무소에서도 일어났다.
- 도움토+격토
○ 사람들의 가슴마다에 차오르는 격정
- 도움토+격토+도움토
○ 떠난지 열흘만에야 겨우 목적지에 도착하였다.
- 격토+도움토+도움토
○ 이 고장에서 찾아내지 못하면 그 어디에까지라도 쫓아가서 뒤져내고야 말겠소.

- 도움토+격토+격토
  ○ 논벌마다에로 쉬임없이 흘러드는 생명수
  - 격토+도움토+도움토+도움토
  ○ 나라의 보배인 너희들에게만은야 배려를 돌려주지.
  - 도움토+도움토+격토
  ○ 어떻게 해서라도 첫 조작시험에서 성공할 생각까지만을 해온 그였다.
  - 격토+격토+도움토
  ○ 모두들 그에게로만 시선이 쏠렸다.
  - 도움토+도움토+도움토
  ○ 다른 사람은 몰라도 자네만은야 리해할줄 알았네.

  도움토의 이러한 구조결합적특성으로 하여 도움토는 두가지 측면에서 문제가 제기될수 있다.

  우선 그 하나는 도움토가 끼움토인가 아니면 자리토인가 하는것이다.

  우에서도 본바와 같이 도움토는 말줄기와 격토 또는 도움토사이, 격토와 도움토사이 그리고 도움토와 격토사이에 끼여들어가는 경우가 있다.

  이것으로 하여 도움토의 성격을 자리토가 아니라 끼움토라고 규정하는 경우가 없지 않다.

  그러나 끼움토는 두 토들사이에 끼워들어갔다는것도 중요한 표식으로 되지만 그보다 더 중요한 표식은 문장에서 일부 경우 일정한 정도로 문장론적위치를 규정해주는데 참가하고있는것이다. 도움토는 그것이 말줄기와 격토사이에 들어간 경우에도 그렇고 도움토들사이에서 쓰이는 경우에도 자기의 련관성의 의미를 버리지 않는다. 격토처럼 문장속에서 단어들사이의 문장론적결합관계를 표현하지는 않지만 이야기된 어떤 사실과 다른 사실과의 련관관계를 나타내는 자기의 기본의미는 버리지 않으며 해당한 문장성분의 표현에 참가한다. 이로부터 도움토를 시간토나 상토, 존경토와 같은 끼움토로 처리하지 못하는것이다.

  다음으로 그 하나는 도움토가 체언토인가 용언토인가 그리고 다른 측면에서 대상토인가 아니면 서술토인가 하는것이 제기된다.
 우의 실례들에서도 볼수 있는바와 같이 도움토는 용언뒤에도 붙어 쓰이며 꾸밈토나 이음토뒤에서도 쓰인다. 이것을 근거로 하여 도움토를 체언토도 아니고 용언토도 아니며 대상토도 아니고 서술토도 아니라고 하는 주장이 나올수 있다.
 그러나 용언뒤에 붙어 쓰이는 도움토가 극히 제한되여있으며 앞에 있는 서술토도 극히 제한되여있는것만큼 이것이 도움토의 성격을 규정하는데서 결정적인 작용을 할수 없다. 언어현상에는 과도적인것이 적지 않다. 그리고 이렇게 이중적인 성격을 띤 토들이 《도, 만, 나, 나마, 라도, 조차, 부터, 까지, 는》등 몇개에 지나지 않는것만큼 모든 도움토들이 체언토도 아니고 용언토도 아니며 대상토도 아니고 서술토도 아니라고 주장하기 힘들다. 또한 도움토가 용언토이며 서술토라고도 할수 없는것이다.
 따라서 도움토는 그 절대다수가 체언토이고 대상토인것만큼 그것으로서의 성격을 기본으로 규정해주면서 일부가 용언에도 붙어 쓰이여 서술토처럼 쓰인다는것을 조건적으로 인정하고 처리하는수밖에 없다.
 매개 도움토들의 격토와의 결합관계를 보여주면 다음과 같다.
 ① 도움토《는(은)》, 《도》, 《나(이나)》, 《라도》, 《마저》는 격토나 다른 도움토의 앞에서 쓰이지 못하고 언제나 그뒤에 붙어 쓰인다.
  ○ 에는, 에게는, 에서는, 로는, 와는, 더러는, 한테는, 랑은, 하고는, 처럼은, 보다는, 만은, 부터는, 서껀은, 까지는, 마다는…
  ○ 에도, 에게도, 에서도, 로도, 와도, 더러도, 한테도, 랑도, 하고도, 처럼도, 보다도, 나마도, 조차도, 마저도, 만도, 부터도, 까지도…
  ○ 에나, 에게나, 에서나, 에게서나, 와나, 로나, 더러나, 한테나, 하고나, 처럼이나, 보다나, 부터나, 까지나…
  ○ 에나마, 에게나마, 에서나마, 한테나마…

○ 에라도, 에게라도, 에서라도, 에게서라도, 로라도, 와라도, 한테라도, 더러라도, 께라도, 께서라도, 랑이라도, 하고라도, 보다라도, 만이라도, 부터라도, 서껀이라도, 조차라도, 까지라도, 마저라도, 마다라도…
○ 에마저, 에게마저, 에서마저, 에게서마저, 로마저, 와마저, 더러마저, 한테마저, 하고마저, 처럼마저, 부터마저, 까지마저…

② 도움토 《야》, 《조차》는 주로 격토나 도움토뒤에서 쓰이는데 때로는 격토나 도움토앞에서 쓰이기도 한다.

《야》

에야, 에게야, 에서야, 에게서야, 와야, 더러야, 한테야, 랑이야, 하고야, 처럼이야, 보다야, 만이야, 부터야, 까지야, 조차야…

야만

《조차》

에조차, 에게조차, 에서조차, 에게서조차, 한테조차, 부터조차, 까지조차…

조차도, 조차는

③ 도움토 《만》, 《서껀》, 《부터》, 《까지》는 격토와 도움토의 뒤에서도 쓰이고 앞에서도 쓰인다.

《만》

에만, 에게만, 에게서만, 에서만, 로만, 와만, 더러만, 한테만, 하고만, 처럼만, 보다만, 부터만, 까지만…

만이, 만의, 만을, 만으로, 만이나마, 만은, 만도, 만이야…

《서껀》

한테서껀, 께서껀, 에게서껀, 에서껀, 로서껀…

서껀은, 서껀조차, 서껀까지, 서껀이라도…

《부터》

에부터, 에게부터, 에서부터, 로부터, 를부터, 더러부터, 께부터, 께서부터, 한테부터, 하고부터, 랑부터, 처럼부터…

부터가, 부터의, 부터를, 부터에, 부터에서, 부터나, 부터는, 부터도, 부터라도, 부터만, 부터조차…
《까지》
에까지, 에게까지, 에서까지, 더러까지, 로까지, 한테까지, 하고까지…
까지가, 까지의, 까지를, 까지에, 까지에서, 까지나, 까지는, 까지도, 까지라도, 까지만, 까지조차…

이와 같이 도움토는 격토 및 도움토와 어울려쓰이는데 그 결합위치는 언제나 같은것이 아니고 서로 엇바뀔수 있다.
일부 도움토는 극히 제한된 서술토와 결합하여쓰인다.
이음토《아, 어, 서, 어서, 고, 다가》와 꾸밈토《게》 등과 결합하는데 결합하는 도움토도 제한되여있다.
○ 읽어는 보았다.
○ 이래서야 쓰겠니.
○ 이 은혜를 죽어서도 잊지 못하겠습니다.
○ 쳐다보고만 있었다.
○ 있다가도 한번 들리게.
○ 읽게만 하지 말고 쓰게도 하라.

3. 매개 도움토형태의 구체적인 의미

1) 도움토《도》의 의미
① 《포함》의 련관관계를 나타낸다.
　○ 나도 알지만 그는 유명한 시인입니다.
② 렬거하면서 강조하는 대상임을 나타낸다.
　○ 《사상도 기술도 문화도 주제의 요구대로!》
　○ 제힘을 믿고 떨쳐나서면
　　천리도 눈앞에 지척
　　남의 힘믿고 바라다보면
　　지척도 아득한 만리
　　모진 광풍이 몰아친대도
　　우리는 맞받아가리

　　　　　장군님따라 주체의 한길
　　　　　신심드높이 가리라
　③ 감탄하면서 내세우는 대상임을 나타낸다.
　　　○ 정말 신통도 하지!
2) 도움토 《서껀》의 의미
　① 함께 행동하는 관계에 있는 인물임을 나타낸다.
　　　○ 정순이가 철수서껀 버들방천에 나가더라.
　② 그 어떤 행동에 포함하는 대상임을 나타낸다.
　　　○ 사과서껀 배서껀 따왔다.
3) 도움토 《만》의 의미
　① 다른것으로부터 제한해내는 관계에 있음을 나타낸다.
　　　○ 행복만이 있기를 진심으로 축원합니다.
　② 특별히 강조되는 대상임을 나타낸다.
　　　○ 정설동무를 만나게만 되면 편지를 꼭 전하지요.
4) 도움토 《는(은)》의 의미
　① 여럿가운데서 특별히 지정하여 내세우는 련관관계를 나타낸다.
　　　○ 그날 배운것은 그날로 리해하고 넘어가야 한다.
　② 다른것과 대조되는 대상임을 나타낸다.
　　　○ 사과는 좋아하지만 배는 좋아하지 않는다.
　③ 미루어보는 계기로 됨을 나타낸다.
　　　○ 최동무가 급히 왔을 때는 분명 무슨 일이 있는게요.
　④ 조건적으로 지정하여강조하는 관계임을 나타낸다.
　　　○ 벼랭상모판을 돌아보고는 그래도 한결 근심이 덜어졌다.
　⑤ 부정되는 대상을 나타내는 단어에 붙어 쓰이면서 **강조해준다**.
　　　○ 이것은 우리가 거둔 성과의 전부는 **아닙니다**.
　⑥ 성구적결합속에서 **특별히 강조함을 나타낸다**.
　　　○ 참 좋기는 좋다.

5) 도움토 《란(이란)》의 의미
여럿가운데서 특별히 지정하여 규정하는 관계에 있음을 나타낸다.
　○ 생이란 무엇인가 그 누가 물으면
　　　나는 대답하리라
　　　웃으며 추억할 지난날이라고
6) 도움토 《부터》의 의미
　① 시작점을 구획짓는 련관관계에 있음을 나타낸다.
　　　○ 동무부터 먼저 발언을 하시오.
　② 좋지 않은 일에 솔선 나서는 대상임을 지적해주는 관계를 나타낸다.
　　　○ 아니 너부터 나서라. 그다음 재훈이를 보자.
7) 도움토 《까지》의 의미
　① 마감점을 구획 짓는 련관관계에 있음을 나타낸다.
　　　○ 회의는 10시까지 한다.
　② 달갑지 않은 일을 양보하여 포함시키는 관계를 나타낸다.
　　　○ 오늘따라 비까지 오는군.
8) 도움토 《야(이야)》의 의미
　① 구별하여 강조하는 련관관계에 있음을 나타낸다.
　　　○ 너야 무슨 걱정이 있겠니.
　② 조건적으로 강조하는 련관관계에 있음을 나타낸다.
　　　○ 고요한 밤하늘에 내리는 눈송이야
　　　　내 마음 가는 그곳 너는야 알고있지
　　　　저기 저 불밝은 당중앙창가에
　　　　긴긴 밤이 지샌다고 한마디만 전하여주렴
　③ 부정되는 단위에 붙어 강조의 뜻을 나타낸다.
　　　○ 그렇게 아량이 없어서야 어떻게 큰 일을 하겠소.
9) 도움토 《야말로(이야말로)》의 의미
특별히 강조하는 대상임을 나타낸다.
　　　○ 바다야말로 청년들이 진출할 활무대요.

10) 도움토 《마다》의 의미
모두 망라되는 관계에 있음을 나타낸다.
　　○ 전사들의 가슴마다에는 당과 수령, 조국과 인민에 대한 다함없는 충성이 끓어번지였다.
11) 도움토 《라야(이라야)》의 의미
① 선택되는 조건의 관계에 있음을 나타낸다.
　　○ 질은 좋은것이라야 합니다.
② 그 어떤 조건의 부정관계에 있음을 나타낸다.
　　○ 좋은것이라야 석달밖에 못 간다.
12) 도움토 《나(이나)》의 의미
① 선택의 대상이 되는 관계에 있음을 나타낸다.
　　○ 오늘밤 최동무나 박동무가 올겝니다.
② 양보의 대상으로 되는 관계에 있음을 나타낸다.
　　○ 그동안 책이나 읽을가?
③ 포괄되는 대상의 관계에 있음을 나타낸다.
　　○ 누구나 다 일하여야 한다.
④ 추정되는 분량으로 되는 관계에 있음을 나타낸다.
　　○ 이제 열시나 됐겠나?
⑤ 강조되는 련관관계에 있음을 나타낸다.
　　○ 벌써 두시간이나 지났구나.
⑥ 비교되는 류사한 대상임을 나타낸다.
　　○ 그들의 우정은 예나지금이나 다를것이 없었다.
13) 도움토 《나마(이나마)》의 의미
① 양보의 대상으로 되는 관계임을 나타낸다.
　　○ 서툰 재간이나마 성실성을 다 바치겠습니다.
② 불리한 환경에 있음을 강조해준다.
　　○ 학교가 미군병영으로 빼앗긴 후로는 명목만의 학교나마 다닐수 없게 되였다.
14) 도움토 《라도(이라도)》의 의미
① 양보의 대상으로 되는 관계에 있음을 나타낸다.
　　○ 전화련락이 안되면 밤길을 걸어서라도 꼭 알려야 할것

이 아니요.
　② 가정하는 대상임을 나타낸다.
　　○ 남자라도 모르겠는데 녀자의 몸으로 그 큰 독을 날랐으니…
　③ 무조건적인 대상임을 나타낸다.
　　○ 그 어떤 곤난이라도 이겨낼 굳은 결심을 하였다.
　15) 도움토 《마저》의 의미
달갑지 않은 일을 양보하여 포함시키는 관계를 나타낸다.
　　○ 바람이 세차게 부는데다가 비마저 쏟아졌다.
　16) 도움토 《조차》의 의미
달갑지 않은 일을 양보하여 포함시키는 관계를 나타낸다.
　　○ 바람이 세차게 부는데다가 비조차 쏟아졌다.
　17) 도움토 《커녕》의 의미
더 말할것이 없는 관계에 있음을 나타낸다.
　　○ 눈커녕 비도 안 왔다.
　　○ 외국어학습은커녕 기술학습도 제대로 하지 않는 그에게서 발전이란 불보듯 명백한것이다.
도움토 《커녕》은 도움토 《는(은)》이 뒤에 와서 《는(은)커녕》의 형태로 많이 쓰이나 《는(은)》이 없이도 쓰인다.
　18) 도움토 《새려》의 의미
더 말할것이 없는 관계에 있음을 나타낸다.
　　○ 외국어학습은새려 기술학습도 제대로 하지 않는 그에게서 발전이란 불보듯 명백한것이다.
도움토 《새려》도 도움토 《커녕》과 같이 《는(은)새려》의 형태로 많이 쓰이나 《는(은)》이 없이도 쓰인다.

제3절. 복수토와 수범주

1. 수범주의 개념

수범주란 대상의 량적측면을 나타내는 문법적범주이다. 다시말하여 대상이 하나인가 혹은 둘이상인가 하는것을 나타내는 문법적범주이다.

수범주의 개념을 규정하는데서 대상의 량적측면, 개수가 중요한 표식으로 된다. 대상의 량적측면은 개수밖에 크기와 부피, 무게 등 여러 측면에서 론할수 있으나 그 대상의 개수가 몇개인가 하는 것이 보다 중요한 표식으로 된다. 사람들이 이야기를 나눌 때에는 불피코 대화상대방이나 이야기에 오른 대상의 량적측면에 관심을 두게 되며 그것을 언어적으로, 문법적으로 표현하게 된다.

조선어에서 문법적형태로서의 수는 단수와 복수로 이루어지는데 단수는 아무러한 형태부가 없이 표현되고 복수는 토 《들》에 의하여 표현된다.

일부 문법책들에서 《너희》, 《저희》 등에 있는 《희》를 복수를 조성하는 토로 보고있는데 그것은 토가 아니라 단어조성의 수단이다. 단어조성의 수단 《희》는 오늘날 《내해》, 《네해》에 그 흔적을 남기고 있는것으로서 쉽게 증명할수 있는것이다.

조선어는 수형태의 표현수단이 매우 단일한데 그것은 교착어에 속한 다른 단어들에서 찾아볼수 없는 중요한 특성의 하나이다.

실례로 부리야뜨몽골어에서는 명사의 복수형태조성에 《ууд, гууд, нууд, д, нар(нор, нэр)》 등 덧붙이들이 사용되고있다. 바슈끼르어에서도 명사와 동사의 복수형태를 나타내기 위하여 《лар/лдр, мар/мер, дор/дер, ӡар/ӡер》 등 덧붙이가 리용되고있다. 특수적으로 인칭대명사 같은데서 옛투의 《ыӡ/еӡ, оӡ/еӡ》 등 덧붙이가 리용되고있다.

일본어인 경우에는 《たち, ら》 등이 붙어 복수를 나타내고 있다.

복수덧붙이가 다양한 이러한 현상은 뛰르끼예어에 속하는 여러

언어들에서도 찾아볼수 있다. 물론 다른 교착어들에서 조선어와 마찬가지로 아무런 덧붙이가 붙지 않은 상태로 단수를 나타내기도 하고 지어 복수의 의미를 나타내는 경우도 있다. 그래서 문맥에 의하여 단수를 나타내는지 복수를 나타내는지 알아내는 경우가 많다. 이것은 문법적범주로서의 수범주와 인연이 없는것이다. 그래서 조선어를 포함한 일련의 교착어들의 수범주가 철저하지 못하고 수의적인것이라고 하여왔다.

실례로 《산새들의 울음소리가 골짜기안에 울려퍼졌다.》에서 《산새》가 복수인것만큼 《울음소리》도 복수형을 취하여야 할것이지만 단수형태로 되여있다. 이것은 때에 따라 복수형태를 취하지 않아도 복수의 개념을 나타낼수 있다는것을 말해준다. 특히 조선어의 경우 복수를 나타내는 덧붙이가 하나밖에 없으며 수와 인칭에서의 일치가 없는 조건에서 일련의 다른 교착어들보다 수범주가 덜 발달되여있다고 말할수 있다.

인디아-유럽어에서는 대상적단어가 복수형이면 그것을 규정하는 형용사도 복수형이 와야 한다는 문장론적인 일치관계가 있으며 또한 대상적단어에 대한 설명을 하는 동사도 인칭변화에서 복수형이 와야 한다는 문장론적인 일치관계가 존재한다. 이와 류사하게 교착어에 속하는 바슈끼르어와 따따르제어에서는 주어와 술어가 수에서 일치한다. 동사술어뿐아니라 명사술어도 주어가 복수형태를 취했으면 그것도 복수형태를 취한다.

조선어에서는 품사에 따라 복수형태의 발전정도가 다르다. 조선어에서는 대명사가 명사보다 수범주가 철저하다. 대명사 《나, 너, 당신, 이, 그, 저, 여기, 저기, 거기》 등은 철저히 단수일 때만 쓰이고 복수일 때는 다르게 쓰인다. 또한 같은 품사안의 단어들가운데서도 단어부류에 따라 다르다. 즉 활동체명사는 비활동체명사에 비하여 수범주가 발달되여있다.

또한 조선어의 수범주는 복수형태를 조성해주는 복수토 《들》의 의미기능이 다양하고 수형태가 조성되는 품사가 제한되여있는것으로 하여 다른 일련의 교착어들과도 구별되는 특징을 가지고있다.

2. 복수토 《들》의 의미

복수토 《들》은 여러가지 의미를 가지고있다.

우선 복수토 《들》은 그가 붙은 체언이 나타내는 대상이 복수임을 나타낸다.

○ 동무들은 어디에 갑니까?

이 문장에서 토 《들》은 그가 붙은 단어 《동무》가 하나가 아니라 여럿임을 나타낸다.

조선어에서 복수토 《들》이 붙지 않아도 그가 붙은 대상이 하나가 아니라 여럿임을 나타낸다.

조선어에서 복수토 《들》이 붙지 않아도 그가 붙은 대상이 하나가 아니라 여럿임을 나타내는 경우는 대명사에서도 찾아볼수 있고 집합명사에서도 찾아볼수 있으며 일정한 문맥의 조건에서는 그밖의 명사에서도 찾아볼수 있다.

○ 우리는 오늘 묘향산에 있는 국제친선전람관에 간다.

○ 씩씩하게 노래부르며 군대가 행진해간다.

○ 방안에 책상들이 많이 놓여있었다.

다음으로 복수토 《들》은 둘이상의 대상을 렬거할 때에 맨끝의 단어에 붙어서 렬거한 대상이 여럿임을 나타낸다.

○ 할아버지는 유치원 높은반에 올라가는 손자애에게 연필, 지우개, 학습장, 칼, 자들을 사다주었다.

이 문장에 있는 《자들을》은 복수토 《들》이 붙었다고 하여 《자》가 여럿임을 나타내는것이 아니다. 《연필, 지우개, 학습장, 칼, 자》등 사다준 대상이 여럿임을 나타내는데 렬거와 관련되여쓰인것이다. 이때 복수토 《들》이 붙어 이루어진 형태를 어떻게 보겠는가 하는것이 문제로 제기된다.

《연필, 지우개, 학습장, 칼, 자들》이라 했을 때 복수토 《들》이 붙어 이루어진 단어형태를 앞에 렬거한 대상은 제외하고 다만 《자들》에만 복수형태가 조성되였다고 설명할수도 있다. 뒤의 해설은 실제 사실과 일치할수도 있고 일치하지 않을수도 있다. 즉 사다준 《자》가 하나일수도 있고 혹은 여럿일수도 있기때문이다. 복수형태가 《자들》에 국한되였다고 할 때 사다준 자가 여러개가 아니라 하나이라면 사실과 맞지 않은 표현으로 되고만다. 그러므로 복수토 《들》이 붙어 이루어진 형태를 달리 설명해야 한다. 특히 조선어의 토는 그가 전형적인 교착어의 특성을 보여주는것으로 하여 그앞에 붙은 단어에만 관계되는것이 아니라 그가 붙은 앞단위를 대상화해서 그 전체와 관계되는것처럼 복수토 《들》도 그 앞단어와만 관계를 맺는것이 아니라 그앞에 렬거한 대상들인 《연필, 지우개, 학습장, 칼, 자》 등 전체와 관계되는것이다. 이것은 복수토 《들》뒤에 붙은 대격토 《을》과 결부시켜보면 더욱 뚜렷이 알수 있다. 대격토 《을》도 그앞에 있는 단어 《자들》과만 관계되는것이 아니라 그앞에 오는 모든 단어들과 다 관계되는것이다.

다음으로 복수토 《들》은 수식어나 용언에 쓰이면서 그 문장에서 이야기되는 대상이나 행동의 주체가 여럿임을 나타낸다.

○ 어데들 갔다가 이렇게 늦었소? 여하튼 수고했소들.

여기서 복수토 《들》이 붙은 단어 《어데들》과 《수고했소들》은 어데 갔던 사람, 수고한 사람이 여럿이라는것을 가리키고있다. 복수토가 나타내고있는 이러한 의미는 다른 언어에서는 찾아보기 힘든 조선어의 고유한 특성이다.

여기서 복수토 《들》은 그가 붙은 단어에 국한되는것이 아니라 그 문장에서 이야기되는 행동의 주체와 관련된다. 이것 역시 조선어의 교착어적특성과 관련된 현상으로서 복수토 《들》의 결합적특성의 일단을 보여준다.

3. 복수토 《들》의 결합구조적특성

복수토 《들》은 일부 경우 용언토뒤에 붙어 쓰이지만 기본은 대상토이다.

복수토 《들》은 주로 명사에 많이 붙어 쓰이며 대명사에도 붙어 쓰이나 수사에는 극히 제한되여쓰인다.

복수토는 명사에 붙어 쓰이는 경우에도 모든 명사에 다 붙어 쓰이는것이 아니라 오직 셀수 있는 대상을 가리키는 단어에만 붙어 쓰인다. 《철만》,《순희》 등과 같은 고유명사,《기쁨》,《즐거움》 등과 같은 추상명사,《산소》,《공기》,《물》 등과 같은 물질명사에는 보통 붙어 쓰이지 않는다. 그러나 고유명사를 보통명사처럼 쓰거나 그 어떤 대상을 강조하거나 개별적특성을 더욱 뚜렷하게 나타내기 위하여 특별하게 복수토《들》을 붙이여쓸수 있다.

○ 90년대에 수많은 리수복, 김광철영웅들이 배출되여 전사들을 위훈에로 부르고있다.

○ 산과 들은 봄정기를 한껏 머금고 연록색으로 물들어가고 골짜기마다에선 맑은 물들이 소리내며 기운차게 흘러내린다.

복수토《들》은 명수사뒤에는 보통 붙어 쓰이지 않는다. 역시 명수사처럼 쓰이는 일반명사뒤에도 쓰이지 않는다.

○ 학생 다섯명
○ 기관총 열문
○ 밀가루 열두포대

그러나 명사가 명수사처럼 쓰인것이 아니라 일정한 수를 나타내기 위하여 수사가 붙어있을 경우에는 결합위치를 달리하면서 복수토가 붙어 쓰인다.

○ 다섯명의 학생들을
○ 열문의 기관총들을
○ 열두포대의 밀가루들을

대명사는 수범주가 명사에 비하여 철저하다. 아무런 토가 붙지 않은것은 철저히 단수를 나타내고 복수토가 붙은것은 철저히 복수를 나타낸다. 명사처럼 단수가 복수를 나타내는 경우가 없다. 사람대명사 1인칭《나》는 딴 단어인《우리》에 의하여 복수가 표현된다. 복수토《들》은 사람대명사의 복수형태(저희, 너희, 우리), 대상을 가리키는 가리킴대명사(이, 그, 저), 사람, 사물 등을 가리키는 물음대명사(누구, 무엇) 등에도 붙어 쓰인다.

○ 이 통에 무엇들이 들어있느냐?
○ 어제 온 사람이 누구들이냐?

복수형태의 사람대명사는 그것자체로서 복수의 문법적뜻을 나타내지만 그우에 복수토를 또 씀으로써 문법적수관계를 더욱 뚜렷이 나타낸다.

○ 우등불이 밤하늘을 헤가르며 타오를 때 우리들의 가슴가슴은 충성의 열도가니처럼 달아올랐다.

수사에는 복수토가 붙어 쓰이지 않는다. 《다섯, 일곱, 여덟》등은 내용적인 측면에서 볼 때 복수이지만 복수토가 붙어 쓰이지 않는다. 즉 《다섯들, 일곱들, 여덟들》이라고 하지 않는다.

그러나 특수한 경우에 복수토《들》이 붙어 쓰인다.

○ 열둘에 둘, 셋, 넷들을 더하면 얼마이냐?

여기서 《둘, 셋, 넷들을》에 있는 복수토《들》은 수사 세개를 렬거하면서 쓰인것이다. 다시말하여 복수토《들》은 렬거의 의미를 가지고 쓰인것이다.

이렇게 복수토《들》은 수사에서 거의 쓰이는 일이 없다.

복수토는 또한 우에서 본바와 같이 동사, 형용사의 일정한 형태와 부사뒤에 붙어 쓰인다. 이때 복수토는 행동, 상태, 성질에 대한 복수가 아니라 그것과 관련된 인물이나 물건에 대한 복수를 나타낸다.

○ 빨리 들어들 오게/빨리 들어오게들.
○ 용감하게들 잘 싸우라구.
○ 어서 많이들 들라구.

복수토는 또한 한 문장안에서 붙어 쓰이는 단어들의 위치가 다양하게 변화되면서 일정한 표현적효과를 거두게 한다.

복수토《들》은 《어서 들어오시지 않고 그렇게 서계십니까?》의 매 단어에 다 붙어 쓰일수 있다. 이때 복수토《들》은 행동의 주체가 복수임을 나타낸다.

○ 어서들 들어오시지 않고 그렇게 서계십니까?
○ 어서 들어들 오시지 않고 그렇게 서계십니까?
○ 어서 들어오시지들 않고 그렇게 서계십니까?
○ 어서 들어오시지 않고들 그렇게 서계십니까?
○ 어서 들어오시지 않고 그렇게들 서계십니까?
○ 어서 들어오시지 않고 그렇게 서들 계십니까?

○ 어서 들어오시지 않고 그렇게 서계시기들 하십니까?

○ 어서 들어오시지 않고 그렇게 서계십니까들?

여기서 복수토 《들》이 어떤 단어에 붙어 쓰이였는가 하는데 따라 복수의 문법적의미를 표현하는데서는 별로 큰 차이가 없지만 무엇을 강조하고 표현적색갈을 돋구는가 하는데서는 미세한 차이를 보여주고있다. 즉 복수토 《들》이 《어서》에 붙으면 《어서》라는 상황이 강조되고 《들어》에 붙으면 《들어》라는 행동이 강조되는것이다.

복수토 《들》은 또한 격토나 도움토와 어울려 쓰일 때 일련의 특성을 가지고있다.

○ 동무들은 어느 학교들에 다닙니까?

○ 동무들은 어느 학교에들 다닙니까?

우의 문장에서 《학교들에》의 《들》은 《학교》에 대한 수적개념과 관련되여있고 《학교에들》의 《들》은 학교에 다니는 대상 즉 《동무들은》과 관련되여있다.

○ 차가 위험하니 큰 길에서들 놀지 말아라.

○ 차가 위험하니 큰 길들에서 놀지 말아라.

우의 문장에서 《길에서들》의 《들》은 노는 행동의 주체가 복수임을 나타내고 《길들에서》의 《들》은 노는 곳이 복수임을 나타낸다. 이처럼 복수토 《들》은 격토나 도움토와 결합하여 쓰일 때 결합위치가 어떤가 하는데 따라 그가 나타내는 문법적의미 즉 복수의 의미가 다르게 나타나게 된다. 이것은 조선어의 복수토가 가지고있는 중요한 결합적특성의 하나인 동시에 체언토의 중요한 결합적특성의 하나이기도 한다.

복수토 《들》은 격토나 도움토와 결합하여 쓰일 때 그 위치를 서로 엇바꿀수 있지만 용언토와 결합하여 쓰일 때에는 그렇게 할수 없다.

○ 뜨락또르부속품을 나누어가지고들 떠나거라.

○ 뜨락또르부속품을 나누어가지게들 하여라.

여기서 복수토 《들》은 언제나 용언토 《고》, 《게》뒤에서만 쓰이지 그앞에서는 쓰이지 못한다. 즉 《가지들고》, 《가지들게》로는 쓰이지 못한다. 용언토와 결합할 때 자리토뒤에 붙어서 쓰이는것이

법칙적인 현상이다.
　복수토《들》은 또한 그뒤에 단어나 뒤붙이 같은것까지 붙어서 쓰일수 있는 특성도 가지고있다.
　○ 인민들속에서 사랑받는 당일군
　○ 자기들끼리, 자기들쯤은
　복수토《들》의 이러한 구조결합적특성은 복수토가 끼움토와 같은 성격을 가진 토라고 규정지을수 있는 여지를 주는 동시에 복수의 문법적범주가 하나의 독자적인 문법적범주로 되게 하는데 약점으로 될수 있다.
　사실 복수토《들》은《학생들에게》,《학생들이》에서와 같이 자리토인 격토앞에 놓임으로써 말줄기와 자리토사이에 끼여들어간다. 그러나 복수토는 자리토앞에서만 쓰이는것이 아니며 용언토와 결합할 때에는 끼움토와 달리 자리토뒤에서도 쓰이는 경우가 있다.
　○ 학생에게들
　○ 가지고들
　○ 어서들, 들어들 오게.
　이것은 복수토를 구조결합적인 측면에서 전형적인 끼움토라고 단정할수 없다는것을 보여주고있다.

제3장. 용언의 문법적형태

조선어의 용언은 체언에 비해볼 때 문법적형태가 복잡하고 다양한것으로 하여 특징적인 면모를 보여주고있다.

조선어의 용언에는 동사, 형용사가 속한다. 조선어의 동사, 형용사는 수많은 변화형태를 보여주고있으며 그것으로 하여 문법적범주도 다양한 특성을 띠고있다. 하나의 문법적형태, 례를 든다면 맺음형태에서 여러가지 범주가 표현되며 또한 맺음형태도 끼움토가 들어가 쓰이는것으로 하여 단순한 서술적형태만을 취하는것이 아니라 다면적인 성격을 띤 문법적형태를 이루기도 한다.

○ 벌써 다 끝내시였습니까?

이 문장에서 맺음형을 이루고있는 《끝내시였습니까》는 물음법의 법범주적의미와 높임의 말차림, 존경의 문법적의미와 과거시간의 의미를 나타내고있다.

맺음형태에서는 이밖에도 상의 의미와 양태성의 의미도 나타내는 경우가 많다.

○ 그 간첩놈은 필경 얼마 못 가서 잡히였을게요.

이 문장에 있는 《잡히였을게요》는 피동상의 의미와 함께 추측의 양태적의미를 함께 나타내고있다.

조선어용언의 문법적형태는 용언토가 붙어 이루어진다.

조선어의 용언토는 토에서 절대적인 비중을 차지한다. 거의 절대다수가 용언토이다.

이것으로 하여 조선어용언의 문법적형태는 다양성과 다면성을 띠고있다.

조선어용언의 문법적형태는 편의상 자리토형태와 끼움토형태로 갈라볼수 있다. 조선어용언의 맺음형에서 자리토형태와 끼움토형태가 서로 유착되여 나타나는 경우도 적지 않으나 문법적형태의 성격과 범주적의미가 엄연히 구별되므로 능히 자리토형태와 거기서 나타나는 문법적범주 그리고 끼움토형태와 거기에서 나타나는 문법적범주로 갈라고찰할수 있다.

제1절. 용언의 자리토형태와 문법적범주

조선어의 동사, 형용사(체언의 용언형 포함)는 자리토가 붙어 쓰임으로써 문장론적위치가 규정되게 된다. 다시말하여 용언의 자리토형태(일명 용언의 위치형태)가 결정되게 된다.

조선어용언의 자리토에는 맺음토, 이음토, 꾸밈토, 규정토가 있다. 맺음토, 이음토, 꾸밈토, 규정토가 붙어 동사, 형용사의 해당한 문장론적위치형태가 규정된다.

1. 용언의 자리토형태

조선어용언의 자리토형태는 맺음형, 이음형, 꾸밈형, 규정형으로 이루어져있다.

1) 맺음형

용언의 맺음형이란 문장을 끝맺어주는 문법적형태이다.

용언의 맺음형은 이음형, 꾸밈형, 규정형 등과 대치되면서 하나의 문법적체계를 이룬다.

용언의 맺음형은 맺음토에 의하여 표현되는데 문장성분상 기본적으로 맺음술어가 된다.

○ 오전까지만 해도 비가 억수로 퍼부었는데 한낮이 지나서부터는 검은 구름은 벗겨지고 하늘이 맑게 개이였다.

이 문장에서 《개이였다》는 맺음형으로서 문장성분상 맺음술어로 된다.

맺음형은 문장을 단위로 하여 바로 그 문장을 마무려주는 작용을 한다.

이음형(실례로:퍼부었는데, 벗겨지고)과 꾸밈형(실례로:맑게), 규정형(실례로:검은)은 한 문장안의 일정한 단위를 기준으로 하여 바로 그 단위를 잇거나 꾸며주거나 규정해준다. 이처럼 맺음형은 문장론적기능과 그 작용범위가 이음형이나 꾸밈형, 규정형과는 구별된다.

맺음형은 말그대로 문장의 끝을 맺어주면서 다른 문장과 섞갈리지 않게 해주고 문맥상의 련계를 보장해준다. 그러나 맺음형은 일부 경우에 한 문장안에서 이음의 어조를 가지면서 이음술어로 되는 때가 있다.

○ 오늘 아침 수남이는 수학려행을 간다고 짐을 꾸린다, 옷을 갈아입는다, 분주탕을 피웠다.

이 문장에서도 맺음형(실례로 : 꾸린다, 갈아입는다)은 역시 한개 문장을 단위로 하여 마무려주는 역할을 한다. 그러면서 그것이 그보다 더 큰 문장안에 들어가 이음어조로 련결될 때 렬거되는 단위로 됨을 나타내고있다.

용언의 맺음형은 말법 및 말차림의 문법적의미를 동시에 나타내며 시간토와 존경토 및 상토가 끼여들어가면 시간 및 존경, 상의 의미도 함께 나타낸다. 《책을 읽습니다.》, 《책을 읽습니까?》, 《책을 읽소》, 《책을 읽어》에서와 같이 맺음형은 말법과 말차림의 문법적범주를 나타내며 상토와 시간토, 존경토 등이 끼여들어가면 《읽힌다, 읽히였다, 읽히신다》에서와 같이 상, 시간, 존경의 문법적범주를 함께 나타낸다.

맺음형에서 나타나는 말법은 알림, 물음, 시킴, 추김의 말법이며 말차림은 높임, 같음, 낮춤의 말차림이다. 그리고 맺음형에서 나타나는 상은 능동상, 피동상, 사역상으로 이루어지며 존경과 비존경의 의미가 표현되고 현재, 과거, 미래 등 시간의 의미가 표현된다.

용언의 맺음형은 철저히 토의 교착에 의하여 이루어진다. 용언의 맺음형을 이루는 토를 맺음토라고 한다.

조선어에는 맺음토가 대단히 풍부하다. 용언토의 거의 절반을 차지할 정도이다. 그러므로 용언의 맺음형도 대단히 풍부하다. 조선어는 동사가 성, 수, 인칭변화를 하면서 그 형태가 일정한 량만큼 제한되여있는 굴절어나 일련의 교착어에 비해볼 때 맺음형이 대단히 풍부한것으로 하여 민족적특성을 이루고있다.

조선어의 맺음토는 동사, 형용사에만 붙어 쓰이는것이 아니라 체언의 용언형에도 붙어 쓰이면서 맺음형의 다양성과 풍부성을 담보해준다.

○ 위대한 수령 김일성동지의 혁명사상, 주체사상으로 더욱 철저히 무장하자!
○ 오늘을 위한 오늘에 살지 말고 래일을 위한 오늘에 살아야 한다.
○ 제국주의광풍이 아무리 휘몰아쳐와도 우리의 승리는 확고하다.
○ 혁명은 인민을 위한 사업이며 또 인민자신의 사업이다.

맺음토는 풀이토이기때문에 격토나 도움토와는 달리 부정이나 양태성의 문법적의미를 표현할수 있다. 부정이나 양태성은 풀이성에서 중요한 측면을 이루고있다.

동사 《읽다》는 《읽는다》, 《읽지 않는다》, 《읽지 못한다》와 같이 긍부정관계를 나타낼수 있으며 《읽으려무나, 읽자꾸나, 읽으련만》 등과 같이 《청원, 희망》 등의 양태적의미도 나타낼수 있다.

이러한 긍부정관계와 양태성의 관계도 모두 맺음토에 의하여 표현된다.

또한 일부 맺음토는 그자체로 시간의 의미를 나타낼수 있다.

《ㄴ가, ㄴ걸, ㄴ데, ㄴ다, 는가, 는데, 는걸…》 등은 현재시간을 나타내며 《리, 리라, 리다, ㄹ래, ㄹ다, ㄹ가, ㄹ걸…》 등은 미래시간을 나타낸다. 이때 미래시간은 추측, 의지 등 양태적의미를 동반하게 된다. 그것은 미래시간의 의미가 앞으로 있게 될 그 어떤 사실과 관련된것이기때문에 자연히 추측, 의지 등 양태적의미와 련관을 가지게 된다. 이런 토들이 그것 자체로도 시간의 의미를 나타낼수 있는것은 뜻쪼각들인 《ㄴ(는), ㄹ, 리》의 본래뜻과 관련된다.

맺음토는 품사에 따라 그 쓰이는데가 다르다. 동사, 형용사와 체언의 용언형 등에 공통적으로 쓰이는것도 있으나 동사나 형용사에만 쓰이는것, 동사에만 쓰이는것, 체언의 용언형에만 쓰이는것 등 그 류형이 각이하다.

동사, 형용사 및 체언의 용언형에 공통적으로 다 쓰이는 맺음토
○ 거니, 거든, 고, 구나, 구려, 게, ㄴ데, 나니, 나이다, 나이까, 느냐, 느뇨, 느니, 느니라, 는가, 는갑디다, 는걸, 는고, 는데, 는지, 니, 네, 다, 더구나, 더냐, 더니, 더라, 더라니, 더라니까, 던가, 던걸, 던고, 던데, 던지, 디, 데, ㄹ가, ㄹ고, ㄹ게, ㄹ는가, ㄹ라구, ㄹ려냐, ㄹ레, ㄹ소냐, ㄹ손가, ㄹ시고, ㄹ세나, ㄹ지, 랴, 려니, 리, 리다, 리라, 리로다, 리까, 며, 면서, ㅂ니다, ㅂ니까, ㅂ네다, ㅂ네까, ㅂ디다, ㅂ지요, 소이다, 소이까, 습니다, 습니까, 습네, 습네다, 습네까, 습디다, 습디까, 습지요, 지, 아라, 어라, 여라, 외다, 웨다

동사, 형용사에만 쓰이는 맺음토
○ 구려, 게, 노, 노라, 다고, 다나, 다는데, 다니, 다네, 다며, 다지, 다오, 단다, 담, 답니다, 도다, ㄹ라, ㄹ사, 라, 라구, 라요, 람, 려무나, ㅂ시다, ㅂ시오, ㅂ세, 십시오, 세, 세요, 쇠다, 자구, 자니까, 자꾸나, 자, 자요

동사에만 쓰이는 맺음토
○ 거라, 나, 노니, 누나, 느만, 너라, ㄹ래, 라구, ㅁ세, 려나

형용사에만 쓰이는 맺음토
○ ㄹ시고

형용사와 체언의 용언형에만 쓰이는 맺음토
○ ㄴ가, ㄴ감, ㄴ걸, ㄴ고, ㄴ지, 냐, 뇨, 니, 니라

체언의 용언형에만 쓰이는 맺음토
○ 로다, 로세, 라, 라고, 라나, 라는데, 라니, 라니까, 라네, 라오, 란다, 람, 러니까, 런가, 런고, 로구나, 로구만, 로군, 로니, 로세, 오니까, 오, 랍니다, 야, 야요, 요

조선어맺음토는 그 구성요소들을 분석해보면 오늘날 그 결합적

형태를 쉽게 갈라낼수 있는것과 력사적고중을 통해서만 갈라낼수 있는것들이 있다.

○ 순희오빠는 2중영웅이랍니다.

여기서 맺음토 《랍니다》는 《이라 합니다》의 형태가 줄어진것이다. 다시말하여 《합니다》의 《하》가 줄어지면서 《랍니다》가 이루어졌는데 이것은 그 구성부분들을 쉽게 갈라낼수 있는 합성토라고 말할수 있다.

○ 명철동무가 오란다니까.

여기서 《란다니까》는 《라＋한다＋하니까》로 되였든것이 《하》가 줄어지면서 녹아붙은것이다. 이것은 그 구성부분들을 쉽게 갈라낼수 있는 겹침토이다.

맺음토는 이미 앞에서도 지적한바와 같이 다만 맺음토와만 결합하여 겹침형태를 이룰뿐만아니라 이음토뒤에 붙어서 이루기도 한다.

례컨대 맺음토 《렵니다》는 이음토 《려》가 들어있는 《려 합니다》의 형태가 줄어진것이다.

우선 맺음토와 맺음토가 결합한 형태를 보면 다음과 같다. 여기에는 다만 결합의 측면에서 보았을 때의 《맺음토＋맺음토》단위를 념두에 두는것만큼 겹침토와 합성토를 모두 포괄시켜 다루게 된다.

－ 알림, 물음 등의 말법을 나타내는 토

맺음토 《다》와 다른 맺음토가 결합한것.

○ 답니다, 답니까, 다오, 다네, 단다, 다는구나, 다는군, 다는구만, 다는구려, 다는가, 다나, 다느냐, 다니, 다는데, 다며, 다지, 답디까, 답디다, 다더라, 다데, 다더구나, 다더군, 다더구만, 다더냐, 다던가…

맺음토 《노라》와 다른 맺음토가 결합한것.

○ 노랍니다, 노랍니까, 노라네, 노란다, 노라는군, 노라는구나, 노라는구려, 노라나, 노랍디다, 노랍디까, 노라더라, 노라데, 노라더군, 노라던가, 노라더냐

맺음토 《느냐》와 다른 맺음토가 결합한것.

○ 느냡니다, 느냡니까, 느냡디다, 느냐더라, 느냐더군, 느

난다…

맺음토 《더라》와 다른 맺음토가 결합한것.

○ 더랍니다, 더랍니까, 더라오, 더라네, 더란다, 더래, 더라지, 더라는구나, 더라는군, 더라는구만, 더라는구려, 더라는가, 더라나, 더라니, 더랍디다, 더랍디까, 더라더라, 더라네, 더라더구나, 더라더군, 더라던가, 더라더냐

맺음토 《리라》와 다른 맺음토가 결합한것.

○ 리랍니다, 리랍니까, 리라오, 리라네, 리란다, 리래, 리라는구나, 리라는군, 리라는구만, 리라는구려, 리라는가, 리라나, 리라니, 리랍디다, 리랍디까, 리라더라, 리라데, 리라더군, 리라던가, 리라더냐

맺음토 《라》와 다른 맺음토가 결합한것.

○ 랍니다, 랍니까, 라오, 라네, 란다, 래, 라지, 라는구나, 라는데, 라는군, 라는구만, 라는구려, 라는가, 라나, 라요, 라느냐, 라니, 라니까, 랍디다, 랍디까, 라더라, 라데, 라더구나, 라더군, 라더구만, 라던가, 라더냐

맺음토 《자》와 다른 맺음토가 결합한것.

○ 잡니다, 잡니까, 자오, 자네, 잔다, 자지, 자는구나, 자는군, 자는구만, 자는구려, 자는가, 자나, 자느냐, 자니, 잡디다, 잡디까, 자더라, 자데, 자더구나, 자더군, 자더구만, 자던가, 자더냐…

알림법을 나타내는 겹침맺음토는 매개 말하는 사람이 다른 사람이 말한것을 전달하거나 또한 그전에 다른 사람이 말한것을 전달할 때에 쓰인다. 그런데 여기서 일부 토들은 간접적전달의 뜻만을 가지는것이 아니라 경우에 따라서는 말하는 사람자신이 직접 어떤 사실을 확인하면서 강조하는 뜻으로 쓰이는데 이것으로 하여 사실상 이 토들은 오늘날 그것을 구분해볼수 없는 하나의 맺음토의 1차적형태와 별다른 차이가 없는것이다.

실례로 맺음토 《답디다, 다요, 다네, 단다, 랍니다, 라오, 라네, 란다》등은 같은 성질의것으로서 모두 1차적형태로 보아도 무방한것이다.

토 《란다》가 1차적형태라면 《단다》도 1차적형태여야 하며 《단다》, 《란다》가 1차적형태라면 《답니다》, 《랍니다》도 1차적형태로 되여야 한다. 《다오》와 《다네》, 《라오》와 《라네》의 경우도 마찬가지이다.

○ 참으로 아담하고 쓸모있고 깨끗한 문화주택이라네.

여기서 맺음토 《라네》는 본래는 《라+하네》가 줄어진것으로서 오늘날 두개 토의 합성으로 보기 곤난할 정도로 융합된것이다.

이렇게 두개 토가 녹아붙은것으로 볼수 있는것은 물음법을 나타내는 토 《랍니까, 잡니까, 답니까》 등에서도 찾아볼수 있다.

○ 위원장동무, 어느 차로 떠나랍니까?

○ 선생님, 남수동무는 어디로 간답니까?

- 시킴, 추김 등의 말법을 나타내는 토

○ 라시오, 랍시다, 라게, 라세, 라구려, 라지, 래라, 재자

다음으로 이음토와 맺음토가 결합한 형태를 보면 다음과 같다.

이음토와 맺음토가 결합한 겹침형태들은 알림 및 물음의 말법을 나타낸다.

이음토 《려》와 맺음토가 결합한것.

○ 렵니다, 렵니까, 려오, 려네, 런다, 려는구나, 려는군, 려는구만, 려는구려, 려는가, 려나, 려뇨, 려느냐, 려니, 렵디다, 렵디까, 려더라, 려데, 려더구나, 려더군, 려던가, 려더냐

이음토 《어야》와 맺음토가 결합한것.

○ 어야지, 어야지요

이음토 《려》와 결합한 겹침형태는 토 《려》가 가지고있는 본래의 뜻과 관련하여 어떤 행동에 대하여 행동의 주체가 품고있는 의도, 념원 등을 나타내며 이음토 《어야》와 결합한 겹침형태는 어떤 행동에 대한 의무성을 나타낸다.

○ 오늘중으로 초고집필을 끝내렵니다.

○ 오늘중으로 초고집필을 끝내치워야지.

조선어맺음토는 오늘날 그 구성요소들을 쉽게 갈라볼수 없지만

력사적고증을 하면 몇개의 형태부로 갈라볼수 있는것들이 적지 않다.
그 구체적인 실태를 분석해보면 다음과 같다.
- 시간의 의미를 나타내는 형태부 《ㄴ》, 《는》

맺음토《는데, ㄴ걸》 등은 형태부《는》과《데》, 《ㄴ》과《걸》로 분해할수 있는데《ㄴ, 는》은 시간과 관련된 의미를 나타내고《데》는 시간, 장소 등의 의미를 나타내는 불완전명사이고《걸》은 불완전명사《것》의 대격형인《것을》이 줄어진 형태이다.

맺음토《ㄴ걸, 는데》를 이루고있는 형태부《ㄴ, 는》은 시간토《았/었/였》, 《겠》뒤에 놓이거나 2차적으로 붙을 때에는 시간의 뜻을 잃어버리지만 그렇지 않고 존경토의 바로 뒤에 놓일 때에는 언제나 현재의 시간을 나타낸다.

형태부《ㄴ》, 《는》이 들어가있는 맺음토에는 다음과 같은것들이 있다.

ㄴ데, ㄴ데요, 는데, 는데요
ㄴ걸, ㄴ걸요, ㄴ가, ㄴ가요, ㄴ지, ㄴ지요
먼데, 먼데요, 먼걸, 먼걸요, 먼가, 먼가요, 먼지, 먼지요
ㄹ는지

이밖에 맺음토를 이루고있는 형태부들에는 다음과 같은것들이 있다.

- 높이는 말차림을 나타내는 형태부《ㅂ/습》

이 형태부는 말차림과 관련된 의미를 나타내는 형태부이다. 다시말하여 말하는 사람이 자기를 낮추고 듣는 사람을 높이 대하는 례절관계를 나타낸다.

이 형태부는 시간토다음에 놓인다. 그러나 령형태로 현재시간을 나타낼 때에는 시간토가 붙지 않은 상태인것만큼 말줄기나 존경토다음에 직접 붙어 쓰인다.

○ 하셨습니다, 하셨습니까, 하십니다, 하십니까, 합니다, 합니까

맺음토들이 겹쳐쓰이면서 겹침형태를 이룰 때에는 말법을 나타내는 형태부의 바로 뒤에 붙는다.

○ 한답니까, 하랍니까

형태부 《ㅂ/습》이 들어가있는 맺음토는 다음과 같다.

○ 습니다/ㅂ니다, 습디다/ㅂ디다, 습니까/ㅂ니까, 습디까/ㅂ디까, 답니다/답디다, 답니까/답디까, ㅂ네/습네, ㅂ네다/습네다, ㅂ네까/습네까, 습데/ㅂ데, ㅂ시다, ㅂ세, ㅂ데다/ㅂ데까, ㅂ소서, ㅂ시오, ㅂ지요, ㅂ죠

— 양태성의 의미를 나타내는 형태부 《더》, 《디》, 《리》, 《ㄹ》, 《마》

《더》, 《디》

이 형태부들은 말하는 사람이 이미 직접 보거나 체험한 사실이라는 관계를 나타낸다. 말하는 사람이 이미 직접 보았거나 체험한 사실을 나타내는것만큼 시간적인 의미는 과거와 관련을 맺게 된다.

원래 형태부 《더》, 《디》는 향가에서 쓰인 례를 찾아볼수 있는 것으로서 체언적인 단어에서 발생하였다. 그러던것이 후에 오래동안 적극적으로 쓰이여 오면서 수많은 합성토를 산생시키였다.

이 형태부가 들어가있는 맺음토에는 다음과 같은것들이 있다.

습디다/ㅂ디다, 습디까/ㅂ디까, 답디다/답디까, 랍디다/랍디까, 습데/ㅂ데, 더구만, 더구만요, 더니, 더라니, 더라니요, 더라니까, 더군, 더군요, 더라, 던데, 던데요, 던걸, 던걸요, 던지, 던지요, 던가, 던가요, 던감, 던고

《리》, 《ㄹ》

이 형태부들은 말하는 사람이 그 어떤 행동, 상태, 사실이 있으리라고 추측하는 관계나 의지관계를 나타낸다. 그런것만큼 시간적으로는 미래시간과 관련을 가지게 된다.

○ 하리라, 할지

이 형태부가 들어가있는 맺음토에는 다음과 같은것들이 있다.

리라, 리다, ㄹ라, ㄹ걸, ㄹ걸요, ㄹ게, ㄹ게요, 리, ㄹ는지, ㄹ는지요, ㄹ지, ㄹ지요, ㄹ소냐, ㄹ시고, ㄹ고, ㄹ데라구, ㄹ데라니, ㄹ란다, ㄹ러냐, ㄹ러라, ㄹ런가, ㄹ래, ㄹ손가, ㄹ세, ㄹ세라, ㄹ지니라, ㄹ지어다, ㄹ진저

《마》

이 형태부는 그 어떤 행동에 대한 약속관계에 있음을 나타낸다.

○ 하마

이 형태부가 들어가있는 맺음토에는 다음과 같은것들이 있다.

《라마》, 《려마》

토《라마》, 《려마》는 어음론적인 변종관계에 있다.

○ 통일 통일 언제면 오려나 통일
통일 통일 통일아 어서 오려마
헤여져 이제 더 못 살아
누구나 바라는 통일
통일 통일 통일을 이루자

- 말법과 관련되는 형태부 《가》, 《다》, 《라¹》, 《라²》, 《자》, 《세》

이 형태부들은 말하는 사람의 이야기목적 즉 말법과 관련된 뜻을 나타낸다. 이 형태부들은 말법과 관련된것이기때문에 맺음형에서 맨 뒤자리를 차지한다.

○ 하였는가, 하였습니다, 하시라, 하자, 하세

《다》, 《라¹》

이 형태부는 말하는 사람이 어떤 사실을 확인하여 알리려는 목적을 가지고있다는것 즉 알림의 말법을 나타낸다.

○ 한다, 하였다, 합니다, 합디다

형태부 《라》는 《다》의 어음론적변종이다. 그 뜻은 별차이가 없다.

이 형태부가 들어가있는 맺음토에는 다음과 같은것들이 있다.

다, 라, 단다, 란다, 라오, 다네, 라네, 다지, 라지, 다지요, 라지요, 답니다, 랍니다, 답니까, 랍니까, 답디다, 랍디다, 답디까¹, 랍디까, 습디다/ㅂ디까, 습니다/ㅂ니다, 라나, 라니, 라니까, 리다, 리

라, 도다, 노라, 라구야, 더라, 라

※ 토《라지》,《라지요》,《랍니다》,《랍니까》,《랍디다》,《랍디까》 등은 체언의 용언형밑에서 쓰이는 겹침토로서 거기에 들어있는 《라¹》는 시킴의 뜻을 나타내는 《라²》와 다른것이다.

《가》
이 형태부는 말하는 사람이 어떤 사실을 물으려는 목적을 가지고있다는것을 나타낸다. 형태부《가》가 어음변화하여《까》로 되여 쓰이기도 한다.
○ 하는가, 하였습니까, 할가
이 형태부가 들어있는 맺음토에는 다음과 같은것들이 있다.
ㄴ가, 는가, 던가, ㄹ가
ㄴ가요, 는가요, 던가요, ㄹ가요
리까
습니까/ㅂ니까, 습디까/ㅂ디까, 답디까/답니까, 랍디까/랍니까
《라》
이 형태부는 말하는 사람이 어떤 행동을 할것을 남에게 요구하는 목적을 가지고있다는것을 나타낸다. 다시말하여 시킴의 말법을 나타낸다.
○ 하라, 하시라
이 형태부가 들어가있는 맺음토에는 다음과 같은것들이 있다.
라구, 라구요, 라나, 라니, 라니까, 라지
아라/어라/여라, 랍니다, 랍디다…
우의 맺음토들에서 찾아보게 되는 형태부 《라》는 알림의 말법으로 체언의 용언형밑에서 쓰이는 《라》와 다른것이다.
《자》
이 형태부는 말하는 사람이 듣는 사람에게 어떤 행동을 같이 수행할것을 요구하는 목적을 가지고있다는것을 나타낸다.
○ 하자

이 형태부가 들어가있는 맺음토에는 다음과 같은것들이 있다.

자구, 자구요, 자꾸나, 잡니다, 잡니까, 잡디다, 잡디까

《세》

이 형태부는 말하는 사람이 듣는 사람에게 그 어떤 행동을 권유하는 뜻을 나타낸다.

○ 하세

이 형태부가 들어가있는 맺음토에는 다음과 같은것들이 있다.

ㄹ세, ㅁ세, ㅂ세, ㅂ세다

이와 같이 조선어의 맺음토를 이루고있는 형태부들은 다양하다. 그런것만큼 새로운 합성토를 형성한 다음에는 형태부들은 자기가 본래부터 가지고있던 의미에 의하여 여러가지 범주적의미를 나타낼수 있게 할뿐아니라 뜻빛갈도 나타낼수 있게 한다.

맺음토가 나타내는 말법 및 말차림의 의미와 양태적의미 등에 대한 구체적인 분석은 제3장 1절 2에서 전문적으로 취급하려고 한다.

2) 이음형

용언의 이음형이란 문장속에 있는 단어 또는 일정한 문장론적단위들을 서로 이어주는 문법적형태를 말한다.

용언의 이음형은 주로 맺음형과 문법적관계를 가지고있다. 그러면서도 꾸밈형, 규정형 등과도 체계적인 련계를 가지고있으며 그것으로 하여 하나의 범주적인 형태로 묶이여진다.

이음형태의 단어는 문장에서 우선 맺음풀이말과 문법적관계를 맺게 되고 규정형의 단어나 이음형태의 다른 단어와도 련계를 가지게 된다.

다시말하여 이음형태뒤에 오는 단어는 술어로 될수도 있고 규정어나 이음술어, 상황어로도 될수 있다.

○ 큰 길에는 사람들이 끊임없이 오고간다.

○ 철봉이는 걸으면서 나에게 자초지종을 이야기했다.

○ 어둠을 밀어버리며 동트는 아침

우의 실례에서 이음형 《오고》, 《걸으면서》, 《밀어버리며》 등은 뒤에 오는 맺음술어나 규정어와 문장론적관계를 가지고있다. 단어형태 《오고》는 이음술어로 되면서 맺음술어와 문법적련계를 맺고있으며 《걸으면서》는 상황어로 되면서 맺음술어와 련계를 맺고있다.

《밀어버리며》는 규정어 《동트는》과 련계를 맺으면서 어둠을 밀어버리는것과 동트는 두 사실을 이어주고있다.

용언의 이음형은 문장에서 이음술어가 된다. 그런데 때로는 끝맺음의 억양을 동반하면서 맺음술어가 되는 경우가 있다.

○ 빨리 갑시다. 모두들 기다리는데.
○ 물이 참 맑은데.
○ 나도 한번 무대에 출연해봤으면.

조선어에는 맺음형과 이음형이 동음이의적인 형태를 취하는 경우가 있다.

○ 그렇게도 많이 먹어?
○ 석잠을 자더니 그 많은 뽕을 단숨에 먹어치웠다.

단어형태 《먹어》는 맺음형으로도 쓰이였고 이음형으로도 쓰이였다.

조선어에서 이런 경우에 해당한 단어형태가 이음형인가 맺음형인가 하는것은 문맥과 함께 억양에 의하여 구별되게 된다. 또한 맺음형에서 말차림범주와 법범주가 나타나는것만큼 말차림과 법의 의미는 그 단어형태가 맺음형인가 이음형인가 하는것을 가르는 중요한 기준의 하나로 된다.

용언의 이음형에서는 말차림과 법이 나타나지 않는다. 일부 경우에 상대적인것으로, 내적인것으로 나타난다고 말할수 있으나 맺음형과 구별되는 중요한 특징이 바로 여기에 있다.

일부 이음형인 경우 말차림이나 법범주적의미를 분석해낼수 있는데 이때에도 맺음술어에 의거하게 된다.

○ 누에는 뽕을 먹고 토끼는 풀을 먹는다.
○ 누에는 뽕을 먹고 토끼는 풀을 먹었다.
○ 누에는 뽕을 먹고 토끼는 풀을 먹는가?

우의 실례에서 이음술어로 되는 이음형 《먹고》는 맺음술어의 여하에 따라 알림법을 나타낼수도 있고 물음법을 나타낼수도 있으며 현재나 과거, 미래 등 해당한 시간적의미도 나타낼수 있다. 말차림의 의미도 마찬가지로 맺음술어에 의존한다. 물론 이때 이음형은 해당한 토의 첨가없이 이루어지는데 이것이 바로 조선어의 특성이다.

그러나 우에서 본바와 같이 《먹어치웠다》에 있는 이음형 《먹어》는 이음형 《먹고》에서와는 달리 법이나 말차림, 시간 등의 의미가 그 어떤 조건밑에서도 표현되지 않고있다.

다만 합성맺음술어의 구성요소로 되고있을뿐이다. 용언의 이음형에 상토, 시간토, 존경토 등이 들어갈수 있는데 이렇게 되면 상, 시간 및 존경의 의미를 함께 나타낼수 있다.

용언의 이음형은 토의 교착에 의하여 이루어진다.

용언의 이음형을 이루어주는 토를 이음토라고 한다.

조선어에는 이음토가 풍부하게 발달되여있다. 조선어는 독자적인 품사로서의 접속사가 발달되여있는 언어와는 달리 이음토가 발달되여있어 문장을 이루는 단어들을 서로 이어주며 맞물려주고있다.

이것이 또한 형태론적인 측면에서 본 조선어의 중요한 특성의 하나라고 말할수 있다.

이음토는 문장을 끝맺지 않고 이어주는 문법적관계를 나타낸다.

이음토는 동사, 형용사, 체언의 용언형 등에 붙어 쓰인다. 바꿈토 《이》가 붙은 체언의 용언형에 거의 모든 이음토가 쓰일수 있는것이 이음토의 한개 특성으로 되고있다. 이음토는 품사 통용성의 견지에서 볼 때 맺음토에 비해 비교적 자유롭다.

어떤 품사에 붙어 쓰이는가 하는데 따라 이음토를 갈라보면 다음과 같다.

- 동사, 형용사 및 체언의 용언형에 두루 붙어 쓰이는 이음토
  ○ 고, 며, 면, 니, 니까, 나, 지만, 건만, 거나, 건, 거니, 거늘, 거니와, 거든, 든지, 든, 든가, 되, 아도/어도/여도, 아

서/어서/여서, 므로, 매, 기에, 길래, 기로, 더니, 더면, 던
들, 더라도, 더라면, 리니, 려니, 려니와, 련만, ㄹ진대, ㄹ
지라도, ㄹ지언정, ㄹ망정, 나니, 노니, 고서, 면서, 자, 건
대, ㄴ지라, ㄴ즉, ㄴ들, 던들
- 동사, 형용사에만 쓰이는 이음토
○ 아/어/여, 자면, ㄹ라면
- 동사에만 쓰이는 이음토
○ 노라니, 노라니까, 노라면, 느니, 느라면, 느라니, 느라니까,
 는데, 던데, 는바, 는지라, 러, 려, 려고, 고저
- 형용사와 체언의 용언형에만 쓰이는 이음토
○ ㄴ데, ㄴ바
- 체언의 용언형에만 쓰이는 이음토
○ 어니와, 어늘, 연만, 로되, 자

이음토는 서술토이기는 하지만 말법과 말차림을 나타내지 못하는것으로 하여 맺음토와 구별된다. 이음토는 높임도 아니고 낮춤도 아닌 중성적인 말차림관계를 나타내며 말법은 알림만을 나타낼뿐 물음이나 시킴, 추김 등의 말법을 나타내지 못하고있다. 그러므로 말법인 경우에도 사실상 중성적인것이라고 말해도 과언이 아니다.

이음토는 맺음술어의 말차림이나 말법 등의 의미를 받아서 내용적으로 표현할수 있다. 해당한 문법적형태가 없이 표현된다는 의미에서 상대적인것이며 조건적인것이다.

이음토는 많은 경우에 그것자체만으로는 현재를 나타낸다.

과거나 미래를 나타내려고 할 때에는 시간토 《았/었/였》, 《겠》 등과 결합하여 쓰인다. 또한 이음토는 맺음술어의 시간관계를 그대로 받아서 시간토의 쓰임이 없이 과거나 미래의 시간관계를 나타내기도 한다.

○ 우리 일군들은 경애하는 장군님의 말씀을 당원들과 근로자들속에 제때에 정확히 전달침투하며 그 관철을 위한 투쟁에로 적극 조직동원하여야 하겠습니다.

우의 문장에서 이음술어 《전달침투하며》의 시간과 말차림 및 말법관계는 맺음술어 《조직동원하여야 하겠습니다》에 의해 규정되

는것만큼 이음토의 말법, 말차림, 시간 등 관계의 표현이 조건적이며 상대적인것이다.

　이음토는 결합적인 측면에서 볼 때 상토, 존경토, 시간토다음에 붙어 쓰인다. 다시말하여 이음토는 이음형에서 맨 마지막자리에 놓이게 된다.
　○ 읽다-읽히우시였고
　○ 자다-재우시겠으면

　조선어이음토는 구조적인 측면에서 볼 때 겹침형태가 풍부한것으로 하여 맺음토와 비슷한 특성을 가지고있다.

　우리 말에서 이음토는 맺음토와 다른 이음토들과 결합하여 2차적형태를 비교적 많이 이루는데 이것은 이음토의 풍부성을 담보해줄뿐아니라 그 어떤 섬세한 감정과 복잡한 사상내용도 원만히 나타낼수 있게 하는 수단으로 된다.

　결합적인 측면에서 볼 때 이음토의 겹침형태는 다음과 같다.
　-《맺음토+이음토》의 형태로 된것.

　맺음토《다, 노라, 느냐, 더라, 리라, 라, 자》등과 이음토들이 결합되여 이루어진것에는 다음과 같은것들이 있다. 여기서도 《맺음토+맺음토》의 경우와 같이 결합적측면을 중시하는것만큼 겹침토와 합성토를 모두 다루게 된다.
　○ 다거나, 다거늘, 다거니, 다거든, 다고, 다고서, 다기로, 다기에, 다길래, 다느니, 다는데, 다니, 다니까, 다더니, 다든지, 다면, 다면서, 다지, 다지만, 단들, 단즉, 대도, 댔지…
　○ 노라고, 노라기에, 노라서, 노라니까, 노라더니, 노라면, 노란즉…
　○ 느냐고, 느냐거든, 느냐기에, 느냐길래, 느냐더니, 느냐면서, 느냐지, 느냐지만…
　○ 더라고, 더라기에, 더라길래, 더라는데, 더라니, 더라니까, 더라더니, 더라면, 더라면서, 더라지, 더라지만, 더랬지…
　○ 리라고, 리라기에, 리라길래, 리라는데, 리라더니, 리라면서, 리라지만, 리란즉…

○ 라거나, 라거늘, 라거니, 라거든, 라고, 라고서, 라기에, 라길래, 라느니, 라는데, 라니, 라니까, 라더니, 라든지, 라면, 라면서, 라지, 라지만, 란들, 란즉…
○ 자거나, 자거늘, 자거니, 자거든, 자고, 자고서, 자기에, 자길래, 자느니, 자는데, 자니, 자니까, 자더니, 자면, 자면서, 잔들, 잔즉, 쟀자…
- 《이음토+이음토》의 형태로 된것.

이음토《려》와 다른 이음토들이 결합하여 이루어진것들이다.
○ 려거나, 려거든, 려는데, 려니, 려니까, 려다, 려도, 려면, 려지, 려야, ㄹ래야, 련들, 련즉…

조선어의 매개 이음토는 그에 고유한 뜻을 가지고있다. 이음토가 나타내는 의미를 문장에서 어느 한 단어나 문장성분을 다른 단어나 문장성분에 이어주는것만큼 이어주는 성격과 내용에 따라 여러가지로 갈라볼수 있다. 다시말하여 이음토가 이어주는 내용은 역시 론리적성격을 띠게 되는것만큼 나란히 이어주는가, 매이게 이어주는가, 합치는 관계로 이어주는가 아니면 맞세워 이어주는가 하는 등의 론리적관계로 나타나게 된다.

조선어 이음토가 나타내는 론리적련계형태를 일반화하면 다음과 같이 할수 있는데 이것은 곧 이음토의 류형으로 대치될수있다.

ㄱ. 벌림관계를 나타내는 이음토
- 합침관계를 나타내는 이음토
○ 고, 며, 면서, ㄹ뿐더러, 거니와, 려니와
- 맞세움관계를 나타내는 이음토
○ 나, 되, 지만, 건만, 련만, 지마는, 것마는, 련마는, ㄴ데, 는데, 던데, ㄴ바, 는바, 던바, 아도/어도/여도
- 가려냄관계를 나타내는 이음토
○ 나, 건, 든, 거나, 거니, 든가, 든지, ㄹ라
ㄴ. 매임관계를 나타내는 이음토
- 조건이나 가정, 양보 등의 관계를 나타내는 이음토
○ 면, 거든, 느라면, 더라면, ㄹ라면, 자면, 아도/어도/여도, 더라도, ㄹ망정, ㄹ지언정, ㄹ지라도, 기로, ㄴ들, 던들, 나

마, 아야/어야/여야
- 원인이나 근거 등의 관계를 나타내는 이음토
○ 므로, 니, 니까, 느라니, 느라니까, 더니, ㄴ만큼, 는만큼, 던만큼, 느니만큼, ㄴ즉, 기에, 길래, 거늘, 건대, 나니, ㄴ지라
- 차례관계를 나타내는 이음토
○ 다, 다가, 자, 고서
- 방식이나 수단 등의 관계를 나타내는 토
○ 아/어/여
- 목적이나 의도 등의 관계를 나타내는 토
○ 려, 려고, 자고, 고저, 느라고, 러

이음토는 맺음토에 비해볼 때 다의적인 성격이 더 강한것으로 특징지어진다.

맺음토는 문장을 끝맺어주는데 쓰이는 문법적표현수단인것만큼 말법과 말차림의 범주적의미만을 나타내고 다른 전의된 의미나 뜻빛갈을 나타내지 않는다. 그러나 이음토는 문장안에 있는 단어나 일정한 문장론적단위를 다른 단어나 문장론적단위에 이어주는것만큼 문맥의 영향을 많이 받게 되며 관계를 맺고있는 단어나 문장론적단위들의 영향을 받게 된다. 이로부터 이음토는 적지 않은 경우 자기의 기본의미외에 전의된 의미와 뜻빛갈을 나타내고있다.

이음토의 류형에 따라 구체적인 이음토들이 갖고있는 의미를 분석하면 다음과 같다.

△ 합침관계를 나타내는 이음토들의 의미
- 《고》
① 두개의 사실이 같은 자격으로 나란히 이어짐을 나타낸다.
    ○ 맑고 푸른 조국의 하늘
② 앞의 행동이 뒤의 행동을 하게 하는 방식으로 됨을 나타낸다.
    ○ 나래를 펴고 창공높이 날으는 조국의 매들
③ 앞의 행동이 끝나고 나서 뒤의 행동이 진행됨을 나타낸다.
    ○ 불을 끄고 자리에 누웠다.

④ 두가지 행동중 어느 하나가 선택됨을 나타낸다.
　○ 옳고그른것을 똑바로 가려볼줄 알아야 한다.
⑤ 앞의 행동이 뒤의 행동을 일으키는 원인이나 근거로 됨을 나타낸다.
　○ 이렇게 이악하게 달라붙고 못해낼 일이 있소?
⑥ 같은 단어를 겹쳐서 강조함을 나타낸다.
　○ 넓고넓은 바다
⑦ 《-고 -고》형으로 겹쳐 쓰이면서 그 어느것을 선택함을 나타낸다.
　○ 집에서고 학교에서고 학습에 열중하기는 마찬가지였다.
⑧ 어느것임을 가리지 않고 다 포함시킴을 나타낸다.
　○ 무슨 일이고 침착하게 할줄 알아야 하오.
⑨ 보조적으로 쓰이는 《있다, 알다, 나다, 싶다》 등과 결합하여 쓰이면서 합성적문장성분의 구성요소로 되게 한다.
　○ 글을 쓰고있다.
　○ 꼭 가지, 가고 말고
⑩ 맺음형뒤에 2차적으로 첨가되여 인용한 말이나 사실이 끝났음을 나타낸다.
　○ 영철동무가 나더러 어디 가느냐고 묻기에 박물관에 간다고 말해주었다.

- 《며》
① 같은 자격으로 나란히 이어짐을 나타낸다.
　○ 다닥치며 뒤치며 부서지며
　　바위들이 골짜기를 쳐부신다
　　(장편서사시 《백두산》에서)
② 앞의 행동이 뒤의 행동과 같이 진행되면서 그 진행방식으로 됨을 나타낸다.
　○ 할아버지는 강보에 싸인 손자애를 웃음을 띠우며 들여다보았다.
③ 앞의 행동이 시작될 때 뒤의 행동이 진행됨을 나타낸다. 이때 도움토 《부터》가 이음토 《며》뒤에 붙어 쓰이기도 한다.

○ 둘이 잡히며(부터) 걷기 시작한게 이제는 걸음마를 제법
　　　　잘 탔다.
　④ 앞의 행동과 뒤의 행동이 서로 모순됨을 나타낸다.
　　　○ 아무것도 모르며 큰소리만 치네.
　⑤ 명사나 용언의 체언형 둥에 쓰일 때 단순히 둘이상의 대상을 이어주는 뜻을 나타낸다.
　　　○ 산이며, 들이며, 사람들이며가 모두 정답게 안겨왔다.
　- 《면서》
　① 어떤 사실이 다른 사실과 아울러 함께 있음을 나타낸다. 이때 도움토 《도》가 함께 붙어 쓰이기도 하는데 서로 맞서는 관계를 나타낸다.
　　　○ 그 사람은 어지면서도 의지가 강한 사람이였다.
　② 어떤 행동이 다른 행동과 동시에 일어나는데 다른 행동의 진행방식으로 됨을 나타낸다.
　　　○ 번개가 번쩍하면서 캄캄한 밤하늘을 헤갈라놓았다.
　③ 어떤 행동이 시작되는것과 함께 다른 어떤 행동이 일어남을 나타낸다. 이때 도움토 《부터》가 함께 쓰이기도 한다.
　　　○ 집을 나서면서(부터) 반가운 친구들인 인혁이와 철순이
　　　　를 만나게 되였다.
　- 《ㄹ뿐더러》
　두개의 사실을 합쳐서 포함시키되 앞의것은 물론 더 나아가서 뒤의것까지도 포함된다는 뜻을 나타낸다.
　　　○ 시간을 잘 지킬뿐더러 학습내용도 남달리 깊이 파고들었다.
　- 《거니와》, 《려니와》
　토 《거니와》는 어떤 사실을 정해진 사실로 인정하면서 이어주는 뜻을 나타내며 《려니와》는 추측하여 이어주는 뜻을 나타낸다.
　　　○ 이 건물은 크기도 하거니와 보기에도 좋다.
　　　○ 아달안으로 올해계획을 앞당겨 완수하려니와 래년도 계획수
　　　　행준비도 빈틈없이 짜고들셈이였다.
　△ 맞세움관계를 나타내는 이음토
　- 《나》

① 앞의 행동을 확인하면서 이와 대립되는 행동이 뒤따름을 나타낸다.
    ○ 자리에 누웠으나 도저히 잠이 오지 않았다.
② 두개 행동중 어느것을 선택하여도 그뒤의 사실에 대해서는 마찬가지로 전제로 됨을 나타낸다.
    ○ 비가 오나 눈이 오나 가야 할 혁명의 길에
       다진 맹세 변치 말자 한별을 우러러보네
- 《되》
① 해당 사실을 그렇다고 인정하면서 대립적으로 뒤에 련결시킴을 나타낸다.
    ○ 우리는 전쟁을 바라지 않되 결코 전쟁을 두려워하지 않는다.
② 어떤 사실을 말하고 뒤에 그와 관련된 자세한 설명을 하였음을 나타낸다.
    ○ 비 오되 보슬비가 온다.
③ 끼움말을 만드는데 쓰이는데 담화의 내용을 인용함을 나타낸다.
    ○ 우리 선조들이 말했으되 좋은 농사군에게는 나쁜 땅이 따로 없다.
- 《지마는, 건마는, 련마는》(《지만, 건만, 련만》)
토《지마는, 건마는, 련마는》에서 《는》은 그 앞소리마디에 올라붙어 《지만, 건만, 련만》으로 된다.
토《지마는》은 앞의 사실을 확인하고나서 이와 대립되는 사실을 말하거나 그 사실에도 불구하고 인정해야 함을 나타낸다.
토《건마는》은 《지마는》과 같은 뜻을 나타낸다.
토《련마는》은 앞의 사실을 추측하면서 맞세우는 관계를 나타낸다.
    ○ 그를 잘 알고있는터이건만 그가 그렇게 호랑이 같은 사람인줄은 몰랐다.
    ○ 조선인민은 전쟁을 바라지 않지만 결코 전쟁을 두려워하지 않는다.

○ 기사장동무가 있었으면 의례히 해결되였으련만 그가 없으니 할수 없는 일이 아니요.

- 《ㄴ데, 는데, 던데》

토《ㄴ데》는 시간토가 붙지 않은 체언의 용언형과 형용사에 쓰이며《는데》,《던데》는 동사와 시간토가 붙은 체언의 용언형과 형용사에 쓰인다.

이 토들은 다른 시간토와 어울리지 않고 그자체로 쓰일 때 시간의 의미를 함께 가지고 나타난다.《ㄴ데》,《는데》는 과거나 미래 시간의 토가 없이 자체로 현재를 나타내며《던데》는 과거를 나타낸다.

이 토들의 의미는 다음과 같다.

① 어떤 사실이 다른 사실과 서로 맞서는 관계에 있거나 어긋나는 관계에 있음을 나타낸다.

○ 형이 글을 쓰는데 유치원생 철남이도 덩달아 글을 쓰겠다고 야단이다.

② 어떤 사실이 다른 사실의 계기나 환경, 전제로 됨을 나타낸다.

○ 한달만에 소식이 날아들었는데 생남을 했다는 반가운 소식이였다.

- 《ㄴ바, 는바, 던바》

토《ㄴ바》는 시간토《았/었/였》,《겠》등이 붙지 않은 형용사와 체언의 용언형에서 쓰이며《는바》,《던바》는 동사와 시간토《았/었/였》,《겠》등이 붙은 형용사와 체언의 용언형 등에 쓰인다.

이 토들은 시간토《았/었/였》,《겠》등과 어울리지 않고 그자체로 쓰일 때 시간의 의미를 함께 나타낼수 있다.《ㄴ바》,《는바》는 그자체로 현재를 나타내고《던바》는 과거의 시간을 나타낸다.

이 토들은 그 결합구조적특성과 의미적특성이 토《ㄴ데, 는데, 던데》와 비슷하다. 단지 이 토들은 공식적인 규정을 주거나 무엇을 론증하는것과 같은 특수한 글에서 드물게 쓰이는데 옛스러운감을 주는것이 특징이다. 이 토들은 앞의 사실을 내놓고 그것을 뒤에서 더 자세히 설명할 때에 자주 쓰인다.

- 《아도/어도/여도》
① 앞의 사실에도 불구하고 의연히 그와 대립되는 사실이 뒤에 나타나는 경우에 쓰인다.
○ 그것은 듣지 않아도 뻔한 일이다.
② 비록 앞의 행동을 하더라도 뒤의 사실이 나타남을 의미한다.
○ 여드레팔십리를 걸어도 갈 길은 다 간다.
③ 어떤 행동을 하여도 그 결과가 동일함을 나타낸다.
○ 글을 써도 명필이요 노래를 불러도 명창이다.
△ 가려냄관계를 나타내는 이음토
- 《나, 건, 든, 거나, 든지, 든가》
이 토들은 많이는 겹쳐서 쓰인다. 그러나 단독으로 쓰이는 경우도 있다.
이 토들은 선택관계를 나타내는데 두가지 사실중 어느 하나를 선택하여도 뒤에 오는 사실에 대하여 전제로 됨을 나타내기도 한다.
○ 정치적준비정도로 보든지 실력으로 보든지 그만한 사람을 고르기가 쉽지 않았다.
- 《거니》, 《ㄹ라》
이 토들은 보통 한 문장에서 겹쳐서 쓰이는데 두개의 사실이 번갈아 나타남을 표현한다.
토 《거니》는 시간토 《았/었/였》, 《겠》 등과 결합해서도 쓰이는데 토 《ㄹ라》는 시간토 《겠》과는 결합하여 쓰이지 못한다.
○ 앞서거니뒤서거니 하면서 모내기가 한창 고비에 이르렀다.
○ 장작도 뗄라 물도 기를라 바삐 돌아치지 않으면 안되였다.
토 《거니》는 이밖에 앞의 사실이 뒤의 사실에 대한 원인, 리유, 근거 등의 관계에 있음을 나타낸다.
○ 인민의 원한은 하늘에 닿았거니
　　철천지원쑤 미제야
　　이 땅에서 당장 물러가라
또한 토 《거니》는 시간토 《겠》과 결합하여 쓰일 때 혼자서 무엇을 추측함을 나타낸다.
    ○ 얼마 안 가서 해결되겠거니 했는데 오산이였다.
    △ 조건이나 가정, 양보 등의 관계를 나타내는 이음토
    - 《면》, 《거든》, 《느라면》, 《노라면》, 《더라면》, 《ㄹ라면》, 《자면》

토 《면》, 《거든》 등은 앞의 사실이 뒤의 사실을 생기게 하는 조건으로 됨을 나타낸다. 그러나 《거든》은 《면》과 달리 이미 정해져있는 사실을 가정할 때 쓰인다.
    ○ 한번 손을 저으시면
      천만산악도 뒤로 물러나고
      흐르던 강줄기도 머리를 돌린다

토 《느라면》, 《노라면》은 지금 행동이 진행되고있음을 가정하는 뜻을 나타내고 토 《더라면》, 《더면》은 시간토 《았/었/였》과 함께 쓰이면서 과거에 있는 일이라는것을 가정함을 나타낸다.

토 《면》은 이처럼 가정, 조건 등의 뜻을 나타내면서 여러가지 다른 뜻을 나타내고있다.

토 《면》이 가지고있는 뜻은 다음과 같다.
① 앞의 행동이 뒤의 행동이 일어나게 되는 가정적조건이 됨을 나타낸다.
    ○ 비가 오면 래일 떠나겠다.
② 앞의 행동이 뒤의 행동을 발생시킬 예정적조건임을 나타낸다.
    ○ 초고집필을 끝마치면 곧 휴양을 가겠소.
③ 앞의 행동이 뒤의 행동이 일어나게 하는 조건임을 나타낸다.
    ○ 봄이 오면 꽃이 피고 가을이 오면 열매 익는다.
④ 앞의 행동이 진행되였으므로 반드시 뒤의 행동이 진행되여야 함을 요구할 때 쓰인다.
    ○ 일을 시작했으면 끝장을 보아야지요.
⑤ 시간토 《았/었/였》과 함께 쓰이여 희망하는 뜻을 나타낸다.
    ○ 나도 그 책을 읽었으면 합니다.
⑥ 앞의 행동이 뒤의 사실에 대한 근거로 됨을 나타낸다.

○ 최동무의 말을 들으면 실태는 그렇지 않았다.
⑦ 여러가지 성구적표현에서 쓰인다.
　　○ …하는가 하면
　　○ 모르면 몰라도
　　○ 하면 할수록
　－《더라도》
　이 토는 앞의 행동이 진행될 경우가 조건적으로 있게 될 때에도 그에 구애됨이 없이 뒤의 행동이 진행됨을 나타낸다.
　　○ 어떤 어려운 조건에 부닥치더라도 경애하는 장군님의 현지지도말씀을 기어이 관철하여야 한다.
　－《ㄹ망정》, 《ㄹ지언정》, 《ㄹ지라도》
　이 토들은 어떠한 사실을 들어 그런 일이 있을 경우를 가정하여 조건으로 내세움을 나타내는데 토《ㄹ망정》, 《ㄹ지언정》 등의 경우에는 비록 앞의 행동이 진행된다 하더라도 뒤의 행동은 진행할수 없음을 나타내며 토《ㄹ지라도》의 경우에는 비록 앞의 행동이 진행되더라도 반드시 뒤의 행동이 진행되여야 함을 나타낸다.
　　○ 꺾일지언정 굽힐줄 모르는 혁명절개
　　○ 당의 유일사상과 어긋나는 현상은 그것이 사소한것일지라도 묵과하지 말아야 한다.
　－《기로》
　이 토는 바라지 않는 어떤 사실을 인정하면서 그것을 조건으로 함을 나타낸다. 주로 입말에서 많이 쓰인다.
　　○ 최동무가 자꾸 묻기로 비밀까지 다 대줄 필요야 없지 않는가.
　－《ㄴ들》, 《던들》
　이 토들은 가정하여 조건으로 내세움을 나타내는데 토《ㄴ들》의 경우에는 양보의 뜻이 포함되여있다.
　토《던들》의 경우에는 과거시간토《았/었/였》 등의 뒤에서만 쓰이는데 이미 실현되지 않고 지나간 어떤 사실을 반대로 가정함을 나타낸다.
　　○ 네가 좀만 일찍 왔던들 이런 일은 당하지 않는건데.

- 《나마》

이음토 《나마》는 도움토 《나마》와 달리 용언의 말줄기와 체언의 용언형에 직접 붙어 쓰인다.

이음토 《나마》는 마음에 차지 않으나 양보하여 조건으로 삼음을 나타낸다.

○ 제가 기술은 못하나마 열성이야 뒤떨어지겠습니까?

- 《아야/어야/여야》

① 앞의 사실이 뒤의 사실을 실현시키는 필수적조건임을 나타낸다.

○ 군중속에 깊이 들어가야 실정을 잘 알수 있다.

② 앞의 사실에도 불구하고 의연히 계속되는 뒤의 사실임을 나타낸다.

○ 아무리 둘러보아야 거칠것은 하나도 없었다.

③ 동사 《하다》와 결합하여 반드시 수행해야 할 그 어떤 행동의 의무성, 목적, 내용 등을 나타낸다.

○ 승리는 기다릴것이 아니라 쟁취해야 한다.

△ 원인이나 근거 등의 관계를 나타내는 이음토

- 《므로》

앞의 행동이 뒤의 행동에 대한 원인이 됨을 나타낸다. 주로 글말에서 쓰인다.

이음토 《므로》는 원인, 근거 등의 뜻을 나타낼수 있는 조격토 《으로》와 구별된다. 조격토 《으로》는 동사, 형용사의 체언형 《ㅁ》와 결합할 때 이음토 《므로》와 혼동할수 있다. 그러나 이음토 《므로》는 이음술어의 형태를 이루는것으로서 뒤사실의 원인, 근거, 리유 등을 가리키고 《ㅁ으로》는 문장에서 보어, 상황어로 되게 하면서 수단, 재료 등의 뜻을 나타낸다.

○ 초고는 어제 끝났으므로 정서단계에 들어갔다.

○ 우리 혁명의 종국적승리를 이룩하기 위하여 몸과 마음을 다 바쳐 투쟁함으로써 일군으로서의 본분을 다해야 한다.

- 《니》, 《니까》, 《느라니》, 《느라니까》, 《나니》, 《노라니》, 《노라니까》, 《더니》, 《러니》

토 《니》, 《니까》, 《나니》, 《리니》 등은 시간토와 결합하여 쓰일수 있으며 토 《느라니》, 《느라니까》 등은 시간토와 결합하여 쓰일수 없다. 이 토들은 주로 원인이나 근거 등의 뜻을 나타낸다.
○ 그 사람이 떠나니까 나도 가지.
토 《니》와 《니까》, 《더니》는 다의적인 뜻을 나타내고있다.
토 《니》의 의미는 다음과 같다.
① 앞의 행동이 진행된 결과에 뒤의 사실이 알려지게 됨을 나타낸다.
○ 집에 들리니 마침 전보가 와있었다.
② 앞에서 한개 사실을 서술하고나서 다시 뒤에서 그것을 정밀하게 이야기함을 나타낸다.
○ 뒤울안에 돌배나무가 있으니 그것은 군대 나간 영철이가 심은것이다.
③ 뒤에서 진술할 내용의 주제를 앞에서 이야기함을 나타낸다.
○ 그 사람이 누군고 하니 영철이 형님이야.
④ 앞의 행동이 뒤에 진술되는 사실의 원인, 리유, 근거가 됨을 나타낸다.
○ 표창을 받았으니 성수가 날만도 하지.
⑤ 앞의 행동이 뒤의 행동에 대하여 아무런 영향도 주지 못함을 나타낸다.
○ 아무리 소리치니 소용있습니까.
⑥ 체언이나 형용사에 쓰이면서 이리저리 이야기되는 사실을 렬거함을 나타낸다.
○ 소극분자니 락후분자니 말이 많았다.
토 《니까》의 의미는 다음과 같다.
① 앞의 행동이 진행된 결과에 뒤의 사실이 알려지게 됨을 나타낸다.
○ 문제가 풀렸으니까 이젠 마음을 놓아도 된다고 생각해서는 안된다.
② 동사의 맺음형뒤에 첨가되여 앞의 행동이 진행되였음에도 불구하고 뒤의 사실이 나타남을 의미한다.

○ 빨리 가자니까 늦장을 부린다.

토 《더니》의 의미는 다음과 같다.

① 앞의 행동이 진행되고 계속하여 뒤의 행동이 진행됨을 나타낸다.

○ 검은 구름이 몰려오더니 소나기가 쏟아져내렸다.

② 앞의 행동이 뒤의 행동에 대한 원인, 리유, 근거가 됨을 나타낸다.

○ 한바탕 춤을 추었더니 발이 훈훈하였다.

③ 시간토 《았/었/였》과 결합하여 앞의 행동이 진행된데 따라 뒤의 사실이 알려지게 됨을 나타낸다.

○ 무슨 영문인지 몰라서 물었더니 별게 아니더군요

④ 앞의 행동이 뒤의 행동과 대립적관계에 있음을 나타낸다.

○ 한참 떠들더니 이젠 조용하다.

- 《ㄴ만큼》, 《는만큼》, 《던만큼》, 《느니만큼》, 《ㄴ즉》, 《ㄴ지라》, 《는지라》, 《던지라》

이 토들은 모두 원인, 근거 등의 뜻을 나타낸다.

《ㄴ만큼》, 《ㄴ즉》, 《ㄴ지라》는 시간토가 붙지 않은 체언의 용언형과 형용사에 붙어 쓰이며 《는만큼》, 《는지라》, 《느니만큼》은 동사와 시간토가 붙은 체언의 용언형과 형용사에 쓰인다. 《던만큼》, 《던지라》는 과거형태부 《더》가 있는것만큼 과거에 있었음을 나타낸다.

○ 알아본즉 청년동맹원들이였다.

- 《기에》, 《길래》, 《거늘》

이 토들은 시간토와 결합하여 쓰일수 있다.

이 토들은 앞의 사실이 뒤의 사실에 대한 리유, 근거, 원인 등을 나타낸다. 이 토들은 입말에서 자주 쓰인다.

○ 장군님 없었다면 조선은 숨졌으리
  그이가 계시였기에 우리는 승리했네
  총대를 앞세우고 언제나 그날처럼
  장군님 한분만을 우리는 믿고 따르리
  장군님 단신으로 붉은기 지켜주신

불멸의 그 업적을 우리는 잊지 않으리

토 《거늘》은 이밖에 앞의 사실이 명백한 사실임에도 불구하고 그와 맞세워지는 다른 사실을 말하려고 할 때에 쓰인다.

○ 조선은 하나이거늘 우리 어찌 둘로 갈라져 살수 있으랴.

△ 차례관계를 나타내는 이음토

- 《다》, 《다가》

① 이미 하던 행동을 다 마치거나 중도에 그만두고 다른 행동으로 넘어감을 나타낸다.

○ 그는 잠시 말을 끊었다가 다시 이었다.

② 앞의 행동을 하는 과정에 뒤의 행동이 시작됨을 나타낸다.

○ 그는 머뭇거리다가 겨우 입을 열었다.

③ 앞의 행동이 뒤의 행동을 일으킬 가정적조건으로 됨을 나타낸다.

○ 정신차려 일하지 않다가 큰 일 낼려구 그래.

④ 서로 교체되는 대조적행동임을 나타낸다.

○ 방안을 왔다갔다 하다.

⑤ 어떤 사실의 근거, 원인 등으로 됨을 나타낸다.

○ 다 식은줄 알고 손을 댔다가 델번 하였다.

- 《자》

① 앞의 행동이 끝나자 곧 뒤의 행동이 잇달아 일어남을 나타낸다.

○ 철이 들자 아버지를 여의고 외롭게 자란 금순이였다.

이음토 《자》는 이 의미를 강조하기 위하여 보조적으로 쓰이는 단어 《말다》와 함께 쓰이여 《-자마자》의 구조를 취하기도 한다.

○ 철이 들자마자…

② 그 어떤 사실이 서로 겸함을 나타낸다.

○ 군대이자 당이고 당이자 군대이다.

이음토 《자》는 시간토 《았/었/였》과 결합해서 《았자/었자/였자》와 같은 새로운 이음토를 만드는데 이 이음토의 의미는 《자》가 가지고있던 《순서》의 의미와는 다른 가정의 뜻을 나타낸다.

○ 아무리 생각해봤자 잘 떠오르지 않았다.
- 《고서》
토 《고서》는 결합구조의 측면에서 본다면 《아/어/여》와 강조토 《서》가 붙은것과 같은것이다. 그러나 《고서》는 강조토 《서》가 붙은 《아서/어서/여서》에 비해볼 때 의미기능에서 큰 변화가 있으므로 하나의 독자적인 토로 처리하고있다.
① 앞의 행동이 끝나고 나서 뒤의 행동이 진행됨을 나타낸다.
○ 하던 일을 마저 끝내고서 곧 따라 가겠소.
② 앞의 행동이 뒤의 행동을 진행하는 방식으로 됨을 나타낸다.
○ 아이들까지 다 데리고서 왔다.
③ 앞의 행동이 뒤의 행동이 일어날 조건이나 전제로 됨을 나타낸다.
○ 기술혁신을 하지 않고서는 벅찬 과업을 제때에 해낼수 없소.
④ 앞의 사실이 뒤에 오는 사실의 근거로 됨을 나타낸다.
○ 자재가 있다는것을 알고서 제기하는것입니다.
△ 방식이나 수단 등의 관계를 나타내는 이음토
- 《아/어/여》
① 앞의 행동이 뒤의 행동을 진행하는 방식으로 됨을 나타낸다.
○ 가능성을 옳게 타산하여 세운 계획이다.
② 앞의 행동이 뒤의 사실에 대한 원인, 리유, 근거로 됨을 나타낸다.
○ 물에 젖어 누굿누굿해진 가죽장화
③ 앞의 행동이 뒤에 오는 행동의 목적으로 됨을 나타낸다.
○ 깃을 찾아 이 산, 저 산 날아예는 새들
④ 앞에 오는 행동이 뒤에 오는 진술의 가상적조건으로 됨을 나타낸다.
○ 이만하면 무대에 내세워도 손색이 없겠다.
⑤ 앞의 행동이 뒤의 진술에 의하여 총화되는 시간적관계에 있음을 나타낸다.

○ 대학에 입학하여 3년 되는 해
⑥ 어떠한것으로 간주되는 행동이나 성질임을 나타낸다.
○ 나이가 많아보인다.
⑦ 두개의 동사가 합하여 합성적문장성분을 이루게 한다.
○ 읽어보다, 끓어오르다
△ 목적이나 의도 등의 관계를 나타내는 이음토
- 《려》, 《려고》, 《자고》, 《고저》, 《느라》, 《느라고》, 《러》

이음토 《려》, 《려고》, 《자고》, 《고저》는 그 어떤 의도나 희망 등을 나타내며 토《느라》, 《느라고》는 목적지향성있게 행동한 그것이 그 어떤 행동의 원인이나 근거로 됨을 나타내며 토《러》는 목적을 나타낸다. 토《고저》는 주로 글말에서 나타난다.

○ 조국의 운명 지키려 철령을 넘어 몇천리
  락원의 길을 여시려 강계를 찾아 몇천리
  한공기 죽도 나누며 장군님 헤쳐가신
  시련의 그 자욱을 우리는 잊지 않으리
○ 그 무거운걸 지고오느라 수고했다.
○ 하자고 결심만 하면 못해낼 일이 없다.
○ 자재를 인수하러 상사에 갔을 때였네.

3) 꾸밈형

용언의 꾸밈형이란 그 어떤 단어가 용언의 앞에 오면서 그 용언을 문법적으로 꾸며주는 자리에 있음을 나타내는 문법적형태이다.

용언의 꾸밈형은 용언의 맺음형과만 문장론적관계를 맺고있다. 이것으로 하여 용언의 규정형과도 구별되고 이음형과도 구별된다. 용언의 규정형은 뒤에 오는 단어나 문장성분이 주어, 보어, 상황어로 될수 있으며 용언의 이음형은 그와 관련되는 뒤에 오는 단어가 맺음술어, 규정어, 상황어로 될수 있다.

용언의 꾸밈형은 그 단어가 다만 문장에서 상황어가 되게 한다.

용언의 꾸밈형은 일련의 측면에서 이음형과 공통성과 차이성을 가지고있다. 이음형이나 꾸밈형은 문장에서 뒤에 오는 어떤 단위에 일정한 문장론적관계를 지어주는 형태라는 점에서 공통성을 가진다.

이음형이나 꾸밈형은 문장에서 일정한 련계를 가지는 단어나 문장론적단위를 전제로 하는데 그것은 규정형과 달리 주어와 보어를 제외한 기타 성분들인것이다. 일부 경우에 그것이 이음형인가 아니면 꾸밈형인가 하는것이 제기되기도 한다.

용언의 꾸밈형은 이음형과 일련의 측면에서 구별된다.

우선 용언의 이음형은 그와 직접 련계되는 제2의 단위뿐만아니라 제3의 단위와도 련계되지만 용언의 꾸밈형은 제2의 단위와만 련계를 맺는것으로 끝나고마는 차이점을 가지고있다.

○ 주고받는 이야기

여기서 이음토 《고》는 우선 《받는》과 문장론적관계를 맺고 그다음 2차적으로 《이야기》와 련계를 가진다. 즉 《주고》, 《받는》, 《이야기》 등 세개의 단위로 이루어진 이 표현에서 《주고》는 제3의 단위와도 문장론적련계를 맺게 된다.

그러나 꾸밈형은 그와 관련이 있는 한개 단위와만 련계를 맺는것으로 끝나고만다.

○ 꽃이 붉게 피였다.

이 문장에서 《붉게》는 《피였다》와 문장론적련계를 맺게 되는데 그것으로 끝나고만다. 여기서 제3의 단위인 《꽃》은 《피였다》와만 관계를 맺고 《붉게》와는 문장론적련계를 맺지 않고있다. 이것으로 하여 용언의 이음형과 꾸밈형은 구별된다.

다음으로 용언의 이음형에서의 시간관계표현과 꾸밈형에서의 시간관계표현이 다르다.

이음형에서는 시간토의 도움에 의하여 시간관계를 나타낼수도 있으며 시간토없이 맺음술어의 지간에 의하여 간접적으로 표현될수도 있다.

○ 이 책을 ┌ 읽으면 ┐ 한다.
　　　　　├ 읽었으면 ┤
　　　　　└ 읽겠으면 ┘

○ 이 책을 읽고 받은 감상을 ┌ 발표한다.
　　　　　　　　　　　　　├ 발표하였다.
　　　　　　　　　　　　　└ 발표하겠다.

그러나 꾸밈형에서는 시간관계가 뒤에 오는 용언에 의존할뿐 따로 표현되지 않고있다. 더구나 꾸밈토앞에 시간토가 끼이지 못하는것이 하나의 특징으로 되고있다. 《꽃이 붉게 피였다.》에 있는 《붉게》가 《붉었게》, 《붉겠게》로 되지 못하고있다. 이처럼 꾸밈형은 시간관계가 표현되지 않는다. 이것으로써 꾸밈형과 이음형은 구별된다.

꾸밈형은 시간관계가 언제나 뚜렷이 표현되는 규정형과도 구별된다.

규정형은 뒤에 와서 맞물리는것이 동사, 형용사가 아니라 명사, 대명사인것만큼 시간관계가 뚜렷이 표현되여야 한다. 례컨대 책을 읽은 행동을 나타낼 때 언제 읽었는가 하는것이 명백히 밝혀져야 하는것만큼 규정형은 언제나 시간관계가 뚜렷이 표현되고있다. 규정형은 그자체로 현재, 과거, 미래, 과거지속 등 시간의 의미를 표현하고있다.

용언의 꾸밈형은 토의 교착에 의하여 이루어진다.

꾸밈형을 이루어주는 토를 꾸밈토라고 한다.

꾸밈토에는 《게》, 《지》, 《도록》, 《듯(듯이), ㄴ듯(ㄴ듯이), ㄹ듯(ㄹ듯이), 는듯(는듯이), 먼듯(먼듯이)》 등이 있다.

꾸밈토는 서술토이기는 하나 맺음토나 이음토, 규정토와 뚜렷이 구별된다.

꾸밈토는 문장을 끝맺지 못한다는 점에서는 맺음토와 구별되면서 이음토나 규정토와 비슷한 점을 가지고있다. 그러나 바로 단어의 꾸밈형을 이룬다는 점에서 이음형을 이루어주는 이음토나 규정형을 이루어주는 규정토와도 구별된다. 이음토는 문장속에 있는 일정한 단어들을 이어주며 규정토는 체언앞에 있는 단어에 쓰이면서 그 체언의 특성, 속성 등을 규정해주는 기능을 수행한다.

꾸밈토는 또한 시간토와 결합하여 쓰이는 일이 없으며 주로 동사에 붙어 행동을 꾸며주는 역할을 하므로 시간토와 어울려쓰이는 이음토와 구별된다.

꾸밈토는 시간관계에서 상대적이며 조건적인것이다. 꾸밈토는 그것 자체로 현재의 시간관계만 나타내고 미래와 과거는 나타내지 못한다.

꾸밈토는 또한 말차림을 나타내지 못한다.

꾸밈토는 또한 말법도 상대적이며 조건적이다. 그것자체로 알림만을 나타낼뿐 물음이나 시킴, 추김 등의 의미는 나타내지 못한다.

개별적인 꾸밈토가 나타내는 의미들은 다음과 같다.

- 《게》, 《도록》

이 토들은 어떤 행동이나 상태가 이루어지는 방식 또는 정도를 나타낸다.

○ 자네 말을 듣고 경애하는 장군님의 은덕을 다시금 가슴뜨겁게 느끼였소.

○ 밤늦도록 신중히 토의하였다.

어떤 행동이나 상태가 이루어지는 방식이나 정도를 더 강조해서 나타내려고 할 때에는 토《게》뒤에 《끔》을 덧붙여 쓰기도 한다.

○ 밤늦도록끔

○ 하게끔

꾸밈토《게》와 《도록》은 그가 나타내고있는 의미가 서로 같으므로 문장에서 서로 엇바뀌여 쓰일수 있다. 특히 한 문장안에 꾸밈토《게》나 《도록》이 두번 반복되지 않도록 하기 위해 먼저 《게》를 썼으면 다음에는 《도록》을 쓰는 식으로 서로 엇바꾸어쓸수 있다. 그러나 모든 경우에 꾸밈토《게》를 《도록》으로 바꾸어쓸수 있는것은 아니다.

다음의 경우는 꾸밈토《게》를 《도록》으로 바꾸어쓸수 없는것이다.

○ 경애하는 김정일장군님의 두리에 굳게 뭉쳐 확신성 있게 앞으로 나아가는 우리 인민의 앞길에는 언제나 승리와 영광, 행복과 번영만이 차례질것이다.

- 《지》

문장에서 《아니하다》, 《못하다》, 《말다》와 결합하여 쓰이면서 부정관계를 나타낸다.

○ 우리 집에서 그다지 멀지 않은 곳에 전승기념탑이 있다.

○ 서둘지 마시고 차근차근 준비하시오.

- 《듯(듯이)》, 《ㄴ듯(ㄴ듯이)》, 《는듯(는듯이)》, 《먼듯(먼듯이)》

토《듯》은 어떤 행동이나 상태를 다른것과 비교해서 말할 때 쓰인다.
　토 《듯(듯이)》은 시간토 《ㄴ, 는, ㄹ, 던》 등과 결합하여 상대적시간관계를 나타낸다.
　　○ 퍼붓듯 쏟아붓는 소나기
　　○ 저 하늘의 해와 달이 영원하듯이
　　　 천년만년 변함없이 충성하렵니다

　4) 규정형
　용언의 규정형이란 용언의 뒤에 오는 대상성있는 단어에 대하여 규정하는 관계에 있다는것을 표현하는 문법적형태이다.
　용언의 규정형은 그뒤에 오는 체언과만 문장론적관계를 맺고있는것으로 하여 맺음형, 이음형, 꾸밈형 등과 구별된다.
　　○ 굵고 큰 나무를 힘들게 옮겨심었다.
　이 문장에서 규정형 《큰》은 그뒤에 오는 단어 《나무》와만 관계를 가지고 《옮겨 심다》나 《굵다》와는 아무런 문법적련계가 없다. 그러나 이음형 《굵고》는 《큰》과도 련계가 있고 2차적으로 《나무》와도 련계를 가지고있다.
　꾸밈형 《힘들게》는 그뒤에 오는 단어가 체언이 아니라 맺음술어로서 규정형과 구별된다.
　이처럼 규정형은 이음형과도 구별되고 꾸밈형과도 구별된다.
　용언의 규정형은 문장에서 그뒤에 오는 단어에 대하여 규정어로 된다는것을 나타낸다.
　규정토에 의하여 이루어진다는 점에서 명사속격으로 이루어지는 규정형과 구별된다.
　용언의 규정형은 그뒤에 오는 체언과의 문장론적인 결합관계만을 나타내는것이 아니라 시간, 존경, 상 등의 문법적의미도 나타낸다.
　용언의 규정형에서 시간의 의미는 시간토 《았/었/였》, 《겠》 등이 붙어 쓰이면서 나타낼수도 있으며 시간토없이 그것자체만으로도 나타낼수 있다.

용언의 규정형에서 존경, 상 등의 의미는 존경토, 상토를 통해서만 나타낸다.
　용언의 규정형을 이루어주는 토에는 《는, ㄴ/은, 던, ㄹ/을》등이 있다.
　규정토는 일반적으로 동사, 형용사, 체언의 용언형 등에 붙어 쓰이며 풀이성을 가진다. 그러나 규정토는 구조결합적인 측면에서 볼 때 다음과 같은 특성을 가지고있다.
　① 매개의 규정토가 모든 품사 즉 동사나 형용사, 체언의 용언형 등에 다 붙어 쓰이는것이 아니다.
　동사에는 모든 규정토《ㄴ, 는, ㄹ, 던》이 다 붙어 쓰일수 있으나 형용사나 체언의 용언형에는 규정토《는》이 붙어 쓰이지 못한다.
　규정토《는》은 동사에만 붙어 쓰인다.
　○ 일하는, 일한, 일할, 일하던
　○ 청년인, 청년일, 청년이던, ×청년이는
　○ 즐거운, 즐거울, 즐겁던, ×즐거우는
　그러나 규정토《는》은 형용사《없다》에 붙어 쓰인다.
　○ 없는, 없던, 없을
　또한 규정토《는》은 형용사에 속했던 단어가 동사적으로 쓰이면서 자동사로 넘어가는 경우에는 붙어 쓰인다.
　○ 밝다 - 밝는
　○ 높다 - 높이는
　② 규정토는 다른 시간토들과의 결합에서도 일정한 특성을 보여주고있다.
　규정토《는》과《ㄴ(은)》은 다른 어떤 시간토와도 어울려 쓰이지 못하나 규정토《던》, 《ㄹ/을》은 시간토《았/었/였》과 어울리여 쓰인다. 규정토《던》은 미래시간토《겠》뒤에서도 쓰인다.
　○ 먹었던, 먹었을, 먹겠던
　× 먹었는, 먹었은, 먹겠은
　③ 규정토는 맺음토, 이음토들과 어울리여 쓰이는데서도 일련의 특성을 가지고있다.
　규정토는 제한된 일부 맺음토, 이음토와 결합되여 쓰이는데 그것도 모든 규정토가 다 어울리여 쓰이는것이 아니다.

이음토 《려》는 규정토 《는》, 《던》과만 결합하여 쓰인다.

○ 하시려는, 하시려던

× 하시련, 하시렬

맺음토 《다, 리라, 더라, 느냐, 더냐, 라, 자》 등이 규정토와 결합하여 쓰일수 있는데 이때 맺음토가 앞에 온다. 그러므로 맺음토는 말차림의 문법적관계를 나타내지 못한다. 이 단어의 문장론적위치는 여전히 규정토에 의해 결정된다.

○ 오늘 끝내겠다던 초고집필을 끝내지 못한것은 갑자기 다른 일이 제기되였기때문이다.

여기서 규정토 《던》의 앞에 맺음토가 쓰이였는데 이 단어형태의 문장론적위치는 규정토 《던》에 의하여 규정된다.

맺음토와 규정토의 결합관계를 도표로 보면 다음과 같다.

규정토 맺음토	는	던	ㄹ/을	ㄴ/은
다	다는	다던		
리라	리라는	리라던	리랄	리란
더라	더라는	더라던	더랄	더란
느냐	느냐는	느냐던		
더냐	더냐는	더냐던		
라	라는	라던	랄	란
자	자는	자던	잘	잔

매개 규정토가 나타내는 구체적인 의미는 다음과 같다.

① 《는》

이 토는 동사에만 붙어 쓰이는데 현재의 의미를 나타낸다.

○ 온 누리에 찬연한 빛을 뿌리는
  21세기의 태양
  김정일장군

② 《ㄴ/은》

토《ㄴ/은》은 동사에 붙어 쓰일 때와 형용사에 붙어 쓰일 때 서로 다른 뜻을 나타낸다.

동사에 붙어 쓰일 때는 과거를 나타내고 형용사와 체언의 용언형에 붙어 쓰일 때는 현재를 나타낸다.

토《ㄴ》은 그가 붙은 단어의 말줄기에 받침이 있을 때에는 결합모음《으》가 끼여들어가《은》으로 된다.

○ 백두의 천출명장이신 **김정일**장군님을 우리 당과 국가의 최고수위에 높이 모신것은 우리 인민에게 있어서 가장 큰 영예이고 행복이며 행운중의 행운이다.

③《던》

이 토는 어떤 사실이 다른 어떤 사실이나 말하는 시간보다 앞선 시간에 이루어져 얼마동안 지속되였음을 나타낸다.

○ 지난날 천대받던 머슴이 나라의 주인으로 된 우리 공화국

또한 이 토는 이미 있었던 사실을 회상하여 나타낼 때도 쓰인다.

○ 언제 있었던 일이요.

④《ㄹ/을》

이 토는 어떤 사실이 다른 사실이나 말하는 시간보다 뒤에 이루어질것이라는것을 나타낸다.

○ 산에 오를 사람은 차 있는데 모이시오.

이 토는 또한 미래시간의 의미와 함께 그 어떤 사실에 대한 추측, 예견, 희망, 가능성, 의무성 등 여러가지 양태적의미를 나타낸다.

— 추측이나 짐작의 뜻

○ 우리를 기다리고계실 선생님

— 예견의 뜻

○ 더욱 찬란히 꽃피여날 래일

— 희망의 뜻

○ 그는 작가가 될 생각을 오래전부터 품어왔었다.

— 가능성의 뜻

○ 우리 인민을 굴복시킬 그 어떠한 힘도 이 세상엔 없다.

— 의무성의 뜻

○ 우리가 해야 할 일
- 시간과 관련된 명사《때, 무렵, 적, 제》등과 결합하여 쓰이면서 시간관계를 떠나 순수한 결합관계만을 나타낸다.
○ 동틀무렵, 떠날적, 읽을 때

이때의 시간관계는 그 문장의 맺음술어나 이음술어의 시간에 따라, 다시말하여 그 문장의 뜻에 따라 결정되게 된다.
○ 읽을 때마다 새맛이 나는 시였다.

이 문장에서《읽을 때》는 미래시간인것이 아니라 이미 읽은 행동이 진행된 과거시간인것이다. 혹 현재시간일수도 있다.
- 특수한 단어《수, 뿐, 리, 줄》등과 결합하여 쓰이면서 순수한 결합관계만을 나타낸다.
○ 떠날리 없다, 읽을수 있다.

2. 자리토형태에서 나타나는 문법적범주

우에서도 본바와 같이 용언의 자리토형태는 맺음형, 이음형, 꾸밈형, 규정형으로 되여있다. 매개 자리토형태에서 나타나는 문법적범주는 각이하다.

자리토형태가운데서도 용언의 맺음형은 가장 중요한 자리를 차지하고있다.

용언의 맺음형에서 말차림과 법의 의미, 양태의 의미가 표현되며 시간토와 상토, 존경토가 끼여들어오면 시간, 상, 존경 등의 문법적의미가 함께 나타나게 된다. 이음형이나 꾸밈형에서 나타나는 문법적의미와 기능은 어느 정도 상대적인 특성을 띠고있으며 더구나 규정형은 그것자체로써 시간의 의미를 나타내는것과 같은 한정성을 띠고있으므로 주로 맺음형에서 나타나는 문법적의미와 범주를 이음형이나 꾸밈형, 규정형에서와 달리 따로 독자적인 체계밑에서 분석서술하는것은 합리적이고 의의가 있는것이다.

자리토형태에서 나타나는 문법적범주라고 하면 이음토, 꾸밈토, 규정토 등에서 나타나는 문법적범주를 모두 고찰하여야 하겠으나 이미 용언의 자리토형태의 해당 부분에서 서술하였으므로 여기서는 맺음토에서 표현되는 법범주와 말차림범주, 양태성범주 등에 대하여서만 언급하려고 한다.

1) 법범주
① 법범주의 개념
학설사적인 견지에서 볼 때 법범주에 관한 문제는 이른바 조선어의 식범주문제와 함께 중요한 관심의 하나로 되여왔다.
지난날 1960년대 전반기에 출판된 문법책들에서는 용언의 맺음형에서 식범주와 법범주가 표현된다고 하면서 식범주는 언어행위의 기능의 관점에서 이야기하는 사람과 이야기듣는 사람과의 사이에서 설정되는 각종의 관계를 나타내는 문법적범주라고 하였으며 법범주는 이야기하는 사람이 설정하는 행동(상태)과 현실과의 사이의 관계를 나타내는 문법적범주라고 규정하였었다. 여기서 이야기하는 사람은 여러가지의 목적을 설정할수 있는바 자기가 알고있는 어떤 사실을 다른 사람에게 전달하기도 하고 질문에 대한 해답을 받거나 자기가 잘 모르는 사실에 대하여 알려고 하기도 하고 또는 언어행위의 참가자로 하여금 어떤 행동에로 고무추동하기도 한다고 하면서 서술식, 의문식, 명령식, 권유식이 있다고 하였다. 그리고 서술식은 일정한 사실에 대한 인정, 전달을 하는것이나 법범주의 견지에서 다시 정밀화될수 있다고 하면서 이야기하는 사람이 설정하는 행동과 현실 사이의 관계는 현실적으로 진행되는 행동에 관하여 이야기가 진행되는가 아니면 현실적으로 존재하지는 않으나 가능한것에 관한 이야기가 진행되는가 하는데 따라 규정된다고 하였다. 그러면서 법범주에는 직설법과 가능법이 있다고 하였다.
1960년대 전반기에 나온 다른 일련의 문법책들에서는 식과 법범주에 대한 이러한 견해에서 크게 벗어나지 못한 상태에 있었다.
식범주의 정의에서 《각종관계》라는 표현을 《담화의 목적》으로 바꾸든가 서술식, 의문식, 명령식, 권유식 등 4개의 식으로 가르던 것을 약속식, 감탄식을 더하여 6개의 식으로 가르는 등 기본적으로 같은 견해를 답습하고있었다.

법범주도 마찬가지였다. 직설법과 가능법으로 가르던것을 직설법과 목격법, 추측법으로 가르는데 그치였다.

1970년대에 출판된 문법책들에서는 맺음형에서 나타난다고 하는 《식》과 법을 둘로 가르지 않고 하나의 범주로 보면서 말법으로 명명하였다. 그러면서 말법을 말하는 사람이 듣는 사람에게 무슨 목적을 가지고 말하는가 하는것을 나타내는 문법적범주로 규정하였다. 그러므로 여기서 말하는 말법은 지난 시기의 《식》을 의미하게 되였으며 지난 시기의 법범주는 없어지게 되였다. 그리고 지난 시기의 법과 혼동할수 있으므로 말법이란 용어를 쓴것이라고 추정할수 있다. 말법범주에서는 알림, 물음, 시킴, 추김 등의 범주를 설정하였다.

1980년대에 출판된 문법책에서는 법범주를 형태론적으로 양태성을 표현하는 범주로서 행동(또는 상태)과 현실과의 관계에 대한 이야기하는 사람의 태도를 나타내는 문법적범주로 규정하면서 알림, 물음, 시킴, 추김 등의 4개 법범주가 있다고 서술하였다.

법범주에 대한 이러한 규정은 우선 법범주가 형태론적으로 표현되는 양태성과 관련된다는것, 다음으로 행동의 현실과의 관계를 나타낸다는것 그리고 현실과의 관계에 대한 이야기하는 사람의 태도를 나타낸다는것 등을 내용으로 하고있다.

양태성은 어휘문법적수단에 의하여 표현되는 진술내용과 현실과의 관계 그리고 진술내용에 대한 이야기하는 사람의 관계를 나타내는 언어학적범주이다.

양태성에서 말하는 진술내용과 현실과의 관계는 법에서 말하는 행동의 현실과의 관계와 일치하는것으로 되며 양태성에서 말하는 진술내용에 대한 이야기하는 사람의 관계는 법에서 말하는 현실과의 관계에 대한 이야기하는 사람의 태도, 관계와 일치하는것으로 된다. 이로부터 법범주는 양태성의 범주로, 다시말하여 형태론적으로 표현되는 양태성으로 규정되게 된다. 이렇게 되면 법범주와 양태성간에는 별로 차이가 없는것으로 된다. 일부 책들에서 법의 양태성이라고 하면서 법범주를 어휘적수단이나 문장론적수단에 의해서가 아니라 형태론적으로 표현된 문법적범주로 규정하고있는것도 여기에 기인하는것이다.

그런데 양태성은 형태론적으로만 표현된 문법적의미를 가리키는것이 아니라 어휘적수단과 문장론적수단에 의하여 표현되기도 한다. 그러므로 여기에 문제성이 있는것이다.

지난 시기 조선어에서의 양태성에 대하여 말할 때에는 이야기되는 내용이 현실적인것인가 아니면 비현실적인가, 추측하는것인가 희망하는것인가, 확신하는것인가 확신하지 못하는것인가, 의혹을 가지는것인가 등 여러가지 경우를 들었다. 말하는 사람이 이야기되는 내용을 현실적인것으로 인정하는 경우에도 《비가 온다.》에서와 같이 현실적인 사실로 단순히 인정하는 경우가 있으며 《비가 오는구나.》에서와 같이 현실적인 사실로 문맥과 장면에 따라 인정하면서도 동시에 감탄을 표시하는 경우도 있다. 《비가 오네.》 하면 비가 오는 사실에 대한 단순한 인정일수도 있고 약간의 감탄이 포함될수도 있다. 양태성에서 중요한 가능성을 나타내는 경우에도 《비가 올 걸세.》 하면 가능하리라고 추측하는것을 나타내고 《비가 오리라.》라고 하면 가능하다고 확신하는것을 나타낸다. 이밖에도 가정, 동경, 추동, 희망 등 여러가지의 양태적의미가 맺음토에 의하여 표현된다. 여기서 언급하지 않으면 안될것은 문장에서 이야기되는 내용과 현실과의 호상관계에 대한 말하는 사람의 주관적태도라고 할 때 명령도 포함된다는것이다. 다시말하여 양태성의 의미에 법에서 말하는 물음이나 시킴의 뜻도 포함된다는것이다.

왜냐하면 물음이나 시킴도 이야기되는 내용 즉 행동이 현실속에 있는것인가 없는것인가 아니면 앞으로 시킬것인가 스스로 진행되는것인가 하는것을 나타내기때문이다.

이처럼 법범주와 양태성은 호상 련관되여있으면서도 서로 차이나는 자기의 특성을 가지고있다.

1960년대 중엽에 이전 쏘련에서 출판한 《언어학용어사전》에서는 법이 세개의 개념을 가지고있다고 규정하고있다.

① 진술내용의 현실성과의 관계를 나타내는 동사의 문법적범주
② 법의 범주적형태가 나타내는 의미색채
③ 서로 다르게 표현된 양태적의미

로어에서 문법적범주로서의 법은 행동의 현실성과의 관계 즉 현실성의 의미(직설법), 추동의 의미(명령법), 가정과 가능성의 의미(가정법)를 나타내는 서로 다른 일련의 형태체계로 규정하고 있다.

영어에서 문법적범주로서의 법은 로어에서보다 더 복잡하고 힘든 문제로 되고있는데 그것은 분석구조적인 영어의 민족적특성과 관련되여있다.

영어의 법범주는 그 형태수에서부터 론쟁적이다. 법범주의 형태가 2개로부터 16개까지 각이하게 서술되고있다. 이것은 많은 학자들이 《법》이라는 용어자체에 대한 각이한 리해를 가지고있기때문에 생긴 결과이다. 어떤 학자들은 법형태의 의미는 고려하지 않고 형태조성의 특성만 주목하고 반대로 다른 학자들은 의미표현수단에는 별로 큰 주목을 돌리지 않고 의미만 고려하기때문에 이러한 결과들을 가져오고있다. 오늘날 영어법범주에서는 직설법, 명령법, 1, 2가정법, 예상법, 조건법 등을 설정하고있다. 로어에서와 마찬가지로 영어에서도 의문법을 법범주의 한개 형태로 설정하지 않고있다.

그러나 《언어학용어사전》 같은데서 인디아-유럽어들에서 론의되고있는 법형태들을 수많이 렬거하고있는데 《절대법, 의지법, 직설법, 비현실법, 간접법, 추동법, 명령법, 명령예정법, 주의(경고)법, 법가상법, 승인법, 가정법, 훈계법, 조건법, 강조법, 비교법》 등을 보여주고있다.

이처럼 인디아-유럽어자체내에서도 법과 양태성에 대하여 각이한 견해들을 내놓고있다.

로어나 영어의 법은 조선어와 달리 인칭동사에 의하여 표현된다. 그리고 조선어와 달리 직설법에서만 현재, 과거, 미래 등의 시간관계가 표현된다. 억양만 바꾸면 의문을 나타내기도 한다. 조선어에서는 시간관계는 직설법에서만 아니라 다른 법형태에서도 표현될수 있으며(물론 시간토의 첨가밑에) 의문법은 자기의 고유한 토에 의하여 표현된다. 조선어의 법은 인칭동사에 의하여 표현되는것이 아니라 맺음토에 의하여 표현된다. 조선어에는 시간토가 따로 있듯이 물음토도 따로 있다. 조선어에서 법범주의 표현수단인 맺음토는 대단히 다양하고 풍부하며 행동의 현실과의 관계도 대단히 다양하게 표현한다.

조선어의 법은 로어나 영어의 법과도 큰 차이를 가지고있으며 같은 교착어류형에 속하는 다른 언어들과도 차이난다.

일본어에서는 알림, 물음, 시킴, 추김, 느낌 등의 말법형태를 설정하고있으며 바슈끼르어에서는 알림, 시킴, 희망, 조건 등의 말법을, 부리야뜨몽골어에서는 시킴-희망, 알림, 나나이어에서는 확인, 명료, 희망, 시킴, 초청, 가정의 말법을 설정하고있다.

교착어에 속한 언어들에서도 이런 차이가 있게 되는것은 매개 민족어에 법형태를 표현하는 수단들이 각기 특색있게 준비되여있는 것과 관련되여있다.

조선어에는 법형태를 이루는 토가 대단히 풍부하게, 다양하게 발달되여있다.

조선어의 법범주문제는 지난 시기 양태성의 의미표현문제와 이렇게 나저렇게나 관련시켜 설명해온것만큼 양태성과의 관계를 옳게 해명하는것이 필요하다.

우에서도 지적한바와 같이 양태성은 좁게 보면 행동과 현실성과의 관계를 표현하는 문법적범주이며 넓게 보면 행동과 현실과의 관계만이 아니라 진술내용에 대한 이야기하는 사람의 관계를 표현하는 문법적범주이다. 그런데 법범주는 이야기하는 사람과 행동과의 관계를 나타내는 문법적범주이다. 그러므로 양태성의 범주를 넓은 의미에서 본다면 법범주가 거기에 포함되는것으로 되며 표현의미로 본다면 서로 다른 범주로 된다.

양태성과 법은 조선어인 경우 그 표현수단에서 차이를 가지고 있다. 법은 맺음토에 의하여 표현된다면 양태성은 맺음토만이 아니라 시간토《겠》이나 보조적단어에 의하여 표현된다.

조선어에서 양태성은 맺음토보다도 보조적단어에 의하여 더 많이 표현되며 문장론적인 범주로서의 성격도 가지고있다. 그리고 맺음토에서 나타나는 양태적의미 그자체도 많이는 기본의미로 표현되는것이 아니라 보충적인 의미로 표현된다. 《비가 오는구나.》, 《비가 오리라.》했을 때의 감탄이나 확신의 의미는 그것 하나만의 의미로 존재하는것이 아니라 인정, 가능성 등의 의미와 함께 나타나는것이다. 이것으로 하여 지난 시기 양태성의 의미표현에 대하여 많이 론의하여왔으나 형태론적범주 나아가서 문법적범주로서의 양태성범주를 설정하지 않았다.

조선어에서 법범주와 양태성은 호상 련관되여있지만 동일한것은 아니다. 표현수단에서만이 아니라 그것들이 나타내는 의미에서도 차이나며 문장론적위치와 기능에서도 차이난다.

법은 이야기하는 사람과 행동과의 관계를 나타내는것만큼 알림, 물음, 시킴, 추김 등의 문법적의미를 나타내게 되며 양태성은 희망, 동경, 추측, 가능성, 당위성, 필연성 등 여러가지 문법적의미를 나타내게 된다. 양태성의 의미는 술어의 위치에서만 나타나는것이 아니라 규정어나 상황어의 위치에서도 찾아볼수 있는것만큼 비위치적인것이라고 말할수 있다.

조선어에서의 법과 양태성의 관계는 인디아-유럽어에서 찾아보게 되는 법과 양태성의 관계와 같지 않다. 조선어의 법은 인디아-유럽어들과 달리 매개 형태별로 자기의 고유한 표현수단을 가지고있으며 맺음토의 의미가 대단히 다양하고 다의적이다.

조선어에서는 행동과 현실과의 관계를 이야기하는 사람과 행동과의 관계에 뒤섞어놓을수 없다.

법의 형태로 《약속법》과 《감탄법》을 한 계렬에 놓은것은 바로 행동과 현실과의 관계를 이야기하는 사람과 행동과의 관계에 뒤섞어놓은 결과에 산생된것이다.

이른바 《약속법》은 행동과 현실과의 관계에 대한 이야기하는 사람의 관계가 나타나고있기때문에 법범주의 한개 형태라고 말할수 있으나 《감탄법》은 그렇지 못하다. 어떤 행동이나 상태가 현실화되는데 대한 이야기하는 사람의 《감탄》은 문법적인것이 아니라 감탄 그것으로 그치는 현실긍정인것이다. 양태성의 의미인 추측이나 요구, 희망, 가정, 현실성, 가능성 등의 의미와도 구별되는것이다. 인디아-유럽어나 교착어에 속하는 다른 언어들에서도 감탄법은 찾아볼수 없다. 또한 조선어에서 《감탄법》의 표현수단도 《약속법》에서와 마찬가지로 대응되는 형태계렬을 가지고있지 못하다. 약속을 나타내는 맺음토《ㄴ바》와 감탄을 나타내는 맺음토《구나(는구나), 군, 구려(는구려)》등은 그에 해당한 법의 의미를 가진 토를 다른 말차림에서 찾아볼수 없다. 이로부터 법의 형태로 《약속법》이나 《감탄법》을 설정하려는 시도가 공감을 불러일으키지 못하였다. 조선말에서 법과 양태성을 뒤섞으면서 약속법이나 감탄법과 같은 법형태를 더 설정한다면 맺음토가 나타내는 희망, 동경, 청원, 양보, 허용, 가정 등 여러가지 의미에 따라 수많은 법형태를 설정할수도 있다. 이것은 법형태의 번잡성을 조성하는 결과를 가져올수 있다.

조선어에서 맺음토가 나타내는 이른바《양태성》의 의미는 기본의미에 덧붙여진 의미로서 미세한 차이를 가지고있으며 또한 다의적인 현상을 띠고있으므로 범주적형태를 규정하는데서 난문제로 되지 않을수 없다.

맺음토 《리》, 《리라》는 다같이 알림의 말법과 추측, 의지, 결의 등의 양태적의미를 나타내는데 《리라》는 《리》와 달리 선포, 선언하는 색갈을 더 가지고있다.

추측

○ 퍼그나 기다리였으리.

○ 드디여 꽃은 피리라.

의지 및 결의

○ 위대하신 장군님 모시고 천만년 살아가리.

○ 기어이 고지를 사수하리라.

맺음토 《렴》과 《려무나》는 다같이 시킴의 방법을 나타내는데 말하는 사람의 태도와 립장, 감정정서적색갈의 차이를 보이고있다. 즉 토《려무나》는 《렴》보다 더 친근하고 부드럽게 이른다는것을 알수 있다.

○ 말을 많이 할 필요가 있니, 제꺽 해치우렴.

○ 방에 어서 들어오려무나.

맺음토 《는답니다/는답니까》와 《는답디다/는답디까》는 현재시간으로 진행되고있거나 미래에 진행되기로 되여있는 행동에 대하여 전해들었는가 혹은 목격했는가를 알리거나 묻는 뜻을 나타내고있다. 다시말하여 서로 다른 시간에 있는 행동을 나타내는데 그것은 문맥이나 언어환경에 의하여 결정되는것이다.
○ 오늘중으로 그 책을 다 읽는답니까?
○ 지금 식당에서 저녁을 먹는답디다.

맺음토 《는갑디다》는 이미 보거나 들은 행동을 알리는데 확신성이 없이 객관적으로 알리는 색갈을 나타내고있다.

○ 아직 회의를 하는갑디다.

지어 어떤 맺음토들은 억양이나 문맥의 영향하에 서로 다른 말법을 나타내는 경우도 있다.

맺음토 《는데》는 억양에 의하여 알림을 나타낼수도 있고 물음을 나타낼수도 있다.

○ 그 학생이 시를 잘 짓는데.

이처럼 법의 의미를 나타내는 맺음토는 천태만상이여서 그가 나타내는 구체적인 의미에 따라 법형태를 여러개로 정하거나 양태성의 범주적형태를 설정하는것은 번잡하고 불합리한 점들을 많이 가지고있다.

조선말에서 《법》과 《식》을 구분하는것도 합리적인 처리로 되지 못한다. 이야기하는 사람과 행동과의 관계를 행동과 현실성과의 관계에서 분리해서 설명하려고 하는것은 문법적현상을 설명하는데서 한걸음 심화된것으로 볼수 있으나 이 두 관계가 서로 넘나드는 관계에 있는것만큼 불합리할 때가 적지 않다. 서술식과 알림법의 관계도 그렇고 목격법에 해당한 《답니까, 답니다》 등의 의미처리에서도 그렇다. 서술식은 말하는 사람이 대화자에게 어떤 사실을 인정하여 전달함을 나타내고 알림법도 말하는 사람이 동사, 형용사 등으로 표현된 행동이나 상태에 대하여 현실적인것으로 인정함을 나타내는것만큼 《ㅂ니다, 습니다, ㅂ니까, 습니까》 등 토들도 다같이 서술식토로도 되고 알림의 토로도 된다. 목격과 추측, 가정 등의 의미를 나타내는 맺음토들은 물음, 시킴, 추김 등의 식형태들에서 찾아볼수 있다. 목격법은 서술식이나 알림법에서 다같이 론의할수 있는 내용을 가지고있다. 목격법은 이야기하는 사람이 직접 목격한 사실을 전달하는것과 관련되여있기때문에 말하는 사람이 대화자에 대하여 설정하는 담화목적(식범주)과도 관련될수 있으며 말하는 사람이 동사, 형용사 등으로 표현된 행동이나 상태에 대하여 가지는 관계와도 관련될수 있다. 이처럼 조선말에서 《법》과 《식》은 엄연히 구별되지 않는 넘나드는 관계에 있는것만큼 절대적인 구분은 힘든 것이다.

이런데로부터 조선어동사의 맺음형에서 나타나는 행동과 현실과의 관계, 이야기하는 사람과 행동과의 관계를 법범주와 식범주로 갈라보지 않고 법범주만을 설명하게 된다.

조선어의 법범주는 그 전날에 일부 학자들이 식범주라고 하던 것을 나타내는데 이야기하는 사람과 행동과의 관계를 나타낸다. 다시말하여 이야기하는 사람이 설정한 이야기의 목적을 나타내는 문법적범주이다.

② **법범주의 형태와 그 의미**

조선어의 법범주는 알림법, 물음법, 시킴법, 추김법으로 이루어져있다.

알림법은 말하는 사람이 듣는 사람에게 어떤 사실을 알려줄 목적으로 말하는것을 나타낸다.

알림법을 나타내는 맺음토에는 다음과 같은것들이 속한다.

- 습니다, ㅂ니다, 답니다, 랍니다, 습디다, ㅂ디다, 답디다, 랍디다, 요, ㄴ답니다, 는답니다, ㄴ답디다, 는답디다, ㄴ갑디다, 는갑디다

○ 그 청년은 공화국2중영웅이랍니다.
○ 그 녀자는 말이 꽤 많답니다.
○ 우리 나라는 참 좋은 나라요.

- 오, 소, 다오, 라오, 네, 다네, 라네, 데, 습데, ㅂ데, 군, 구만, 누만, 로군, 로구만, 더군, 더구만, 지, 아/어/여, ㄴ걸, 는걸, 던걸, ㄹ걸, ㄴ데, 는데, 던데, 더니, 더라, 더라니, 더라니까, 거던, 리, 리라, 리다, ㄹ게, ㄹ래, ㄹ세, 다구야, 라구야

○ 우리 막냉이가 비행사가 되였네.
○ 올해 겨울엔 눈이 많이도 오더니.
○ 하루밤 묵어가라고 하는데 끝내 가고마누만.
○ 비겁한자야 갈라면 가라

우리들은 붉은기를 지키리라
  - 다, 라, 단다, 란다, 아라/어라/여라, 구나, 누나, 로구나, 더구나, 노라, ㄹ라, 려니, 담, 람, ㄹ러라, ㄹ래
  ○ 그 일은 내가 할래.
  ○ 뜨겁게 파고드는 철룡이의 노래, 목마른 사람의 가슴에 흘러드는 맑은 샘물일러라.
  ○ 아버지는 오늘 떠난단다.
  알림을 나타내는 토에는 자기가 알고있는 그 어떤 사실, 행동을 단순히 전달만 하는 토들만이 아니라 다른 뜻을 겸해서 나타내는것들도 포함된다.
  알림을 나타내는 맺음토에는 이미 겪은 사실을 돌이켜보면서 그것을 전달하는 그런것들도 있다.
  ○ ㅂ니다, 습니다, 데, 더라, 더구나, 더군, 더구만, 더니, 더라니, 더라니까, ㅂ데, 습데
  이 토들이 이미 겪은 사실을 돌이켜보면서 그것을 전달하는 뜻을 가지게 되는것은 형태부 《더》, 《더》의 본래의미와 관련되여있는것이다.
  또한 알림을 나타내는 맺음토에는 그 어떤 사실을 짐작하거나 어떤 행동을 다짐하면서 그것을 전달하는 그런것들도 있다.
  ○ 리라, 리, ㄹ걸, ㄹ게, ㄹ게다, ㄹ다, ㄹ래, ㄹ러라, ㄹ라, ㄹ세
  이 토들이 그 어떤 사실을 짐작하거나 어떤 행동을 다짐하면서 그것을 전달하는 뜻을 가지게 되는것은 형태부 《ㄹ》, 《리》의 본래의미와 관련되여있다. 형태부 《ㄹ》, 《리》는 중세조선어에서 쓰이던것으로서 앞으로 있을 그 어떤 사실에 대하여 말할 때 쓰이였다. 짐작이나 다짐은 미래에 있을 행동과 관련되여있으므로 이것들이 서로 통하는것이다.
  또한 알림을 나타내는 맺음토에는 《감탄》, 《약속》 등의 뜻을 나타내는 《는구나》, 《더구나》, 《는군》, 《는군요》, 《더군》, 《더군요》, 《는구려》, 《구려》, 《구나》, 《누나》, 《마》, 《ㅁ세》 등 토들이 있는데 이것들도 역시 자기의 기본의미와 함께 보충적의미로서의 양태

적의미를 나타내고있는것이다.
- 벌써 눈이 오는구나.
- 철수 혼자 가더구나.
- 오늘 꼭 끝내마.
- 영광넘칠 새해 아침이 밝아오누나.

조선어에서 알림을 나타내는 맺음토는 그것이 쓰이는 문맥이나 장면, 억양 등에 의하여 다른 법을 나타내기도 하며 감탄과 같은 보충적인 뜻을 나타내기도 한다.

알림맺음토《습니다, 요, 데, 더라》와 같은 토들은 물음의 억양으로 바꾸게 되면 물음법의 의미를 나타내며 느낌이나 의혹의 억양으로 바꾸게 되면 느낌이나 의혹의 보충적인 뜻을 나타내기도 한다.

물음법은 말하는 사람이 듣는 사람에게서 그 어떤 사실을 알아낼 목적으로 물어본다는것을 나타낸다.

물음법을 나타내는 맺음토에는 다음과 같은것들이 속한다.

- 습니까, ㅂ니까, 답니까, 랍니까, 습디까, ㅂ디까, 답디까, 랍디까, ㄴ답니까, ㄴ답디까, 는답니까, 는답디까, ㄴ갑디까, 는갑디까, 리까, 나요, ㄴ가요, 는가요, 던가요, ㄹ가요, 는지요, ㄹ지요, 던지요

- 나, ㄴ가, 는가, 던가, ㄹ가, 다지, 라지, ㄴ지, 는지, 던지, ㄹ지, ㄹ런지, ㄴ감

- 이제 오나? 어서 들어가게.
- 보는게 무슨 책인가?
- 그게 어디 사람인감?
- 성희가 그 많은것을 혼자 꽤 해낼가?

- 냐, 느냐, 더냐, ㄹ소냐, 랴, 니, 려나, 남

- 그게 진심이냐?
- 누가 그렇게 도와주남?
- 그게 어디 범이더냐? 시라소니지.
- 환갑이 넘었다고 어찌 일손을 놓을소냐?

물음을 나타내는 토에는 어떤 사실을 알려고 하는 단순한 물음을 나타내는 토들만이 아니라 이미 겪은 사실을 돌이켜보면서 묻는

뜻을 나타내는 토들이 있다.
  ○ ㅂ니까, 습디까, 더냐, 더냐요, 더냐, 먼가, 먼지, 먼가요, 먼지요

 또한 물음을 나타내는 맺음토에는 어떤 사실을 짐작하거나 어떤 행동을 다짐하면서 묻는 뜻을 나타내는것들도 있다.
  ○ ㄹ가, ㄹ가요, 랴, 리, ㄹ지요, ㄹ지, ㄹ는가, ㄹ소냐, 리까

 물음의 뜻을 나타내는 맺음토는 말하는 사람이 말을 듣는 사람에게서 어떤 사실을 알아낼 목적으로 물어본다는것을 나타내는것이 기본이다.

 그러나 물음의 뜻을 나타내는 맺음토는 그 문장에 물음의 뜻을 나타내는 대명사, 관형사, 부사 등의 단어가 있고 거기에 강조의 억양이 동반되는 경우에는 어떤 사실을 그대로 강조하거나 거꾸로 강조하면서 알리는데 쓰인다. 그러므로 이때에는 대답을 요구하는것이 아니라 현실에 대한 강한 긍정으로 쓰이는것이다.
  ○ 집주소도 이름도 없이 문전걸식으로 연명해온 그들남매였다. 그런데 항일의 녀성영웅이신 **김정숙동지**께서 집에 찾아온 손님으로 대접하여 주시는것이 아닌가. 남매는 어리둥절하여 어머님께서 권하시는대로 밥상에 마주앉아 술을 들었다.

 시킴법은 말하는 사람이 말을 듣는 사람에게 어떤 행동을 하도록 시킬 목적으로 말한다는것을 나타낸다.

 시킴법은 주로 동사에서 나타나는데 《하다》가 붙어서 이루어진 일부 형용사에서도 찾아볼수 있다.

 시킴법을 나타내는 맺음토에는 다음과 같은것들이 있다.
  - ㅂ시오, 십시오, 시오, 세요
  ○ 그렇게 합시오. 그림은 제가 그리지요.
  ○ 선생님, 안녕히 계십시오.
  ○ 어서 빨리 떠나세요.
  - 게, 구려, 라구
  ○ 그렇게 늦장을 부리다간 못 끌내게.
  ○ 어서 들어오라구.
  ○ 금강산은 정말 아름답구려.

- 라, 아라, 어라, 여라, 려무나, 렴, 려마, 너라, 어라
○ 세월의 류수에 추억의 배 거슬러올리라.
○ 시약을 골고루 잘 섞어라.
○ 래일 떠나려무나.

시킴을 나타내는 맺음토 《아라/어라/여라》는 시킴의 뜻만 아니라 시구절에서 자주 쓰이면서 알림과 감탄의 뜻을 아울러 나타내기도 한다.
○ 한공기 죽도 나누며 시련의 길 헤쳐왔어라

시킴을 나타내는 일부 토는 일정한 문맥적조건하에서는 알림이나 물음을 나타내는 경우가 있다.
○ 할아버지께서 저기 오세요. (알림)
○ 어디 가세요? (물음)

시킴을 나타내는 맺음토 《너라》, 《거라》는 매우 제한된 단어에만 붙어 쓰인다. 토 《너라》는 동사 《오다, 나오다》에만 붙어 쓰이고 토 《거라》는 《가다, 나가다, 나다, 떠나다, 빛나다, 싸우다, 있다, 자다》 등에만 붙어 쓰인다.
○ 아들아 내 아들아 어서 떠나거라
　나라찾는 한길에서 목숨바쳐 싸우거라
　광복의 그날에 돌아오너라

추김법은 말하는 사람이 말을 듣는 사람에게 어떤 행동을 함께 하도록 추길 목적으로 말한다는것을 나타낸다.

추김법은 주로 동사에서 나타나는데 《하다》가 붙어서 이루어진 일부 형용사에서도 찾아볼수 있다.

추김법을 나타내는 맺음토에는 다음과 같은것들이 있다.
- ㅂ시다, 자요, 자구요
○ 빨리 떠납시다.
○ 오늘 저녁은 영화를 보자요.
- 세, ㅂ세, 자구
○ 극장으로 가세.
○ 저녁을 먹자구.
- 자, 자꾸나

○ 모내기를 제철에 와닥닥 해제끼자.
○ 오늘은 휴식을 하자꾸나.

추김을 나타내는 맺음토들은 말하는 사람이 말을 듣는 사람에게 어떤 행동을 함께 하도록 추긴다는것을 나타내는데 쓰이는것이 기본이다. 그러나 이것들은 경우에 따라서 다른 뜻으로 쓰이는 때가 있다.

추김을 나타내는 일부 맺음토들은 말하는 사람이 말을 듣는 사람에게 그가 어떤 행동을 하도록 시키는데서도 쓰일수 있다.

○ 올해 계획을 앞당겨끝내자.

또한 추김을 나타내는 일부 맺음토들은 말하는 사람이 말을 듣는 사람에게 자기가 어떤 행동을 할수 있도록 허락해주거나 조건을 지어주기를 바라는것을 나타낼 때에도 쓰일수 있다.

○ 동무들 나도 한번 해봅시다.

또한 추김을 나타내는 일부 맺음토들은 말하는 사람이 어떤 행동을 하겠다고 다짐하는 내용을 나타낼 때에도 쓰일수 있다.

○ 이제 곧 알아봅시다.

2) 말차림범주
① 말차림범주의 개념

《우리 말은 례의범절을 똑똑히 나타낼수 있기때문에 사람들의 공산주의도덕교양에도 매우 좋습니다.》

세계에서 우리 말처럼 례의범절을 똑똑히 나타내는 말은 찾아보기 드물다. 이것은 그 어느 민족어도 따를수 없는 우리 민족어의 고유한 특성이며 우월성이다.

우리 말은 례의범절을 여러가지의 언어적수단으로 나타낼수 있는데 특히 단어의 문법적형태로 나타낼수 있는것이 특징으로 되고있다.

례의범절과 관련된 문법적범주로서는 말차림범주와 존경범주가 있다.

말차림범주는 자리토인 맺음토에서 나타나는 문법적범주로서 끼움토인 존경토《시》에 의해 표현되는 존경형태보다 다양하고 복잡하며 섬세하다.
　말차림범주는 이야기하는 사람이 이야기를 듣는 사람에 대하여 가지는 례의적관계를 나타내는 문법적범주이다. 이야기하는 사람이 이야기듣는 사람에 대하여 가지는 례의적관계를 반영한다는데 존경범주와 구별되는 주되는 특징이 있다.
　말차림범주와 존경범주는 다같이 말하는 사람의 례의적관계를 나타내지만 누구에 대한 례의적관계를 나타내는가 하는데서 차이가 있다.
　존경범주는 이야기되는 어떤 사실을 실현하는 주인에 대한 례의적관계를 나타내지만 말차림범주는 이야기를 듣는 상대편에 대한 례의적관계를 나타낸다.
　언어교제가 이루어지자면 이야기하는 사람과 이야기듣는 사람 그밖에 이야기되는 어떤 사실을 누가 실현하는가 하는 행동의 주체 등 세사람이 등장하게 된다. 여기서 무엇보다도 중요한 역할을 하게 되는 인물은 이야기하는 사람과 이야기듣는 사람이고 그다음 행동의 주체가 서게 된다.
　말차림범주는 바로 이야기하는 사람과 이야기듣는 사람간의 례의적관계를 나타내고 이야기하는 사람과 행동의 주체와의 례의적관계는 존경범주가 나타낸다. 여기 세 인물중에서 이야기하는 사람은 언제나 《나》 한사람이고 확정적이다. 그리고 행동의 주체도 존경이 아니면 비존경의 대상으로 명백한것이다. 그러나 이야기듣는 사람은 일정하지 않으며 경우에 따라 변할수도 있다. 다시말하면 이야기듣는 사람은 말하는 사람에 비하여 웃사람일수도 있고 아래사람일수도 있으며 이야기듣는 사람이 한사람일수도 있고 여러사람일수도 있다. 또한 말하는 사람과 이야기듣는 사람에게 일정한 거리가 있어 일정한 통신수단을 리용하여 진행될수도 있다. 또한 말하는 사람이 말로써가 아니라 글로써 자기 의사를 나타낼수도 있다. 이 경우에도 한사람을 대상으로 하여 자기 의사를 표현할수도 있다.
　그러므로 이야기하는 사람과 이야기듣는 사람사이의 관계는 두사람들사이의 사회도덕적관계에서만이 아니라 이야기가 진행되는 여러 가지 조건과 방식, 환경 등에 의하여서도 조건지어지면서 복잡하고 다양한 양상을 보여주고있다.

말차림은 이야기하는 사람이 이야기듣는 사람과 맺게 되는 사회도덕적관계를 언어적수단을 통하여 례의적관계로 표현하는 문법적범주인것만큼 그 기초에는 사회도덕적측면이 놓여있다. 높이여 이르는 말이나 같게 대하는 말의 기저에는 말하는 사람과 말듣는 사람과의 사회도덕적관계가 놓여있다. 사회적인 측면에서 볼 때 그리고 나이나 인척관계로 볼 때 웃사람인 경우에 반말이나 《해라》형의 말을 할수 없는것은 다 말차림이 사회적관계에 기초하고있기때문이다.

사람들사이에 맺어지는 사회도덕적관계는 력사발전과 더불어 부단히 변화발전하며 언어학적인 제 요인과 더불어 새로운 말차림의 류형과 체계를 형성하고 완성해나간다. 지난날 봉건적신분차이가 심하였고 맹목적인 숭배와 굴종, 천대와 멸시가 심하였던 사회의 언어례절이 혁명적의리와 동지적사랑으로 굳게 뭉친 오늘 우리 사회의 언어례절에 맞지 않는것도 다 사회도덕적측면이 례의적관계의 기초에 놓이기때문이다. 때문에 문법적현상의 변화발전에서 가장 뚜렷이 나타나는것이 바로 말차림과 관련된 현상이다.

력사적으로 볼 때 말차림의 형태가 많이 변화되여왔으며 말차림의 등급별 형태도 여러가지로 설정해온 사실이 이것을 증명해준다.

중세조선어의 현실을 반영하여 《높은 어깨》, 《낮은 어깨》를 설정하였던것, 그후 변화된 조선어의 현실을 반영하여 《상대》, 《중대》, 《반대》, 《반반대》, 《하대》의 등급을 설정한것, 이것이 《아주 높임》, 《례사높임》, 《례사낮춤》, 《아주 낮춤》, 《등외》로 바뀌거나 《합쇼》, 《하오》, 《하게》, 《해라》, 《반말》로 바뀐것 등이 이것을 말해준다. 그리고 지난날 《극존칭》으로 취급되였던 말차림토 《나이다》, 《나이까》, 《소서》 등이 오늘날 일상적인 입말어에서는 쓰이지 않는것이라든가 광복후 친밀감과 함께 높임의 뜻을 나타내는 《해요》 계렬의 말차림토가 적극적으로 쓰이고있는것 등이 바로 말차림형태의 변화발전이 상대적으로 볼 때 다른 문법적현상의 변화발전에 비해 가변적이라는것을 말해준다.

사람들사이의 사회도덕적관계의 변화에 따라 례의적관계가 변화되고 그것을 반영한 말차림의 등급별 류형이 부단히 변화될수 있는것만큼 오늘 우리 시대의 요구에 맞게 말차림의 구체적인 류형을 잘 설정하여야 한다.

또한 말차림은 말하는 사람과 말을 듣는 사람사이에 진행되는 언어교제의 특성에 따라 새로운 면모를 띠게 되는것만큼 말차림의 등급별 류형을 언어현실에 맞게 잘 설정하여야 한다.

오늘날 사람들의 언어교제는 말차림관계를 필요로 하지 않는 글말과 말차림관계를 필수적으로 명백히 밝혀야 할 입말로 진행되고있다. 그리고 입말교제라고 하여도 말차림관계가 공식적으로 실현되는가, 일상생활에서 실현되는가, 대화상대자가 한사람인가, 집단인가, 낯모를 사람인가, 가깝게 지내는 사람인가에 따라서도 서로 다른 특성을 가지고 말차림관계가 실현된다.

② 말차림의 등급별 형태와 류형

조선말의 말차림은 높임, 같음, 낮춤의 등급별 형태를 가지고 있다.

말차림이 3개의 등급으로 나누어지는것은 언어교제시에 맺게 되는 일반적인 례의적관계에 부합되는것이다. 말을 하는데서는 크게는 상대편을 존경하여 높이거나 낮추거나 또는 대등하게 대하는가 하는 세가지 등급이 있는것이 보편적인것이기때문이다.

ㄱ. 높임

높임이란 말하는 사람이 이야기듣는 사람을 높이여 말하는것을 나타내는 말차림이다.

높임의 말차림은 이야기하는 사람보다 이야기듣는 사람이 웃사람인 경우에 쓰인다. 또한 강연, 보고, 토론, 강의 등에서 쓰인다. 그밖에 라지오방송이나 텔레비죤방송에서 청중을 향해 말할 때에 쓰이며 특별히 존경을 나타내야 할 이러저러한 필요성이 제기되였을 때에도 쓰인다.

높임의 말차림을 나타내는 토에는 다음과 같은것들이 속한다.

- ㅅ니다, ㅂ니다, 답니다, 랍니다, ㅅ디다, ㅂ디다, 답디다, 랍디다, ㄴ답니다, 는답니다, ㄴ답디다, 는답디다, ㄴ갑디다, 는갑디다,

습니까, ㅂ니까, 답니까, 랍니까, 습디까, ㅂ니까, 답디까, 랍디까, ㄴ답니까, 는답니까, ㄴ답디까, 는답디까, ㄴ갑디까, 는갑디까, ㅂ시다, 십시오
　○ 그 처녀는 어제 대홍단군으로 떠나갔습니다.
　○ 저도 이 학교에서 공부한 학생입니다.
　- 요, 군요, 구만요, 누만요, 로군요, 로구만요, 데요, 더군요, 더구만요, 아요/어요/여요, ㄴ걸요, 는데요, 더라니요, ㄹ게요, ㄹ래요, ㄹ세요, 자요…
　○ 무언가 했더니 악기군요.
　○ 《우리도 빨리 끝내고 극장에 가자요.》 선실이는 반원들을 부추기였다.

　높임을 나타내는 말차림토에는 이밖에 시나 력사소설 같은데서 특별히 존경을 나타낼 때 쓰이는 《나이다, 나이까, 소서, 오다, 오니까》 등이 있다. 이 토들은 대단히 드물게 쓰이는바 옛날의 언어환경을 묘사하는데 적합한것이다.

　높임을 나타내는 말차림토들은 더욱 정중성을 가지고 높여야 할 경우에 높임토에 다시 《옵》이나 《오》가 덧붙여져쓰이기도 한다.
　○ 새해인사를 삼가 드리옵니다.

　《옵》이나 《오》는 시나 노래가사, 력사소설 같은데서 정중성을 나타내거나 옛스러운 언어환경을 나타내기 위하여 극히 드물게 쓰인다.

　토 《요》는 높임을 나타내는데 《요》가 붙어 이루어진 맺음토들을 《해요》계렬의 맺음토라고 한다. 《해요》계렬의 맺음토는 거기에 《요》가 들어가있는것만큼 높임의 말차림을 나타낸다. 이 계렬의 맺음토는 높임을 나타내지 않는 《하게》계렬의 말차림토와 《반말》계렬의 말차림토에 《요》가 붙어서 이루어진것인데 알림토와 일부 물음토에서 형성된다.

　《해요》계렬의 토들은 흔히 입말에서 사사롭게 말하는 경우에 쓰이는데 가까운 사이이면 대등한 사람이나 아래사람에게도 쓰이며 아주 가까운 사이이면 웃사람에게도 스스럼없이 쓰인다. 이때 토들은 도리여 친밀감을 나타내기도 한다.

《비가 오는군.》했을 때와 《비가 오는군요.》했을 때 친근감과 상냥감을 나타내는데서는 큰 차이가 있다.

《해요》계렬의 맺음토는 특히 녀성들의 입말생활에서 많이 찾아 볼수 있다.

일부 학자들은 《해요》계렬의 말차림토가 친밀관계를 나타낸다고 하여 말차림토의 한개 류형으로, 등급별 형태의 하나로 설정하려고 시도한바가 있다.

그 근거는 《해요》계렬의 말차림토가 친밀감의 의미를 나타낸다는것과 구조결합적특성이 류다르다는것이다.

여느 말차림토들은 《말뿌리+상토+존경토+시간토》뒤에 붙어 쓰이지만 높임을 나타내는 맺음토 《요》는 상토, 존경토, 시간토뒤에는 절대로 가서 붙지 못한다. 또한 《요》는 여느 말차림토앞에서 쓰일수 없지만 말뿌리뒤에 직접 붙어 쓰인다.

× 밝히시였구요.
○ 밝히시였나요.
○ 가요, 어디요, 바다요

지어 토 《요》는 진술단위로 되는 이음토, 격토, 도움토, 규정토, 바꿈토뒤에도 붙어 쓰인다.

○ 읽는다면서요, 학생을요, 나하고요, 함께 걷기요, 저도요

이처럼 토 《요》는 그가 가지고있는 의미적특성과 구조결합적특성으로 하여 독특한 특성을 가지고있지만 말차림의 등급별형태로 볼때에는 어디까지나 높임의 말차림형태에 속하게 된다.

그러나 토 《요》가 붙어 친밀감을 나타내주는 말차림토를 친밀감을 나타내지 못하는 일반말차림토와 대치시키면서 말차림토의 특수한 한개 류형으로 갈라볼수 있다.

례컨대 《습니다, ㅂ니다, 답니다, 답디다, 랍니까, 랍디까, 오, 소, 구려, 누나, ㄴ데…》등과 같이 친밀감이 없이 그저 높임의 말차림과 해당한 법의 의미를 나타내는 맺음토와 친밀감을 나타내는 《해요》계렬의 맺음토가 구별되므로 말차림토를 일반말차림토와 친밀말차림토로 구분할수 있다.

그런데 여기서 한가지 문제로 되는것은 일반말차림토는 말차림

의 등급별 형태가 《높임-같음-낮춤》의 정연한 체계를 이루고있는 반면에 친밀말차림토는 그러한 등급별 형태가 없는것이다. 토《요》를 떼버린 《하게》말차림토나 《반말》말차림토를 놓고 본다면 등급별 형태와 의미가 뚜렷하고 그것으로 하여 토《요》와 결합한후에도 본래의 문법적의미가 어느 정도 작용하는 경우가 있을수 있지만 친밀토에 의하여 그것이 다 무마되고 재구성되게 된다. 특히 사회적관계에서 볼 때에는 아래사람인 경우에도 《하오》나 《하게》, 《반말》계렬의 토에다 《요》를 결합시켜 친밀관계를 나타낸다. 친밀관계는 낮추거나 같게 대하는것과는 차이나는것으로서 존중과 사랑, 높임을 전제로 하고있다.

이처럼 《해요》계렬의 말차림토는 《하게》계렬이나 《반말》계렬의 말차림토를 한등급 끌어올려 높임의 말차림을 나타내면서 친밀감을 함께 나타내고있다. 그런것만큼 등급별 말차림형태에서는 어디까지나 높임의 말차림에 소속시키는것이 가장 합리적이고 마땅한 처리로 된다.

그러나 말차림토를 고찰할 때 각도를 좀 달리하여 말차림의 등급별 차이는 뒤로 미루어놓고 친밀감을 나타내는가, 나타내지 못하는가 하는데 따라 말차림토의 류형을 갈라볼수도 있다.

ㄴ. 같음

같음이란 말하는 사람이 이야기듣는 사람과 대등한 관계에 있다는것을 나타내는 말차림이다.

같음의 말차림에는 지난날의 《하오》계렬의 말차림토와 《하게》계렬의 말차림토 그리고 《반말》계렬의 말차림토가 속하여있다.

- 《하오》계렬의 말차림토

오, 소, 라오, 다오

○ 잘 가리켜주소.

○ 정말 재미나게 가리켜준다오.

- 《하게》계렬의 말차림토

네, 다네, 라네, 슴데, ㅂ데, 리, 리다, 노라, 로다, 도다, 나, 던가, ㄹ가, ㄴ가, 는가, ㅂ세, 세, 자구, 시오, 게

○ 어제 저녁에 보니 그 친구가 시를 짓습데.

○ 오늘 밤중으로 포장공사를 끝내자구.

- 《반말》계렬의 말차림토

데, 군, 구만, 누만, 로군, 로구만, 더군, 더구만, ㄹ시고, 지, 아/어/여, ㄴ걸, 는걸, 던걸, ㄹ걸, ㄴ데, 는데, 던데, 더니, 더라니, 더라니까, ㄹ게, ㄹ래, ㄹ세, 라구야, 다구야, 자, 다지, 라지, ㄴ지, 는지, 던지, ㄹ지, ㄹ는지, ㄹ런지, ㄴ감, 는감, 던감, ㄹ감, 구려, 라구

○ 내가 철수방에 가보니 무언지 부지런히 쓰더구만.

○ 어서 빨리 말하라구.

《하오》계렬의 말차림토 《오》, 《소》는 얼마간 상대편을 높이여 이르는 뜻을 가지기에 높임말차림이라고 할수도 있다. 지난날 말차림의 등급별 형태를 다섯가지로 나누었을 때 좀 높이는 형태로 처리하였었다.

그러나 오늘 《하오》계렬은 《하게》계렬이나 《반말》계렬에 더 가까워져 존대의 뜻이 없이 쓰이는 경우가 많다.

같음의 말차림토 《오》, 《소》는 《하게》계렬의 말차림토 《네》와 가까운 반면에 《해요》계렬의 말차림토와는 먼 거리에 있다.

비교

{ ○ 비가 오오.
 ○ 비가 오네. }

{ ○ 비가 오오.
 ○ 비가 와요. }

여기서 《비가 와요.》 하면 《비가 오오.》 했을 때 찾아볼수 없었던 높임의 말차림과 함께 친근감을 가지고 말하는 뜻빛갈을 찾아보게 된다. 그러므로 말차림토 《오》, 《소》는 높임의 말차림토에 소속되는것이 아니라 같음의 말차림토에 속하게 된다. 이것을 오늘날 《하오》계렬의 말차림토가 나타내는 의미가 지난날과 달라졌으며 등급별 말차림토들의 체계가 달라졌으며 등급별 말차림토들의 체계가 달리 구성된것과 관련되여있다.

《반말》계렬의 말차림토가 같음의 말차림토에 소속될수 있겠는가 하는것이 문제로 될수 있다.

반말은 말차림을 분명히 하지 않고 엉거주춤하게 표현하려는데로부터 생긴 형태로서 높임에도 낮춤에도 소속시킬수 없는 말차림형태이다. 반말은 사회적관계나 나이, 가족친척관계나 이웃관계 등에서 대등한 처지에 있는 대방들사이에서 주고받는 말차림인것만큼 같음에 속하게 된다.

본래 《반말》계렬의 말차림토가운데서 적지 않은것들은 이음토로 쓰이다가 맺음토로 된것들이기에 말을 끝맺지 않고 다음 단어와 련결시켜야 할것이였으나 련결시키지 않고 중도에서 끊어버린데서 나온것이다.

○ ㄴ데, 던데, 는데, ㄴ지, 던지, 는지, 라는지, 더니, 더라지, ㄴ걸, 던걸, 는걸, ㄹ지, 을지, 아/어/여…

이처럼 《반말》계렬의 말차림토가 례의도덕관계를 분명히 하지 않았다는데로부터 낮춤에 소속시키는것이 아니라 같음에 소속시키게 된다.

같음의 말차림을 나타내는 맺음토 《네, 다네, 라네, 다오, 라오, 리, 리다, 노라》 등은 노래나 시 같은데서 자주 쓰이면서 말차림의 관계를 나타내기보다 문체론적효과를 위하여 즉 그 어떤 느낌이나 감정적색채 같은것을 나타내기 위하여 자주 쓰이기도 한다.

○ 우리 당 주체사상 더욱 빛내여
  자주성을 강화함이 첫째이라오

ㄷ. 낮춤

낮춤이란 말하는 사람이 이야기듣는 사람을 낮추 대한다는것을 나타내는 말차림이다.

낮춤은 이야기를 듣는 사람이 말하는 사람보다 나이로 보나 사회적직위로 보나 아래인 경우에 쓰인다.

낮춤의 말차림에는 지난날 《해라》계렬의 말차림토가 속하는바 다음과 같은 토들이 있다.

— 다, 라, 단다, 란다, 아라/어라/여라, 구나, 누나, 로구나, 더구나, 노라, ㄹ라, 려니, 담, 람, ㄹ러라, ㄹ래, 다지, 라지, 냐, 느냐, 더냐, ㄹ소냐, 랴니, 려나, 남, 려마, 렴, 려무나, 너라, 거라, 자, 자꾸나, 마

○ 순희오빠는 바람난 광차를 한몸으로 막아 십여명의 생명을 구원했단다.
○ 무엇을 옮겨쓰고있느냐.
○ 네가 분단위원장이구나.
③ 말차림형태에서 주목되는 특이한 현상
- 말차림의 중성화현상

　낮춤을 나타내는 토 《다》는 일정한 환경이나 조건밑에서는 낮춤을 나타내지 않는다. 즉 광범한 대중이나 각이한 계층에 속하는 독자를 대상으로 하는 일반 출판물, 구호, 제강 등에서 자주 쓰이는데 이때 낮춤을 나타내는것이 아니다.
　이때는 말차림관계가 분명하지 않다. 일반 출판물인 경우에는 높일 사람도 있을수 있고 낮출 사람도 있을수 있다. 제강도 마찬가지다. 구호인 경우에 호응할 사람들은 같은 말차림관계에 있을수도 있고 높여야 할 대상도 있을수 있다. 더우기 일정한 사회적집단을 이루고있는 청중인 경우에는 한사람과 집단과의 관계인것만큼 낮춤의 말차림으로 말해서는 안된다. 그러나 낮춤의 말차림토를 쓰는데 이것은 말차림이 중성화되였기때문이다.
　말차림의 중성화현상은 낮춤의 말차림을 나타내는 맺음토 《다, ㄴ다, 는다, ㄴ가, 는가, 자, 라》 등에서 나타난다.
　말차림관계를 분명하게 하지 않는 경우라 하여 청중을 상대로 하는 보고, 토론, 강연 같은데서 출연자가 《습니다, ㅂ니다》계렬의 높임토를 쓰는것을 말차림의 중성화현상으로 보아서는 안된다.
　강연, 강의, 보고, 방송이나 텔레비죤에서의 말은 어디까지나 온 사회와 일정한 사회적집단을 청자로 하는 대화이며 따라서 말차림관계도 명확히 실현되는 사회적인 언어교제분야이다. 회의, 토론은 집단안의 개별적인 사람의 말이며 집단앞에서 자기자신의 의사를 털어놓는것으로서 역시 대화로 된다고 볼수 있다. 그러므로 집단과의 관계에서 말차림은 존중과 높임의 관계로 실현된다.
　그런데 판사의 판결문이나 군사명령, 회의결정서 같은데서 낮춤의 말차림, 《해라》계렬의 말차림이 실현되는것은 국가나 조직, 집단이 개인에게 주는 명령이며 결정, 판결이기때문에 응당한것이다.

이렇게 놓고보면 말차림의 단일화, 일원화, 일반화가 곧 단차림의 중성화가 아니라는 결론에 이르게 된다.

일정한 교제분야에서 말차림이 하나로 일원화, 일반화되면 곧 말차림이 중성화된다고 보는것은 집단우위의 고상한 륜리도덕의 견지로 볼 때 불합리하고 못 마땅한 규정이다.

그러면 말차림의 중성화는 어느 때 일어난다고 볼수 있는가.

첫째로, 언어교제자, 대화상대자를 전혀 예상할수 없기때문에 그 어떤 례의적관계도 표현하기가 곤난한 경우에 말차림의 중성화가 일어난다. 다시말하여 광범한 대중이나 각이한 계층에 속하는 독자를 대상으로 하는 일반 출판물, 구호, 제강 등에서는 말차림의 중성화가 일어난다. 여기서 광범한 대중, 각이한 계층자체는 집단을 의미하나 글 쓰는 사람이나 말하는 사람이 대상으로 하는 사람은 어느 한 개인으로 되기때문에 사회적관계, 례의적관계가 규정되여야 한다. 그러나 많은 사람가운데는 각이한 관계를 맺어야 하기때문에 어느 한 등급별 말차림형태로 규정하기가 힘들다. 이로부터 보고, 토론, 강연, 방송 등에서의 대화와 다른 특징을 가지게 된다.

둘째로, 말차림형태는 하나로 일원화, 일반화되며 그 어떤 다른 례의적관계도 맺어지지 않는다.

말차림형태가 하나로 일원화, 단일화, 일반화되는것은 중성화의 형식적표식이며 그 어떤 례의적관계도 나타내지 못하는것은 내용적표식으로 된다.

말차림의 중성화는 기본적으로 글말에서 일어난다고 말해도 과언이 아니다.

- 글말에서의 말차림문제

글말은 오늘날 그 기능이 비상히 높아지고 넓어졌으며 글말의 교제형태와 종류는 수없이 많아졌다.

글말에서의 말차림은 입말에서의 말차림과 다른 양상을 띠고 실현된다.

그러므로 글말에서의 말차림실현에 대한 정확한 분석을 가하자면 그것을 일정한 기준에 따라 나누고 말차림의 실현에서 나타나는 일련의 문제들을 밝혀야 한다.

글말에서의 말차림은 글쓰는 사람과 글을 보거나 말소리를 듣는 사람사이에 실현되는것만큼 우선 그 기준은 글말작성자가 누구인가, 그가 누구를 대상으로 하여 작성했는가 하는것에 따라 갈라보는것이 필요하다.

우선 글말작성자가 개인인가 집단인가에 따라 구분해볼수 있다. 과학론문, 문학예술작품, 보도기사, 강의록, 편지, 일기, 경험기사 등은 개인이 작성한 글말이며 각종 법문, 각종 규범, 규정, 국가공문, 국가문건, 사업계획서, 결정서, 통보서, 지령서, 설명서, 명령서, 안내문, 소개문, 결의문, 맹세문 등은 집단이 작성한 글말이라고 볼수 있다.

다음으로 듣는 사람이 사회성원 일반인가, 일정한 집단인가, 개인인가에 따라 구분해볼수 있다.

사회성원 일반을 대상으로 하는 글말은 과학론문, 문학예술작품, 보도기사, 경험기사, 각종 법문, 국가공문과 문건을 들수 있으며 일정한 집단이나 조직을 대상으로 하는 글말은 사업계획서, 통보서, 결정서, 안내문, 소개문, 벽보, 속보의 글을 들수있으며 개인을 대상으로 하는 글말은 편지글을 들수 있다. 이밖에 자기자신을 대상으로 하는 글말을 들수 있는데 이것은 혼자말에서의 말차림현상에서 구체적으로 분석하려고 한다.

다음으로 글말작성자가 일정한 례의적관계를 예상하고 작성한 글말인가 아닌가 하는데 따라 구분해볼수 있다.

례컨대 편지글, 맹세문, 신소문, 청원문 같은것은 례의적관계를 예상하고 작성한 글말이며 과학론문이나 문학예술작품, 보도기사, 경험기사 같은것은 례의적관계를 예상하지 않고 작성한 글말이다. 례의적관계를 예상하고 작성한 글말에서는 그에 따르는 등급별 말차림형태가 반드시 나타나기마련이며 그밖에 례의적관계를 예상하지 않고 작성한 글말에서는 말차림형태가 낮춤으로 일반화, 중성화된다.

결론적으로 말하여 글말에서의 말차림은 중성화된 형태로 되는 경우와 말차림이 그대로 실현되는 경우로 갈라볼수 있다.

말차림이 중성화된 형태로 실현되는 경우

○ 글말작성자가 개인이고 그 상대자가 사회성원전체일 경우
  과학론문, 문학예술작품의 지문
○ 글말작성자가 인민을 대표할수 있는 조직이나 집단이고 그 상대자가 사회성원전체일 경우
  법문, 사론설

말차림이 그대로 실현되는 경우
○ 글말작성자가 개별적인 조직이나 집단이고 그 대상자가 인민대중일 경우
○ 글말작성자가 개인이고 그 대상자가 조직이나 집단일 경우
○ 글말작성자가 조직과 집단이고 그 상대자가 보다 낮은 조직이거나 집단 또는 개인일 경우
○ 글말작성자가 개인이고 그것을 들어줄 사람이 구체적인 개인일 경우

　이처럼 우리 말 말차림은 글말교제라고 하여 말차림이 다 중성화되여 실현되는것도 아니다. 글말교제인 경우에도 해당한 말차림의 실현조건이 어떻게 성립되는가에 따라 말차림은 그대로 실현될수도 있고 중성화되여 실현될수도 있다. 그것은 글말작성자와 그것을 들어줄 사람사이의 관계 즉 개인과 집단, 하급기관과 상급기관, 집단과 인민대중과의 관계에서 작용하는 집단주의적륜리도덕의식이 말차림의 실현조건을 규정해주는것과 관련된다. 개인은 집단에, 낮은 집단은 한급 높은 집단에, 개별적인 집단은 국가와 인민대중전체에 복종되는 집단주의적원칙, 민주주의중앙집권제의 원칙이 도덕적원칙으로 되고 그것이 말차림의 실현조건을 규정하는 요인으로 된다.

　- 혼자말에서의 말차림문제
　혼자말은 말그대로 말하는 사람자신도 자기이고 이야기듣는 사람도 자기자신이다. 그러므로 혼자말은 특수한 형태의 언어교제이다.
　그러면 여기서 말차림형태는 어떻게 설정되는가?
　보통은 낮춤의 등급별 말차림형태를 취하거나 말차림형태를 얼버무리는 《반말》계렬의 말차림형태를 취한다.

○ 마동호의 이야기까지 듣고난 최진동은 근거지에서 쏘베트시 책을 바로 잡음이 없이는 반유격구를 꾸리기도 어려워지리라는 생각을 굳게 가지게 되였다. (그런데 나는 결국 그들에게 롱락당한셈이 아닌가! 여기엔 심오한 리론적문제가 있다.)

그는 발을 자주 헛디디다가 길을 잘못 들어 새밭속을 헤매게 되였다. (총서 《불멸의 력사》중 장편소설 《근거지의 봄》에서)

여기서 묶음표안에 있는 말은 최진동의 혼자말이다. 말차림형태를 본다면 낮춤의 말차림이다. 다시말하여 말차림은 중성화된다. 이것은 자기자신을 대상으로 하는 글말인 경우에도 마찬가지다. 자기자신을 대상으로 하는 글말인 일기, 일지, 강의록, 발취록, 자료카드 등 일련의 글들에서 말차림은 중성화되면서 똑똑히 표현되지 않는것이 보통이다.

혼자말에서의 말차림의 중성화는 《ㄹ걸, 도다, 로다, 리다, 리라, 아라/어라/여라》 등의 토에서도 나타나고있다.

○ 이전만의 조선동포 총동원하여
　반일혁명통일전선 굳게 다지고
　왜놈의 야만통치 어서 때려부시고
　인민정부건설함이 제1조로다
○ 그대의 눈에는 자유의 하늘이 비꼈도다
　그대의 눈에는 해와 별이 내려앉았도다
○ 이럴줄 알았으면 공부를 더 착실히 해두었을걸.
○ 그대가 한그루 나무라며는
　이 몸은 아지에 피는 잎사귀
　찬바람 불어와 떨어진대도
　흙이 되여 뿌리 덮어주리라
○ 이제 좀 있으면 그 애들이 오리다
○ 우리는 모두다 친형제
　세상에 부럼없어라
○ 세상에 나라가 많아도 내 나라가 제일로 좋아라

례문들에 있는 맺음토 《ㄹ걸, 도다, 로다, 리다, 리라, 아라/어라/여라》 등은 말차림이 《해라》계렬인지 《반말》계렬인지 《하게》계렬인지 뚜렷하지 않다. 그것은 이 토가 남에게 그 무엇을 전달하기 위하여 쓰인것이 아니라 자기자신에게 어떤 사실을 생각하면서 말하는것을 나타내기때문이다. 다시말하여 일종의 혼자말이기때문이다. 토 《도다, 로다》는 이야기하는 사람이 어떤 사실을 감탄하면서 자기에게 이야기하는것이며 그 사실을 남에게 전달하려는 목적에서 이야기하는것이 아니다. 감탄은 자기자신의 감정의 폭발이며 그것은 그것으로써의 이야기목적을 달성한것으로 된다. 이런 의미에서 감탄을 나타내는 《아라/어라/여라》도 말차림이 중성화되는것이다. 토 《ㄹ걸》은 어떤 사실에 대하여 자기자신에게 후회하면서 말하는것을 나타내기때문에 혼자말로 된다. 토 《ㄹ걸》은 《ㄴ걸》이나 《던걸》과 달리 자기자신에게 말하는것이기때문에 그 말차림의 성격은 뚜렷하지 못하고 중성화되는것이다.

- 말차림의 어울림문제

말차림은 원칙적으로 같은 계렬의 말차림으로 일관되여야 한다. 이것이 언어례절에 맞는것이다. 만약 높임의 말차림으로 말하다가 갑자기 같음이나 낮춤의 말차림으로 말하면 그것은 실례로 되며 례의도덕을 지키지 않는것으로 된다. 또한 같음의 말차림으로 말하다가 갑자기 높임의 말차림으로 말하면 야유조로 들릴수 있으며 이야기듣는 사람에게 불쾌감을 줄수 있다.

그러나 말차림범주에서는 어느 정도 융통성이 있다. 그것은 말하는 사람과 이야기듣는 사람사이의 관계가 아주 친근하거나 허물없이 지내는 사이일수 있기때문이다.

○ 《난 그날처럼 자기 잘못에 대해서 깊이 생각한적은 아직 없었어. 복순이 말이 다 옳았어. 가슴아프긴 하지만 난 너두 자기를 돌이켜봐야 한다구 생각해. 사실 우리가 그렇게 살아서야 안되지뭐. 그렇찮니?》

여기서는 말차림이 잇달아 《반말》로 나오다가 맨끝에 가서 《그렇찮니?》로 나오면서 《해라》형태를 취하였다. 이것은 이 두 사람의 사이가 대단히 친근하고 따라서 친밀감을 주려는 목적에서 이야기하는 사람이 《해라》형태를 취하였다. 여기서 낮춤의 말차림토는 확실한 진리, 꼭 그렇게 되여야 함을 나타내는것으로서 이야기듣는 사람에게 꼭 그렇게 하자는것을 다짐하는 식으로 이야기함을 나타낸다.

말차림의 융통성은 《습니다》계렬의 말차림토와 《해요》계렬의 말차림토사이 그리고 《하오》계렬의 말차림토와 《습니다》계렬의 말차림토사이, 같음과 낮춤사이에서 일어난다. 높임과 낮춤사이에서 말차림의 융통성은 성립되지 않는다.

조선어에서 말차림의 어울림은 맺음토들사이에서만 일어나는것이 아니라 맺음토와 인칭대명사사이에서도 일어난다.

인칭대명사의 일부 단어와 술어로 쓰인 단어의 개별적인 형태사이에는 말차림에서 일정하게 대응되는 관계가 맺어진다.

인칭대명사 《저》는 자기를 낮추면서 상대적으로 대방을 높이여 이를 때 쓰이며 《당신》은 상대방을 존대하여 이를 때 쓰인다.

대명사 《저》와 《당신》을 쓸 때는 용언의 맺음형도 높임의 말차림을 갖추어야 한다.

- ○ 제가 가겠습니다. (가겠어요)
- × 제가 가오.

- ○ 당신이 가십시오. (가세요)
- × 당신이 가게.

그밖에 부름말이나 인칭대명사가 같음의 관계를 나타내는것이라면 말차림도 같음이나 낮춤의 형태를 취하여야 한다.

- ○ 그대의 건강을 축원하오.
- × 그대의 건강을 축원하네.

- ○ 자네도 오게.
- × 자네도 오오.

- ○ 네가 읽어. (읽어라)
- × 네가 읽소.

- ○ 나도 읽겠소. (읽겠네, 읽겠어, 읽겠다)
- × 나도 읽겠습니다.

제2절. 용언의 끼움토형태와 문법적범주

1. 용언의 끼움토형태

조선어의 동사, 형용사(체언의 용언형포함)는 자리토만 붙어 쓰이는것이 아니라 끼움토도 붙어 쓰인다.
조선어의 끼움토에는 시간토, 존경토, 상토가 속한다.
끼움토가 붙어 이루어진 형태를 용언(체언의 용언형 포함)의 끼움토형태라 한다.
끼움토는 비위치적인 토이므로 끼움토가 붙은 형태는 용언의 문장론적위치를 결정짓지 못한다.

2. 끼움토형태에서 나타나는 문법적범주

끼움토형태로는 시간범주, 존경범주, 상범주가 이루어진다.

1) 시간범주
① 시간범주의 개념
시간범주는 이야기되는 행동, 과정, 상태의 시간과 말하는 사람이 실제로 이야기하는 시간과의 관계를 나타내는 문법적범주이다.
여기서 이야기되고있는 시간적관계는 어느 한 기준을 필수적요구로 제기한다. 그 기준이 일정한 순간이나 점인가 아니면 일정한 폭과 령역을 가진 시간인가 하는것이 문제로 된다.
사람들의 일상생활에서 시간이라 하면 보통 《현재》를 기준으로 하여 《과거》와 《미래》로 갈라본다. 문법적범주로서의 《시간》도 《현재》를 기준으로 하여 《과거》와 《미래》로 갈라볼수 있다. 여기서 《현재》를 기준으로 한다고 할 때, 다시말하여 어느 한 순간, 어느 한 점을 기준으로 한다고 할 때는 어느 한 순간, 어느 한 점을 기준으로 하는것이 아니라 일정한 폭과 령역을 가진 시간을 기준으로 한다고 보아야 한다.

문법적범주로서의 《과거》와 《미래》가 자기의 고유한 령역, 폭을 가지고있는것처럼 《현재》도 일정한 시간적폭과 령역을 가지고있다. 문법적《현재》는 문법적《과거》와 《미래》의 중간에 위치하고있는것만큼 일정한 구간, 령역을 가지고있어야 한다. 그렇지 않고 일정한 점이나 순간에 지나지 않으면 《과거》와 《미래》사이의 간격이 없어지므로 그것들이 직접 넘나들수 있는것으로 볼수 있는 여지가 생긴다. 《현재》는 《과거》와 《미래》를 갈라놓는 구간이다. 《현재》의 시작점 즉 이야기하는 순간은 《과거》의 마지막순간이고 《미래》의 시작점은 《현재》의 끝점 즉 이야기가 끝나는 순간이다.

《현재》는 이야기하는 순간을 포함하여 이야기를 시작하는 시간으로부터 이야기를 끝내는 시간사이에 진행되는 모든 행동, 과정, 상태들을 나타낸다.

사람들이 언어교제를 하는 경우에는 이야기하는 순간과 행동, 과정, 상태가 일치하는 경우도 있고 일치하지 않고 앞뒤로 얼마간의 폭을 두고 진행되는 경우도 있다. 이야기하는 순간과 행동, 과정, 상태가 일치하는 경우는 고유한 의미에서의 《현재》라고 말할수 있는데 이것은 극히 드물다.

《과거》, 《현재》, 《미래》의 선후차관계와 그 령역을 도표로 보이면 다음과 같다.

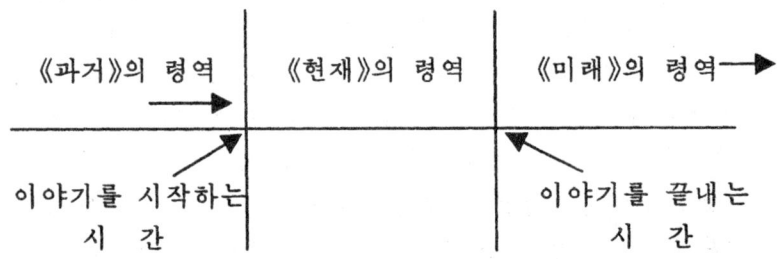

그림에서 볼수 있는바와 같이 문법적《현재》의 령역은 이야기를 시작하는 시간에서부터 이야기를 끝내는 시간까지의 일정한 폭을 가지고있다. 이 폭에서 이야기되는 행동, 과정, 상태 등이 나타나는데 고유한 의미에서의 《현재》는 극히 드물게 나타난다.

○ 분옥이가 귀염성스럽게 영철이의 귀에다 대고 속삭인다.

이 문장에서 속삭이는 행동은 언어행위의 시간과 같은 시간에 진행된다는것을 알수 있다. 즉 이 말을 듣거나 글을 읽는 사람은 분옥이가 그렇게 하는 행동을 눈앞에 직접 그려보면서 감득하게 된다.

문법적《현재》에는 이처럼 고유한 의미에서의 《현재》뿐아니라 실재하는 《현재》가 포함된다.

○ 북방의 강추위는 무서운 재난을 몰아온다.

동사합성술어인 《몰아온다》는 《현재》의 문법형태로 표현된 시간형태이다. 이 《현재》는 《과거》와 린접하고있는 령역을 차지한다.

몰아오는 행동을 내용적으로 볼 때 이미 수행된 행동으로, 실재하는 《현재》로 되기때문이다.

문법적《현재》에는 또한 현실화되지 않은 《현재》도 포함된다.

○ 하던 일을 마저 끝내고 곧 나간다.

동사술어 《나간다》는 문법적으로 보면 현재를 나타낸다. 그러나 실제행동은 하던 일을 마저 끝낸 다음에 즉 말하는 시간 이후에 있게 된다. 그렇다고 하여 이것을 《미래》시간형태라고 말할수 없다. 이로부터 이 형태는 《미래》와 린접하고있는 령역을 차지하고있다고 보아야 한다.

이상의 사실로부터 문법적범주로서의 시간은 언어행위의 순간과 행동, 과정, 상태의 순간과의 일치성, 과거성, 미래성만을 나타내는것이 아니라 매 시간에서의 폭과 령역을 허용하는 상대적인 개념이며 《현재》도 문법적시간의 유일한 기준으로서 어느 한 순간(점)을 나타내는것이 아니라 일정한 시간토막을 가지고있다는것을 알수 있다. 또한 문법적시간이 나타내는 다양한 문법적의미를 리해하기 위해서는 그 의미의 표현수단인 문법적형태에 대한 리해뿐만아니라 문맥과 장면에 대한 정확한 리해가 첨부되여야 한다는것을 알수 있다.

※ 이에 대한 구체적인 분석은 다음부분인 시간형태의 의미에 대한 부분을 참고할것.

조선어에서 시간범주는 일반적으로 이야기하는 시간을 기준으로 하여 시간상 전후관계에 따라 《과거》, 《현재》, 《미래》로 구분해 볼수 있다.

○ 《이미 내가 그렇게 말하지 않았소. 더는 그런 졸렬한 방법을 쓰지 않겠다고.》

우의 문장에서 《말하는》 행동은 이야기하는 행동보다 과거에 있었으므로 과거형으로 되였으며 《쓰는》 행동은 이야기하는 시간보다 미래에 있을 행동이므로 미래형으로 되였다. 이렇게 조선어에서는 맺음형에서의 시간관계가 이야기가 진행되는 시간을 기준으로 하여 《과거》, 《현재》, 《미래》가 명확히 구별되여나온다. 이것을 조선어에서는 《절대적시간》이라고 한다.

조선어의 규정형에서는 이와 달리 시간관계가 설정된다. 다시말하여 이야기하는 시간을 기준으로 하는것이 아니라 규정형이 들어간 문장의 술어의 시간을 기준으로 하여 시간관계가 규정된다.

○ 전선에 갈 사람들은 어제 저녁에 이미 떠났다.

여기서 규정형 《갈》은 미래시간토가 붙어있으나 이야기가 진행된 시간과 대비해볼 때 미래에 있는것이 아니라 오히려 과거에 있는것이다.

규정형 《갈》이 나타내는 미래의 시간적의미는 이 문장의 술어로 된 《떠났다》라는 행동을 기준으로 볼 때 그보다 전선으로 가는 행동이 미래에 있게 된다는것을 가리키는것으로 리해해야 한다.

○ 선생은 시험지에 열심히 글을 쓰고있는 학생들을 대견스럽게 돌아보았다.

여기서 규정형 《쓰고있는》 행동의 시간은 이야기가 진행되고있는 시간을 기준으로 했을 때의 시간이 아니다. 돌아보는 행동이 이미 끝났으므로 《과거》로 되여야 할것이나 《현재》로 되여있다. 이것은 이 문장의 술어로 된 《돌아보는》 행동의 시간을 기준으로 할 때 《현재》에 있기때문이다.

이처럼 조선어의 시간범주는 그 기준으로 삼는 시간이 두가지가 있는데 이야기가 진행되는 시간을 기준으로 하는 시간을 《절대적시간》이라고 하고 문장의 술어를 기준으로 하는 시간을 《상대적시간》이라고 한다.

※ 시간범주의 체계와 형태에 대해서는 다음부분을 참고할것.

조선어의 상대적시간도 시간범주에서 취급되여야 한다. 상대적시간이 규정토에 의하여 표현되는것만큼 규정토에서만 취급되여야 한다는 법은 없다.

조선어의 맺음토가 말차림과 말법의 의미를 나타내므로 말차림과 말법에서 다같이 취급되는것과 같이 규정토도 시간범주에서 취급되여야 한다.

조선어의 시간범주는 서술형에서 이루어진다. 동사, 형용사, 체언의 용언형에서 시간형태가 이루어진다.

시간형태는 시간토에 의하여 이루어진다.

조선어의 시간범주는 용언의 맺음형(체언의 용언형포함)과 규정형에서 이루어지는것만큼 다른 문법적범주들과 밀접한 련계를 가지고있다. 다시말하여 시간범주는 진술성의 표현과 관련되여있는 태, 양태성 등의 문법적범주들과 이렇게나저렇게나 밀접한 련계를 맺고있다.

문법적범주는 문법적형태와 문법적의미의 통일로 이루어지는 문법적공통성의 총체를 나타내는 가장 일반화된 문법적개념이다.

문법적형태와 의미의 통일로 이루어지는 시간, 태, 양태성 등의 문법적범주는 문장의 맺음형에서 나타난다. 문장의 맺음형은 진술성의 기본표현수단으로 된다. 그러므로 시간, 태, 양태성 등은 호상 밀접한 련계를 가질수 있는 토대를 가지고있다.

먼저 시간범주와 태범주의 관계문제에 대하여 살펴보자.

태범주는 동사로 표현된 행동, 과정, 상태가 수행되는 성격을 나타내는 문법적범주이다. 태범주에서 중요한것은 행동이 완전히 수행된 완료성인가 아니면 현재도 계속되는 지속성인가 하는것 등이다.

태범주는 동사로 표현된 행동, 과정, 상태가 수행되는 성격과 관련되는것만큼 현재시간을 기준으로 한 시간적선후차관계를 나타내는 시간범주와 구별된다. 태범주가 행동의 완료성, 불완료성을 나타낸다고 하여 과거시간을 나타내는 문법적범주로서의 시간에 융합시킬수는 없다.

조선어에서는 문법적범주로서의 태범주를 설정하지 않고 있다.

조선어에서 행동의 완료나 지속, 행동의 불완료는 확정적인것이 못된다. 다시말하여 태범주를 설정하기 위한 체계적인 형태론적 표현수단이 준비되여있지 못하며 태적인 의미자체도 보충적인 의미에 지나지 않는다.

○ 먹고있다. - 먹어버렸다.
　읽고있다. - 읽어버린다.
　쓸고있다. - 쓸어버리겠다.

여기서 태적인 의미를 나타낸다고 하는 《있다》나 《버리다》는 자기의 실질적인 어휘적의미를 가지고있으며 이른바 태적인 의미는 보충적인 의미로 《고+있다》, 《어+버리다》의 구조에서 나타나고 있다. 그것은 《쓸어버리다.》와 《쓸어서 버리다.》의 의미가 태적인 것인가 아니면 《버리다》의 어휘적의미 그대로인가 하는것은 분간하기 힘들다. 그러나 《쓸어서 버리다.》인 경우는 어휘적의미 그대로 인것이다. 여기서 《쓸어서》의 《서》는 강조의 의미를 나타내는 강조토에 지나지 않는다. 그런것만큼 《쓸어버리다.》의 어휘적의미를 강조해주는것으로서 어휘적의미의 실재를 증명해주는것으로 된다.

이와 같이 조선어에는 태가 문법적범주로 정연한 체계를 가지고있지 못하며 태형태도 존재하지 않는다.

그러나 조선어에서 과거의 의미는 태적인 의미와 일정한 련계를 가지고있다.

《과거》의 의미는 이미 수행된 행동을 나타내는데 태범주는 완료성인가, 지속성인가, 불완료성인가 하는것을 나타내는것만큼 이미 수행된 행동이 일정한 기간 지속될 때에는 태적의미와 련관된다.

○ 인순이는 연단앞에 나섰다. 수백명의 검은 눈동자들이 그를 주시했다. 인순이는 흥분되는 가슴을 진정하고 입을 열었다.

여기서 《나섰다》, 《주시했다》, 《열었다》 등은 모두 《과거》로 표현되였으나 실제적인 행동과의 관계에서 본다면 차이가 있다.

《나섰다》나 《열었다》는 순수한 과거의 의미이지만 《주시했다》는 실제적행동의 측면에서 본다면 주시하는 행동이 끝나는것이 아니라 일정한 기간 지속되고있음을 나타내고있다. 이것은 과거형의 시간이 지속의 태적의미와 련관되여있으며 일부 경우 문맥과 장면의 도움으로 보충적으로 태적인 의미를 나타낼수 있다는것을 보여준다.

그러나 조선어에서 시간의 범주를 배제하고 시태범주를 설정할 근거는 없다. 시태범주를 설정하려면 적어도 시간의 범주를 초월한 시태범주의 형태론적표현수단과 체계가 설정되여야 한다.

그러나 조선어에는 그러한 표현수단과 형태체계가 없는것이다.

다음으로 시간범주와 양태성과의 관계문제에 대하여 살펴보자.

양태성은 문장에서 이야기되는 내용과 현실과의 호상관계에 대한 말하는 사람의 주관적태도를 나타내는 문법적범주이다. 말하는 사람은 문장에서 이야기되는 내용을 현실적인것으로 볼수도 있고 비현실적인것으로 볼수도 있으며 추측, 희망, 의혹, 확신, 불확신의 태도로 대할수도 있다.

조선어의 시간범주와 양태성과의 관계는 그것들을 이루는 구성요소들의 부분적인 통일에 의하여 맺어지게 된다. 다시말하여 《미래》의 시간과 양태성은 일정한 관계를 맺게 된다. 왜냐하면 미래시간은 앞으로 있게 될 행동, 과정, 상태를 나타내는것만큼 아직 실현되지 않은 행동, 과정, 상태에 대한 말하는 사람의 여러가지 주관적태도를 나타내는 양태성과 밀접한 관계를 맺게 된다. 다시말하여 추측, 희망, 의혹, 가능성, 확실성 등 양태적의미는 미래의 시간형태에서 나타나게 되므로 일정한 관계를 맺게 된다. 그런데 이 양태적의미는 역시 보충적인 의미에 지나지 않는다. 여기서 기본의미는 미래시간의 의미이고 양태적인 의미는 거기에 덧붙여 표현되는 보충적인 의미이다.

○ 잠시후 비가 오겠습니다.

여기서 오는 행동은 이야기하는 시간보다 후에 진행될 행동임을 나타낸다. 다시말하여 《미래》에 속한것임을 나타낸다. 그런데 잠시후 비가 오겠는지 안 오겠는지는 두고보아야 할 일이다. 비가 오는 행동은 앞으로 수행될수 있는 사실에 대한 추측의 의미를 나타내는것이다.

《잠시후 내가 가겠습니다.》 했을 때의 《겠》은 미래시간의 의미와 함께 앞으로 가는 행동을 하겠다는 말하는 사람의 의지를 나타낸다.

이처럼 미래의 시간형태는 단순히 미래의 시간관계만을 나타내는것이 아니라 일정한 문맥적조건에서 앞으로 있게 될 행동사실에 대한 여러가지 양태적의미를 나타낸다.

② 시간범주의 체계와 형태

조선어의 시간범주는 절대적시간과 상대적시간으로 갈라진다.

절대적시간과 상대적시간은 각각 자기의 고유한 시간형태를 가지고있다.

맺음형에서 이루어지는 절대적시간은 《현재》, 《과거》, 《선과거》, 《미래》의 형태를 가지고있다.

○ 금녀는 팔을 더 높이 쳐들며 발을 돋운다. 대가 꺾일듯이 기발이 나붓긴다.
금녀의 옷자락과 치마폭도 물결친다. 활짝 들어올린 렬차 차창으로 사람들이 얼굴을 내밀었다. (단편소설 《백일홍》에서)

○ 우리는 조국을 지켜 원쑤와 싸워이겼다.

○ 오늘 저녁 회관에서는 기동예술선전대원들의 공연이 있겠습니다.

여기서 《나붓기다》, 《물결친다》는 《현재》의 시간을 나타내며 《내밀었다》, 《이겼다》는 과거의 시간을, 《있겠습니다》는 미래의 시간을 나타낸다. 그런데 《나붓긴다》, 《물결친다》를 《내밀었다》와 련관시켜볼 때 현재의 시간의미는 《내밀었다》가 나타내는 과거의 의미에 의하여 나붓기고 물결치는 행동이 비록 현재로 되여있지만 이미 행동이 수행된 과거와 련관된다는것을 알수 있다. 따라서 《현재》의 의미는 이미 과거에 진행된 사실을 지금 생동하게 눈에 보는듯이 그리기 위하여 사용된 형태이며 그 의미라는것을 알수 있다.

○ 항일유격대원들은 군사리론학습과 군사훈련을 강화하여 위대한 수령님께 무한히 충직한 혁명전사로 자라났었다.

○ 철호는 금주를 기다리고 기다리였다. 어제 8시에 만나자고 약속하였었다.

첫째 문장에서 《자라났었다》는 《자라났다》고 말하는 시간 이전에 이미 위대한 수령님께 끝없이 충직한 혁명전사로 자라났다는것을 강조하고있다.

둘째 문장에서 《약속하였었다》는 기다리는 행동에 앞서 약속하였다는것을 나타내고있다.

이 문장들에 있는 앞의 과거토는 어떤 사실이 말하는 때보다 앞서 있은 사실임을 나타내고 뒤의 과거토는 그것을 더욱 두드러지게 나타내거나 말하는 때보다 앞서 겪은 사실이라는것을 나타낸다.

이와 같이 조선어의 맺음형에서 찾아보게 되는 과거시간토의 겹침현상은 과거의 령역안에서 일어나는 행동, 과정, 상태를 나타내는것으로서 보통 《선과거형》이라고 한다.

용언의 규정형에서 나타나는 상대적시간은 《현재》, 《과거》, 《과거지속》, 《미래》의 형태를 가지고있다.

○ 강가에서 고기사냥을 하다가 마을로 들어오는 까만 승용차를 보고 달려오는 학생들도 있었다.

여기서 《달려오는》은 동사 《달려오다》의 상대적시간을 나타내고있는데 《현재》이다.

이 문장의 술어는 《있었다》로서 과거의 시간이다.

이야기가 진행되는 시간을 기준으로 하여 보면 《과거》인데 상대적시간이기에 현재형을 썼다.

○ 책가방을 메고온 학생들이 휴식하고있다.

여기서 《온》은 동사 《오다》의 상대적시간을 나타내고있는데 《과거》의 시간이다. 이 문장의 술어는 《휴식하고있다.》로서 《현재》

의 시간을 나타내고있다. 《휴식하고있다.》라는 시간을 기준으로 하여볼 때 《오는》 행동은 그보다 《과거》에 있음을 나타낸다.

○ 운동장에서 뛰놀던 학생들중에서 한 아이가 다급히 소리쳤다.

여기서 《뛰놀던》은 동사 《소리쳤다》라는 행동을 기준으로 하여 볼 때 과거에 있은 행동이며 일정한 기간 지속되여온 행동이다. 다시말하여 《과거지속형》이다.

과거지속형은 과거형과 마찬가지로 시간적으로 《과거》에 속하는 행동이지만 과거에 《지속해》있었다는 점에서 과거형과 차이가 있다.

동사 《뛰놀다》의 규정형이 《과거》시간으로 되려면 《뛰논》으로 되여야 하는데 《뛰놀던》과 《뛰논》의 차이가 바로 일정한 행동을 지속했는가 안했는가 하는데 있는것이다. 이것은 규정토 《ㄴ》과 《던》의 차이에 기인되는것이다.

○ 주체사상이야말로 전 세계피압박인민들을 자주의 한길로 이끌어갈 가장 옳바른 지도사상이다.

여기서 《이끌어갈》은 《이끌어가다》의 상대적시간을 나타내는데 《미래》의 시간이다.

이 문장의 술어는 《지도사상이다.》인데 시간은 현재를 나타내고있다. 술어의 시간을 기준으로 하여본다면 《이끌어가다.》는 《이끌어가는》으로 되여야 하겠으나 상대적시간이기때문에 《미래》에 있다.

조선어의 상대적시간을 규정어나 상황어, 이음술어 등에서 찾아보게 되는데 맺음술어에 따르는 실제적인 시간의 의존현상과 혼돈해서는 안된다.

조선어에서 규정어나 상황어, 이음술어의 술어는 자기가 취한 문법적형태와는 관계없이 된다. 이때 규정어와 상황어, 이음술어의 문법적시간은 맺음술어의 시간에 따라 현재형을 취했지만 과거의 의미를 나타낼수도 있고 미래의 의미를 나타낼수도 있다.

― 규정어에서

○ 동생은 할아버지가 사다주시는 책가방과 학습장들을 두손으로 공손히 받는다.

○ 동생은 할아버지가 사다주시는 책가방과 학습장들을 두손으

로 공손히 받았다.
　　○ 동생은 할아버지가 사다주시는 책가방과 학습장들을 두손으로 공손히 받을게다.
　여기서 《사다주시는》은 맺음술어 《받는다》, 《받았다》의 문법적시간형태와는 별도로 언제나 현재형을 취하고있다. 맺음술어가 과거로 되였을 때에는 상대적시간으로 된다. 그런데 이때 실제적인 행동의 시간은 과거로 되는것이다.
　　- 상황어에서
　　○ 전선에 나가서 영웅전사들을 직접 만난다.
　　○ 전선에 나가서 영웅전사들을 직접 만났다.
　　○ 전선에 나가서 영웅전사들을 직접 만나겠다.
　여기서 《나가서》의 실제적인 시간관계는 맺음술어 《만난다》, 《만났다》, 《만나겠다》에 의하여 규정되게 된다.
　　- 이음술어에서
　　○ 비가 오고 바람이 분다.
　　○ 비가 오고 바람이 불었다.
　　○ 비가 오고 바람이 불겠다.
　이음술어 《오고》는 문법적으로 현재시간이지만 실제적인 시간은 맺음술어의 시간에 따라 규정되게 된다.
　규정어, 상황어, 이음술어에서 찾아보게 되는 실제적인 시간의 의존현상은 맺음술어의 시간을 기준으로 하여 현재형이나 과거형, 미래형이 다른 시간의 의미를 나타내게 되는 상대적시간과 구별된다.
　상대적시간은 규정형에서만 찾아볼수 있는 현상이며 하나의 규정토에 한해서 일어나는 현상이 아니라 규정토 《ㄴ, 는, ㄹ, 던》등에서 찾아보게 되는 일반적현상이다. 그러나 실제적인 시간의 의존현상은 규정어, 상황어, 이음술어에서 찾아보게 되는 현상인데 수많은 규정토나 이음토에서 찾아볼수 있다.
　맺음술어의 시간형태가 달라지는데 따라 규정토와 이음토의 시간적의미는 뚜렷하게 달라지는 문법적인 의존현상이다. 이로써 이 두 문법적현상은 서로 차이나는것이다.
　조선어의 시간형태는 주로 시간토의 교착에 의하여 이루어진다.

또한 령토에 의하여 현재시간의 의미가 나타나기도 한다. 또한 시간토의 교착도 자기의 일정한 질서에 의하여 이루어지며 시간토의 겹침현상에 의하여 다양한 시간의 의미를 나타내기도 한다.

이처럼 조선어시간형태의 조성은 단순하지 않다.

우선 조선어의 절대적시간형태의 조성에 대하여 살펴보자.

조선어의 절대적시간형태에서 과거형, 선과거형, 미래형은 동사, 형용사, 체언의 맺음형에서나 이음형에서 언제나 시간토 《았/었/였》, 《았었/었었/였었》, 《겠》을 말줄기와 서술토사이에 끼워넣어 이룬다.

○ 읽었다→읽었었다, 읽겠다→읽었겠으며…
○ 붉었다→붉었었다, 붉겠다→붉었겠으며…
○ 학생이였다→학생이였었다, 학생이겠다→학생이였겠으며…

그러나 일부 이음토와 꾸밈토앞에서는 과거형, 선과거형, 미래형이 조성되지 않는다. 그것은 일부 이음토와 꾸밈토자체가 시간적관계를 이미 나타내고있는것과 관련된다.

실례로 《러》, 《려》, 《고저》 등은 미래에 있게 될 행동, 상태에 대한 목적이나 의도를 나타낸다. 그러므로 구태여 미래나 과거, 선과거 등의 시간관계를 나타낼 필요를 느끼지 않는다.

그리고 꾸밈토와 일정한 문맥에서 꾸밈토처럼 쓰이는 이음토인 경우에는 직접 동사술어에 종속되며 그 어떤 상황을 나타내는것만큼 시간토가 붙어 쓰이지 않고있다.

실례로 이음토 《아/어/여》, 《고》, 《며》나 꾸밈토 《게》, 《도록》, 《듯》, 《ㄴ듯》, 《ㄹ듯》, 《지》 등이 바로 이러한 토들이다.

○ 담가를 들고 간다.
○ 재미있게 이야기를 나누며 걸어간다.

이 문장에서 이음토 《고》는 《간다》는 행동의 어떤 방식, 상황을 나타내는것만큼 그 어떤 시간관계를 필요로 하지 않는다.

맺음술어 《간다》의 시간에 의존되기만 하면 그만인것이다.

《ㅂ시다, 세, ㅂ세, 자구, 자꾸나》와 《ㅂ시오, 시오, 라구, 라》와 같은 추김법이나 시킴법형태에서는 시간토가 쓰이지 못하며 미래와 관련된 토 《ㄹ》, 《리》가 들어가있는 《리, 리라, 리다, 로다, 로구나, ㄹ가, ㄹ걸, ㄹ듯이, ㄹ지》와 같은 토들 그리고 목격과 관련된 토의 형태부 《더》가 들어가있는 《더니, 더라, 더라니, 더라니까, 더라면, 더라도, 더랬, 더면》 등과 같은 토들, 《는가(ㄴ가), 던가, 는듯이(ㄴ듯이), 던듯이, 는지(ㄴ지), 던지, 는걸(ㄴ걸), 던걸, 는바(ㄴ바), 던바, 는데(ㄴ데), 던데》 등과 같이 그것자체가 시간관계를 일정하게 나타내고있는 토들에서는 구태여 시간토의 교착을 필수적요구로 제기하지 않는다. 그런것만큼 어떤데서는 현재형 또 어떤데서는 미래형이 없는것으로 불철저하다.

× 가겠세, 갔시오
× 가겠리, 간리, 간리나, 가겠리라, 가겠을걸(그러나 《갔으리, 갔을가》는 가능함.)
× 간더니, 쓴더라니(그러나 《갔더니, 가겠더니》는 가능함.)
× 간는가, 간먼가, 갈먼가, 갈는가, 간는걸(그러나 《갔는가, 가겠던가》는 가능함.)

조선어의 절대적시간에서 현재형은 조성상 과거형이나 선과거형, 미래형과 구별된다. 현재형은 아주 다양한 방식으로 조성된다.

첫째로, 현재시간토 《ㄴ》, 《는》에 의하여 조성된다.

동사의 맺음토 《다, 도다》앞에서 현재시간토 《ㄴ》, 《는》이 쓰이여 현재형을 조성한다. 이러한 동사로는 《보다, 읽다, 가다, 찾다》 등을 들수 있다.

시간토	미정형 (0토)	현재형 (는, ㄴ)	과거형 (았/었/였)	미래형 (겠)
실례	보다	본다	보았다	보겠다
	보도다	보는도다	보았도다	보겠도다
	읽다	읽는다	읽었다	읽겠다
	읽도다	읽는도다	읽었도다	읽겠도다
	가다	간다	갔다	가겠다
	가도다	가는도다	갔도다	가겠도다
	찾다	찾는다	찾았다	찾겠다
	찾도다	찾는도다	찾았도다	찾겠도다

둘째로, 동사나 형용사에 붙어 쓰이는 일부 토들은 반드시 시간토 《는, 았/었/였, 겠》을 요구하는 경우가 있는데 이런 토들이 첨부되였을 때 시간형태가 조성된다.

맺음토 《구나, 군, 구려, 구만》 등은 동사에 그것만 붙어서 쓰이지 못하고 반드시 《는, 았/었/였, 겠》 등의 토를 요구한다. 그러나 동사현재형은 령토에 의하여 조성되는것이 아니라 토 《는》이 첨부된것에 붙어서 이루어진다.

○ 가는구나, 쓰는군, 먹는구만…

형용사에서는 《구나, 군, 구려, 구만》과 같은 토들이 직접 붙어서 해당한 시간형태를 조성한다.

○ 길구나, 희구만, 밝겠구만…

셋째로, 령토에 의해서 시간형태가 조성된다. 즉 아무런 토도 붙지 않은채 현재시간을 나타낼수 있다.

령토에 의하여 현재형이 조성되는것은 맺음토, 이음토, 꾸밈토, 규정토 등에서 다 찾아볼수 있다.

- 맺음토에서

○ 읽습니다, 읽네, 읽소, 깁니다, 기네, 길구나…

령토에 의한 현재형의 조성은 시간토가 붙은 과거형, 미래형과의 대치관계속에서 본 규정이다. 현재형에서만 《읽습니다》와 같이 아무런 시간토도 붙지 않았지만 과거형이나 미래형에서는 《읽었습니다》, 《읽겠습니다》와 같이 시간토 《었》, 《겠》이 붙는다.

이러한 대치관계가 없이 그저 아무런 시간토가 붙지 않았다고 하여 그것이 현재형으로 되는것은 아니다. 《읽다》, 《읽도다》, 《보다》, 《보도다》는 아무런 시간토가 붙지 않았으나 현재형으로 될수 없다. 현재형은 《읽는도다》, 《본다》 등이다.

시킴이나 추김의 맺음토 《라, 자, 게, 세, ㅂ시오, ㅂ시다…》 등도 아무런 시간토가 붙지 않은채 자주 쓰이는데 그렇다고 하여 그것이 현재형으로는 되지 않는다.

시킴이나 추김의 맺음토는 과거형이나 미래형의 시간토가 붙지 않는다. 그러므로 그 어떤 대치관계를 설정할수조차 없다.

- 이음토앞에서

대부분의 이음토가 그앞에 과거형과 미래형의 시간토를 요구한다.

그러나 현재형에서는 아무런 시간토도 붙지 않은채 사용된다. 이것으로 하여 대치관계가 설정되고 령토에 의한 현재시간의 표현이 가능한것으로 된다.

○ 읽으며

○ 읽었으며, 읽겠으며

이음토에도 아무런 시간토도 요구하지 않고 자기 혼자만 쓰이는 그런 토들이 있다.

례컨대 목적과 의도를 나타내는 《려》, 《러》와 같은 토를 들수 있는데 이 토들은 그것자체로서 일정한 정도로 시간관계를 나타내므로 아무런 시간토도 붙지 않은채 사용되고있다.

그러므로 아무런 시간토가 붙지 않았다고 하여 현재형의 조성으로 보아서는 안된다.

과거와 미래가 없는 현재는 무의미한것이다.

- 꾸밈토앞에서

꾸밈토에서는 기본적으로 과거형이나 미래형이 조성되지 않는다.

그러므로 아무런 시간토가 붙지 않은 형태라 하더라도 현재형으로 될수 없다.

- 규정토앞에서

규정토는 그것자체가 상대적시간을 나타낸다. 그리고 시간토 《았(었, 였), 겠》과 결합하여 절대적시간을 나타낼수도 있다.

례컨대 《읽던》과 같은 과거지속형에는 《읽었던》, 《읽겠던》과 같은 절대적시간의 과거형과 미래형이 조성되며 미래시간을 나타내는 규정토 《울》이 붙은 형태는 과거시간토 《었》과 결합하여 절대적시간관계를 나타내는 새로운 형태를 조성한다.

※ 시간토들의 결합에 대해서는 다음 ④부분을 참고하라.

다음으로 조선어의 상대적시간형태의 조성에 대하여 살펴보자.

조선어에서 상대적시간은 규정형토에 의하여 조성된다.

규정형토에 의한 상대적시간의 조성은 동사, 형용사, 체언의 용언형에서 서로 다르게 이루어진다.

규정형토 《는》은 동사에서만 현재형을 조성하고 형용사와 체언의 용언형에는 붙어 쓰이지 못한다.

규정형토 《ㄴ》는 동사에서는 과거형을 조성하고 형용사와 체언의 용언형에서는 현재형을 조성한다.

이것을 도표로 보면 다음과 같다.

	현재	과거	과거지속	미래
동사	는(읽는, 보는)	ㄴ/은(읽은, 본)	던(읽던, 보던)	ㄹ/을(읽을, 볼)
형용사 및 체언의 용언형	ㄴ/은(높은, 학생인)		던(높던, 학생이던)	ㄹ/을(높을, 학생일)

③ **시간형태의 각종의미**

△ 절대적시간에서

- 현재형

우에서도 지적한바와 같이 문법적시간으로서의 현재는 말하는 순간에 지나지 않는것이 아니라 일정한 폭과 령역을 가진 시간토막이다.

이 《현재》의 령역에 고유한 의미에서의 현재와 실재하는 현재, 현실화되지 않은 현재가 포함되게 된다.

문법적현재를 고유한 의미에서의 현재와 실재하는 현재, 현실화되지 않은 현재로 구분한것은 이야기되는 시간을 기준으로 하여 이야기되는 사실과의 관계를 대체적인 관점에서 규정한 시간관계이고 구체적인 문맥과 장면과의 관계에서 분석한것은 아니다.

조선어에서 문법적시간으로서의 현재도 실재하는 현재인 경우에도 그렇고 현실화되지 않은 현재인 경우에도 문법적형태에서 변동이 없어도 구체적인 문맥과 장면의 영향하에서 다양한 의미를 나타내게 된다. 그리고 다양한 의미가운데에는 그것이 실재하는 현재를 나타내는것인지 아니면 현실화되지 않은 현재를 나타내는것인지 분명히 갈라놓기가 힘든것이 있다.

또한 현재형이 나타내는 의미는 절대적시간에서 즉 맺음형에서 나타내는것이 다르고 상대적시간 즉 규정형에서 나타내는것이 다르다.

이것은 현재형만이 아니라 과거형이나 미래형에서도 공통적으로 찾아볼수 있는 현상이다.

이것은 시간의 의미를 분석할 때 문맥과 장면, 환경 등의 영향을 고려하여 구체화할것을 요구한다는것을 가리키는것이다.

현재형이 나타내는 의미는 다음과 같다.

ㄱ. 말하는 순간에 행동이 동시에 진행되고있음을 나타낸다. 다시말하여 고유한 의미에서의 현재와 같다.

○ 송동무는 졸업론문을 쓴다.
○ 화창한 봄날이다. 하늘은 높고 꽃향기 그윽하다. 자연도 사람도 모두다 환희와 기쁨에 넘쳐있다.

ㄴ. 항구적으로 계속되여오며 또 앞으로도 계속해야 할 내용을 강조해서 나타낸다.

실재하는 현재일수도 있으며 현실화되지 않은 현재일수도 있다.

○ 조선사람은 누구나 다 나서 자라면서 백두산에 대한 이야기를 듣는다.
○ 력사를 기록해야 한다. 위대한 인간의 력사는 반드시 기록하지 않으면 안된다. 그것이 참된 위인의 삶일진대 그 발자취는 사말사에 이르기까지 기록되여 남겨져야 한다. 그러한 위인의 삶은 영원불멸할 전 인류의 공동재부이다.'(총서 《불멸의 력사》중 장편소설 《백두산기슭》에서)

ㄷ. 일반적인 합법칙적행동 또는 일상적인 관습적행동을 나타낸다.

○ 10년이면 강산이 변한다.
○ 우리는 8시에 출근한다.

ㄹ. 계획하고있거나 예상되는 미래의 행동을 나타낸다. 이때 보통 시간관계를 나타내는 단어나 토가 함께 쓰인다.

현실화되지 않은 현재에 해당된다.

○ 래일 우리는 동물원에 간다.

○ 이제 명절이 지나면 공사에 곧 착수하게 되오.

ㅁ. 과거에 진행된 사실을 생동하게 현재 눈에 보이는듯이 나타낸다.

○ 철뚝에 이슬을 담뿍 머금은 한떨기 백일홍이 퍼였다. 바람에 꽃잎이 흔들린다. 춤을 춘다. (단편소설 《백일홍》에서)

○ 인제야 앞이 환해지고 할 일도 명백해진다. 눈물이 나게 고마웠다.

여기서 《흔들리는》 행동, 《춤을 추는》 행동 그리고 《명백해지는것》도 실제상에서 과거이지만 현재형으로 나타내였다. 론리적으로는 실재하는 현재에 맞먹는다. 그러나 현재형으로 표현되였기때문에 그 장면이 살아움직이는것처럼 그야말로 생동하게 안겨오고 있다.

ㅂ. 앞에 펼쳐진 사실을 더욱 두드러지게 강조하여 나타낸다.

○ 얼마쯤 쪽잠이 가물가물 깊어갈무렵 머리우에서 궁상맞은 뻐꾸기우는 소리가 나면 놀라서 눈을 번쩍뜨게 된다. 먼 산비탈에 불을 본다. 소스라쳐 일어나 눈을 비비면 그것은 불이 아니라 진달래다. (단편소설 《백일홍》에서)

이 문장에 있는 맺음형 《된다》, 《본다》, 《진달래다》는 현실화되지 않은 현재를 가리키나 고유한 현재처럼 눈을 뜨고 보는것으로 표사되여있다.

ㅅ. 앞으로 해야 할 일을 지시하여 나타낸다.

○ 애들아, 오늘은 이만 집으로 간다. 집에 가서는 저녁 일찍 잔다. 그리고 래일 아침 8시까지 학교운동장에 모인다. 알았지?

이 문장에 있는 《간다》와 《잔다》, 《모인다》 등은 다같이 현재형으로 되여있으나 그가 나타내는 의미는 같지 않다.

《간다》는 현재 진행되는 행동을 가리키나 《잔다》와 《모인다》는 앞으로 해야 할 일을 가리킨다. 특히 마지막에 있는 《알았지》와 련관시켜보면 집에 가서 래일 아침까지 해야 할 일을 명백하게 지시한다는것을 알수 있다.

ㅇ. 서로 교체되는 여러 사실 또는 행동을 렬거하여 생동하게 나타낸다.

○ 그는 야영을 떠난다고 옷을 갈아입는다, 등산모를 꺼낸다, 짐을 꾸린다, 새 신발을 찾는다 하면서 한참 분주탕을 피웠다.

- 과거형

《과거》는 이야기하는 시간이전에 진행된 모든 행동, 과정, 상태들을 나타내며 《현재》와 경계를 이루고있다. 《과거》의 끝점과 《현재》의 시작점이 린접하고있다. 다시말하여 《과거》는 이야기하는 시간을 끝점으로 하고 그 이전에 진행된 모든 행동, 과정, 상태를 나타낸다. 이로부터 《과거》의 령역은 이야기하는 현재의 시작점에서 왼쪽으로 무한대한 공간을 차지하게 된다. 《과거》의 령역은 제한된 구간을 가진 《현재》의 령역과 구별된다. 《과거》의 령역은 무한대한 공간을 차지한다는 측면에서는 《미래》의 령역과 비슷하지만 그 방향이 다르고 담고있는 내용이 다르다.

《과거》의 령역은 《현재》의 령역시작점에서부터 왼쪽으로 전개한 구간이며 《미래》의 령역은 현재의 끝점에서부터 오른쪽으로 전개된 구간이다.

또한 《과거》의 령역은 무한대한 공간을 차지하고있지만 모든 행동, 과정, 상태가 다 현실화된것으로서 그 의미분석에서 추상화가 동반되지 않고 모호한것이 없는것이다.

《과거》는 《현재》의 시작점을 끝점으로 하여 이미 현실화된 사실을 표현하고있기때문에 확정적인것이다.

《과거》의 령역은 넓은것만큼 거기에는 순수 《과거》에 대한 시간범주적의미만이 포함되는것이 아니라 여러가지 다양한 문법적의미가 포함된다.

그 하나가 《선과거》 또는 《대과거》로 표현되는 의미이다.

《선과거》 또는 《대과거》는 과거시간토의 겹침현상에 의하여 표현되는 문법적시간이다. 여기서는 일정한 시간적기준과 형태적표식이 갖추어져있다. 그렇기때문에 보통 《이미, 어제, 벌써》 등과 같은 시간관계를 나타내는 단어와 함께 쓰이면서 그 어떤 사실보다 먼저 있었다는것을 두드러지게 나타내고있다.

○ 아득한 옛날 우주만물이 대혼돈속에서 깨여나고 이 땅덩어리가 두세개의 대륙으로 밖에 분화되지 않았으며 한때 그것이 불덩어리였다는것을 보여주기 위해 아무데서나 함부로 불길을 뿜어올리던 그 시절에 동방일각에 이미 백두산의 터전이 마련되였었다.(총서 《불멸의 력사》중 장편소설 《1932년》에서)

《선과거》와 선과거가 아닌것사이의 기준은 이미 수행된 행동, 과정, 상태의 시간이며 과거시간토의 겹침이다.

이것은 《과거》의 령역을 가상적인 시간기준선에 의하여 《먼 과거》와 《가까운 과거》로 나누는것보다 형태의미적표식이 더 뚜렷하며 합리적이다.

실제적인 론리적내용에 따라 먼 과거와 가까운 과거로 나누면 가르기 힘들고 혼동이 생길수 있다.

물론 여기서 《선과거》가 《현재》의 령역에서 볼 때 더 먼 구간에 있는것은 사실이며 가까운 과거와 먼 과거가 어느 정도 구별되는것도 사실이다.

두개의 실례를 비교해보자.

○ 그는 온몸으로 벌써 싸움의 한복판에 뛰여들었다.(장편소설 《시대의 탄생》에서)

○ 주영은 시간의 촉박을 느끼는듯 두루마기안주머니에서 회중시계를 서둘러 꺼내보고나서 천도교인들에 대한 욕설을 퍼붓기 시작하였다.(장편소설 《동트는 아침》에서)

첫번째 문장은 뛰여든 행동이 먼 과거에 진행된것을 나타내고 두번째 문장은 욕설을 퍼붓는 행동을 가까운 과거에 시작한것임을 나타내고있다. 그러나 이러한 시간의미의 분석은 론리적내용과 구체적인 용언술어의 의미에 따른것이고 객관적인 형태론적표식에 의한것은 아니다.

그것은 두번째 문장의 용언술어를 《욕설을 퍼부었다.》로 고치면 첫번째 문장의 경우와 아무런 차이가 없어진다는것을 통해서 알수 있다.

문법에서는 형태적표식과 그것에 의하여 표현되는 문법적의미가 중요하다. 문법적의미도 이야기의 장면과 문맥, 언어적환경의 영향을 받는것만큼 다양하게 표현되기마련이며 문법은 최대한 다양한 의미를 밝혀내야 하는것이다.

과거형이 나타내는 의미는 다음과 같다.

ㄱ. 행동, 과정, 상태가 이야기하는 순간보다 과거에 실현되였음을 나타낸다.

○ 《내 입대 결정이 됐소?》 하고 그는 다시 물었다.

여기서 《됐소》는 이 말을 묻는 순간보다 과거에 실현된것임을 나타낸다.

ㄴ. 어떤 사실을 지난날의 일로서 단순히 기록하거나 묘사하는데 쓴다.

○ 실하게 자라서 어서 고운 꽃을 피우라고 김을 매고 북을 돋구고 물을 길어다 주고 동네에 나가서 닭두엄을 주어다 묻어주었다.
꽃들도 착한 꽃분이와 순희의 정성을 느끼는지 무성하게 잘 자라서 온 여름 가으내 울긋불긋 아름다운 꽃을 피웠다. (장편소설 《꽃파는 처녀》에서)

여기서 《묻어주었다》나 《피웠다》는 이야기과정에 표현하게 되는 시간관계를 나타낸다기보다 지난날의 그 어떤 사실을 기록하거나 묘사하는데 그 목적이 있다.

지난날의 사실이기에 과거형을 취하였다.

ㄷ. 그 어떤 행동이 과거에 실현되여 그 결과가 현재까지도 지속되고있음을 나타낸다.

○ 마을뒤산에 잡관목이 우거졌다.

○ 나무가지에 꾀꼬리 한마리가 앉았다.

여기서 《우거졌다》나 《앉았다》는 《우거져있다》, 《앉아있다》로 그 구조를 바꿀수 있는것으로서 과거에 실현된 행동이 아직 지속되고있음을 나타낸다.
　　ㄹ. 일부 동사, 형용사에서 쓰일 때 현재의 상태임에도 불구하고 그 어떤 사실을 가정하여 결심을 내리거나 판정함을 나타낸다.
　　○ 흔들령고개우에서도 왜놈의 총소리가 울렸다.
　　　이젠 다 틀렸다. 쏙새골로 가자면 아직도 멀었다.
　　ㅁ. 과거의 사실이나 미래의 사실을 현재에 진행하는것처럼 생동하게 나타낸다.
　　○ 아이들은 토끼를 보자 《잡았다, 잡았다!》 웨치면서 산릉선으로 뛰여올라갔다.
　　○ 《에라 나도 마지막으로 한번 해봤다.》 곁에 섰던 창준이가 끼여들었었다.
　　여기서 《잡았다, 잡았다!》는 과거형으로 표현되였지만 미래에 있을 행동을 나타내는것이며 《해봤다》는 이미 수행한 행동을 나타내는것이다.
　　이렇게 생동하게 표현하고있다.
　　ㅂ. 미래에 있을 사실임에도 불구하고 이미 정해진 결정적인 사실임을 강조하여 나타낸다.
　　○ 에라 내 인심 썼다.
　　○ 철수가 빠졌으니 이번엔 별수없이 졌는걸.
　　이런 구조의 문장은 일부 경우 부사 《다》와 함께 쓰이면서 앞으로 하게 될 행동을 하지 못하게 됨을 나타낸다.
　　○ 하는 잡도리를 보니 래일 생산경기에는 다 나갔네그려.
　　그런데 이 문장에 있는 부사 《다》를 《틀림없이》로 바꾸면 다른 결과 즉 미래의 행동에 대한 긍정적인 추측을 나타낸다.
　　○ 하는 잡도리를 보니 래일 생산경기에는 틀림없이 나갔네그려.
　　이것은 과거형의 의미분석에서 철저히 문맥과 장면, 이야기의 환경과 언어표현에 대해 세심한 주의를 돌려야 함을 말해준다.
　　－ 미래형
　　《미래》는 《현재》, 《과거》와 달리 자기의 고유한 문법적의미를 가지고 존재한다.
　　《미래》는 이미 현실화되였거나 현실화되고있는 행동, 과정, 상태를 표현하는것이 아니기때문에 구체적인 시간관계를 구획짓기 힘들다.

말그대로 앞으로 실현될 행동, 과정, 상태를 표현하는것만큼 《과거》나 《현재》보다 시간관계에서는 명백하지 못한것이 많다. 그래서 지난날 일부 경우에 《미래》는 시간범주로 존재하는것이 아니라 양태적의미와 관련된 시간범주라고 주장한 학자들도 있었던것이다.

《미래》는 현재의 끝점을 경계선으로 하여 《현재》와 린접해있다.

그래서 《미래》의 의미령역에는 《현재》이후의 모든 행동, 과정, 상태 등이 포함되게 된다. 다시말하여 《미래》의 의미에는 이야기가 끝난 시간이후, 《현재》이후의 모든 행동, 과정, 상태 등의 시간관계가 소속되였다. 그리하여 《현재》가 《미래》로 전환될수 있게 되였다.

총괄적으로 말하여 《미래》의 문법적의미는 《현재》의 끝점인 이야기가 끝나는 시간을 시작으로 하여 그 이후에 진행되는 모든 행동, 과정, 상태들을 나타낸다.

《미래》는 행동, 과정, 상태 등이 아직 실현되지 않은것만큼 의미분석에서 뚜렷하지 못하고 비현실적인 성격이 농후할수 있다. 그러나 일정한 문맥과 장면의 영향하에서 그리고 진술되는 문장을 이루고있는 언어적단위들이 나타내는 의미적특성에 의하여 《미래》가 나타내는 구체적인 의미는 분석해낼수 있다.

《미래》의 구체적의미는 다음과 같이 분석해낼수 있다.

ㄱ. 이야기하는 순간보다 미래에 있을 사실임을 나타낸다.

○ 이젠 그만 하우. 온 동네가 듣겠소.

이 문장에서 《듣는》 행동이 이야기를 하는 순간보다 미래에 있게 된다는것을 나타낸다.

○ 5시부터 중대보도가 있겠습니다.

○ 이젠 그만하라. 애를 울리겠다.

이 두 문장을 대비해보면 첫째 문장의 《겠》은 순수한 미래를 나타낸다. 즉 5시부터 있게 되는 사실을 나타낸다.

그러나 두번째 문장에 있는 《겠》은 《애가 우는》 행동은 있을수도 있고 없을수도 있다. 그러므로 앞으로 있게 될 행동을 나타내면서도 추측의 보충적의미를 나타낸다. 첫번째 문장과 두번째 문장에서의 이러한 의미적차이는 이야기의 환경과 장면에 의해 결정된다. 즉 첫번째 문장에서의 사실은 방송보도에서의 일인것만큼 확정적인것이다.

미래시간토 《겠》은 이처럼 순수한 미래시간만 나타내는것이 아니라 여러가지 양태적의미를 나타낸다.

ㄴ. 앞으로 있을 사실에 대한 말하는 사람의 의향, 의지 등을 나타낸다.

○ 《…어떻습니까? 오겠습니까?》

《가겠습니다. 꼭…꼭 가겠습니다.》

질문에서 쓰인 《오겠습니까?》는 미래에 있을 단순한 행동을 나타내는것이고 대답에 있는 《가겠습니다.》는 대답하는 사람의 의향을 나타낸다. 이처럼 첫번째 문장에 있는 《겠》과 두번째 문장에 있는 《겠》은 서로 차이난다.

ㄷ. 미래, 현재, 과거에 있을 어떤 사실에 대한 추측을 나타낸다.

미래에 있을 사실에 대한 추측

○ 날씨가 흐리고 동남풍이 부는걸 보니 비가 오겠습니다.

현재에 있는 사실에 대한 추측

○ 농사철이니 대단히 바쁘겠습니다.

과거에 있은 사실에 대한 추측

○ 항일투사들은 혁명을 위한 가혹한 싸움속에서 몸은 비록 참담한 고통속에 묻히고 지어 목숨조차 바쳤지만 그 마음속에는 래일이라는 휘황한 미래가 살아있었고 바로 그때문에 그분들은 숭고한 행복감을 맛보았던것이 아니겠는가?(단편소설 《행복》에서)

ㄹ. 행동이나 상태가 실현될 가능성이 있음을 나타낸다.

○ 그만한 거리를 왜 던져내겠나?

○ 그렇게나 하자면 나도 쉽게 하겠소.

ㅁ. 자기와 관계되는 그 어떤 행동이나 상태를 생동하게 묘사하여 전달하는데 쓰인다.
　○ 일을 하는걸 보니까 마음에 들겠지. 그래서 대번에 반해버렸지뭐.

ㅂ. 과거나 현재에 있은 어떤 사실에 대하여 불만으로 말할 때 쓰인다.
　○ 물어나 보구 대답하겠지. 성급하게 대답해놓구 왜 그리 쩔쩔 매나.

ㅅ. 갖추어져있는 조건을 렬거하는데 쓰인다.
　○ 제대군인이겠다, 당원이겠다, 대학졸업생이겠다, 번듯한 미남자겠다, 그보다 더한 신랑감이 어디 있겠다고 그래.

ㅇ. 앞으로 있을 어떤 행동이나 상태에 대하여 예정하거나 예측함을 나타낸다.
　○ 래일 오후 7시부터 회관에서 예술소조공연이 있겠습니다.(예정)
　○ 혁명가들이 지니고있는 정신, 그런 정신을 가지고 사는게 사람답게 사는것이 아닌가. 그런데 자네는 어째서 그런 정신을 가지고 못 살겠는가.

ㅈ. 어떤 사실이나 행동을 대비하면서 력점을 찍어 규정함을 나타낸다.
　○ 사람답게 산다는거야 그 무슨 번듯하게 꾸려놓고 잘 살거나 돈을 많이 가지고 풍청대며 사는것을 말하는것이겠는가. 가난하게 살더라도 사람다운 정신을 가지고 사는게 사람답게 사는것이 아니겠는가.

ㅊ. 앞으로의 사실이나 행동을 책망을 섞어 추측함을 나타낸다.
　○ 로선도 방법도 없이 파쟁을 일삼는 운동이 어데로 가겠습니까. 그것이 파국으로 가리라는것은 명백한것입니다.(총서 《불멸의 력사》중 장편소설《혁명의 려명》에서)

ㅋ. 부사《다》와 함께 일부 동사에서 쓰이면서 못 마땅한 일을 당하고있음을 나타낸다.

○ 참 별꼴 다 보겠다. 병신자식까지 치근거리니.

ㅌ. 표현 《어이 다》와 함께 쓰이면서 감탄을 섞어 현재의 상태를 강조함을 나타낸다.

○ 위대하신 장군님께서는 만난신고를 이겨내시며 간악한 왜놈들을 때려눕히고 조국을 찾아주시였으며 인민정권을 세워주시고 몸소 그를 령도하여주시니 이 영광, 이 기쁨을 어이 다 표현할수 있겠는가. (장편소설 《새봄》에서)

ㅍ. 부사 《못》과 함께 일부 동사에서 쓰이면서 부정하는 태도를 나타낸다.

○ 처녀한테 채웠으면 채웠지 고민하는 그 꼴 눈뜨고 못 보겠다.

ㅎ. 일부 동사에서 쓰이면서 바로 담화의 순간에 그렇게 함을 특별히 강조하여 나타낸다.

○ 알겠습니다. 그렇게 집행하겠습니다.

ㄲ. 이음형 《아, 야》뒤에 2차적으로 쓰이면서 그 행동이나 상태에 대한 의무성을 나타낸다.

○ 저도 늙었지만 콤퓨터에 대해 공부해야겠어요.

- 선과거형

선과거형은 《과거추측》이나 《과거완료》와 같은 양태적의미 및 태적의미와 관련된 문법적형태와 다르다.

선과거형은 말그대로 이미 행동, 과정, 상태가 과거에 진행된 같은 방향에서의 시간관계를 나타내므로 시간관계를 설정할수 있다. 그러나 《과거추측》이나 《과거완료》와 같은 양태적 및 태적의미는 시간관계와 거리가 있는것이기에 시간형태와 직결시킬 필요는 없다.

조선어의 시간형태는 《과거미정》, 《과거지속》, 《과거완료》, 《현재미정》, 《현재지속》, 《현재완료》, 《미래미정》, 《미래현재》, 《미래지속》과 같은 시간형태를 나누는 영어와 다른것이다.

선과거형이 나타내는 의미에 대해서는 시간토들의 겹침에 대하여 서술한 부분을 참고하기 바란다.

△ 상대적시간에서

- 현재형

ㄱ. 뒤에 오는 사실 즉 맺음술어로 표현된 행동, 과정, 상태와 동시에 실현됨을 나타낸다.

○ 선전실에서 노래부르는 소리가 들린다.
○ 선전실에서 노래부르는 소리가 들리였다.
○ 선전실에서 노래부르는 소리가 들리겠다.

여기서 《노래 부르는》 행동의 시간관계는 맺음술어 《들리다》에 의해 규정된다.

《노래부르는》 행동의 시간관계는 이야기하는 시간을 기준으로 한다면 현재형이나 상대적시간형태인것만큼 문맥과 이야기의 장면에 따라 《현재》, 《과거》, 《미래》의 어느 하나로 되는것이다.

○ 이제 이 산에도 큰 나무들이 무성하겠구나.

여기서 형용사 《크다》의 규정형 현재도 《무성하다》는 행동을 기준으로 하면 《현재》이지만 이야기하는 시간을 기준으로 하면 《미래》에 속한다.

ㄴ. 시간관계를 초월해서 행동자체만을 나타낸다.

○ 건설하는것은 파괴하는것보다 몇배나 더 힘들다.
○ 검은색은 태양의 빛을 다 흡수한다.

실례에서 볼수 있는바와 같이 시간관계를 초월해서 행동자체만을 나타낼 때에는 주로 그 어떤 진리나 생활적교훈을 나타낼 때 쓰인다. 그것은 그 어떤 진리나 생활적교훈은 생활을 통해 검증된 객관적진리이며 교훈이기때문에 구태여 시간관계를 따질 필요를 느끼지 않게 되는것과 관련된다.

- 과거형

뒤에 오는 사실 즉 맺음술어로 표현되는 사실의 시간보다 먼저 있는 사실임을 나타낸다.

○ 앞서나간 사람을 따라잡는다.
○ 앞서나간 사람을 따라잡았다.
○ 앞서나간 사람을 따라잡겠다.

여기서 《앞서나간》 행동은 맺음술어로 표현된 《따라잡다》의 시간보다 상대적으로 먼저 있은 사실로서 시종일관 과거형에 있다.

맺음술어 《따라잡다》의 시간관계는 절대적시간으로서 이야기하는 시간과 행동실행과의 관계에서 시간이 규정된다. 그런데 《앞서나간》은 과거형을 취했지만 실제적인 시간은 《따라잡다》에 의해 규정된다. 다시말하여 상대적시간이다.

- 과거지속형

우에서도 간단히 지적한바와 같이 뒤에 온 사실보다 상대적으로 과거에 있으면서 그 사실이 지속되고있음을 나타낸다.

〇 읽던 책을 빌려주었다.

〇 아름답던 그 얼굴이 이제는 쭈글쭈글해졌다.

- 미래형

ㄱ. 앞으로 행동이 실현되기로 예정되여있음을 나타낸다.

〇 그는 대학으로 갈 사람이다.

ㄴ. 행동이나 상태가 실현되리라고 추측함을 나타낸다.

〇 10년후에 번창할 이 도시의 모습을 상상해보라.

ㄷ. 이야기하는 순간을 기준으로 현재에 있는 사실을 순전히 추측하는 의미를 나타낸다.

〇 집에서 책을 보고있을 너를 생각하고있다.

여기서 《보고있는》 행동은 《생각하고있는》 시간을 기준으로 현재에 있다.

그런데 미래형을 취했는데 이것은 미래에 있을 행동에 대한 추측이 아니라 현재에 있는 행동에 대한 추측이다. 이것으로 《ㄹ》의 의미와 구별된다.

ㄹ. 행동이 실현될 가능성이 있음을 나타낸다.

〇 우리는 언제나 원쑤와 싸워 이길 준비를 튼튼히 갖추고있어야 한다.

ㅁ. 시간적의미를 가진 일부 명사와 결합하여 미래의 시간과는 관계없이 행동적인 상태자체가 성립되도록 한다. 주로 《때, 적, 무렵》 등과 결합할 때 이렇게 쓰인다.

〇 그가 학교로 떠날 때 만났다.

〇 동이 틀무렵에 일어난다.

〇 글쓰는데 열중할적에 전화가 오군 하였다.

여기서 《떠나는》 행동과 《만나는》 행동, 《동이 트는》행동과 《일어나는》 행동, 《열중하는》 행동과 《전화가 오군 하는》 행동은 맺음술어의 시간에 언제나 일치한다.

미래토 《ㄹ》의 의미와는 관계없이 《때, 무렵, 적》과의 결합을 가능하게 해주면서 맺음술어의 시간을 취한다.

④ 시간토들의 결합

조선어에서 적지 않은 시간토들이 서로 겹치여 쓰이는 경우가 있다.

이때 시간토들이 나타내던 현재, 과거, 미래의 의미는 이러저러한 가공을 입어 특수하게 나타나게 된다.

시간토들의 겹침관계는 다음과 같다.

- 절대적시간토들끼리 겹치는 경우

ㄱ. 과거시간토들끼리 겹치는 경우

과거시간토 《았》, 《었》, 《였》과 《었》이 겹치여 《았었》, 《었었》, 《였었》이 이루어지는데 선과거형을 이룬다.

○ 최동무는 저기 앉았었다.

이 문장에서 《앉았었다》는 《앉은》 행동을 하기 이전에 이미 앉았던 사실이 있었음을 나타낸다. 다시말하여 그 어떤 기준시간보다도 과거에 있었던것임을 나타낸다.

ㄴ. 과거시간토와 미래시간토가 겹치는 경우

과거시간토 《았》, 《었》, 《였》과 미래시간토 《겠》이 겹치여 《았겠》, 《었겠》, 《였겠》이 이루어지는데 두개의 시간토가 겹친것만큼 과거에 그 어떤 행동이나 상태가 이루어졌으리라고 추측함을 나타낸다.

원래 《과거》와 《미래》는 함께 어울릴수 없다. 그러나 《미래》의 시간적의미가 앞으로 있을 일에 대한 이야기인것만큼 추측, 가능성, 희망 등 양태적의미와 많이 관계된다.

이것으로 하여 과거시간토와 미래시간토가 겹치여 과거에 있은 어떤 사실에 대한 추측의 의미를 나타내는데 쓰이고있다.

조선어에서 과거시간토가 먼저 오고 미래시간토가 뒤에 오는데 이 겹침규칙을 어길수 없다.

○ 작업반동무들이 반갑게 맞아주었겠지요.

이 문장에서 맞아준것은 이미 과거에 진행된 사실인데 반갑게 맞아주었으리라고 추측함을 나타낸다.

○ 돌쇠어미도 전번에 왔을 때 보았겠지만 병원 가까이에 7층짜리 아빠트가 일어서고있었지요.

이 문장에서 《보았겠지만》은 제3자 즉 돌쇠어미가 겪은 과거의 사실을 회상하면서 강조함을 나타낸다.

○ 저는 어제 급한 일이 있어서 집에 다녀왔어요. 그런데 집에서 무슨 일이 저를 기다리고있었겠어요.

여기서 《기다리고있었겠어요》는 말하는 사람과 관계되는 사실을 강조하여 생동하게 나타내고있다.

○ 한번 찾아가 뵌다면서 못 가고있었는데 그분이 먼저 찾아오셨겠지요. 참 미안해서…

여기서 《찾아오셨겠지요》는 과거에 진행된 자기와 관련되는 행동을 돌이켜보면서 그것을 생동하게 강조함을 나타낸다.

○ 자네가 내게 경쟁을 걸었겠다? 어디 한번 겨루어보세.

여기서 《걸었겠다》는 과거에 진행된 자기와 관련된 행동을 나타내는데 회상하면서 확인하는 형식으로 강조한다.

○ 번개가 쳤겠다, 우뢰가 울었겠다, 비바람이 휘몰아쳤겠다, 물결이 일었겠다.

이통에 함지배가 견딜수 있나, 대성은 가슴이 철렁했다. (장편소설 《생명수》에서)

여기서는 《었겠다》형이 반복되면서 과거에 벌어졌던 환경, 조건, 가능성 등을 렬거함을 나타낸다.

○ 먼저 했으면 했겠지, 그렇게 으시댈거야 뭐야.

여기서 《했겠지》는 과거에 있은 어떤 행동이나 상태의 결과에 나타나는 사실에 대하여 인정하면서 비난함을 나타낸다.

이상에서 본바와 같이 과거시간토와 미래시간토가 겹치였을 때 과거시간토는 과거에 있었던 사실을 나타내는데 쓰이고 미래시간토는 고유한 의미에서의 미래시간의미가 아니라 각종의 양태적의미를 보충적으로 나타내고있다.

- 절대적시간토에 상대적시간토가 겹치는 경우

조선어에서 절대적시간토와 상대적시간토가 겹치는 경우는 언제나 절대적시간토가 앞에 오고 뒤에 상대적시간토가 온다. 이 규칙을 어길수 없다.

여기서 절대적시간토로는 《았/었/였》, 《겠》이 쓰이고 상대적시간토로는 주로 《을》과 《던》이 쓰인다.

○ 았을, 었을, 였을, 겠을
○ 았던, 었던, 였던, 겠던

상대적시간토 《ㄴ》, 《는》도 과거시간토와 겹칠수 있는 가능성은 있으나 현실적으로는 쓰이지 않고있다. 그것은 《읽었는데, 읽겠는데》에 있는 《었는》, 《겠는》이 그 잠재적가능성을 보여주는것이라고 말할수 있으나 《데》를 떠나서는 성립되지 않으므로 그렇게 말할수 있다.

절대적시간토와 상대적시간토가 겹친 토들에서 과거시간토는 과거의 사실임을 나타내고 상대적시간토인 《을(ㄹ)》, 《던》은 그가 갖고있는 의미적특성으로 하여 여러가지 보충적의미를 나타내고 있다.

절대적시간토와 상대적시간토가 겹치어 이른바 《과거완료》나 《과거추측》을 나타내는 경우 이것을 《과거지속형》과 같은 계렬에 놓을수 없다.

과거지속형은 토의 겹침에 의하여 표현되는것이 아니라 단순형태에서 표현되는것이다.

그리고 《과거완료》나 《과거추측》과 같은 형태를 설정한다면 미래시간토 《겠》과 상대적시간토가 겹친 형태에 대해서 해당한 범주를 설정하여야 하겠지만 그렇게까지는 하지 못하고있다.

이것은 《과거완료》, 《과거추측》, 《미래추측》, 《미래완료》와 같은 시간형태의 설정이 불합리함을 보여주고있다.

시간겹침토들의 구체적인 의미를 살펴보자.

겹침토 《았던》은 우선 과거에 계속된 사실이 지금까지 남아있지 않은 상태를 나타낸다.

○ 회의에 갔던 동무들이 돌아오는구나.

또한 《았던》은 앞뒤문맥과 이야기의 장면, 환경 등의 영향을 받아 지금까지 남아있지 않은 상태를 나타내는 기본의미외에 색채적의미를 보충적으로 나타낸다.
○ 그날은 영철이도 퍽 반가웠던게지요. (추측)
○ 그의 성적이 학급에서 가장 우수하였던것이다. (사실긍정)
○ 그들은 출발을 서둘렀다. 이틀전에 빨리 오라는 통지를 받았던것이다. (리유, 근거)

겹침토 《았을》은 우선 과거에 실현되였으리라고 추측되는 행동이나 상태를 나타낸다.
○ 젊어서는 퍽 건강하였을 사람이였다.

또한 겹침토 《았을》은 시간의 의미를 가진 일부 명사와 결합하면서 추측의 의미를 상실하고 순전히 과거의 의미만을 표현한다.
○ 태호가 막 공장문을 나섰을 때 뒤에서 그를 부르는 소리가 들렸다.

여기서 《나섰을 때》에 있는 토 《을》은 미래를 나타내야 하겠으나 미래시간과는 관계없이 과거의 의미를 나타낸다.

겹침토 《겠을》은 《겠》이나 《을》이 모두 미래시간관계를 나타내고있으며 추측, 의향 등의 양태적의미와 관련되는것만큼 강조적의미를 나타낸다. 그런데 언어현실에서는 겹침토 《겠을》이 《읽겠을망정》과 같은 복합토에서만 찾아볼수 있는것이기때문에 구체적인 새 의미의 실현은 차후적인 문제로 되고있다.

겹침토 《겠던》은 미래추측을 나타내는 의미와 과거지속의 의미를 나타내는 토들이 겹침으로써 새로운 문법적의미를 나타내고있다.

겹침토 《겠던》은 일부 경우에 《겠던, 게다》의 구조속에서 2차적형태를 조성하는데 그때 이 토는 과거에 어떤 행동이나 상태를 추측하였으리라고 다시 추측함을 나타낸다.
○ 아마 자기 혼자서도 꽤 하겠던게야.
○ 아무래도 일이 곤난하겠던게지.

이처럼 절대적시간토와 상대적시간토가 겹치면서 각이한 의미들을 나타내는데 앞자리에 있는 과거시간토나 미래시간토에 의하여 시간관계가 규정되고 뒤자리에 있는 상대적시간토에 의하여 각이한 양태적의미가 보충적으로 표현되고있다.

2) 존경범주
① **존경범주의 개념과 존경토**
우리 말은 례의범절을 똑똑히 나타낼수 있는 특성을 가진 우수한 언어이다.
우리 말에서 례의범절은 말차림범주에 의하여 표현될뿐아니라 존경범주에 의해서도 표현된다.
존경범주란 말하는 사람이 동사, 형용사, 체언의 용언형으로 표현된 행동, 과정, 상태의 임자에 대하여 높여주는 례절관계를 나타내는 문법적범주이다.
존경의 범주는 존경토《시》에 의하여 표현되는데 존경토《시》가 붙은 형태와 그것이 붙지 않은 비존경형태의 대치로 존경의 문법적범주가 이루어진다.
존경의 범주는 교착어를 포함한 다른 언어에서 찾아보기 힘든 조선어의 중요한 특성의 하나이다.
존경범주는 말차림범주와 함께 다같이 이야기하는 사람의 례의적관계를 나타내지만 그것과 차이난다.
말차림범주는 이야기듣는 사람에 대한 이야기하는 사람의 례의적관계를 나타내지만 존경범주는 이야기에 오른 행동, 과정, 상태의 임자에 대한 이야기하는 사람의 례절관계를 나타낸다.
○ 철수동무는 글을 씁니다.
○ 철수동무는 글을 쓰십니다.
이 두 문장에 《ㅂ니다》가 다 있는것만큼 모두 높임의 말차림을 나타낸다. 그런데 두번째 문장에 있는 《쓰십니다》는 존경토《시》가 들어갔으므로 말을 듣는 사람에 대한 례절관계만이 아니라 글을 쓰는 행동을 하는 철수동지에 대한 례절관계도 나타내고있다.
첫째 문장도 그렇고 둘째 문장도 다같이 높임의 말차림토《ㅂ니다》가 쓰이였으므로 이야기듣는 사람에 대한 례절관계를 나타내고있다. 거기에다가 둘째 문장에서 존경토《시》를 더 씀으로써 쓰는 행동의 임자에 대한 례절관계도 함께 나타내고있다.

이처럼 말차림범주와 존경의 범주는 다같이 **례절관계**를 나타내는 문법적범주이지만 누구에 대한 례절관계를 표현하는가 하는데 따라 엄연히 갈라지는것이다.

언어교제과정에는 이야기듣는 사람과 행동, 과정, 상태의임자가 일치하는 경우가 있다. 이때에는 맺음의 말차림토와 존경토가 함께 어울리여 이루어진다.

○ 어머님은 어디 가십니까?

이 문장에서 《어머님》은 말을 듣는 사람이며 가는 행동의 임자이다.

○ 어머님은 어디 가시느냐?

이 문장에서 어머님이 이야기듣는 사람이라면 조선말의 례절에 맞지 않는것으로 된다. 《가시느냐?》가 낮춤의 말차림으로 표현되였기때문이다.

그러나 이야기듣는 사람이 동생이나 아래사람이라면 성립된다. 가는 행동의 임자인 어머님에 대응하게 존경토 《시》가 들어가있기 때문이다.

존경의 범주는 단어의 서술형에서만 이루어진다.

우리 말의 존경토는 《시》밖에 없다.

존경토 《시》는 단어의 서술형에만 붙어서 용언으로 표현된 행동이나 과정, 상태의 임자에 대하여 존경하는 관계에 있다는것을 나타낸다.

○ 경애하는 장군님의 안광에는 밤새 쌓인 피로가 일시에 풀리시는듯 바야흐로 솟아오른 아침해발처럼 밝고 환한 미소가 함뿍 어리여 빛을 뿌리시였다.

이처럼 존경토 《시》는 이야기에 나오는 사람이 행동, 과정, 상태의 임자로 될 때 그에 대한 존경의 례의적관계를 나타내며 이야기듣는 사람이 행동, 과정, 상태의 임자인 경우에는 그를 존경하는 관계에 있다는것을 나타낸다.

이와 함께 존경토 《시》는 이야기에 나오는 사람과 관련된 단어에 붙어서 이야기에 나오는 사람 즉 그 어떤 성질이나 행동의 소유자에 대한 존경의 관계를 나타내기도 한다.
 ○ 선생님의 안색이 그리 좋지 못하십니다.
 ○ 어머님의 손은 빨리도 움직이신다.

여기서 《좋지 못하십니다》나 《움직이신다》는 《안색》이나 《손》을 존경하는것이 아니라 그것의 소유자인 《선생님》이나 《어머님》을 존경하여 쓴것이다.

존경토 《시》는 이야기하는 사람이 행동, 과정, 상태의 임자에 대하여 가지는 존경의 관계를 나타내는것만큼 존경하는 대상은 문장에서 주어가 될수도 있으며 주어가 되지 않을수도 있다. 지어 존경의 대상은 문장에서 표현되지 않을수도 있다.

 - 행동의 임자가 주어로 되는 경우
 ○ 선생님은 자기의 생명을 바쳐 소대병사들을 구원한 김광철영웅에 대한 이야기를 해주시였습니다.
 - 행동의 임자가 규정토로 되는 경우
 ○ 아저씨의 사업은 잘되시나요?
 - 행동의 임자가 문장에서 표현되지 않는 경우
 ○ 《참으로 리해력이 많은분이십니다.》

조선어에서 존경의 범주는 2인칭 또는 3인칭과 관련되여 표현된다. 자기자신을 존경의 대상으로 내세울수 없기때문이다.

조선어에서 존경의 범주는 형태론적으로 존경토 《시》에 의하여 표현되는데 많은 경우에 다른 어휘문법적인 표현수단들과 어울리여 나타난다.

조선어에서 어떤 인물에 대한 존경을 나타내는 방법으로서는 《선생》, 《동지》, 《어머님》, 《아버지》 등 단어들과 함께 쓰이거나 《님》과 같은 뒤붙이나 《께서》와 같은 토가 함께 쓰이는것이 보편적인것으로 되고있다. 그러므로 이러한 어휘문법적인 표현수단이 문장에서 주어를 나타낼 때에는 그 문장의 술어는 반드시 존경토 《시》가 쓰이게 된다.

 ○ 어머님께서 말씀하신다.
 ○ 선생님도 아시겠지만 우리 아이는…
 ○ 위원장동지가 오늘 오셨습니다.

이중주어문장에서 술어에 있는 존경토 《시》는 보통 첫번째 위치에 있는 주어가 존경하는 대상임을 나타낸다.

○ 그분은 아들이 많으십니다.

이때 보통 존경의 대상은 《아들》인것이 아니라 《그분》인데 문장에서 표현되지 않을 때가 많다.

○ 이것이 리해되십니까?

이 문장에는 리해하는 대상, 존경의 대상이 표현되지 않았다. 즉 당신이나 선생, 위원장동지, 어머님 등 그 어떤 존경대상이 있지만 언어적으로는 표현되지 않은것이다.

조선어에서 일부 동사는 존경토 《시》가 붙어 쓰이지 못한다.

동사 《있다》, 《자다》, 《먹다》 등은 《있으시다, 자시다, 먹으시다》와 같은 문법적형태를 조성할수 없다. 그러므로 조선어에서는 이 경우에 존경의 뜻을 가진 그에 대응되는 동사 《계시다, 주무시다, 자시다, 잡숫다》와 같은 다른 어휘를 써서 보충법적으로 존경의 뜻을 나타낸다.

이와 비슷한 실레로서는 《드리다, 여쭈다》와 같은 동사를 들수 있는데 이 동사들은 동사 《주다, 말하다》에 대응되는것이다.

그러나 이 동사들은 《주다》나 《말하다》라는 행동의 임자를 존경해서 쓰이는것도 아니며 문장의 주어로 표현된 인물에 대한 존경을 나타내는것도 아니다.

간접보어로 표현된 인물 즉 주는것을 받는 대상, 말하는것을 듣는 대상에 대한 존경을 나타내는것이다.

그러므로 문법적범주로서의 존경범주에 소속되는것이 아니며 존경범주의 보충법적표현형태도 아니다.

② **존경토의 결합적특성**

존경토 《시》는 많이는 동사에 붙어 쓰이며 그밖에 형용사와 체언의 용언형에도 붙어 쓰인다.

체언의 용언형에 붙어서 쓰인 실례를 보면 다음과 같다.

○ 경애하는 **김일성동지**는 우리 인민이 수천년력사에서 처음으로 맞이하고 높이 모신 위대한 수령이십니다.

존경토 《시》는 끼움토로서 단어의 말줄기와 서술토사이에 끼워

들어가며 상토가 올 때면 바로 그뒤에 붙어 쓰인다.
   ○ 읽으시다, 읽으신, 읽으시던…
   ○ 읽히시다, 읽히신, 읽히시던…
   존경토 《시》는 거의 모든 맺음토앞에 붙어 쓰일수 있으나 다음과 같은 맺음토앞에서는 쓰이지 못한다.
   ○ 마, 라, 려무나, 게, 게나, 라구, 자꾸나, 세, 세나, 자구…
   이 토들은 자기가 하는 행동과 관련된것을 나타내거나 시킴이나 추김 등을 나타내며 같음의 말차림을 나타내는 토들이기때문에 특별히 존경의 뜻을 나타낼수 없다.
   존경토 《시》는 일부 경우 시적인 표현에서 토 《라》, 《자》 등과 어울리여 쓰인다.
   ○ 잘 가시라! 또 오시라!
      다시 만납시다
      손잡고 놓을줄 모르는 북남의 동포들
   ○ 사람들이여! 잊지 마시라
      신천땅의 피의 교훈을
   존경토 《시》는 토 《라》, 《자》 등이 들어가있는 맺음토나 이음토, 규정토 등과 어울릴 때는 그앞에서 쓰인다.
   ○ 반장동무, 직장장동무가 오시랍니다.
   ○ 직장장동무, 반장동무가 가시랍니다.
   존경토 《시》는 단어의 2차적인 서술형에서도 쓰이는데 이때 보통 《하시다》의 《하》가 줄어진 형태로 어울린것이다.
   ○ 가도 아주 가지는 않노라심은 굳이 잊지 말라는 부탁인가요.
   ○ 형님은 그것도 좋다십니다.
   존경토 《시》가 들어간 2차적형태의 구성에서 《하라시는》과 《하시라는》은 엄연히 구별된다는것을 강조할 필요가 있다.
   《하라시는》은 《하라 하시는》의 줄어진 형태이며 《하시라는》은 《하시라 하는》의 줄어진 형태이다.
   존경토 《시》가 붙은 단어는 규정형으로 될 때 일부 경우에는 존경의 대상을 나타내는 단어앞에 오면서 존경의 뜻을 나타낸다.

○ 위대하신 어버이수령님을 우러러
　인민들은 노래합니다

그렇다고 하여 《존경하시는 선생님》이라는 표현이 성립될수는 없다.

《존경하시는》은 존경하는 행동의 임자 즉 자기자신을 존경하는것으로 되기때문이다.

선생님은 존경해야 할 대상이기때문에 그저 《존경하는》이라는 표현을 쓰면 된다.

우의 례문에 있는 《위대하신》은 노래하는 사람자신을 높이는것이 아니라 세상사람들이 한결같이 우러러 받들고 높이 모시는 어버이수령님에 대한 존칭수식사이다.

존경토《시》는 존경하는 대상에 대한 술어가 여러개 있을 때 맨 마지막 술어에 한번 쓰이면서 앞에 있는 다른 술어에서도 존경의 관계를 나타내고있다.

○ 그분은 경험도 많고 단련도 많이 되신분입니다.

그러나 오늘날 존경토《시》는 이러한 문법규칙을 벗어나서 존경의 관계를 더욱 뚜렷이 나타낼 목적밑에 술어가 여러개 있을 때 매개 술어에 다 붙이여쓴다.

○ 아버지는 어제 책도 읽으시고 신문도 보시였으며 글도 많이 쓰시였습니다.

조선어에서 존경토《시》는 합성술어인 경우 하나의 구성부분에만 쓰이고 두번 쓰이지 않는것이 보편적인 현실이다.

○ 형님은 집에 갔다오셨습니다.

그러나 오늘날 존경토《시》의 이러한 결합적특성은 흔들리여 합성술어의 매개 구성부분에서도 쓰이는 경향이 많아지고있다.

○ 할아버님 같이 가시지 않겠습니까?

존경토《시》는 맺음형이나 이음형에서만 쓰이는것이 아니라 규정형에서도 쓰이는데 특이한 현상을 보이고있다.

○ 공장에서 일하시는 아버지를 찾아왔다.

이 문장에서는 아버지가 존경의 대상이기때문에 《일하다》에 존경토《시》를 써서 표현하였다.

○ 아버지가 일하시는 공장을 찾아왔다.

이 문장에 있는 《일하시는》은 공장을 존경하기때문에 쓰인것이 아니라 아버지가 존경의 대상이기때문에 쓰인것이다.

조선어의 존경토 《시》는 규정형에서 쓰일 때 피규정어와의 관계에서만 존경을 나타내는것이 아니라 행동, 과정, 상태의 임자와의 관계에서 존경을 나타낸다.

이처럼 조선어의 존경토 《시》는 여러가지의 결합적특성을 가지고있는바 이것은 조선어의 고유한 특성을 보여주는것이다.

3) 상범주
① 상범주의 개념

상범주란 동사술어로 표현된 행동이 행동의 주체 및 객체와 맺는 관계를 나타내는 문법적범주이다. 다시말하여 상이란 문장의 주어가 동사술어로 표현된 행동을 스스로 하는가 혹은 그 행동을 당하는가, 다른 대상에게 시키는가 하는것을 나타내는 문법적범주이다.

○ 범이 노루고기를 먹는다.
○ 노루가 범에게 먹힌다.
○ 범에게 노루고기를 먹인다.

여기서 《먹는다, 먹힌다, 먹인다》는 다같이 먹는 행동과 관련된것을 나타내는 동사술어이다.

그런데 《먹는다》로 되면 행동의 주체는 범이고 객체는 《노루(고기)》이다. 《먹힌다》로 되면 행동의 주체는 《노루》이고 객체는 《범》이다. 《먹인다》로 되면 행동의 주체는 문장에서 표현되지 않은 제3자이고 객체는 《범》이다. 다시말하여 《먹는다》로 되면 먹는 행동을 범이 스스로 하고 《먹힌다》로 되면 먹는 행동을 당하는것이 《노루》이며 《먹인다》로 되면 범에게 노루고기를 먹이는 행동의 주체는 문장에서 표현되지 않은 제3자 즉 동물원의 범관리공이나 그 어떤 다른 사람일것이다.

이처럼 동사 《먹다》가 《먹는다, 먹히다, 먹인다》 등으로 형태변화를 해서 동사로 표현된 행동과 행동의 주체 및 객체의 관계를 나타내는데 이것을 상범주라고 한다.

상범주는 원래 동사에 고유한 문법적범주이다. 그것은 동사로 표현된 행동과 행동의 주체 및 객체사이에 맺어지는 문법적관계를 나타내는것만큼 동사에서만 나타날수 있는 문법적범주이다.

《높이다, 좁히다》는 높게 하거나 좁게 하는 행동을 말하는것이지 그 어떤 성질을 나타내는것이 아니다. 그러므로 형용사의 상형태로 될수 없는것이다.

일반언어학적인 견지에서 볼 때 상범주는 동사에만 고유한 문법적범주로 인정되여오고있다.

인디아-유럽어에서도 그렇고 교착어에서도 동사에 고유한 문법적범주로 간주되여오고있다.

력사적인 견지에서 볼 때 조선어의 동사, 형용사는 미분화상태에 있었다.

덧붙이《이, 히, 추》가 동사, 형용사가 미분화상태에 있었을 때 상형태의 조성수단으로 쓰이던것이 오늘날 형용사에 그 잔재적인 존재로 남아있는것으로 볼수도 없다. 왜냐하면 그것은 덧붙이《이, 히, 추》가 본래부터 문법적형태조성수단으로 있은것이 아니라 단어조성수단으로 되여있었기때문이다.

문법적형태조성은 단어조성보다 후기의 산물이며 일정한 추상화의 산물이기때문이다.

조선어동사의 상범주는 동사술어로 표현된 행동과 행동의 주체 및 객체사이에 맺어지는 문법적관계를 나타내는것만큼 행동의 전이성 및 비전이성문제와 밀접한 련관을 가지게 되며 문장구조와도 밀접한 관계를 가지게 된다. 그뿐아니라 상형태를 조성하는 수단이 어휘적인것인가 혹은 문법적인것인가 하는 측면에서 깊은 련관을 가지게 된다.

우선 행동의 전이성, 비전이성과의 관계문제부터 살펴보자.

일반언어학적인 견지에서 볼 때 동사의 상범주는 행동의 전이성, 비전이성문제와 깊은 련관을 가진다.

이것은 인디아-유럽어나 교착어에 속하는 일련의 언어들에서

나 마찬가지로 찾아볼수 있는 현상이다.

상범주가 문장에서 동사술어로 표현된 행동과 행동의 주체 및 객체사이에 맺어지는 문법적관계를 나타내는것만큼 술어를 이룬 동사가 대격을 지배하는가 아니면 다른 사격을 지배하는가 하는것이 자연히 문제로 된다.

다시말하여 직접보어를 지배하는가 안하는가 하는 행동의 전이성, 비전이성문제가 자연히 상문제를 론의할 때 관련되게 된다.

바로 이때문에 상범주문제의 복잡성이 야기되게 된다.

사실 어느 언어에서나 구체적인 상형태들을 규정하고 그 의미를 분석할 때 동사의 전이성 및 비전이성문제와 교차된다. 한편에서는 상관계문제, 다른 한편에서는 전이성, 비전이성문제와 교차된다.

이런 측면에서 보면 상문제는 문법에서 비교적 론리적인 문제와 많이 관련되여있다고 말할수 있다.

그러나 매개 언어에서 상형태와 그 체계 및 의미는 민족적특성이 있게 실현되며 구체화된다.

상범주가 동사술어로 표현된 행동의 전이성 및 비전이성문제와 련관되여있는것만큼 자연히 문장구조와도 밀접히 련관되여있다.

다시말하여 문장에서 주어, 직접보어, 간접보어 등 문장성분들의 호상관계가 언제나 론의되게 된다.

문장에서 표현된 상형태에 따라 그 문장이 피동형문장인가, 사역형문장인가, 능동형문장인가 하는것이 론의되는것은 바로 이때문이다. 그러므로 상에 대한 정의를 형태론적수단과 문장론적수단에 의해 형태화된 문법적범주로 규정하는 경우도 있게 되였다. (조선어에서의 상형태와 동사의 전이성 및 비전이성과의 관계, 상과 문장구조의 관계에 대한 구체적인 설명은 이 절의 4부분에서 전개한다.)

상범주문제는 또한 어휘의미론, 구체적으로는 단어조성문제와 밀접히 련관되여있다.

력사적으로 볼 때 조선어의 상토는 단어조성의 뒤붙이에서부터 발생발전하였다.

력사언어학자들은 상의 표현에 《시기》나 《브리》와 같은 자립적 단어에서부터 생긴 일정한 형태들이 쓰이였다는것을 증명하고있다.
《시기》와 《브리》(오늘날의 《부리다》와 뜻이 통함)는 사역상(오늘날의 《시키다》와 뜻이 통함)을 나타내였었다.
오늘날의 현실을 놓고보아도 단어조성과 관련된 현상을 많이 찾아볼수 있다.
상토와 단어조성의 뒤붙이가 동음이의적인 관계에 있는것들을 보여주면 다음과 같다.
　○ 잦다(물이 잦다) - 잦히다(사역형)
　　잦히다(단어 - 밥을 잦히다)
　○ 얹다 - 얹히다(사역형, 피동형)
　　얹히다(단어 - 먹은것이 체하다)
　○ 살다 - 살리다(피동형)
　　살리다(단어 - 아들딸을 시집장가보내다)
　○ 오르다 - 올리다(사역형)
　　올리다(단어 - 손우사람에게 무엇을 드리다)
동사의 상형태와 동음이의적인 관계에 있는 단어들가운데에는 표기를 달리하여 오늘날 그 관계를 끊어놓은것들도 있다.
　○ 붙다 - 붙이다(피동형, 사역형)
　　붙이다(단어 - 편지를 보내다)→부치다
　○ 들다 - 들이다(피동형)
　　들이다(단어 - 손우사람에게 무엇을 주다)→드리다
　○ 받다 - 받히다(사역형, 피동형)
　　받히다(단어 - 상우에 무엇을 받도록 내놓다)→바치다
이처럼 조선어의 상형태는 단어의 어휘의미적측면, 단어조성적측면과 련관되여있다.
일반언어학적인 견지에서 볼 때 교착어에 속하는 일련의 언어들은 동사의 상범주가 어휘의미적측면과 보다 밀접하게 련관되여있다고 말할수 있다. 그것은 교착어가 단어들의 문법화과정이 가장 활발하게 그리고 다각적인 측면에서 진행되고있는 언어라는 사정과 관련되여있기때문이다.

뛰르끼예어에 속하는 바슈끼르어에서는 동사로부터 동사의 조성상범주의 산생을 초래한다고 말하고있다. 그렇다고 하여 동사의 상범주가 문법적범주로부터 어휘의미론적범주로 넘어오는것은 아니다.

이와 관련하여 조선어에서 문법적범주로서의 상범주를 인정하지 않고 어휘의미적현상으로 보는 견해가 있다는것을 지적해둔다.

상토를 단어조성의 뒤붙이로 보는 견해에서는 다음과 같은 점을 론거로 들고있다.

① 토가 가지고있는 일반적인 결합적특성을 가지고있지 못하다는 점.

② 동사의 구조적류형과 관련하여 《이, 히, 리, 기, 우》가 결합적제약성을 가지고있다는 점.

③ 동사의 다의성과 관련하여서도 결합적제약성을 가지고있다는 점.

④ 합성동사에서 《이, 히, 리, 기, 우》가 결합적제약성을 보이고있다는 점.

상토가 여느 토가 가지는 일반적인 결합적특성을 가지고있지 못한것은 응당한것이다.

상토는 용언토로서 체언토와는 다른 결합적특성을 가지며 끼움토로서 자리토와 다른 결합적특성을 가지고있다.

더구나 상토는 바로 동사의 말뿌리뒤에 제일 먼저 붙어 쓰이는것으로서 어휘적성격이 강한것이다.

교착어에서 말뿌리에 가까우면 가까울수록 어휘적성격이 강하고 멀면 멀수록 문법적성격이 강한것은 일반적인 법칙으로 되고있다.

때문에 지난 시기 상토, 시간토, 존경토는 자리토와 구분하기 위하여, 다시말하여 고유한 의미에서의 형태조성덧붙이와 구별하기 위하여 형태조성의 뒤붙이로 보았던것이다.

이것은 그만큼 상토가 다른 용언토들과 차이가 있다는것이다.

상토가 동사의 구조적류형과 관련하여 일련의 제약성을 가지고있다는것도 상토의 성격규정에서 그리 중요한 문제로 되지 않는다.

상토가 일부 동사들과는 결합하지 못한다.

이것은 조선어에만 고유한 현상이 아니다.

교착어에 속하는 나나이어나 바슈끼르어 같은데서 얼마든지 찾아볼수 있는 현상이다.

상토의 결합가능성은 여러가지 원인에 의하여 제약되게 되는데 이것은 다른 류형의 토나 품사에서 흔히 찾아볼수 있는 현상이다.

존경토 《시》도 일부 단어들에서는 쓰이지 못하며 일부 맺음토들도 결합적조건에 따라 그 사용이 규제되는 제약성을 가지고있다.

동사의 다의성과 관련된 상토의 결합적제약성이나 합성동사에서의 결합적제약성은 있을수 있는 현상이다.

상토는 문장에서 표현된 행동의 주체와 객체사이의 관계를 나타내는것만큼 구체적문장에서는 언제나 구체적인 행동과 관련된 이야기만이 진행되여야 하겠으나 동사의 의미는 부단히 변화발전하여 다의적인 현상을 나타낸다.

이때 동사의 상형태는 자기에게 필요한 량만큼의 문법적형태를 취하게 됨으로써 자연히 불일치가 생기기마련이다. 이것은 자연스러운 일이다.

합성동사에서 상토가 쓰이지 않는 경우도 마찬가지다. 특히 《하다》,《되다》가 붙은 한자어합성동사인 경우는 더욱 그러하다. 《하다》,《되다》자체가 자기의 어휘적의미의 특성으로 하여 피동, 사역관계의 표현을 요구하지 않는데 한자말합성동사에서는 더욱더 사용되지 않으리라는것은 명백하다.

그리고 앞붙이법이나 말뿌리합성법에 의해서 만들어진 합성동사에서 상토가 사용되지 않는것도 십분가능한것이다.

왜냐하면 합성동사가 이루어지면서 그 의미구조가 달리 구성되기때문이다.

그러므로 《먹다-먹히다-먹이다》와 같은것을 문법적형태상의 차이로 보지 않고 능동동사, 피동동사, 사역동사와 같은 동사의 종류로 보는 견해를 따르지 않는것이다.

조선어의 경우에 《먹다-먹히다-먹이다》는 어디까지나 하나의 먹는 행동과 관련한 표현이며 다른 동사로는 파악되지 않는다. 이것은 동사의 종류인 자동사, 타동사로 가르는것과도 다르다.

자동사, 타동사는 하나의 동사를 놓고 말하는것이 아니라 말뿌리가 아예 다른 동사들을 놓고 그것들의 문법적특성 즉 전이성과 비전이성의 차이에 따라 가른것이다.

그리고 조선어동사에서는 《보이다》, 《읽히다》와 같이 하나의 상토에 의하여 피동과 사역이 다 나타나는 경우가 있는데 이때 하나의 형태를 놓고 피동동사와 사역동사로 나눈것은 번잡성과 불합리만을 낳을수 있다.

《피동동사》, 《사역동사》라는 말자체도 소리같은말인 동사를 표현할수 있으리만큼 개념화된 용어가 못된다. 피동, 사역의 의미가 들어간만큼 그만큼 문법적인 내용을 포함하고있으며 하나의 동사를 놓고 그 형태를 과장하여 2개의 동사로 론한다는것자체가 무리라는 것을 보여주고있다.

조선어의 상범주는 형태문장론적인 범주이다. 다시말하여 조선어동사의 상형태는 문장구조와 밀접한 관계를 가지고있는것만큼 상범주를 형태문장론적범주로 인정하지 않는다 해도 문장론에서 능동문구조와 피동문구조, 사역문구조를 론할 때 자연히 상적의미에 대하여 말하지 않을수 없는것이다.

이로부터 문법의 분과로서의 형태론과 문장론을 밀착시키기 위해서도 상범주의 설정문제는 유익한것이다.

일반언어학적인 견지에서 보아 상범주는 인디아-유럽어들에서 먼저 설정되고 그것이 교착어와 기타 언어들에서 론의되기 시작하였으며 접수된 문법리론으로 되였다.

오늘날 고립어에 속하는 중국어에서조차 상범주를 론하고있는 형편이다.

문법적형태가 없고 단순히 어순에 의하여 상적의미가 표현되는 고립어에서 상범주문제가 론의되게 되는것은 상이 문장구조와 밀접히 련결되여있고 론리적인 내용이 적지 않게 관련되는 문법현상이기때문이다.

물론 인디아-유럽어에서 상범주가 먼저 설정되고 그것이 파급되였으므로 굴절어에서의 상범주나 교착어에서의 상범주 그리고 고럽어에서의 상범주문제는 각기 자기의 고유한 내용을 가지고있다.

교착어에 속하는 언어들사이에서도 자기의 고유한 민족적특성을 보여주고있다. 상범주에 대한 일반적규정에서는 별로 차이가 없다 하더라도 상형태의 조성수단과 상형태의 체계, 그 구체적의미 그리고 상과 동사의 전이성 및 비전이성과의 관계, 상과 문장구조 등 일련의 측면에서는 서로 다른 특성을 가지고있다.

조선어인 경우 상토의 단어조성적성격을 인정하면서도 상토가 붙은 동사를 능동동사, 피동동사, 사역동사로 가르지 않고 문법적범주로서의 상범주를 설정하게 되는것이다.

때문에 조선어사전편찬과 문법연구에서는 구체적인 상토인 경우 그 성격규정에서 때로는 단어조성적현상으로 때로는 문법적현상으로 처리하는 폐단을 낳고있다.

우에서 보여준 《잦다》, 《없다》, 《살다》, 《오르다》, 《붙다》, 《들다》, 《받다》외에 새 단어를 조성하는 경우는 얼마든지 들수 있는데 이런 단어들이 사전들과 문법책들에서 어떻게 처리되고있는가 하는것을 보기로 하자.

《조선말대사전》에서 동사 《잦다》의 시킴형 《잦히다》에 대해서는 언급이 없고 하나의 완전한 동사로 취급하면서 《밥이 끓은 뒤에 물기가 잦고 밥알이 퍼지게 한다.》는 뜻과 《감정을 가라앉혀 누그러지게 한다.》는 뜻을 주고있다.

그러나 동사 《없다》의 입음형 《없히다》에 대해서는 2개의 실질적인 어휘적의미(먹은것이 없혔다는 뜻과 없혀지낸다는 뜻)와 함께 입음형에 대해 지적하고있다.

동사 《살다》의 시킴형 《살리다》는 《살다》의 의미자체가 풍부하고 그 구조가 복잡한것만큼 시킴형의 정확한 의미를 규정하기가 힘들다.

타동사의 새 의미를 얻었다고 하는 《딸을 살리다》라는 형태도 아들딸이 결혼해서 사는것을 《살다》라고 하는것만큼 시킴형이라고 할수도 있다. 그리고 《입은 살아서》 할 때의 《살다》는 시킴형이 불가능한것 같고 도리여 《특징이 살다》 했을 때의 《살다》는 《특징을 살리라》고 했을 때처럼 시킴형이 가능한것 같다. 이처럼 단어조성적의미와 상형태의 의미가 복잡한것이다.

조선어동사에서 상형태가 동사의 단어조성적의미를 동반하게 되는 경우는 《세우다, 재우다, 말리다, 모이다, 돌리다》 등 수많은 단어들에서 찾아볼수 있다.

실례에서 볼수 있는바와 같이 상형태와 구체적인 단어조성적의미와의 차이문제는 사전편찬과 문법서술에서 론쟁적인 문제로, 미해결문제로 남아있다.

이것이 바로 상범주문제해결에서 난문제의 하나로 되고있다.

그러나 이것이 상범주자체를 부정하기 위한 유력한 근거로는 되지 않는다.

② 상형태의 조성

조선어동사의 상형태는 상토에 의하여 이루어지는데 상토에는 《이, 히, 리, 기, 우》가 속한다. 겹침상토로 《이우, 히우, 리우, 기우》가 있다.

조선어의 상토는 동사의 말줄기가 어떤 어음론적조건에 있는가 하는데 따라 그 쓰임이 결정된다.

그 정형을 상토를 중심으로 하여보면 다음과 같다.

- 상토 《이》는 동사의 말줄기가 모음으로 끝났거나 말줄기의 받침이 《ㅍ, ㄻ, ㅌ, ㄸ, ㄱ, ㄲ, ㅎ, ㅀ, ㄹ》로 끝난 경우에 쓰인다.
  - 보다-보이다, 싸다-싸이다, 쓰다-쓰이다, 끼다-끼이다
  - 덮다-덮이다, 짚다-짚이다, 읊다-읊이다
  - 붙다-붙이다, 핥다-핥이다
  - 먹다-먹이다, 녹다-녹이다, 꺾다-꺾이다
  - 놓다-놓이다, 쌓다-쌓이다, 끓다-끓이다
  - 줄다-줄이다, 늘다-늘이다
  - 아이가 병아리에게 모이를 먹인다.
    (주어)　(간접보어)　(직접보어)　(술어) →사역문
  - 나무는 여기저기서 많이 쓰인다.
    (주어)　(간접보어)　(상황어)　(술어) →피동문

- 상토 《히》는 동사말줄기의 받침이 《ㅂ, ㄼ, ㄷ, ㅈ, ㄵ, ㄱ, ㄺ》로 되여있는 경우에 쓰인다.
  - 입다-입히다, 업다-업히다, 밟다-밟히다

○ 묻다-묻히다, 걷다-걷히다, 닫다-닫히다
○ 맞다-맞히다, 맺다-맺히다, 앉다-앉히다
○ 익다-익히다, 박다-박히다, 읽다-읽히다
○ 노루가   범한테   잡힌다.
　(주어)   (간접보어)   (술어)→피동문
○ 농장원처녀가 소한테   콩깎지를 밟힌다.
　(주어)   (간접보어)   (직접보어)   (술어)→사역문

－ 상토 《리》는 동사말줄기의 받침이 《ㄹ》로 되여있거나 《르-ㄹ》 변격용언으로 되여있을 때 쓰인다.

○ 날다-날리다, 살다-살리다, 울다-울리다
○ 흐르다-흘리다, 어우르다-어울리다, 마르다-말리다
○ 아버지가 아들에게   트렁크를   들린다.
　(주어)   (간접보어)   (직접보어)   (술어)→사역문
○ 벽체가   기중기에   들린다.
　(주어)   (간접보어)   (술어)→피동문

－ 상토 《기》는 동사말줄기의 받침이 《ㅁ, ㄻ, ㄴ, ㄷ, ㅌ, ㅈ, ㅊ, ㅅ》로 되여있는 경우에 쓰인다.

○ 남다-남기다, 감다-감기다, 넘다-넘기다, 옮다-옮기다
○ 안다-안기다, 신다-신기다
○ 뜯다-뜯기다
○ 맡다-맡기다, 뱉다-뱉기다
○ 찢다-찢기다, 짖다-짖기다
○ 쫓다-쫓기다
○ 벗다-벗기다, 빼앗다-빼앗기다, 웃다-웃기다
○ 처녀들이 혁신자들에게 꽃묶음을 안긴다.
　(주어)   (간접보어)   (직접보어) (술어)→사역문
○ 애기가 어머니품에 안긴다.
　(주어)   (간접보어)   (술어)→피동문

－ 상토 《우》는 동사말줄기가 모음 《ㅐ, ㅔ, ㅚ, ㅟ, ㅡ, ㅣ》로 끝났을 경우에 쓰인다.

○ 깨다-깨우다, 데다-데우다, 쉬다-쉬우다, 외다-외우다,

쓰다-씌우다, 비다-비우다
○ 할머니가 손자애에게   숙제를   씌운다.
　(주어)　 (간접보어)　 (직접보어)　(술어)→사역문
○ 병삼이가 모닥불에   밥을   데운다.
　(주어)　 (간접보어)　(직접보어)　(술어)→사역문

상토《우》는 다른 상토들과 달리 피동문을 만들지 못하고 언제나 사역문만을 만든다.

동사말줄기의 어음론적조건을 중심으로 하여 어떤 상토가 붙는가 하는것을 보면 다음과 같다.

동사말줄기가 자음으로 끝났을 때
　ㅂ-히: 눕다-눕히다, 입다-입히다, 업다-업히다
　ㅍ-이: 짚다-짚이다, 덮다-덮이다, 읊다-읊이다
　ㅁ-기: 남다-남기다, 굶다-굶기다
　ㄷ-히: 닫다-닫히다, 묻다-묻히다
　　 기: 뜯다-뜯기다
　ㅌ-기: 맡다-맡기다
　　 이: 핥다-핥이다
　ㅈ-히: 맞다-맞히다, 잊다-잊히다, 앉다-앉히다
　　 기: 찢다-찢기다, 짖다-짖기다
　ㅊ-기: 쫓다-쫓기다
　ㅅ-기: 웃다-웃기다, 벗다-벗기다, 빼앗다-빼앗기다
　ㄴ-기: 안다-안기다, 신다-신기다, 끊다-끊기다
　ㄹ-리: 날다-날리다, 살다-살리다, 풀다-풀리다
　　 이: 줄다-줄이다, 들다-들이다
　ㄱ-히: 익다-익히다, 식다-식히다, 읽다-읽히다
　　 이: 묵다-묵이다, 죽다-죽이다, 속다-속이다
　ㄲ-이: 꺾다-꺾이다, 섞다-섞이다
　ㅎ-이: 놓다-놓이다, 쌓다-쌓이다

동사말줄기가 모음으로 끝났을 때
　ㅗ, ㅜ-이: 보다-보이다, 쏘다-쏘이다, 나누다-나누이다

ㅡ, ㅏ, ㅓ, ㅕ—이 : 쓰다—쓰이다, 싸다—싸이다, 펴다—펴이다

※ 동사말줄기의 마지막모음을 앞모음화하고 거기에 상토 《이》나 《우》를 쓰는 경우가 생산적이다.

《이》: 씌이다, 띄이다, 채이다
《우》: 씌우다, 띄우다, 건늬우다, 채우다, 재우다, 세우다

ㅣ, ㅐ, ㅔ, ㅟ—이 : 끼다—끼이다, 치다—치이다, 매다—매이다,
　　　　　　　　놀래다—놀래이다, 떼다—떼이다
　　　　　　우 : 끼다—끼우다, 비다—비우다, 새다—새우다,
　　　　　　　　떼다—떼우다, 쥐다—쥐우다

조선어의 상토는 겹쳐 쓰이면서 2차적형태를 조성하기도 한다.

상의 2차적형태에는 《기우, 히우, 리우, 이우》 등이 붙어 이루어진 형태들이 속한다.

상토 《기우》는 동사말줄기가 《ㄷ, ㅅ, ㅈ, ㅊ, ㅁ, ㄴ》로 끝난 경우에 쓰인다.

ㄷ—뜯기우다, 닫기우다
ㅅ—씻기우다, 벗기우다, 빼앗기우다
ㅈ—찢기우다, 짖기우다
ㅊ—쫓기우다
ㅁ—감기우다, 숨기우다
ㄴ—안기우다

○ 어린이들이 어머니품에 안기운다.
　　(주어)　　(간접보어)　　(술어)→피동문
○ 처녀들이 혁신자들에게 꽃묶음을 안기운다.
　　(주어)　　(간접보어)　　(직접보어)　　(술어)→사역문

상토 《히우》는 동사말줄기가 《ㅂ, ㄷ, ㅈ, ㄱ》로 끝난 경우에 쓰인다.

ㅂ—뽑히우다, 밟히우다
ㄷ—묻히우다
ㅈ—앉히우다, 얹히우다
ㄱ—박히우다, 읽히우다

○ 집주인은 손님들을 돗자리우에 앉히운다.
　　(주어)　　(직접보어)　　(간접보어)　　(술어)→사역문
○ 손님들은 돗자리우에 앉히웠다.
　　(주어)　　(간접보어)　　(술어)→피동문

상토 《리우》는 동사말줄기가 《ㄹ》로 끝났거나 《르－ㄹ》변격용언으로 되였을 경우에 쓰인다.

ㄹ－날리우다, 열리우다
르－ㄹ－말리우다, 찔리우다, 갈리우다

○ 흙먼지가 바람에 날리운다.
　　(주어)　　(간접보어)　(술어)→피동문
○ 정선공이 짚검불을 바람에 날리운다.
　　(주어)　　(직접보어)　(간접보어)　(술어)→사역문

상토 《이우》는 동사말줄기가 《ㄱ, ㄲ, ㅍ, ㄿ, ㅌ, ㄸ》로 끝났을 경우에 쓰인다.

ㄱ－녹이우다, 먹이우다
ㄲ－꺾이우다, 섞이우다
ㅍ－덮이우다, 읊이우다
ㅌ－핥이우다, 훑이우다

○ 탈곡기에 낟알이 훑이운다.
　　(간접보어)　(주어)　　(술어)→피동문
○ 탈곡기가 낟알을 훑이운다.
　　(주어)　　(직접보어)　(술어)→사역문

조선어동사의 상형태는 일련의 특성을 가지고있다.

그것은 우선 조선어의 모든 동사가 다 상형태를 가지고있지 못한것이다.

례컨대 《하다, 가다, 오다, 절다(다리를 절다), 뛰다, 사다, 낳다, 지르다(소리를 지르다), 짓다, 찾다, 데리다, 묻다, 뭉치다, 다닫다, 일컫다, 부르짖다, 앓다, 낫다, 가누다, 가다듬다, 갚다, 돕다, 받다, 주다, 얻다, 꾸짖다, 좇다, 넣다, 벌다, 잃다, 붓다, 때리다, 닮다》등 수많은 자동사, 타동사들이 상형태를 가지지 못한다.

《오르다, 마르다》와 같은 일부 동사들은 《올리다, 말리다》와 같

은 사역상은 있으나 피동상은 없으며 《부르다, 걸다…》와 같은 일부 동사들은 《불리우다, 걸리다…》와 같은 피동상은 있으나 사역상은 없다.

또한 조선어동사의 상형태는 동사말줄기가 같은 어음론적조건에 있더라도 서로 다른 상토가 붙어 쓰임으로써 그 특성을 보이고있다.

조선어동사 《걷다, 듣다》와 같은 단어들은 말줄기의 끝소리가 《ㄷ》인것만큼 상토가 붙는다면 《뜯기다》와 같이 《기》가 아니면 《문히다》와 같이 《히》가 붙어야 하겠지만 그렇지 않고 상토 《리》가 붙어 쓰인다. 즉 《걸리다, 들리다》와 같이 조성된다.

이것은 물론 조선어동사, 형용사의 변격용언과 관련된 력사적현상이기는 하지만 상토의 쓰임에서는 이채를 띠는 현상이다.

또한 조선어동사의 상형태는 적지 않은 동사들에서 피동상과 사역상이 같은 형태를 띠는것이 하나의 특징으로 되고있다.

○ 보다-보이다(피동)-우리 학교가 보인다.
　　　-보이다(사역)-선생님께 론문을 보인다.
○ 읽다-읽히다(피동)-신문이 많이 읽힌다.
　　　-읽히다(사역)-학생들에게 책을 읽힌다.
○ 깎다-깎이다(피동)-머리가 잘 깎인다.
　　　-깎이다(사역)-손자애의 머리를 깎인다.
○ 싣다-실리다(피동)-원고가 신문에 실린다.
　　　-실리다(사역)-원고를 신문에 실린다.
○ 물다-물리다(피동)-곤충에게 물리다.
　　　-물리다(사역)-계획에 물리다.
○ 업다-업히다(피동)-어머니에게 업히다.
　　　-업히다(사역)-업혀서 데려왔다.

이상에서 본바와 같이 조선어동사의 상형태는 용언의 다른 문법적형태와 달리 많은 동사들이 자기의 개별적특성을 가지고있다.

조선어에서 존경이나 시간범주는 물론 말차림이나 법범주의 형태들은 모든 동사에서 일률적으로 형성되나 상형태는 그렇지 않다:

지난날 상형태의 조성과 관련하여 분석구조적형태와 보충법적형태가 있다는 주장을 내놓은적이 있었다.

일반적으로 조선어의 문법적형태조성에서 분석구조와 보충법은 많은 경우 접수되지 않고있다.

분석구조적수법에 의하여 미래시간의 의미나 태적의미, 상적의미가 표현되기는 하나 그것이 단어의 형태에 의한것이 아니라 어휘적의미에 의한것이기때문이다. 역시 보충법에 의하여 존경의 의미와 상적인 의미가 표현되나 마찬가지 리유로 하여 문법적형태로는 인정받지 못하고있다.

※ 이에 대한 구체적인 설명은 제1장의 해당한 부분을 참고할것.

이와 관련하여 다음과 같은 몇가지 현상에 대하여 주목을 돌릴 필요가 있다.

우선 《운동하다-운동되다-운동시키다》류형의 《한자말말뿌리＋하다/되다/시키다》를 상형태로 볼수 있는가 하는 문제이다.

《한자말말뿌리＋하다/되다/시키다》류형의 합성어들은 《능동-피동-사역》의 상적인 의미에 의하여 서로 련관된다.

그러나 이것들은 단어형태에 의한 문법적관계를 맺는것이 아니라 단어의 어휘적의미자체에 의한 련관관계를 맺는것이다. 그리고 동사 《하다, 되다, 시키다》 자체가 그 어떤 상적형태를 취할수 없는것만큼 그것이 들어가있는 합성적동사가 상적형태를 취할수 없는것은 자연스러운 일이다.

어휘적의미자체에 의하여 단어들사이의 관계가 상적인 관계처럼 느껴지는 단어들로서는 《떨다-떨어지다-떨어뜨리다》, 《넘다-넘어지다-넘어뜨리다》, 《깨다-깨지다-깨뜨리다》 등을 들수 있다.

이것들도 역시 의미적으로는 상적인 의미를 나타내지만 단어의 형태에 의한것이 아니라 단어조성의 뒤붙이에 의하여 새로운 단어를 조성한 결과에 이루어진것이다.

단어의 어휘적의미 그자체에 의하여 단어들사이에 맺어지는 《능동-피동-사역》의 관계를 절대시하여 동사 《받다》와 《주다》, 《때리다》와 《맞다》, 《하다》와 《되다》, 《시키다》 등을 보충법에 의한 상형태조성이라고 말할수는 없다.

보충법은 조선어에서 문법적의미의 한개 표현수법으로 될수 있지만 문법적형태조성의 수단으로는 될수 없다. 다시말하여 상형태조성의 물질적수단으로는 될수 없다. 그것은 어디까지나 어휘적의미 그자체에 귀속되는 현상이다.

다음으로 조선어동사의 상형태를 조성하는 상토의 범위를 어떻게 정하겠는가 하는 문제이다.

《구, 추, 으키, 이키》를 상토로 보겠는가 단어조성의 뒤붙이로 보겠는가 하는것이 문제로 된다.

이 문제는 뒤붙이 《치》와 련관시켜보아야 한다.

뒤붙이 《치》는 동사로 표현되는 그 어떤 행동을 강조해주는 뜻을 나타내고있다.

열다-열치다
밀다-밀치다
닫다-닫치다
엎다-엎치다
깨다-깨치다
넘다-넘치다
부딪다-부딪치다
뻗다-뻗치다
접다-접치다
뚱기다-뚱기치다
솟구다-솟구치다

뒤붙이 《치》는 그 어떤 행동을 강조해주는 뜻을 나타내기때문에 동사로 표현되는 행동을 시키는 《사역》의 의미와 같은 방향에서 인식되는 측면이 있다. 그러므로 타동사에 이 뒤붙이가 붙었을 때에는 마치도 동사의 사역형처럼 느껴진다.

그러나 동사의 사역형과 구별되는것이다.

만약 이런것들이 상형태의 하나라면 동사 《닫다》의 피동형 《닫히다》나 《닫기다》와의 관계를 설명하기 힘들다.

때문에 피동형과 강조의 의미를 더해주는 새 동사를 구별하여 발음은 같지만 맞춤법은 피동형은 《닫히다》로, 단어조성인 경우는 《다치다》로 갈라놓는것이다.

다른 한편 상토 《히》가 붙을수 없는 동사들에도 단어조성의 뒤붙이 《치》가 붙었는데 이것은 《치》가 상토가 아니라는것을 증명해주는것이다.

례컨대 동사 《밀다》는 상토 《리》가 붙어 상형태 《밀리다》가 조성된다. 받침 《ㄹ》뒤에는 상토 《히》가 붙을수 없다.

모음으로 끝난 동사말줄기뒤에서도 상토 《히》는 쓰이지 못한다.

지나다 - ×지나히다
깨다 - ×깨히다
뚱기다 - ×뚱기히다

그리고 단어조성의 뒤붙이 《치》가 들어간 단어들중에는 뒤붙이 《치》를 빼버리면 오늘날 언어의식으로는 말뿌리적동사의 존재 자체가 의문시되는 그런 단어들도 있다.

실례로 《헤치다》나 《내치다》에서 단어조성의 뒤붙이 《치》를 빼버리면 그 단어는 《헤다》, 《내다》로 되는데 이 동사는 《헤치다》와 《내치다》와 의미적련관이 없는 다른 단어이다.

이것은 뒤붙이 《치》의 성격이 문법적형태조성수단이 아니라 단어조성의 수단이라는것을 증명해준다.

뒤붙이 《치》가 단어조성의 뒤붙이라면 《구, 추, 으키, 이키》도 단어조성의 뒤붙이로 보아야 한다.

지난 시기 《구, 추, 으키, 이키》를 상토로 보는 경우에도 이것들이 가지고있는 어휘문법적특성을 많이 고려하여 특수한 형태의 상토로 처리하였다.

이것자체가 이것들이 여느 상토와 구별되는 측면을 많이 가지고있다는것을 보여준다.

력사적인 견지에서 볼 때 단어조성의 뒤붙이 《구》, 《추》는 상토가 겹친 《기우》나 《히우》가 줄어든 형태이다. 다시말하여 본래의 형태에서 떠나 어휘화된 하나의 단어조성뒤붙이로 된것이다.

《일으키다》, 《돌이키다》에 있는 《으키》나 《이키》도 역시 력사적으로 보면 단어조성의 뒤붙이 《치》와 련관이 있는것이다.

단어조성의 뒤붙이 《으키》, 《이키》에서 《으》, 《이》는 결합모음인것만큼 남은것은 《키》뿐인데 이 《키》는 동사 《가리키다》와 《가르치다》에 있는 《키》, 《치》와 그 력사적연원이 같은것이다.

참고: ㅅ바 ᄒ혀→빼치다
　　　도ᄅ ᄒ혀다→돌이키다

이러한 사실로부터 조선어동사의 상형태를 조성하는 토는 《이, 히, 리, 기, 우》이며 그의 겹친 형태가 《이우, 히우, 리우, 기우》라는 결론에 이르게 된다.

조선어동사의 상형태는 그 동사가 자동사인가 아니면 타동사인가 하는데 따라 피동상과 사역상이 각기 다르게 조성된다.

피동상은 상토 《이, 히, 리, 기, 히우, 리우, 기우》에 의해 이루어지는데 그 대부분이 타동사에서 이루어지고 자동사에서는 극히 적게 이루어진다.

－ 타동사에서 이루어진것
○ 싸다－싸이다　　끼다－끼이다
　 놓다－놓이다　　묶다－묶이다
　 베다－베이다　　바꾸다－바뀌다
○ 막다－막히다　　잡다－잡히다
　 닫다－닫히다　　붉다－붉히다
○ 깔다－깔리다　　뚫다－뚫리다
　 지르다－질리다　휩쓸다－휩쓸리다
○ 안다－안기다　　빼앗다－빼앗기다
　 뜯다－뜯기다　　찢다－찢기다

－ 자동사에서 이루어진것
○ 뜨다－뜨이다　　트다－트이다
　 썩다－썩이다
○ 걷다－걷히다
○ 열다－열리다　　까불다－까불리다

사역상은 상토 《이, 히, 리, 기, 우, 히우, 리우, 기우, 이우》에 의하여 이루어지는데 거의 대등한 정도로 자동사에서도 이루어지고 타동사에서도 이루어진다.
- 자동사에서 이루어진것
  ○ 녹다-녹이다   졸다-졸이다
     끓다-끓이다   붙다-붙이다
  ○ 삭다-삭히다   눕다-눕히다
     묻다-묻히다   익다-익히다
  ○ 날다-날리다   얼다-얼리다
     마르다-말리다 곯다-곯리다
  ○ 숨다-숨기다
  ○ 자다-재우다   서다-세우다
     피다-피우다   깨다-깨우다
     뜨다-띄우다   메다-메우다
- 타동사에서 이루어진것
  ○ 보다-보이다, 박다-박이다, 핥다-핥이다
  ○ 업다-업히다, 읽다-읽히다
  ○ 알다-알리다, 놀다-놀리다, 무르다-물리다
  ○ 벗다-벗기다, 넘다-넘기다, 안다-안기다
  ○ 뜨다-띄우다, 끼다-끼우다, 차다-채우다

③ 상형태의 체계와 각종 의미

　상형태의 체계는 언어의 구조적류형에 따라 그리고 민족어에 따라 다르게 구성된다.

　인디아-유럽어들은 보통 능동상과 피동상으로 구성된다면 교착어에 속하는 언어들은 보편적으로는 능동상, 피동상, 사역상으로 구성되고 그밖에 특이하게 다른 상형태를 가지고있는 언어들도 적지 않다.

　부리야뜨몽골어에서는 직접상(기본상), 추동상, 피동상, 동의상, 상관상 등으로, 바슈끼르어에서는 기본상, 상관상, 재귀상, 피동상, 강제상으로, 나나이어에서는 직접상(기본상), 추동상, 피동상, 상관상으로, 일본어에서는 능동상, 사역상, 피동상, 중동상으로 가르고있다.

　조선어의 상범주는 능동상, 피동상, 사역상 3개 체계로 이루어져있다.

조선어동사의 능동상은 아무런 상토가 붙지 않은채로 이루어지고 피동상과 사역상은 상토에 의하여 이루어진다. 상토가 붙은것과 붙지 않은것의 대치관계로 상범주가 이루어지고 상의 형태체계가 이루어진다.

지난날 조선어의 상형태를 주어가 행동의 자발적주체이냐 아니냐에 따라 우선은 주동상과 부동상으로 구별하고 다시 부동상을 주어와 보어사이에서의 행동의 방향성에 따라 사역상, 피동상, 중동상으로 가르는 경우가 있었다.

이 견해에 의하면 주동상, 사역상, 피동상, 중동상은 다음과 같이 정의되고있다.

주동상이란 동사로 표현된 행동이 문장의 주어로 표현된 대상에 대하여 자발적으로 실현되는 관계 즉 행동의 론리적인 자발적주체와 문법적주어와의 일치관계이다.

○ 쇠가 녹는다.
학생이 책을 읽는다.

부동상이란 동사로 표현된 행동이 문장의 주어로 표현된 대상에 의하여 추동되거나 혹은 그에 향하여지는 관계 즉 행동의 론리적인 자발적주체와 문법적주어와의 불일치관계이다.

사역상이란 동사로 표현된 행동이 문장의 주어로 표현된 대상으로부터 추동됨으로써 보어로 표현된 대상에 의하여 실현되는 관계이다.

○ 용해공이 쇠를 녹인다.
(비교 : 쇠가 녹는다.)
선생이 학생에게 책을 읽힌다.
(비교 : 학생이 책을 읽는다.)

피동상이란 동사로 표현된 행동이 문장의 보어로 표현된 대상에 의하여 추동되거나 혹은 실현되여 주어로 표현된 대상에 향하여지는 관계이다.

○ 나는 그에게 속히웠다.
(비교:그는 나를 속였다.)

나는 그에게 붙잡혔다.

(비교:그는 나를 붙잡았다.)

중동상이란 동사로 표현된 행동이 문장의 주어로 표현된 대상에 향하여지되 그 기점(추동체 혹은 자발적주체)은 문장에 보어로 표현되지 않는 관계이다.

○ 몸이 떨린다.

　바다가 보인다.

이 견해에 의하면 중동상은 피동상과 주동상사이에 위치하고있는것으로서 주동상보다 피동상에 더 가깝다고 하면서 그의 문법적형태에서는 피동상과 아무런 차이가 없지만 그가 나타내는 의미가 《자연적인 행동》, 《가능한 행동》, 《행동적상태》 등을 나타내는것으로 특징지어진다고 하였다.

그리고 피동상은 주어가 활동체여야 한다는 주장밑에 주어가 활동체가 아닌것은 중동상에 넣었으며 행동을 스스로 수행하는 임자나 행동을 시키는 임자가 피동상에서는 간접보어로 나타나나 중동상에서는 그것이 나타나지 않는다고 하였다.

여기서 문제로 되는것은 우선 주어가 활동체인가 비활동체인가 하는데 따라 상의 형태를 가른것이다.

상형태를 가르는데서 그자체에서 어떤 표식을 잡는것이 아니라 행동이 미치는 대상과 그 행동을 수행하는 임자에게서 나타나는 그 어떤 속성을 기준으로 하는것은 의의가 없다.

명사에서 활동체명사와 비활동체명사를 가르는것과는 경우가 다른것이다.

《손이 떨렸다.》, 《주먹이 쥐여졌다.》는 자연적인 행동을 나타내는것만큼 중동상으로, 《그도 대학에서 공부하게 되였다.》도 행동적인 상태를 나타내는것만큼 중동상으로 처리하였는데 그 문장에서의 주어가 활동체인가 아닌가 하는것을 가르기도 힘들며 대명사 《그》를 활동체가 아니라고 단정하기도 힘들다.

또한 여기서 문제로 되는것은 중동상에서는 행동의 임자를 나타내는 간접보어가 나타나지 않는다는것이다.

문장에서 간접보어로 말하면 피동문구조에서도 얼마든지 나타나지 않는 경우가 많다.

피동문구조에서 간접보어가 나타나지 않는것은 생략된 현상이라고 하면서 나타날 가능성이 있다고 하는것은 언어현상을 그대로 보지 않는것과 같다.

피동문에서 간접보어가 나타나지 않을수 있다는것은 그 문장에서 그것 없이도 전달하려는 대상을 충분히 전달할수 있기때문이다. 그런것만큼 간접보어가 있고 없고가 그리 큰 문제로는 되지 않는다.

그리고 중동상에서 간접보어가 나타나지 않는다는것도 상대적이며 언어현상에서는 그보다 더 복잡하고 다양한것을 보여준다.

중동문구조라고 하는 《몸이 떨린다.》, 《주먹이 쥐여졌다.》에 간접보어가 전혀 쓰일수 없는것은 아니다. 《공포에 몸이 떨린다.》, 《분노로 주먹이 쥐여졌다.》가 가능한것이다.

또한 여기서 문제로 되는것은 피동상과 중동상은 형태론적표식은 같지만 그 의미기능이 다르기때문에 상형태를 달리 규정한다는 것이다.

형태론은 어디까지나 형태중심이다. 다시말하여 형태론에서는 문법적의미와 그 표현수단이 분리되여 따로 처리되는것이 아니라 문법적형태의 테두리안에서 분석서술되고 처리된다.

만약 하나의 문법적형태가 여러개의 의미를 가지고 각이한 기능을 수행한다 하여 그것을 여러개의 문법적형태로 처리한다면 다의적인 격형태와 시간형태를 여러개의 해당한 형태로 세분하여야 할것이다. 례컨대 명사조격에 있는 문법적의미인 《도구, 재료, 원인, 자격, 방향, 양상…》 등 여러개의 의미를 그 의미에 따라 조격에서 떼여내기 시작한다면 조선어의 격체계는 달리 구성되여야 할것이다.

조선어의 시간형태에서도 이와 비슷한 현상을 찾아볼수 있다.

그러나 문법적의미와 문법적형태를 통일속에서 고찰할것을 요구하는 형태론연구의 기본원칙으로부터 그렇게 하지 않는것만큼 조선어동사의 상형태문제에서도 역시 중동상을 설정하지 않는것이다.

중동상의 물질적인 표현형태는 피동상의 형태와 같은것이다.

그러므로 중동상에서 이야기되는 일련의 특징적인 의미는 바로 피동상의 다의적인 의미현상에 지나지 않는다.

그렇다면 조선어동사의 상범주에서 피동상과 사역상의 형태가 같은 경우는 어떻게 설명할수 있겠는가?

○ 원고가 잡지에 실린다.(피동)

　원고를 잡지에 실린다.(사역)

실례에서 볼수 있는바와 같이 피동과 사역의 형태가 같다.

그렇다면 이 현상도 하나의 형태안에서 피동과 사역의 의미가 나타나는것만큼 두개의 상형태로 구분할수 없지 않는가 하는것이 문제로 된다.

그러나 여기서의 상의 의미는 완전히 성격이 다른것이다. 사역과 피동의 의미적관계는 피동과 중동의 의미에서 찾아볼수 있는 그런것과 다르다.

피동과 사역의 의미는 같은 방향에서의 의미적관계가 아니라 완전히 다른 방향에서 설정되는것이다.

피동과 중동은 같은 방향에서 다같이 동사로 표현된 행동이 주어로 표현된 대상에 향해지는것이다.

피동과 중동은 단지 론리적객체나 추동자가 문장에서 보어로 나타낼수 없다는 거기에 의해서 가른것이다.

같은 방향에서 설정된 의미적관계는 조격의 의미나 미래시간의 의미에서 찾아볼수 있는 그것과 류사하다.

피동과 사역의 물질적표현형태가 같지만 의미적관계가 다른 방향에서 설정된 이런 현상은 물질적표현형태가 같은 맺음토와 이음토가 동음이의적관계로 되면서 달리 처리되는데서 찾아볼수 있다. 《는데, 니…》등은 맺음토로도 되고 이음토로도 된다.

만약 피동의 《실리다》와 사역의 《실리다》가 물질적표현형태가 같다고 하여 그것을 하나의 문법적형태로 처리한다면 《먹이다/먹히다》, 《녹이다/녹히다》, 《삭이다/삭히다》와 같이 피동사역의 체계가 정연하게 세워져있는 다른 동사들과 균등하게 상형태를 처리할수 없는 결과를 가져온다.

이로부터 조선어의 상법주는 능동상, 피동상, 사역상의 3개형 태로 그 체계를 구성하고있다고 말할수 있다.

조선어동사의 상형태는 여러가지 의미를 나타낸다.

능동상

ㄱ. 동사로 표현된 행동을 문장의 주어로 표현된 대상이 주동적으로 일으키는 행동임을 나타낸다.

○ 바람이 분다.

여기서 능동상 《분다》는 주어로 된 《바람이》가 주동적으로 일으키는 행동인것이다.

ㄴ. 동사로 표현된 행동을 문장의 주어로 표현된 대상이 주동적으로 수행하지 않지만 그 행동의 주체임을 나타낸다.

○ 나는 그에게 속았다.

○ 오리가 총에 맞았다.

여기서 능동상 《속았다》, 《맞았다》의 행동은 주동적으로 하는 행동은 아니지만 그런 행동을 하게 되였음을 나타내는것이다.

피동상

ㄱ. 동사로 표현된 행동이 문장의 보어로 표현된 대상으로부터 주어로 표현된 대상에 향해져서 그 행동을 직접 당하게 됨을 나타낸다. 여기서 간접적으로 당하게 된다는것은 그 대상의 일부분에 미치거나 그 대상의 소유물이나 그와 관계되는 인물에 미치여 그런 행동이 이루어지게 되는 경우를 말하는것이다.

— 육체의 일부분

○ 그는 개한테 다리를 물리였다.

— 소유물

○ 지주놈에게 땅을 떼우고 명줄을 끊기웠던 어제날의 농민들이 오늘은 문전옥답에 고래등 같은 기와집을 짓고 세상에 부러운것없이 살면서 나라의 정사에 참여하고있지 않는가.

— 그와 관계되는 인물

○ 어머니는 간악한 일제놈들에게 아들을 빼앗겼지만 천백배로 복수할 일념은 더욱 불타올랐다.

ㄴ. 동사로 표현된 행동이 문장의 주어로 표현된 대상이 수행하는 자연적인 행동임을 나타낸다.

○ 봄이 되여 강물이 풀렸다.

○ 풀잎에는 방울방울 이슬이 맺혔다.

여기서 《풀리는》 행동이나 《맺히는》 행동이 강물이나 이슬에 향해져서 그런 행동을 당하게 된것을 나타내는것이 아니라 자연적으로 그런 행동이 일어났음을 나타내고있다.

ㄷ. 동사로 표현된 행동이 실현가능성이 있는 행동임을 나타낸다.

○ 이 낚시터에서 고기가 잘 잡힙니까?

○ 전화가 잘 들립니다.

여기서 피동상 《잡히다, 들리다》 등은 그런 행동을 문장의 주어가 당하는 행동을 나타내는것과 함께 그 행동의 실현가능성과 관련된 뜻을 나타내고있다.

사역상

ㄱ. 동사로 표현된 행동을 문장의 주어로 표현된 대상이 보어로 표현된 대상에게 시킨다는것을 나타낸다.

○ 용해공은 쇠를 녹인다.

여기서 《녹는》것은 《쇠》이고 용해공은 쇠를 녹게 한다. 즉 용해공은 녹는 행동과 직접적관계를 가지지 못하고 녹게 하는 간접적 추동자이다. 녹는 행동의 주체는 쇠이다.

그러므로 사역상인 경우에는 동사로 표현된 행동을 추동하는 자와 그 행동을 수행하는 행동자(주체)가 함께 등장하게 된다.

이로부터 이 3자의 관계가 다양하게 맺어질수 있으며 문장에서 그대로 표현될수 있다.

이러한 관계로 사역상은 사역적인 행동을 나타내는 기본의미외에 이야기의 환경이나 문맥에 의하여 여러가지 부차적의미를 나타내고있다.

ㄴ. 동사로 표현된 행동을 주어로 표현된 대상이 직접 수행하

지는 않지만 그런 행동을 하도록 추동하거나 명령함을 나타낸다.

○ 선생님은 학생들을 자리에 앉혔다.

동사로 표현된 행동을 하게 명령하거나 추동하는 뜻은 일정한 문맥이나 장면에서 그런 행동을 허용하거나 방임하여 그런 행동이 이루어지게 함을 나타낸다.

○ 선생님은 학생들을 하루 쉬웠다.

○ 선생님은 학생들에게 연극을 보이였다.

여기서 쉬거나 보게 하는 행동을 추동하는 선생은 그런 행동이 이루어지도록 허용했거나 방임해둠으로써 그 행동을 보장한것이다.

ㄷ. 동사로 표현된 행동을 주어로 표현된 대상이 직접 수행함을 나타낸다.

추동차가 직접 해당 행동을 하는것으로 두번째의 의미와 차이 난다.

○ 우리 사격선수들은 정확하게 과녁을 맞히였다.

○ 간호원은 부상병을 조심스레 담가에 눕혔다.

여기서 맞히거나 눕히는 행동을 직접 수행하는것은 《사격선수》와 《간호원》이다. 그런 행동을 하게 《명령》하거나 허용하는것이 아니라 그 행동을 직접 수행함으로써 사역상의 의미가 다채롭게 되였다.

ㄹ. 동사로 표현된 행동이 본의아니게 초래되는 행동임을 나타낸다.

이때 주어로 표현된 인물은 그 행동에 참가하는것이 아니라 자기에게 해롭거나 뜻하지 않은 행동이 객관에서 생긴 결과 그 피해를 입을뿐이다.

○ 조심하오. 집을 다 태우겠소.

○ 또 옷에 흙을 묻혔구나.

○ 그러다간 아이를 울리겠소.

④ 상형태와 행동의 전이성 및 문장구조와의 관계

동사의 상형태는 행동의 전이성과 깊은 련계를 가진다.

매개의 상형태가 행동의 전이성과 맺는 관계는 다음과 같다.

ㄱ. 능동상

능동상은 타동사와 자동사가 아무런 상토도 없이 령형태로 이루어지는것만큼 그 전이성은 타동사와 자동사에 그대로 나타나게 된다.

○ 그림을 그린다.
○ 내가 간다.

여기서 타동사 《그린다》에 의하여서는 행동의 객체가 직접보어의 형태로 나타나게 되며 자동사 《간다》에 의하여서는 간접보어가 없이 이루어지나 그림에 미치여가는 행동은 주어가 스스로 진행하게 된다.

ㄴ. 피동상

우에서도 본바와 같이 조선어에서는 피동상은 대부분 타동사에서 이루어지고 자동사에서도 이루어진다.

일반적으로 다른 언어에서도 피동상은 타동사에서 이루어지고 자동사에서는 이루어지지 않는다. 굴절어는 두말할것 없고 교착어인 부리야뜨몽골어에서도 비전이동사는 전이동사와 함께 대등한 정도로 여러가지의 상을 조성하는데 참가하지만 피동상조성에서는 때때로 제외되는것이다.

이것은 론리적인것과 많이 관련되기때문이다.

조선어에서 피동상이 타동사뿐아니라 자동사에서도 이루어지는것은 하나의 특성으로 되고있다.

동사의 피동상은 타동사에서 이루어지지만 어떤 행동을 피동적으로 당하는것만큼 결과적으로는 자동성을 띠는것이 보통이다.

자동사로 이루어진 피동상은 자동성을 띤다.

- 타동사에서 이루어진 피동상
○ 돌에 의해 길이 막히다.
- 자동사에서 이루어진 피동상
○ 해가 솟아 안개가 걷힌다.

타동사의 피동상은 기본적으로 자동성을 띠지만 본래 타동사였던만큼 잔재적으로 타동성을 가질수도 있다.

○ 손을 가시에 찔리다.
○ 지주놈에게 땅을 빼앗기다.
○ 심사원에게 이름을 적히다.

타동사 《찌르다, 빼앗다, 적다…》의 피동상 《찔리다, 빼앗기다, 적히다…》도 타동성을 가지고있다.

ㄷ. 사역상

사역상은 간접적객체에게 어떤 행동을 시키는것을 나타내기때문에 타동성을 띠게 된다.

사역상은 거의 대등하게 자동사에서도 조성되고 타동사에서도 조성된다.

자동사에서 이루어진 사역상도 타동성을 띠고 타동사에서도 조성된다.

자동사에서 이루어진 사역상도 타동성을 띠고 타동사에서 이루어진 사역상은 더 말할것없이 타동성을 띤다.

— 자동사에서 이루어진 사역상
○ 용해공이 쇠를 녹인다.
— 타동사에서 이루어진 사역상
○ 언니에게 아이를 업히다.
○ 대원들에게 임무를 맡기다.

이와 같이 조선어동사는 상형태를 이루면서 본래동사가 가지고있던 전이성, 비전이성과는 관계없이 재구성되며 자동성을 띠기도 하고 타동성을 띠기도 한다.

동사의 상형태는 문장구조와도 깊은 련계를 가지고있다.

상형태가 행동의 전이성, 비전이성과 관련되고 문장에서 주어, 직접보어, 간접보어 등과 관련되는것만큼 문장구조와 관련되지 않을수 없다.

ㄱ. 능동상과 문장구조

자동사에서 이루어진 능동상은 직접보어를 요구하지 않으므로 최소한 2개 성분 즉 주어, 술어로 이루어진다.

○ 비가 온다.

○ 눈이 내린다.

특수한 경우에 간접보어를 가지면서 3개의 성분으로 문장구조를 이루는 경우도 있다.

○ 나는 그에게 속았다.

타동사에서 이루어진 능동상은 직접보어를 요구하기때문에 최소한 3개 성분으로 문장이 이루어진다.

○ 나는 책을 읽는다.

때로는 간접보어를 요구할 때가 있는것만큼 최소한 4개의 성분으로 문장구조를 이루는 경우도 있다.

○ 나는 영수에게 책을 주었다.

ㄴ. 피동상과 문장구조

피동상은 자동사에서 이루어졌건 타동사에서 이루어졌건 주어, 술어, 간접보어를 가지는 문장을 구성하며 때로 직접보어까지 가지는 피동문도 구성한다. 그러므로 최소한 3개 또는 4개의 문장성분으로 이루어진다.

- 자동사에서 이루어진 피동상

○ 나는 그에게 속히웠다.(3개 성분)

- 타동사에서 이루어진 타동상

○ 범은 포수에게 잡히웠다.(3개 성분)

○ 그는 곰한테 다리를 핥이웠다.(4개 성분)

ㄷ. 사역상과 문장구조

자동사 사역상은 타동성을 띠게 되는것만큼 간접보어를 가진다.

타동사 사역상은 본래부터 타동사였던만큼 직접보어를 가지며 이외에 간접보어까지 가지므로 4개의 성분으로 된다.

일부 경우 동사의 어휘적의미와 관련하여 자동사 사역형이면서도 직접보어이외에 간접보어까지 가져 4개 성분으로 되기도 하며 타동사 사역형이면서도 직접보어를 가지지 않아 3개 성분으로 되는 경우도 있다.

자동사에서 이루어진 사역형
○ 어머니는 아이를 재운다. (3개 성분)
○ 그는 나에게 이것을 속히웠다. (4개 성분)
타동사에서 이루어진 사역형
○ 나는 철수에게 책을 읽히였다. (4개 성분)
○ 어머니는 아이옷을 벗겼다. (3개 성분)

제4장. 문법적의미의 강조와 강조토

제1절. 강조토의 본질

조선어에는 일정한 문법적형태뒤에 덧붙어서 그 형태가 나타내는 문법적의미를 특별히 강조해주는 토가 있다. 이 토를 강조토라고 한다.

실례로 《써》, 《서》를 들수 있다.

강조토 《써》는 이미 이루어진 조격형태뒤에 덧붙어서 쓰이는데 그것이 나타내는 의미인 《도구》, 《재료》, 《수단》 등의 의미를 강조해준다.

강조토 《써》는 이 의미를 나타내는 조격형뒤에서만 쓰인다.

강조토 《서》는 자격의 의미를 나타내는 조격형태뒤에 붙어서 쓰이는데 그 의미를 강조해준다.

○ 칼로 깎는다. → 칼로써 깎는다.
○ 피로 맺어진 우정 → 피로써 맺어진 우정
○ 위원장으로 하는 말이다. → 위원장으로서 하는 말이다.

실례에서 알수 있는바와 같이 강조토는 그 어떤 다른 문법적형태를 조성하는것이 아니라 이미 표현된 문법적의미를 강조해줄뿐이다.

강조토에 의하여 형성된 형태를 이미 이루어진 문법적형태와 구별하기 위하여 문법적의미를 강조해준다는 의미에서 조건적으로 해당한 문법적형태의 강조형이라고 말할수 있다.

강조토가 일정한 문법적형태뒤에 덧붙는것은 조선어의 교착어적특성에 기인하는것이다.

조선어는 다른 교착어들과 마찬가지로 토가 련달아 들어붙는 특성을 가지고있다. 이렇게 련달아 들어붙는 토들중의 하나가 바로 강조토이다.

강조토의 기능은 그 어떤 새로운 범주적의미를 나타내는데 있는것이 아니라 그것이 붙은 단어형태의 의미를 강조해주는데 있다.

우의 실례에서 본바와 같이 강조토 《써》와 《서》는 조격형태를 다른 어떤 형태로 바꾸어주지도 못했으며 《수단》, 《도구》, 《재료》와 《자격》의 의미를 다른 어떤 의미로 바꾸어주지도 못하였다.

이런 측면에서 강조토가 들어가있는 《로써》나 《로서》를 하나의 토로 보면서 조격토의 한개 변종으로 보려고 하는 시도들도 없지 않았다.

그러나 그것은 같은 하나의 조격토로 보기에는 토단위설정의 원칙에 맞지 않는다.

조격토 《로》에 강조토 《써》나 《서》가 붙은것은 하나의 합성토로 보기도 힘들며 조격토의 변종으로 보기도 힘들다.

강조토 《써》나 《서》는 조격토의 의미와는 거리가 멀며 조격토가 나타내는 도구, 수단, 방향, 원인, 한정, 양상, 전성 등 여러개의 의미를 다 강조해주는것이 아니라 일부 의미만을 강조해준다.

이처럼 조격토 《로》와 《써》, 《서》는 기능이 다르고 이질적인것이다.

강조형은 단어들의 문법적관계를 이루는데서는 있어도 그만이고 없어도 그만이다. 다만 표현의 색채와 관련될뿐이다.

이런 의미에서 강조형을 이루는 토를 따로 떼내여 강조토를 새로 설정하게 되는 근거가 있게 되는것이다.

제2절. 강조형의 표현

조선어에서 강조토는 격형태뒤에도 붙고 이음토나 꾸밈토 뒤에도 붙으며 지어 맺음토뒤에도 붙는다.

1. 격형태뒤에 붙는 강조토

① 다, 다가

이 토는 여격토 《에》, 《에게》, 《한테》뒤에 붙어 쓰이는데 그 어떤 행동이 간접적으로 미치는 객체를 나타내는 경우에 그 대상임을 강조해준다.

○ 화분에 물을 준다.→화분에다(다가) 물을 준다.
○ 오빠에게 부탁을 했다.→오빠에게다(다가) 부탁을 했다.
○ 선생한테 편지를 썼다.→선생한테다(다가) 편지를 썼다.

강조토《다, 다가》는 모든 여격토의 의미를 다 강조해주지 못한다. 그 어떤 행동이 간접적으로 미치는 대상일 때에만 가능하다.

이것으로 이 토가 강조토임을 더욱 뚜렷이 해준다.

실례로《지난날 지주놈에게 압박받고 뜯기우던 그 력사를 잊어서는 안된다.》를《지주놈에게》에 강조토《다》나《다가》를 붙이여 쓸수 없다.

《지난날 지주놈에게서 압박받고 뜯기우던 그 력사를 잊어서는 안된다.》라고 했을 때의《서》는 강조토가 아니라 같은 성질의 출발적의미를 덧붙여준것으로서 합성적인 위격토《에게서》의 한 구성요소이다. 여기에 바로 합성토《에게서》와 겹침토《로서》,《로써》의 차이가 있다.

조선어의 여격형태는 강조토《다》나《다가》가 붙지 못하는 의미가 여러개 있다.

다음과 같은 경우에는 대격토《에게》나《에》뒤에 강조토《다》나《다가》가 붙어 쓰이지 못한다.

○ 한사람에게 2kg씩이다.
○ 그 약은 위병에 매우 좋다.
○ 오늘의 이 봄비는 농사에 큰 리익이다.
○ 우리에게는 그런 훌륭한 그림이 차례지지 않았다.

그러나 이 문장구조를 약간 달리하기만 해도 강조토《다》나《다가》를 붙여쓸수 있다.

○ 한사람에게다(다가) 2kg씩 나누어주었다.
○ 그 약은 위병에다(다가) 쓰면 좋다.
○ 오늘의 이 봄비는 농사에다(다가) 큰 리익을 준다.
○ 우리에게다(다가)는 그런 훌륭한 그림을 주지 않았다.

이러한 쓰임은 강조토《다》나《다가》가 철저히 그 어떤 행동이 간접적으로 미치는 대상임을 강조할 필요가 있을 때 쓰인다는것을 보여주고있다.

② 서, 써

이미 우에서 지적한바와 같이 이 강조토들은 《도구》, 《재료》, 《수단》, 《자격》의 의미를 나타내는 조격토뒤에 붙어 쓰인다.

바꿈토 《ㅁ》가 들어가있는 용언의 체언형이 조격으로 되였을 때 강조토 《써》가 쓰일수 있는데 이것은 자격을 나타내는 조격토뒤에 강조토 《서》가 붙은것과 구별해야 한다. 다시말하여 《ㅁ으로써》와 《ㅁ으로서》는 엄연히 구별된다.

용언의 체언형은 보통 재료, 수단의 의미를 가진 조격을 조성할수 있는데 여기에 강조토 《써》가 자주 붙어 쓰인다.

○ 주체의 언어리론은 우리 시대 민족어문제해결의 가장 옳바른 길을 밝혀줌으로써 혁명적언어리론발전에서 새로운 전환을 이룩하였다.

그러나 용언의 체언형이 보통 자격의 의미를 가진 조격형태를 취할수 없으므로 《ㅁ으로서》와 같은 표현은 찾아보기 힘들다.

자격은 그 어떤 인물이나 대상에 관계되는것인데 용언의 체언형이 그런 자격을 갖추기 힘든것이다.

2. 이음토, 꾸밈토뒤에 붙는 강조토

① 서

이 강조토는 이음토 《고》뒤에 붙어 쓰이는데 시간적인 선후차관계를 나타낸다.

○ 글을 다 쓰고 일어났다. → 글을 다 쓰고서 일어났다.

도한 강조토 《서》는 이음토 《고》가 행동의 방식이나 원인을 나타낼 때에도 그뒤에 붙어 쓰인다.

○ 담가를 들고간다. → 담가를 들고서 간다. (방식)
○ 영철이의 편지를 받고 모두 놀랬다. → 영철이의 편지를 받고서 모두 놀랬다.

그러나 강조토 《서》는 이음토 《고》가 다른 의미로 쓰인 다음과 같은 경우에는 붙어 쓰이지 못한다.
- ○ 모두들 웃고 소리치고 떠들썩했다. (순전히 나란히 이어주는 뜻)
- ○ 미제에 대한 쌓이고 쌓인 원한(되풀이하면서 강조하는 뜻)
- ○ 계획을 이번주안으로 끝내고 못 끝내는가 하는것은…(선택의 뜻)

② 서

이 강조토는 이음토 《아/어/여》가 시간적인 선후차관계를 나타내는 경우에 그뒤에 붙어 쓰인다.
- ○ 책을 접어놓고 일어났다. →책을 접어서 놓고 일어났다.

시간적인 선후차관계는 행동의 진행방식, 원인이나 근거, 목적 등에로 이어질수 있다. 왜냐하면 행동진행방식이나 원인, 근거, 목적 등은 그것보다 먼저 그 어떤 행동이 있을것을 요구하기때문이다.

그러므로 이음토 《아/어/여》가 이러한 의미로 쓰일 때에도 강조토 《서》가 붙어 쓰일수 있다.
- ○ 잘 타산하여 계획을 세우다. →잘 타산하여서 계획을 세우다. (행동진행방식)
- ○ 망치에 맞아 멍이 들었다. →망치에 맞아서 멍이 들었다. (원인, 근거)
- ○ 아버지를 찾아 길을 떠난 두 딸→아버지를 찾아서 길을 떠난 두 딸(목적)

강조토 《서》는 이음토 《아/어/여》가 여러가지 뜻을 가지고있는데 이밖의 뜻으로 쓰일 때는 붙어 쓰이지 못한다.

례컨대 이음토 《아/어/여》가 보조동사적결합을 할 때 쓰이지 못하는것을 들수 있다.
- ○ 젊어보이다→×젊어서 보이다
- ○ 읽어두다→×읽어서 두다

그러나 행동의 선후차관계를 나타내는 두개 동사가 결합될 때에는 강조토 《서》가 쓰일수 있다.
- ○ 쓸어버리다→쓸어서 버리다
- ○ 앉아있다→앉아서 있다

○ 쌓아두다→쌓아서 두다
③ 다, 다가
이 강조토는 격토뒤에서만 쓰이는것이 아니라 이음토 《아/어/야》 뒤에서도 쓰인다. 이것은 강조토의 성격을 더욱 뚜렷이 해주는것이다.
○ 책을 집어주었다.→책을 집어다(다가) 주었다.
○ 자루를 넘겨주다.→자루를 넘겨다(다가) 주다.
④ 서도
이 강조토는 이음토 《지만》, 《건만》, 《련만》 뒤에서 쓰인다.
○ 읽지만 잘 모른다.→읽지만서도 잘 모른다.
○ 크게 소리치건만 못 듣는다.→크게 소리치건만서도 못 듣는다.
○ 알아들었으련만 못 들은체 한다.→알아들었으련만서도 못 들은체 한다.
여기서 토 《지만》, 《건만》, 《련만》은 앞뒤에 오는 두 행동을 대립적으로 이어주는데 강조토 《서도》는 그것을 더욱 강조해준다.
⑤ 이
이 강조토는 이음토 《ㄹ+수록》이나 꾸밈토 《도록》뒤에 붙어서 쓰인다.
○ 읽을수록 재미있다.→읽을수록이 재미있다.
○ 밤늦도록 이야기를 나누었다.→밤늦도록이 이야기를 나누었다.
○ 몹시도 재미난듯 듣고있다.→몹시도 재미난듯이 듣고있다.
여기서 강조토 《이》는 오늘 강조의 의미보다도 말소리의 고르로움을 도모하는 기능이 더 강화되고 강조의 의미는 점차 뒤로 물러나는 단계에 있다.
《읽을수록이》, 《밤늦도록이》 하였을 때에는 말소리의 어울림보다 내용적강조가 더 두드러지게 나타나나 《듯이》, 《ㄴ듯이》, 《먼듯이》, 《ㄹ듯이》로 되면 한개 토의 어음론적변종처럼 안겨오는것이 그 실례이다.
이와 관련하여 원인이나 근거를 나타내는 이음토 《니》와 《까》

가 결합한 합성토 《니까, 라니까, 자니까, 느라니까, 더니까》와의 차이를 갈라보아야 한다.

여기서 강조토 《이》나 《서》 등과 《니까, 라니까》의 《까》는 서로 같지 않다.

토 《까》는 그가 가지고있던 의문의 뜻을 잠재적으로 가지고있는것으로서 의문이나 반문의 잠재적뜻으로 원인이나 근거의 뜻을 강조하는것이다. 그러므로 그것은 단순한 강조토의 쓰임과 구별된다.

⑥ 끔
이 강조토는 꾸밈토 《게》뒤에서 쓰인다.
○ 모두 듣게 크게 읽어라. → 모두 듣게끔 크게 읽어라.
⑦ 순
이 강조토는 이음토 《ㄴ즉》뒤에서 쓰인다.
○ 말인즉 그런거요. → 말인즉순 그런거요.
⑧ 니, 서, 서니, 선들
이 강조토들은 이음토 《기로》뒤에서 쓰인다.
토 《서니》는 《서 하니》, 《선들》은 《서인들》의 준말이다.
○ 나이가 아무리 어리기로 그것도 못하겠니.
○ 나이가 아무리 어리기로니(서, 서니, 선들) 그것도 못하겠니.

3. 맺음토뒤에 붙는 강조토

① 나
이 강조토는 《하게》말차림의 일부 맺음토뒤에 붙어서 쓰인다.
○ 좀 친절히 말하게. → 좀 친절히 말하게나.
○ 빨리 거들어주세. → 빨리 거들어주세나.

강조토 《나》는 《하게》말차림의 일부 맺음토뒤에서만 쓰이는바 친밀한 례절관계를 나타낸다. 이와 관련하여 《했습니다요》나 《합니다요》 했을 때의 《요》도 오늘날 높임의 말차림토뒤에 붙어 쓰이면서 강조토의 성격을 점차 띄여가고있다고 말할수 있다.

② 그려

이 강조토는 일정한 맺음토뒤에 붙어서 전달내용을 다시 강조해준다.

○ 학생이 글을 잘 씁니다. - 학생이 글을 잘 씁니다그려.

이 토는 친근한 맛을 가지고 강조하기때문에 물음법과 《해라》말차림에서는 쓰이지 못한다.

×읽느냐그려, 읽습니까그려

×읽는다그려, 읽자그려

제5장. 체언과 용언의 형태바꿈

제1절. 체언과 용언의 형태바꿈에 대한 일반적리해

조선어에서 체언에는 대상토가 붙고 용언에는 서술토가 붙어쓰인다.

체언에 서술토가 붙고 용언에 대상토가 붙으려면 그것들은 일정하게 형태를 바꾸어야 한다.

체언과 용언이 각각 형태를 바꾸면 대상토나 서술토가 다 붙어쓰일수 있다. 다시말하여 체언은 반드시 대상토에 의해서만 문법적형태를 가지는것이 아니라 서술토에 의해서도 문법적형태를 가질수 있으며 용언은 반드시 서술토에 의해서만 문법적형태를 가지는것이 아니라 대상토에 의해서도 문법적형태를 가질수 있다.

체언에 서술토가 붙을수 있게 하여주는 형태가 체언의 용언형이며 용언에 대상토가 붙을수 있게 하여주는 형태가 용언의 체언형이다.

이처럼 체언과 용언이 각각 형태를 바꾸어 서로 넘나드는것은 조선어의 중요한 문법적특성의 하나이다.

용언의 체언형과 체언의 용언형은 뛰르끼예어를 비롯한 교착어에서 찾아볼수 있는 문법적현상이지만 조선어처럼 체계정연하게 발달되여있는 언어는 찾아보기 힘들다.

체언과 용언의 형태바꿈은 문법적형태조성을 위한 품사적성격을 변동시키는것으로서 구체적인 문법적의미나 범주와 직접 관련된것은 아니다.

체언의 용언형은 체언이면서도 문법적형태조성에서 용언처럼 기능할수 있게 하는 형태이며 용언의 체언형은 용언이면서도 형태조성에서 체언처럼 기능할수 있게 하는 형태이다.

체언이 용언형으로 되면 맺음토, 이음토, 규정토, 꾸밈토 등이 붙을수 있으며 법범주와 말차림범주, 서간범주와 존경범주가 표현된다.

용언이 체언형으로 되면 격범주와 련관성의 범주 등이 표현된다.

조선어에서 체언과 용언의 형태바꿈은 바꿈토에 의하여 이루어진다.

조선어 바꿈토에는 《이》, 《ㅁ(음)》, 《기》 등이 있다.

바꿈토 《이》는 체언을 용언으로 바꾸는 바꿈토이고 《ㅁ(음)》, 《기》는 용언을 체언으로 바꾸는 바꿈토이다.

○ 보람찬 내 삶이 시작된 곳은
  고향집 어머니 그 품이런가
  금물결 설레는 들판을 지나
  초소로 떠나던 동구길인가
○ 그 땅에 씨뿌리고 거기서 움이 터 싱싱하게 자라올라 탐스럽게 무르익어가는 곡식을 바라보는 비길데 없는 흐뭇함과 보람을 가슴가득히 안아보고싶었다. (장편소설 《새봄》에서)
○ 일하기 좋아하고 투쟁하기를 좋아하는것은 우리 조선청년들의 중요한 특징의 하나이다.

조선어에서 바꿈토는 일부 단어들의 경우 체언의 용언형이나 용언의 체언형에 또다시 붙어서 두번 다시 단어형태를 바꾸게 하는것들도 있다.

다시말하여 체언의 용언형의 체언형, 용언의 체언형의 용언형을 만드는 경우가 있다.

체언의 용언형의 체언형이나 용언의 체언형의 용언형이 두번 다시 형태를 바꾸었다는 의미에서 체언의 2차적체언형, 용언의 2차적용언형이라고 할수도 있으며 간단히 체언의 되돌이체언형, 용언의 되돌이용언형이라고 할수도 있다.

○ 사업-사업이다(체언의 용언형)→사업임(체언의 되돌이체언

형), 사업이기에(체언의 되돌이체언형)
○ 살다-삶(용언의 체언형)→삶이다(용언의 되돌이용언형)
○ 기르다-기르기(용언의 체언형)→기르기이다(용언의 되돌이용언형)

일부 경우 용언의 되돌이용언형은 다시 체언형으로 되는 때도 있다.
○ 살다-삶-삶이다-삶이기에
○ 기르다-기르기-기르기이다-기르기임

체언의 되돌이체언형이나 용언의 되돌이용언형은 다시 제모습으로 돌아간것이지만 원래의 체언이나 용언과 꼭 같아지는것은 아니다.

그것은 다음의 실례를 통하여 잘 알수 있다.

《사람이 모든것의 주인임을 똑똑히 알았다.》에서 《주인임》이 체언의 되돌이체언형이라 하여 《사람이 모든것의 주인임을 똑똑히 알았다.》로 바꿀수 없는것이다.

이처럼 체언과 용언의 2차적형태들은 그만큼 표현적요구를 가지고있는것이다.

이와 같이 조선말의 바꿈토는 체언의 용언형, 용언의 체언형과 같은것을 만들어 우리 말 단어의 문법적형태를 더욱 풍부히 하고 다양하게 하며 표현성을 높이는데서 중요한 역할을 한다.

조선말의 바꿈토는 그가 붙은 단어가 체언이나 용언으로서의 자기의 성질을 바꾸지 않으면서 다만 형식적으로 용언의 형태 또는 체언의 형태만을 띨수 있게 한다.

바꿈토《이》가 붙은것은 체언의 용언형이 되는데 아무리 용언형이라고 하더라도 앞에 오는 단어들과의 문장론적결합관계에서는 용언적인 결합을 하지 못한다.
○ 용감한 청년이다.
○ 나의 고향이다.
○ 얻을것은 온 세계이다.

이 실례들에 있는《청년이다, 고향이다, 세계이다》등은 체언의 용언형인데 앞에 오는 단어가 모두 규정어로서 체언적인 결합관계를 보여주고있다.

보어나 상황어가 온것이 아니라 규정어가 온것은 형식적으로 용언형이 되였지만 아직 체언으로서의 어휘의미적특성을 가지고있다는것을 말해준다.

이러한 실례는 용언의 체언형에서도 찾아볼수 있다.

바꿈토 《ㅁ(음)》, 《기》 등이 붙어 용언의 체언형이 이루어져도 그것은 다른 단어들과의 명사적인 결합을 완전하게 하지 못한다.

○ 내가 읽다. → 내가 읽음. (서술적결합)
○ 책을 읽다. → 책을 읽음. (객체적결합)
○ 빨리 읽다. → 빨리 읽음. (관련적결합)

일부 경우 용언의 체언형은 체언적인 성격이 새롭게 부여되므로 용언적인 결합에서 찾아볼수 없는 규정적결합을 할수 있다.

○ 내가 읽다. → 나의 읽음. (규정적결합)

이런 의미에서 용언의 체언형은 체언의 용언형보다 더 융통성이 있다고 말할수 있으나 용언이 가지는 일련의 문법적형태를 가지고있으므로 용언으로서의 어휘문법적특성을 버리지 않았다는것을 알수 있다.

용언의 체언형 《읽음》은 체언에서는 찾아볼수 없는 상형태, 존경형태, 시간형태를 다 가지고있다.

읽음 - 읽힘
읽음 - 읽으심
읽음 - 읽었음

이때 상토, 존경토, 시간토들은 동사의 말줄기와 바꿈토사이에 끼워들어간다.

체언의 용언형과 용언의 체언형이 가지고있는 이러한 2중적성격은 조선어의 중요한 문법적특성의 하나로서 문장구조분석에서 주의를 돌려야 할 측면이다.

그러나 이것은 단어의 문법적형태와 관련된것인것만큼 형태론 범주의 중요한 대상의 하나이며 따라서 문장론적범주로 될수 없는 현상이다.

체언의 용언형과 용언의 체언형을 만드는 바꿈토 《이》와 《ㅁ

（음), 기》들은 이것들의 성격규정에서 일련의 문제들이 제기된다.

우선 용언의 체언형을 만드는 바꿈토《ㅁ(은), 기》는 오늘날 단어조성의 뒤붙이인《ㅁ(음), 기》와 소리같은말의 관계에 있는것만큼 그 한계규정에서 일련의 문제가 제기된다.

조선말에는 동사, 형용사를 명사로 만드는 뒤붙이《ㅁ(음), 기》가 있어 수많은 새말을 만들어내고있다.

○ 웃다→웃음
○ 기쁘다→기쁨
○ 모내다→모내기
○ 김매다→김매기

특히 오늘날 수많은 한자어와 외래어를 고유한 우리 말로 다듬으면서 단어조성의 뒤붙이《ㅁ(음), 기》를 리용함으로써 이것들의 생산성은 더욱 높아지고있다.

그런데 언어현상에 대한 분석처리에서는 단어조성의 뒤붙이 《ㅁ(음), 기》가 붙어 이루어진 단위들중 어떤것은《웃음, 기쁨, 모내기》와 같이 확고한 어휘적단위로 규정하고 어떤것은 일시적인것으로 규정하면서 사전적처리를 하겠는가 하는것이 문제로 된다.

그러나 어쨌든 뒤붙이《ㅁ(음), 기》가 붙어 동사, 형용사를 명사로 만들어내고있다는 이 사실자체는 중요한것이고 용언의 체언형을 만드는 바꿈토와의 관계에서 관심을 돌려야 할 측면이 있다는것을 말해주고있다.

다시말하여 소리같은말의 관계에 있는 단어조성의 뒤붙이《ㅁ(음), 기》와 용언을 체언으로 만드는 바꿈토《ㅁ(음), 기》의 관계에 주목을 돌려야 할 측면이 있다는것이다.

력사적인 견지에서 볼 때 단어조성의 뒤붙이《ㅁ(음), 기》와 바꿈토《ㅁ(음), 기》는 그 기원이 같았으리라는것은 명백하다.

바꿈토도 역시 용언을 체언으로 만드는것이기때문에 어휘의미적내용에서는 별로 차이가 없다.

그러나 문법연구의 대상으로 되면서 바꿈토앞에 상토, 존경토, 시간토가 오며 문장에서 앞에 오는 단어들과의 문장론적결합관계가 용언적결합을 한다는것을 중요한 근거로 하여 단어조성의 뒤붙이와 갈라놓게 되였다.

사람들의 언어생활에서는 바꿈토 《ㅁ(음), 기》가 상토, 시간토, 존경토없이 그것만으로 쓰이였을 때 그것이 과연 용언의 체언형인지 새로운 단어를 조성한것인지 가르기 힘든 경우를 적지 않게 찾아본다.

이때에는 자연히 사용빈도와 언어관습에 따라 결정짓지 않으면 안된다.

다음으로 체언을 용언형으로 만드는 바꿈토 《이》에 대해서도 여러가지 주장들이 있다.

지난날 바꿈토 《이》에 대하여 《결합모음》, 《지정사》, 《계사》 등 여러가지 견해들이 제기되였었는데 1970년대 초부터 《바꿈토》라는 견해에 의견들이 모아졌다.

바꿈토 《이》가 결합모음이라는데 대해서는 그것이 열린마디뒤에서도 나타나며 결합모음 《으》와 달리 그뒤에 오论 말소리와의 결합조건에 대해서는 무관계하다는 특성 등에 의하여 결합모음이 아니라는 결론을 내리였었다.

바꿈토 《이》가 붙는 현상을 순전히 어음론적현상으로 설명하지 않고 일정한 뜻을 가진 형태부가 첨가되는것으로 보는데서는 그것이 《잡음씨(지정사)》라는 주장, 형식동사라는 주장, 계사라는 주장, 체언을 용언으로 만들어주는 형태부라는 주장 등 여러 갈래들을 찾아볼수 있다.

《지정사》, 《형식동사》, 《계사》라는 주장은 단어적성격을 강조하면서 일정한 품사규정을 하고있는것으로 특징된다.

이런 주장들은 제각기 자기의 일정한 견해가 있으나 단어적성격을 강조하는데서는 공통성이 있다. 여기서 계사라는 주장이 강하게 제기되였고 일정한 근거도 가지고있었다.

계사로 보는 경우 이것은 형태론적측면에서 보면 동사보다 형용사에 가깝고 어휘의미론적측면에서 보면 형용사와는 거리가 멀며 문장론적기능의 측면에서 보면 술어성을 부여하는 동사에 가까운것이 문제로 된다고 하면서 기존품사에 소속시키지 않고 제3의 품사로 계사를 새로 설정한데 기인한 주장이였다.

그러나 계사로 보는 경우 이 단어의 실질성이 문제로 되는것만큼 계사적덧붙이라는 견해도 제기되였었다. 이것은 바꿈토 《이》가 단어냐 아니냐 하는 문제에서 벗어나려는데서 이런 결론에 이른것이다.

《계사》적덧붙이라는 견해는 바꿈토 《이》(혹은 계사《이다》)에 실질성이 없는것을 인정한것으로서 《이》의 본질에 어느 정도 접근한것이기는 하지만 계사적성질이 없는 실체에 계사적특성을 부여한것은 조선어의 현실에 맞지 않는것이다.

인디아-유럽어에서 계사는 명사뿐아니라 형용사, 동사까지 중개하며 형태변화는 동사적인 변화를 하는것이다. 또한 계사라는 개념자체도 론리적인 개념으로서 이른바 《계사》에 속한다는 단어들도 학자들에 따라 조동사, 동사, 형식동사 등 여러가지 이름으로 불리우는것들이다.

조선어의 바꿈토 《이》는 실질성이 없을뿐아니라 형용사적인 변화를 하며 형용사, 동사를 중개하는것이 아니라 명사를 중개하며 술어형에 포함시켜준다.

인디아-유럽어의 계사와 달리 지어 부사까지도 술어형에 련결시켜준다.

또한 력사적인 견지에서 볼 때 《무스것고?》, 《네 창것가?》에서와 같이 《이》없이도 물음법토가 쓰이였으므로 계사적성격을 부여하기가 힘든 측면이 적지 않다.

또한 사용의 측면에서 볼 때 《이(혹은 이다)》는 문장이나 합성어에서 맨 첫머리에 올수 없으며 자립성을 가지고있지 못하다.

물음형으로 쓰일 때도 꼭 그앞에 《학생》, 《나무》, 《책상》과 같은 실질성이 있는 명사들과 결합해서만 쓰인다.

○ 학생입니까?
○ 나무인가?
○ 책상이냐?

최근 《이다》를 《아니+이다》의 준말 《아니다》와 쌍을 이루는 단어로 보면서 계사로 처리하자는 의견이 제기되고있다.

지난날 《이다》를 《계사》 혹은 《계사적덧붙이》로 처리하자고 하먼 견해와 일련의 공통적인 점을 가지고있으면서 차이성도 가지고 있다.

제2절. 체언의 용언형

체언의 용언형은 서술성을 가진다.

체언의 용언형은 격형태를 가지는것이 아니라 마치 용언에 속하는 단어처럼 서술토를 취할수 있으므로 용언의 서술형에서 찾아보게 되는 모든 문법적형태를 기본적으로 다 갖출수 있다.

○ 사람입니다(맺음형) 사람이시다(존경형태)
○ 사람이며(이음형) 사람이였다(시간형태)
○ 사람인(규정형) 사람입니다(말차림형태)
○ 사람이게(꾸밈형) 사람이나(법형태)

체언의 용언형에는 이것에만 붙어 쓰이는 토들이 있어 단어의 문법적형태를 풍부히 해주는데 그러한 토들을 보여주면 다음과 같다.

- 맺음토
○ 라, 람, 로구나, 로군, 로다, 러라, 러니, 런가, 로세, 올시다, 요, 야, 여라
- 이음토
○ 랍시고, 로되

이밖에 체언의 용언형은 맺음토 《라》와 《하니, 하고, 하면, 합니다, 하지요, 합디다…》의 결합이 줄어진 형태인 《라니, 라고, 라면, 랍니다, 라지요, 랍디다》 등의 합성토가 붙어 쓰이는것이 특징적이다.

이러한 합성토가 대단히 풍부한데 그것을 실례들어보이면 다음과 같다.

○ 라니, 라고, 라면, 랍니다, 라지요, 랍디다, 랍시오, 랍시다, 라오, 라네, 라는가, 라게, 라던가, 라지, 란다, 라느냐, 라냐, 라더라, 라며, 라면서, 라는데, 라거니와, 라거나, 라

든지, 라지며는, 라니까, 라므로, 라거든, 라더라도…

바꿈토《이》는 이처럼 제2차적인 문법적형태를 이룰 때에는 맺음토《라》의 도움을 받아야만 하는 제한성을 가지고있다.

그리고 바꿈토《이》뒤에 이음토《려고》나 《고있다》가 붙어 쓰이지 못하는 제한성을 가지고있다.

바꿈토《이》는 입말에서와 일부 모음으로 끝난 명사뒤에서 생략될수 있다.

○ 겨레여 나서라 통일의 한길로
  조선은 하나다

시적표현이나 노래가사 같은데서는 바꿈토《이》와 결합하지 않고 명사말뿌리만으로 쓰이면서 술어형을 조성하기도 한다.

○ 우리는 영예론 혁명의 계승자
  우리는 조선의 새 세대

오늘날 글에서는 물론 말에서도 표현의 정중성을 위하거나 문맥의 조화로움을 위하여 바꿈토《이》를 열린마디뒤에서도 생략하지 않는것이 일반적인 경향으로 되고있다.

○ 경애하는 **김정일**장군님을 결사옹위하는것은 혁명전사들의 가장 숭고한 의무이다.

특히 바꿈토《이》는 그가 붙은 단어가 문장에서 규정어로 될 때에는 절대로 생략되지 않는다.

○ 혁명가인 우리들은…
○ 화학원소의 하나인 Ca

바꿈토《이》는 체언의 뒤에 직접 붙어 쓰일뿐아니라 격토, 용언토 등이 붙어서 이루어진 형태뒤에서도 쓰인다.

○ 어떻게 하면 위대한 장군님께 기쁨을 드리겠는가 하는 한가지 마음에서였다.
○ 우리가 자질을 높이기 위하여 꾸준히 노력하는것도 결국은 자기앞에 맡겨진 혁명임무를 더 잘 수행하기 위해서이다.

바꿈토《이》가 붙은 체언의 술어형은 보통 그앞에 규정어가 오지만 일부 경우 시간관계를 나타내는 《아직》, 《벌써》와 같은 부사가 오므로 상황어를 받을수 있다.

○ 아직 소학교 학생입니다.
○ 벌써 중학교 학생입니다.

바꿈토 《이》는 시간토, 존경토와 어울리여 쓰일 때는 그것들앞에 오며 상토와는 어울리여 쓰일수 없다.

○ 우리 당의 혁명력사는 간고한 투쟁의 력사였으며 승리와 영광으로 빛나는 자랑찬 력사였습니다.
○ 우리 소년빨찌산을 조직해주고 이끌어주신분은 우리 학교 소년단지도원선생님이시였습니다.

제3절. 용언의 체언형

용언의 체언형은 서술력을 가지지 못하고 용언에 대상적인 성격을 부여한다.

○ 철삼이의 말이 옳았지. 그때에 그와 함께 도망쳐버려야 할 것이였다. 때늦은 깨달음이 더욱 원통하고 통분하여 가슴이 터질것만 같았다. (장편소설 《한 자위단원의 운명》에서)

실례에 있는 《깨달음》은 용언의 체언형이기에 주격토가 붙어 쓰이였다.

용언의 체언형은 정연한 격체계를 가진다.

○ 깨달음(절대격)
　깨달음이(주격)
　깨달음을(대격)
　깨달음의(속격)
　깨달음에(여격)
　깨달음으로(조격)
　깨달음과(구격)
　깨달음이여(호격)

용언의 체언형은 한편으로는 동사, 형용사의 성격을 가지면서도 다른 한편으로는 체언의 성격을 가진다.

용언의 체언형은 용언의 다른 문법적형태들과 비교해볼 때 공통점을 가지고있으면서 동시에 차이점도 가지고있다.

공통점은 시간토, 존경토, 상토들이 쓰임으로써 시간범주, 존경범주, 상범주를 가진다.

○ 읽히시였음을…

또한 주어, 보어, 상황어 등이 앞에 옴으로써 여러가지의 문장론적결합을 할수 있다.

○ 내가 읽었음을…
○ 책을 읽었음을…
○ 빨리 읽었음을…

그러나 용언의 체언형은 말그대로 체언형태를 취한것인것만큼 다른 용언적형태들에 있는 말차림과 법의 범주를 가지고있지 못하다.

용언의 체언형은 또한 용언이 체언형으로 된것인것만큼 용언적형태와만 비교할수 있는것이 아니라 체언의 다른 문법적형태들과 비교할수 있다.

여기서도 일련의 공통점과 차이점을 가지고있다.

용언의 체언형이 체언의 다른 문법적형태들과 비교해볼 때 격의 범주를 가지며 일부 도움토가 붙거나 보조적단어들과 결합할수 있는것이 공통점으로 되고있다.

○ 어두운 벌판을 헤매는 환영과 같이 그 가슴속 허허벌판에서 울남이는 웃기도 하고 입귀가 뾰로통해서 무엇인가 고집스럽게 조르기도 하였다.(장편소설 《피바다》에서)

또한 용언의 체언형은 체언형으로서의 중요한 표식의 하나인 체언의 속격형이 그앞에 와서 규정어와 결합할수 있는 특성을 지니고있다.

용언의 규정형, 관형사와도 결합할수 있다.

○ 때늦은 철수의 깨달음은 값비싼것이였다.

용언의 체언형은 바꿈토 《ㅁ(음), 기》에 의하여 이루어진다.

바꿈토 《ㅁ(음), 기》는 상토, 시간토, 존경토와 어울리여 쓰일 때 맨뒤인 격토앞에 자리잡는다.

○ 읽히시였음을…

바꿈토《ㅁ(음)》이나《기》는 다같이 용언을 체언형으로 만드는데서는 공통적이지만 의미에서는 미세한 차이를 가지고있다.

바꿈토《ㅁ(은)》은 단순히 용언에 체언적인 성격만 부여하지만 바꿈토《기》는 일정한 과정, 수법, 지향 등을 함께 나타낸다.

○ 선수들의 탁구치기를 주의깊게 살핀다.(과정, 수법)
○ 편지쓰기를 바란다.(지향, 의지)

바꿈토《기》는 그가 가지고있는 의미로 하여 원인, 의지, 념원 등의 뜻을 가진《때문에, 전에, 쉽다, 어렵다, 싫다, 좋다, 위하여, 시작하다…》 등 단어들과 자주 결합하여 쓰인다.

○ 읽기때문에, 말하기전에, 일하기 쉽다

어음론적인 측면에서 보아도 바꿈토《ㅁ(음)》와《기》는 차이를 가지고있다.

말줄기가 받침없이 끝나거나《ㄹ》받침으로 끝난 경우에는 바꿈토《ㅁ》이 쓰이고 그밖의 경우에는《음》이 쓰인다.

그러나 바꿈토《기》는 받침이 있거나 없거나에 관계없이 모든 경우에 다 쓰인다.

○ 복무함, 만듦, 닦음, 앉음
○ 오기, 가기, 닦기, 앉기, 읽기

바꿈토《ㅁ(음)》는 바꿈토《기》와 달리 체언형으로서의 역할을 할수 있게 할뿐아니라 어떤 경우에는 술어의 역할을 하게 한다.

○ 3일이후에 돌아오겠음.

바꿈토《ㅁ(음)》는 술어형으로 쓰이는 일정한 문체나 이야기의 장면과 환경의 영향하에서만 가능하다.

전보문 같은데서는 간결성을 보장하기 위하여 자주 쓰인다.

바꿈토《기》는 바꿈토《ㅁ(음)》와 달리 도움토와 자주 결합해서 쓰이는데 중개자적역할을 수행한다.

○ 수행하기로 한다.
○ 수행하기만 한다.
○ 수행하기는 한다.
○ 수행하기조차 싫어한다.

* * *

    교착어에 속하는 조선어의 형태론적현상은 다른 교착어에 비해 볼 때 대단히 특이하며 풍부한 특성을 가지고있다.
    조선어의 형태론적현상은 조선어의 민족적특성을 규제하는 중요한 측면의 하나이며 아름답고 우수한 우리 말의 특성을 높이 발양시키기 위한 중요한 구조적현상으로 된다.
    조선어의 문법구조를 보다 세밀하고 정밀하게 밝히려면 형태론적현상들에 대한 전면적이고도 심오한 분석을 가하여야 할것이다. 앞으로도 조선어를 더욱 아름답고 정확한 언어로 발전시켜나가며 언어생활을 끊임없이 개선해나가기 위하여서는 형태론연구에도 응당한 관심을 돌려야 할것이며 그 심도를 새로운 높은 수준에서 보장하여야 할것이다.

조선어학전서 26

조선어형태론

집필 교수, 박사 정순기
심사 교수, 박사 김동찬
편집 학사 최홍일　**장정** 김기성　**교정** 선우평옥

낸 곳	사 회 과 학 출 판 사
인쇄소	평 양 종 합 인 쇄 공 장
인 쇄	주체94(2005)년 2월 5일
발 행	주체94(2005)년 2월 15일

ㄱ-46546